Thomas Knaus (Hrsg.): Forschungswerkstatt Medienpädagogik: Projekt – Theorie – Methode [Band 3]

Thomas Knaus (ed.): Media Pedagogy Research Workshop: Projects – Theories – Methods [Volume 3]

FORSCHUNGS
WERKSTATT
MEDIEN
PÄDAGOGIK

Thomas Knaus (Hrsg.)

Forschungswerkstatt Medienpädagogik

Projekt – Theorie – Methode [Band 3]

kopaed (muenchen)
www.kopaed.de

Bibliografische Information Der Deutschen Nationalbibliothek
Die Deutsche Nationalbibliothek verzeichnet diese Publikation in der Deutschen Nationalbibliografie; detaillierte bibliografische Daten sind im Internet über http://dnb.ddb.de abrufbar

ISBN 978-3-86736-520-8
eISBN 978-3-86736-642-7

Druck: docupoint, Barleben

Arnulfstr. 205, 80634 München
Fon: 089.688 900 98 Fax: 089.689 19 12
e-mail: info@kopaed.de Internet: www.kopaed.de

Inhaltsverzeichnis

THOMAS KNAUS

Eine Forschungswerkstatt für die Medienpädagogik – Ausgangslagen, Begründungen und Ziele eines Publikationsprojekts

1. Ausgangslagen und Herausforderungen

Gibt es *die* medienpädagogische Forschung? An diese Frage kann man unterschiedlich herangehen. So könnte beispielsweise geprüft werden, ob die Medienpädagogik über genuine medienpädagogische Erkenntnisinteressen und methodologisch-methodische Zugänge verfügt. Möglich wäre auch, hinsichtlich der Frage, *wie* die Medienpädagogik ihr Wissen generiert, auf die Traditionen der Bezugsdisziplinen zu verweisen. Eine andere Herangehensweise ist, jene Forschungsansätze[1], Methoden[2], Verfahren und Techniken zu (ver-)*sammeln*, die bisher beziehungsweise zukünftig das Wissen der Medienpädagogik mehr(t)en. Die Entscheidung, ob es *die* medienpädagogische Forschung gibt, kann dann den Leserinnen und Lesern überlassen werden.

Ein Vorteil des letztgenannten Vorgehens wäre es, dass Kategorisierungen und Einordnungen nicht schon im Vorfeld dazu beitragen, bestimmte Theoriebezüge, Ansätze und Techniken zu disqualifizieren (vgl. Hartung/ Schorb 2014, S. 7 und 9 f. und Kapitel 3.1). Das wäre insofern sinnvoll, als sich die Forschungsfelder und Forschungsgegenstände der Medienpädagogik nicht nur in den letzten Jahren, sondern auch und gerade heute stark wandeln und weiterentwickeln – wie im Folgenden noch präzisiert wird. So gibt Hans-Dieter KÜBLER unter anderem aus diesem Grund die

[1] Unter (medienpädagogischen) Forschungs*ansätzen* werden nachfolgend theoretisch begründete und methodologisch operationalisierte Untersuchungsdesigns verstanden, die medienpädagogische Fragestellungen und Erkenntnisinteressen nach anerkanntem (oder zumindest nachvollziehbarem) Methodenrepertoire und Forschungsstand in transparente und systematische Forschungsvorhaben überführen (vgl. Kübler 2014, S. 27).

[2] Als (medienpädagogische) *Methoden* werden alle Verfahren und Instrumente verstanden, die zur Erforschung, Explikation und Reflexion des medienpädagogischen Praxis- und Forschungsfeldes einen Beitrag leisten können (vgl. Kübler 2014, S. 27).

übliche Verwendung des Singulars und des bestimmten Artikels *der* Medienpädagogik zu bedenken (vgl. Kübler 2014, S. 29). Die Medienpädagogik ist traditionsgemäß ein *multidisziplinäres* Forschungsfeld. Auch ihre Zugänge, Methodologien und Methoden sind entsprechend heterogen, diffus und mitunter widersprüchlich (vgl. u. a. Kübler 2014, S. 32 und S. 34–36; Niesyto 2014, S. 180). Die Gegenstände der Medienpädagogik entwickeln sich nicht zuletzt aufgrund des gesellschaftsprägenden Technologiefortschritts (der „Digitalisierung") und gewinnen aufgrund dieser damit einhergehenden *tiefergehenden* Mediatisierung an Relevanz (vgl. u. a. Hug 2003/2017; Kübler 2014, S. 29 f.; Krotz 2016, S. 21 f.; Knaus 2017a, S. 51–55; Tulodziecki 2017a, S. 59). So konstatiert Horst NIESYTO „ständig wandelnde Medienumwelten" (Niesyto 2014, S. 178). Dabei veränder(te)n die Medien das Miteinander, die *Gesellschaft* (vgl. u. a. Jäckel 2005; Hurrelmann 2006, S. 255 f.; Sutter 2007; Maurer/Reinhard-Hauck/Schluchter/von Zimmermann 2013, Knaus 2018) – und damit *uns* (vgl. u. a. Theunert 2009; Vollbrecht/Wegener 2010, S. 55–63; Hoffmann 2013; Spanhel 2013; Carstensen/Schachter/Schelhowe/Beer 2014). Medien beeinflussen in dieser subjekt- und gesellschaftskonstituierenden Funktion konsequenterweise Bildungs-, Erziehungs- und Lernprozesse und somit die Forschungs- und Praxisfelder der Medienpädagogik.

Gerade in Zeiten gesellschaftlicher Umbrüche sind Forschungstätigkeiten, die Antworten auf neue Fragen liefern, Orientierung geben können oder zur (Selbst-)Beobachtung und Reflexion befähigen, sehr bedeutsam. Hinsichtlich aktueller Entwicklungen bleiben jedoch noch viele Fragen unbeantwortet. Beinahe jede aktuelle Einführung in die Medienpädagogik übt Kritik am Forschungsdefizit[3] der Disziplin und verweist auf die Relevanz medienpädagogischer Forschung sowie die bestehenden Forschungsdesiderate (vgl. u. a. Vollbrecht 2001; Sander/von Gross/Hugger 2008, S. 301 ff.; Moser 2010, S. 56; Süss/Lampert/Wijnen 2011, S. 26 f.; Moser 2014, S. 55 f.;

[3] Im umfänglichen Lehrbuch *Erziehungswissenschaft* von Norbert M. SEEL und Ulrike HANKE werden gerade einmal fünf von 923 Seiten der Medienpädagogik gewidmet. Die Autorin und der Autor monieren darin unter Berufung auf das Lehrbuch *Medienpädagogik* (Süss/Lampert/Wijnen 2011), „dass die Medienpädagogik auch heute noch ein wenig professionalisiertes Feld sei […]. Ein Defizit wird vor allem in der geringen Forschungstätigkeit […] gesehen" (Seel/Hanke 2015, S. 900).

Niesyto 2014, S. 180 f.; von Gross/Meister/Sander 2015, S. 26 f. und S. 65–71; Fleischer/Hajok 2016).

Horst NIESYTO und Heinz MOSER, die sich selbst in vielerlei Hinsicht um die medienpädagogische Forschung verdient gemacht haben, konstatierten vor zehn Jahren, „dass der Stand der methodologischen Entwicklung seit den 1990er Jahren stagniere. Es ist Zeit für die Diskussion der Frage, welche innovativen Verfahren die methodologische Diskussion weiterführen könnten" (Niesyto/Moser 2008, Editorial). Die vorangegangenen Ausführungen könnten umfänglich ergänzt werden, würden sich aber in Einschätzung der Sache wiederholen. So lässt sich schließen, dass sowohl *Bedarf* als auch *Wunsch* einer verstärkten und umfassenderen Forschungstätigkeit der Medienpädagogik bestehen.

Die folgenden Ausführungen sollen beispielhaft und ohne Anspruch auf Vollständigkeit die Herausforderungen der Forschungsfelder der Medienpädagogik aufzeigen, die sich unter die Stichworte *Heterogenität, Widersprüchlichkeit* und *Komplexität* subsumieren lassen: So bestehen in der Medienpädagogik vielfältige disziplinäre Bezüge, nicht zuletzt aufgrund der Nähe zur Pädagogik auch zu geisteswissenschaftlichen, hermeneutischen und empirischen Forschungstraditionen; sie ist Wissenschaft und Praxisfeld zugleich und verfügt daher über vielfältige Theorie-Praxis-Bezüge sowie Bedarfe an Reflexionswissen, Anwendungsorientierung und Praxisforschung. Sogar die Definition des Gegenstands der Medienpädagogik (respektive des Gegenstands medienpädagogischer Forschung) wirft Fragen auf: Aus ihrer systemischen oder konstruktivistischen Perspektive verfügt die Medienpädagogik über wenig direkt „Begreifbares". Denn als systemische beziehungsweise konstruktivistisch orientierte Sozial- und Kulturwissenschaft kann in der medienpädagogischen Forschung im Gegensatz zu naturwissenschaftlichen Disziplinen oder positivistischen Ansätzen nicht von kausalen oder „mechanischen" Zusammenhängen ausgegangen werden, sondern stets nur von Individuen oder sozialen Gruppen erzeugten Konstrukten. Diese Artefakte müssen für den Forschungsprozess stets *interpretiert* oder *reproduziert* werden, wodurch Grenzen und Grade physischer Begebenheiten und Konstruktionen, Interpretationen oder Reproduktionen verschwimmen (vgl. Luhmann/Schorr 1982, S. 14; Kübler 2014, S. 27 f.; Moser 2014, S. 64 f.; Niesyto 2017, S. 74 f.). Gleichermaßen – je nach disziplinärer Perspektive – bilden zum einen die *Medien selbst* den Gegenstand – insbesondere wenn sie über Relevanz für Erziehungs- oder Bildungsfragen verfügen, zum anderen werden deren Aneignung, Verfügbarkeiten, Nutzungshäufigkeiten und der Umgang mit ihnen zum Objekt medienpädagogischer Studien. Darüber hinaus können (digitale) Medien auch *instrumentell* in den Forschungsprozess eingebunden werden, wobei deren Konstruktionen oder Reflexionen wiederum zum Gegenstand medienpädagogischer Forschung werden können.

Die Medienpädagogik ist – im Gegensatz zu den meisten sie umgebenden Wissenschafts- und Praxisfeldern – eine *offene Disziplin* und kann daher als „Fractured-Porous Discipline" (Meusburger 2009, S. 117; vgl. auch Keiner 2015, S. 16) bezeichnet werden: Gekennzeichnet wird damit eine Disziplin, die hinsichtlich ihrer Theorien und Methoden über einen eher geringen Konsens verfügt, die sich durch hohe Diversität auszeichnet und die sich (im Gegensatz zu „Unified-Insular Disciplines") nur schwach gegen „äußere" Einflüsse anderer Disziplinen abgrenzen kann. Vor dem Hintergrund traditioneller Disziplingrenzen erscheint diese Schilderung wenig attraktiv. Ich möchte diese Perspektive – ausgehend von einer modernen akademischen Sichtweise – aber wenden und sehr positiv werten: Die Medienpädagogik nimmt Einflüsse aus anderen Disziplinen interessiert auf und adaptiert sie auf kreative Weise. Dies bereichert einerseits die Themen- und Methodenvielfalt, erweitert Perspektiven und Zugänge, steigert aber andererseits die Heterogenität des Forschungsspektrums.

Bereits der kurze Blick auf die disziplinären Beheimatungen der zuvor genannten Autorinnen und Autoren medienpädagogischer Einführungen zeigt die *multidisziplinären Zugänge der* und *Zugriffe auf* die Medienpädagogik: So gibt es erziehungs- und bildungswissenschaftliche beziehungsweise (allgemein-)pädagogische, medien- und kommunikationswissenschaftliche, literaturwissenschaftliche sowie medienpsychologische und -soziologische Bezüge innerhalb der Medienpädagogik. Entsprechend multidisziplinär inspiriert sind die Forschungstätigkeiten (vgl. Jarren/Wassmer 2009, S. 48; KBoM 2011, S. 16; Niesyto 2014, S. 180). Derartige Bezüge sind niemals frei von Traditionen: So „erbt" die Medien*pädagogik* als pädagogische Disziplin die bis heute wenig einvernehmlich nebeneinanderstehenden geisteswissenschaftlichen, traditionell-hermeneutischen und empirischen Forschungstraditionen. Die vielfältigen disziplinären Zugriffe hängen zum einen mit der Breite des Medienbegriffs und zum anderen mit der inzwischen allgemein anerkannten Auffassung zusammen, den Begriff *Medienpädagogik* als

„Oberbegriff [für] alle Fragen der pädagogischen Bedeutung von Medien" (Neubauer/Tulodziecki 1979) zu verwenden.[4] So ist bereits „der Begriff der Medien [...] vielfältig, diffus und beliebig" (Kübler 2014, S. 32) und verfügt nicht nur über unzählige (alltagssprachliche) Bedeutungen und Anknüpfungen (vgl. Knaus 2009, S. 49–58), sondern auch über mehrere Ebenen: Unterschieden wird zwischen *gegenständlichen* Ebenen – wie Techniken, Werkzeugen oder Organisationen – und *symbolischen* Ebenen – wie Inhalten, kommunikativen Artefakten und ästhetischen Produktionen in vielfältigen Zeichensystemen (Sprache, Bilder, Töne et cetera), die mittels Reproduktionen, Reflexionen und Interpretationen in subjektive oder kollektive Symbol- und Erfahrungswelten münden (vgl. Kübler 2014, S. 28). Zudem entwickeln sich derzeit das Forschungs- und Praxisfeld der Medienpädagogik aufgrund von Digitalisierungs- und Mediatisierungsprozessen – und damit die Möglichkeiten, *neue* digitale Medien sowohl gegenständlich zu beforschen, als auch *instrumentell*[5] in Forschungsvorhaben einzusetzen. Solche Begriffsbreiten, multidisziplinären Zugänge und die unterschiedlichen Ebenen und Bezüge führen dazu, dass medienpädagogische Forschung mitunter nicht als solche wahrgenommen werden könnte.

Eine zusätzliche Erweiterung des Spektrums medienpädagogischer Forschung geht mit dem gerade für die Medienpädagogik relevanten Feld der „anwendungsbezogenen" Forschung einher: der Forschung *aus*, *für* und *mit* der Praxis. Die Medienpädagogik verfügt bereits über eine lange und etablierte Tradition der *Praxisforschung*, die „pädagogisch arrangierte Bildungs- und Lernprozesse mit Medienbezug" systematisch begleitet, dokumentiert, analysiert und auswertet (Niesyto 2014, S. 173). Klassische Praxis-

[4] Eine ausführlichere Definition des Begriffs Medienpädagogik als Überbegriff findet sich im Beitrag von Gerhard TULODZIECKI in der Dokumentation *Medienbildung und Medienkompetenz* der Herbsttagung 2010 der Sektion Medienpädagogik der DGfE, in der eine Schärfung und Differenzierung der medienpädagogischen Leitbegriffe unternommen wurde: „Medienpädagogik umfasst alle pädagogisch relevanten und potentiell handlungsanleitenden Sätze mit Medienbezug und deren Reflexion unter Einbezug empirischer Forschungsergebnisse und normativer Vorstellungen bzw. medienkundlicher, medientheoretischer, lern- und lehrtheoretischer sowie sozialisations-, erziehungs- und bildungstheoretischer Grundlagen" (Tulodziecki 2011, S. 13).

[5] Zu diesem Aspekt organisierte am 24. November 2013 die Fachgruppe *Qualitative Forschung* im Rahmen des 30. GMK-Forums zum Themenschwerpunkt *smart und mobil* 2013 an der Johannes Gutenberg-Universität in Mainz den Workshop *Medienforschung mobil – Mobile Devices als Gegenstand und Instrumente qualitativer Medienforschung* (vgl. gmk-net.de/fileadmin/pdf/Flyer/Programm_Forum2013.pdf, aufgerufen am 28. April 2019).

forschung fokussiert beispielsweise Projekte der aktiv-produktiven Medienarbeit, wie beispielsweise die Erforschung von „Eigenproduktionen mit Medien" (Niesyto 2007; Niesyto 2017, S. 75–84), die Selbstbeobachtung, Selbstevaluation und -reflexion von Praktikerinnen und Praktikern zur Qualitätsentwicklung und zum Aufbau von Orientierungs- und Reflexionswissen (vgl. Knaus/Meister/Tulodziecki 2017, S. 12 f.). Zu erwähnen sind ebenso die Evaluation medienpädagogischer Interventionen (vgl. u. a. Anfang/Brüggen 2009; Brüggen 2009; Süss/Lampert/Wijnen 2011, S. 27 und S. 30; Kübler 2014, S. 42; Moser 2014, S. 71; Niesyto 2014, S. 175 und S. 181) oder (medien-)didaktischer Lehrarrangements und Lernumgebungen (vgl. u. a. Klafki 1973; Petko 2010; Preußler/Kerres/Schiefner-Rohs 2014). Die vielfältigen Ansätze werden unterschieden nach der Funktion und dem Grad des Einbezugs der Praktikerinnen und Praktiker in den Forschungsprozess sowie nach den Partizipations- und Interaktionsformen zwischen Beforschten und Forschenden.

Nicht selten bezog die Praxisforschung ihre Relevanz aus der wissenschaftlichen *Begleitung* von Modellprojekten – wenn professionelles medienpädagogisches Handeln oder die Medienpädagogik *selbst* zum Forschungsgegenstand werden. Der medienpädagogischen Praxisforschung könnte daher im Gegensatz zum „wahrheitssuchenden" Forschungsverständnis eine eher „legitimierende" Funktion unterstellt werden (vgl. Kübler 2014, S. 42–44). In der Medienpädagogik als Handlungs- und Reflexionswissenschaft wäre diese Perspektive jedoch zu kurz gedacht, da die „systematische, wissenschaftliche Erforschung pädagogischer Praxis und pädagogischer Interaktion [zum] genuinen Kern- und Grundlagenbereich dieser Disziplin" gehört (Niesyto 2014, S. 181). Daher fanden *Action Research* (vgl. u. a. Moser 1995) und *Design-Based Research* (vgl. u. a. Reinmann 2005) mit ihren partizipativen und dialogischen Ansätzen in der pädagogischen, medienpädagogischen und (medien-)didaktischen Forschung großen Anklang. Zudem erfuhren und erfahren ferner die Arbeiten zu *gestaltungs-* und *entwicklungsorientierten* Forschungskonzeptionen große Anerkennung (vgl. Tulodziecki/Grafe/Herzig 2013; Niesyto 2014, S. 176; Reinmann/Sesink 2014; Tulodziecki/Grafe/Herzig 2014; Tulodziecki 2017c). Diese dienen nicht nur der Legitimation, Interventionsevaluation oder (Selbst-)Beobachtung und Reflexion, sondern auch der konzeptionellen Weiterentwicklung und Theorie*bildung*. Nicht zuletzt deshalb gewannen die Praxisforschung sowie entwicklungs- und gestaltungsorientierte Konzeptionen in den letzten Jahren – gerade in der und für die Medienpädagogik – stark an Bedeutung (vgl. KBoM 2011, S. 17; Niesyto 2014, S. 173–177; Moser 2014, S. 71 f.).

Mit Ausnahme des Jahrbuchs *Medienpädagogik 10 – Methodologie und Methoden medienpädagogischer Forschung* (Hartung/Schorb/Niesyto/Moser/Grell 2014) bestimmten Ansätze und Methoden, mit denen die Medienpädagogik ihr Wissen mehrt, die medienpädagogische Praxis reflektiert und (Handlungs-)Konzepte evaluiert, lange Zeit in nur relativ geringem Maße die Diskussionen und Publikationen der *Community* – von Einzelaspekten und -initiativen abgesehen. Um die Jahrtausendwende entstanden einige Bände in kommunikations- und medienwissenschaftlicher Tradition (vgl. u. a. Kübler 1989; Paus-Haase/Schorb 2000; Paus-Haase/Lampert/Süss 2002; vgl. auch aktuellere Werke wie Brosius/Haas/Koschel 2012; Othmer/Weich 2015) sowie einschlägig benannte Bände mit Schwerpunktsetzung in der Soziologie (vgl. Ayaß/Bergmann 2006) und pädagogischen Psychologie (vgl. Schweer 2001). Diese thematisierten und reflektierten jedoch oft nur Teilaspekte[6] medienpädagogischer Forschung.

Übergeordnete Betrachtungen medienpädagogischer Forschungstätigkeiten mit erziehungswissenschaftlichem[7] Fokus gibt es jedoch kaum (vgl. Tulodziecki 1981; Hug 2003; Moser 2001; Bachmair/Diepold/de Witt 2003; Mikos/Wegener 2005; Neuß 2005; Niesyto/Moser 2008; Theunert 2008). Das zuvor genannte und von Anja Hartung-Griemberg, Bernd Schorb, Horst Niesyto, Heinz Moser und Petra Grell herausgegebene Jahrbuch ist daher für Wissenschaffende in der Medienpädagogik ein hilfreiches Werk, da es den aktuellen Stand medienpädagogischer Forschung im Hinblick auf dessen heterogene Zugänge und Perspektiven reflektiert, dabei erkenntnistheoretische Verortungen unternimmt (vgl. u. a. Kübler 2014) und gleichermaßen wichtige Bezüge in die Praxis und zur Praxisforschung herstellt

[6] Zu dieser Einschätzung kommt auch das interdisziplinäre Autorinnenteam des zuvor bereits zitierten Einführungsbandes unter Berufung auf die 2001 erschienene Publikation von Schweer: „Sammelbände zu medienpädagogischer Forschung sind bisher oft eine Zusammenstellung relativ beliebiger Bausteine" (Süss/Lampert/Wijnen 2011, S. 27).

[7] Dass gerade die medienpädagogische Forschung aus erziehungswissenschaftlicher Tradition bisher in der Literatur noch wenig präsent scheint, könnte just in der Nähe der Medienpädagogik zur Erziehungswissenschaft begründet liegen: Da sich die medienpädagogische Forschung Ansätzen und Methoden der Erziehungswissenschaft (vgl. u. a. Friebertshäuser/Langer/Prengel 2010; Friebertshäuser/Seichter 2013) bedient, bestand möglicherweise bisher wenig Bedarf, ein *genuines* Forschungsprofil herauszuarbeiten und dies entsprechend in der Literatur zu reflektieren.

(vgl. u. a. Moser 2014; Niesyto 2014). Studierenden und dem wissenschaftlichen Nachwuchs werden jedoch nur verhältnismäßig wenige konkrete Unterstützungsangebote offeriert, die beispielhafte Bezüge zwischen theoretischen Ansätzen und der (medienpädagogischen) Forschungspraxis aufzeigen und Erfahrungen hiermit praxisnah reflektieren. In Anbetracht der geschilderten generellen und aktuellen Herausforderungen medienpädagogischer Forschung wären solche Angebote jedoch wünschenswert.

2. Entstehung und Ausgestaltung

Den geschilderten Herausforderungen und Desideraten medienpädagogischer Forschung begegnet nun das hier beschriebene Publikationsprojekt, das die „methodischen Schätze" medienpädagogisch orientierter und inspirierter Studien hebt und diese innerhalb einer datenbankgestützten Webseite öffentlich und frei (*Open Access*) zugänglich macht. Dabei geht es zugleich darum, das Spektrum kreativer Ansätze und innovativer Methoden aufzuzeigen, die der Erforschung medienpädagogischer Fragen und Phänomene dienen (vgl. forschungswerkstatt-medienpaedagogik.de).

Das Publikationsprojekt soll damit einen Beitrag zur Diskussion über Erfahrungen mit Grenzen und Möglichkeiten tradierter Ansätze und Methoden in den Kontexten medienpädagogischer Forschung sowie zur Explikation und Diskussion weniger bekannter Ansätze und innovativer Methoden leisten. Hierdurch soll deren Akzeptanz innerhalb der *Scientific Community* befördert und der Medienpädagogik als Wissenschaft zur Etablierung eines deutlicheren Forschungsprofils verholfen werden (vgl. u. a. Süss/Lampert/Wijnen 2011, S. 26; Seel/Hanke 2015, S. 900; Niesyto 2014, S. 180 f.), ohne eine interdisziplinäre Anschlussfähigkeit auszuschließen – im Gegenteil. Mit dieser methodischen und thematischen *Verortung* der Medienpädagogik in der Wissenschaftslandschaft erhalten Studierende, Nachwuchswissenschaftlerinnen und Nachwuchswissenschaftler, die sich mit medienpädagogischen Themen innerhalb ihrer Studien und Qualifikationsarbeiten befassen, theoretische und methodische Orientierung sowie forschungspraktische Anleitung.

2.1 Idee und Genese

Die Idee für das hier dargestellte Projekt entstand im gleichnamigen Blockseminar an der Friedrich-Alexander-Universität Erlangen-Nürnberg, das ich seit 2011 anbiete: Durch forschungsorientierte Zugänge, *Forschendes Lernen* (vgl. u. a. BAK 1970; Tulodziecki/Herzig/Blömeke 2017, S. 323–342) und *Lernen durch Lehren* hoffe ich, angehende Lehrerinnen und Lehrer sowie Studierende mit Schwerpunkt Medienpädagogik des Masterstudiengangs *Erziehungswissenschaftlich-empirische Bildungsforschung* für medienpädagogische Fragen zu begeistern. In diesem Zusammenhang entstanden zahlreiche interessante *Mini-Studien*, teils mit innovativen Fragen und Zugängen, deren Präsentationen die Diskussionen im Seminar anregten. Sie wurden nicht selten in Form von Masterarbeiten und Dissertationen weiterverfolgt – einige Arbeiten daraus wurden bereits veröffentlicht (vgl. u. a. Groß/Großberger/Knaus 2015; Weiß/Wick/Knaus 2015; Knaus/Valentin 2016). Doch auch erfahrenen und engagierten Studierenden fielen diese Mini-Studien nicht leicht, wenn sie abseits üblicher und aus Alltagskontexten bekannter Umfragetechniken – wie beispielsweise Expertinnen- beziehungsweise Experteninterviews, leitfadengestützte Befragungen oder einfache Fragebögen – forschen wollten. Immerhin sehen sich in der Medienpädagogik Forschende, wie im ersten Abschnitt ausgeführt, mit vielfältigen Herausforderungen konfrontiert.

Studierende bemängelten berechtigterweise, dass Nachwuchswissenschaftlerinnen und Nachwuchswissenschaftler in der Medienpädagogik bisher kaum *konkretere* forschungs*methodische Inspiration* erhalten und außerhalb mündlicher Kolloquien nur wenig forschungs*praktischer Austausch* stattfindet. Ich empfahl daraufhin einschlägige Methodenliteratur[8],

[8] Entsprechende Werke finden sich im Literaturverzeichnis dieses Beitrags sowie in den jeweiligen Bibliografien der Grundlagen- und Werkstattbeiträge. Besonders zu beachten sind die Empfehlungen „zum Weiterlesen“, die in den meisten Beiträgen die zitierte Literatur ergänzen.

die Literaturdatenbanken *FIS-Bildung* und *peDOCS* des DIPF[9], die Veranstaltungen der GESIS[10], aktuelle Theorieforen und Methodenworkshops (insbesondere die Workshops des ZSM[11] der Universität Magdeburg) sowie die jährlichen Veranstaltungen der Fachgruppe *Qualitative Forschung* der GMK[12]. Doch die (Methoden-)Literatur war in den Universitätsbibliotheken entweder noch nicht beschafft oder entliehen, die Methodenseminare und Trainings waren für Studierende nicht selten zu teuer und Veranstaltungen der Fachgruppe nur zu bestimmten Zeiten und an wechselnden Orten zugänglich, was mitunter höhere Reisekosten erforderte. Zur gleichen Zeit musste ein aufwändig geplanter Fachtag unserer Fachgruppe entfallen, da sich nicht genügend Teilnehmende anmeldeten. In diesem Zusammen-

---

[9] Das Deutsche Institut für Internationale Pädagogische Forschung (DIPF) mit Standorten in Frankfurt am Main und Berlin ist eine Forschungseinrichtung, die sich der Bildungsforschung widmet und Angebote der Forschungsinfrastruktur und der Informationsinfrastruktur entwickelt beziehungsweise bereitstellt. Zu diesen Angeboten gehören unter anderem das webbasierte *Fachportal Pädagogik*, das beispielsweise mittels der Literaturdatenbank *FIS-Bildung* komfortable (mittels *peDOCS* sogar freie) Zugänge zu pädagogischer Literatur und entsprechenden Fachinformationen anbietet (weitere Informationen vgl. dipf.de, aufgerufen am 28. April 2019).

[10] Das Leibniz-Institut für Sozialwissenschaften (GESIS) mit Sitz in Mannheim und Köln ist die größte deutsche Infrastruktureinrichtung für die Sozialwissenschaften. Das Institut unterstützt Forschende in den Sozialwissenschaften mit forschungsbasierten Dienstleistungen, Beratungen, Weiterbildungen und Trainings (weitere Informationen vgl. gesis.org, aufgerufen am 28. April 2019).

[11] Das Zentrum für Sozialweltforschung und Methodenentwicklung (ZSM) ist an der Fakultät für Humanwissenschaften der Otto-von-Guericke-Universität Magdeburg angeschlossen und ging aus dem ehemaligen Zentrum für qualitative Bildungs-, Beratungs- und Sozialforschung (ZBBS) hervor. Es widmet sich grundlegenden methodologischen sowie methodischen Fragen qualitativer Forschung. Die Ziele des ZSM sind neben der Konsolidierung qualitativer Methoden in unterschiedlichen Disziplinen vor allem die Reflexion und Weiterentwicklung methodologischer Rahmen und methodischer Verfahren – auch unter Einbezug quantitativer Ansätze – sowie die Förderung des wissenschaftlichen Nachwuchses. Das Zentrum organisiert daher seit zwei Jahrzehnten regelmäßig Theorie- und Methodenworkshops sowie (interdisziplinäre) Nachwuchstagungen (weitere Informationen vgl. zsm.ovgu.de, aufgerufen am 28. April 2019).

[12] Die Gesellschaft für Medienpädagogik und Kommunikationskultur (GMK) ist ein gemeinnütziger bundesweiter Dach- und Fachverband, der sich für die Förderung von Medienpädagogik und Medienkompetenz einsetzt und über 1.000 Mitglieder vereint. Gegründet wurde sie 1984 in Frankfurt am Main, um medienpädagogische Aktivitäten zu bündeln. Die GMK fungiert daher bis heute als Plattform für den Austausch von medienpädagogisch Interessierten und Engagierten aus Wissenschaft und Praxis sowie Akteurinnen und Akteuren aus Bildung, Politik, Kultur und Medien (vgl. auch gmk-net.de, aufgerufen am 28. April 2019). Dieter Baacke war von 1984 bis zu seinem Tod im Jahr 1999 Vorsitzender der GMK.

hang fiel uns eine Besonderheit der GMK-Fachgruppe auf: Während sich andere Fachgruppen, wie beispielsweise *Film*, *Netzpolitik* oder *Schule*, über eine eher gegenständlich-materiale Ausrichtung oder ein spezifisches Berufsfeld definieren, beschränkt sich das Interesse an der Fachgruppe *Qualitative Forschung* auf bestimmte Lebens- beziehungsweise Qualifikationsphasen: Das heißt, in der Zeit, in der sich die Mitglieder der Fachgruppe mit ihren Bachelor- und Masterarbeiten beziehungsweise Promotionen befassen, ist das Interesse an einer aktiven Mitwirkung besonders groß. Diese eher „pragmatische" Bindung an die Fachgruppe erschwert jedoch die Zusammenarbeit als kontinuierlich aktive Gruppe.

Aus dem unter anderem von Studierenden benannten Desiderat sowie dem Wunsch, die Fachgruppe mittels eines *gemeinsamen Projekts* über einen längeren Zeitraum hinweg zu vernetzen, entstand der Plan, nicht nur im persönlichen Austausch auf Tagungen und in Workshops, sondern auch auf *schriftlichem* Wege aktuelle Forschungsansätze und -methoden zu diskutieren. Es sollte eine Forschungs*werkstatt* etabliert werden – ein „Ort", an dem diskutiert, gearbeitet und an gemeinsamen Themen und neuen (Forschungs-)Zugängen „gefeilt" werden kann. Es sollte ein Ort mit Entwicklungspotential geschaffen werden.

Diese kollaborative Arbeit an einem Publikationsprojekt birgt mehrere Vorteile: Es gibt erstens einen „gemeinsamen Gegenstand" – ein *Projekt* für die Fachgruppe. Zweitens wird ein dauerhafter Prozess angestoßen – nicht zuletzt, weil das Vorhaben, nämlich medienpädagogische Forschungsansätze, -zugänge und -methoden in ihrer *Breite* darzustellen, derart umfassend und wahrscheinlich niemals abgeschlossen ist. Drittens sind – im Gegensatz zu physischen Treffen – die Mitglieder der Fachgruppe nicht an Ort und Zeit gebunden, zumal die Verabredung einer gemeinsamen Zeit und eines gemeinsamen Ortes sicher in jeder großen Gruppe[13] eine Herausforderung darstellt. Und nicht zuletzt, viertens, zeigt sich schnell, dass aus der gemeinsamen Arbeit an der Publikation weitere physische Treffen, Fachtage und Workshops entstehen, wie unter anderem der Workshop im Rahmen des *Forums Kommunikationskultur* der GMK im Jahr 2015 in Köln, eine Pre-Conference *Medienpädagogik meets... Visuelle Soziologie*, die im

[13] Die Fachgruppe *Qualitative Forschung* verfügt derzeit über knapp 400 Mitglieder, die sich geografisch über Deutschland und das (insbesondere deutschsprachige) europäische Ausland verteilen.

Rahmen der gemeinsamen Herbsttagung der Sektion Medienpädagogik der Deutschen Gesellschaft für Erziehungswissenschaften (DGfE) und der Sektion Medienpädagogik der Österreichischen Gesellschaft für Forschung und Entwicklung im Bildungswesen (ÖFEB) stattfand, sowie ein weiterer Workshop im Rahmen des GMK-Forums 2017 in Frankfurt am Main.

2.2 Publikationsstrategie

Für das Vorhaben mussten Wissenschaffende gebeten werden, durchgeführte Studien nicht mit dem Ziel der Ergebnispräsentation oder geplante Vorhaben nicht mit der Intention der Förderung zu präsentieren, sondern den Fokus auf das *Wie* des Forschungsprozesses zu lenken. Ich ging zunächst davon aus, dass es nicht leicht werden wird, Mitwirkende zu finden, die ihre Studien theoretisch einordnen, methodisch beschreiben und reflektieren möchten – zumal die Methodenreflexion und -beschreibung in wissenschaftlichen Untersuchungen üblicherweise recht knapp gehalten wird. Ursprünglich planten wir ein kleines und ausschnitthaft-exemplarisches „Standbild" medienpädagogischer Forschung, doch bereits die Rückmeldungen auf den ersten Call überwältigten mein kleines Redaktionsteam und mich.

Förderlich für das Gesamtvorhaben war vermutlich die gewählte Publikations*strategie* und die damit verbundenen Diskussions- und Verbreitungsmöglichkeiten der Texte: Zum einen sollten Studierende, Nachwuchswissenschaftlerinnen und Nachwuchswissenschaftler einen möglichst einfachen und preisgünstigen Zugang zu den Werkstattbeiträgen erhalten, um davon in Hinblick auf ihre weitere Qualifikation zu profitieren. Zum anderen bestand der Wunsch, die Diskussion über innovative Ansätze, Zugänge und Methoden anzuregen. Daher sollten der Zugang zu Texten und diesbezügliche Kommunikationsmöglichkeiten möglichst niedrigschwellig sein. Diese Erfordernisse legen die Veröffentlichung unter einer *Creative-Commons*-Lizenz über eine öffentlich zugängliche Webseite nahe, die neben komfortablen Lese- und Downloadoptionen auch über Kommentar- und Diskussionsmöglichkeiten verfügt.

Noch immer hat das Buch innerhalb der *Scientific Communities* eine hohe Bedeutung und es gelingt daher in der Regel besser, Mitwirkende für ein

Publikationsprojekt zu gewinnen, wenn am Ende des Prozesses ein gedrucktes Buch steht. Die Idee, beide Veröffentlichungsformen zu *verbinden*, war schnell gefasst, die Herausforderung bestand jedoch in drei Aspekten: a) einen geeigneten *Verlag* zu finden, der nicht nur einschlägig ausgewiesen, sondern auch bereit ist, sich auf das Wagnis der Vorab-Veröffentlichung einzulassen; b) ein geeignetes *Lizenzmodell* auszuwählen, das Verwendung, Kommentierung und Weiterentwicklung der Texte in akademischen Kontexten ermöglicht, aber im Sinne der Zukunftssicherung des Gesamtvorhabens weder Autorinnen und Autoren noch den Verlag mit vorhersehbaren Schwierigkeiten konfrontiert; c) diese Publikationsstrategie allen Beteiligten zu *erklären*[14], da sie bisher noch nicht sehr üblich ist. Die Wahl zur Verlegung der Printbände fiel auf den in der Medienpädagogik sehr angesehenen Münchner *kopaed*-Verlag, mit dem mich eine langjährige erfolgreiche Zusammenarbeit verbindet und der zum oben genannten Wagnis bereit war.

Die Entscheidung für die *Creative-Commons*-Lizenz CC BY-NC-SA 4.0[15] fiel in einem intensiven Prozess, in dem typische Nutzungsszenarien für Forschung, Lehre, Konferenzen und Tagungen eruiert wurden. Bei größtmöglicher Freiheit für die Nutzenden gibt die gewählte Lizenz den Autorinnen und Autoren die notwendige Sicherheit, dass deren geistige Leistung geschützt und dauerhaft anerkannt werden kann. Obwohl es ein

---

[14] Das Werben für die außergewöhnliche Veröffentlichungsstrategie profitierte von der Verteilermöglichkeit der Fachgruppe *Qualitative Forschung* der GMK, deren Sprecher ich seit 2011 (gemeinsam mit Benjamin JÖRISSEN) bin, in Form regelmäßiger Fachtage und Workshops im Rahmen der jährlich stattfinden GMK-Foren sowie durch den umfangreichen Mailverteiler, der nahezu alle in der Medienpädagogik Forschenden erreicht.

[15] Die gewählte Lizenz CC BY-NC-SA 4.0 erlaubt das Teilen, das heißt die Vervielfältigung und Verbreitung des Materials in jedwedem Format oder Medium, sowie deren Bearbeitung, das heißt Nutzende können es verändern und darauf aufbauen. Die Nutzung und Weiterverwendung sind jedoch an folgende Bedingungen geknüpft: a) Der Zusatz BY („by", Attribution) weist darauf hin, dass angemessene Urheber- und Rechteangaben (Namensnennung) erforderlich sind – das heißt, die Autorinnen und Autoren und Herkunftslinks genannt werden – sowie angegeben wird, ob Änderungen vorgenommen wurden. b) Das Kürzel NC (Non-Commercial) besagt, dass das Material mit Ausnahme des vom Herausgeber beauftragten Verlages nicht für kommerzielle Zwecke genutzt werden darf. c) Der Zusatz SA (Share-Alike) soll den *Creative-Commons*-Gedanken fördern, in dem alle Veränderungen und Weiterentwicklungen der publizierten Werkstattbeiträge nur unter der Lizenz des Originals verbreitet werden dürfen (für weitere Informationen vgl. u. a. creativecommons.org/share-your-work/licensing-types-examples, aufgerufen 28. April 2019).

wesentliches Ziel des Projekts ist, gerade Personen in Qualifizierungsphasen einen freien und leichten Zugang zu hochwertigen Inhalten zu ermöglichen, so ist es gleichermaßen die Pflicht eines Herausgebers, alle Autorinnen und Autoren vor unsachgemäßer Verwertung ihrer geistigen Arbeit zu schützen. Daher ist beispielsweise die kommerzielle Nutzung der Texte nicht ohne Rücksprache mit den Autorinnen, Autoren und dem Herausgeber gestattet. Dies bedeutet zwar eine Einschränkung und entspricht damit dem *Open-Access*-Gedanken nicht im vollumfänglichen Sinne, sorgt jedoch dafür (und dieser Aspekt ist nicht zu unterschätzen), dass Forschende auch künftig Texte beitragen möchten und der Fortbestand des Projekts trotz des niedrigschwelligen Zugangs zu den Texten gewährleistet wird.

3. Ordnungen

Jede Sammlerin und jeder Sammler möchte die erhaltenen Fundstücke irgendwann in sinnvoller Weise *ordnen* – das gilt natürlich ebenso für Texte, die Theorien, Ansätze und Methoden medienpädagogischer Forschung beschreiben und reflektieren. In zahlreichen Gesprächen habe ich daher mit beteiligten Kolleginnen und Kollegen mögliche Ordnungssysteme und Kategorisierungen diskutiert.

So beispielsweise den vorgetragenen Wunsch, ganze Bände der Forschungswerkstatt den disziplinären *Traditionen* und deren Bezügen (vgl. Kapitel 1 sowie Kübler 2014, S. 42–47; Hartung/Schorb 2014, S. 8), spezifischen *Erkenntnisinteressen* und *Feldern*[16] oder bestimmten *Forschungspara-*

[16] Typische Felder medienpädagogischer Forschung, die sich nach Erkenntnisinteressen unterscheiden lassen, sind im Wesentlichen Fragen der a) Persönlichkeits- und Gesellschaftsentwicklung beziehungsweise Sozialisations- und Aneignungsforschung, b) Medienbildungsforschung, c) Praxisforschung (wie beispielsweise die Generierung und Evaluation von Handlungswissen und Handlungskonzepten oder die Beforschung medialer Eigenproduktionen) und d) mediendidaktischen Forschung (vgl. u. a. Hartung/Schorb 2014, S. 10–14; Niesyto 2014, S. 178–180; Hartung 2017, S. 248–253).

digmen[17], *-richtungen* oder *-techniken* zu widmen. Von Beginn an war es jedoch mein Bestreben, auf diese determinierenden *Eingrenzungen* und *Lenkungen* weitgehend zu verzichten und stattdessen lieber die Pluralität der Ansätze, Zugänge und Methoden in möglichst *gleichberechtigter* Weise nebeneinander darzustellen. Leitmotiv war dabei, dass sich die Vielfalt der Fragen in den Ansätzen und Zugängen widerspiegeln muss, die bei der Antwortsuche helfen.

3.1 Verzicht auf Systematisierungen und Kategorisierungen

Unter Berücksichtigung des fortwährenden Umbruchs und der verhältnismäßig jungen Historie medienpädagogischer Methodenkritik und -entwicklung (vgl. u. a. Niesyto/Moser 2008, Editorial; Süss/Lampert/Wijnen 2011, S. 26; Seel/Hanke 2015, S. 900; Hartung-Griemberg 2017, S. 253) sollen also bewusst keine *eingrenzenden* Systematisierungen und *lenkenden* Kategorisierungen von Forschungsrichtungen, Forschungstraditionen und methodischen Paradigmen vorgenommen werden.[18] Diese könnten – so meine Befürchtung – gerade *innovative* Ansätze und die konstruktive Diskussion hierüber ersticken, noch bevor sie wahrgenommen wurden und eine Chance auf Weiterentwicklung und Verbesserung hatten. So wurde anderenorts bereits konstatiert, dass es „weder sinnvoll noch gewinnbringend ist, in der Reflexion des Forschungsstands zu versuchen, diesen zu ver-

---

[17] So beispielsweise die Unterscheidung *interpretativer, subjektbezogener* und *qualitativer* Ansätze (vgl. Friebertshäuser/Lange/Prengel 2010; Flick/Kardorff 2012) und *empirisch-quantitativer* Ansätze oder deren gezielte Verbindung mittels (Methoden-)*Triangulation* oder *Mixed Methods*-Ansätzen (vgl. Johnson/Onwuegbuzie 2004; Gläser-Zikuda/Seidel/Rohlfs/Gröschner/Ziegelbauer 2012; Moser 2014, S. 55 f. und 2018, S. 85–113; Ganguin/Gemkow/Treumann 2017, S. 125–154). Über die gezielte Verbindung von Methoden sind auch weitere Triangulationsformen möglich, wie beispielsweise die *Daten*triangulation, *Forscher*triangulation oder auch *Theorie*triangulation (vgl. Denzin 1970, S. 300 f.).

[18] Im Gegensatz zur Auswahl der Werkstattbeiträge, die weitestgehend *ungesteuert* über einen öffentlichen Call erfolgte und über Zugang und Nichtzugang zur Forschungswerkstatt von Seiten der Reviewerinnen und Reviewer keine inhaltlichen Aspekte, sondern lediglich qualitative Ansprüche an Textverständnis und konkrete Nützlichkeit gestellt wurden, fand die Auswahl der Grundlagenbeiträge gezielt statt. Bezüglich der Auswahl der Grundlagenbeiträge wurde vom selbstgesetztem Ziel, nicht vergleichend zu ordnen und zu kategorisieren, beabsichtigt abgewichen.

einheitlichen, denn zu heterogen und facettenreich sind die Erkenntnisinteressen und Ansätze medienpädagogisch orientierter[19] Forschung" (Hartung/Schorb 2014, S. 7 f.; vgl. auch Kübler 2014, S. 29–32; Hartung-Griemberg 2017, S. 248).

3.2 Orientierungspunkte und Strukturelemente

Als ergänzendes Strukturelement wurde – neben der einheitlichen Gliederung aller Werkstattbeiträge mit möglichst *wiederkehrenden Kapitelüberschriften* – eine Verschlagwortung mittels *Tags* eingesetzt, die eine bessere Orientierung und Suche in der Onlinedatenbank unterstützen soll. Die Tags in der Printpublikation, welche die vorangestellten deutschen und englischsprachigen Abstracts ergänzen, dienen der schnelleren Erschließung und Einordnung der Beiträge (vgl. auch die jeweiligen Register der Schlagworte | Tags ab S. 359, ab S. 713 sowie im vorliegenden Band ab S. 1097). In mehreren Seminaren[20] zeigte sich, dass die Tags in Kombination mit den kurzen Abstracts bereits eine relativ gute Orientierung in einer Vielzahl von Texten binnen kurzer Zeit (wie beispielsweise einer Seminareinheit) ermöglichten. So gilt zu hoffen, dass trotz des Fehlens von ordnenden Kategorien und übergeordneten Strukturierungselementen sowohl Studierende, die zum Verfassen ihrer Qualifikationsarbeit auf der Suche nach Unterstützung

---

[19] Die hier aus dem zuvor bereits genannten Band von 2014 zitierte „medienpädagogisch *orientierte* Forschung" (Hartung/Schorb 2014, S. 8, Herv. TK) wurde in der aktuellen sechsten Auflage *Grundbegriffe Medienpädagogik* zu „Medienpädagogischer Forschung" (vgl. Schorb/Hartung/Dallmann 2017, S. 247–253; Knaus 2017b, S. 85), während sie in der Vorgängerauflage als Grundbegriff fehlte (vgl. Hüther/Schorb 2005), unter „Medienforschung" behandelt und mit „qualitativer Medienforschung" gleichgesetzt wurde (vgl. Hüther/Schorb 2005, S. 253–256; Mikos/Wegener 2005). Für mich wird in dieser Alleinstellung, Weiterentwicklung sowie im Verzicht auf das Adjektiv „orientierte" ein (meines Erachtens überfälliges) neues Selbstbewusstsein der medienpädagogischen *Community* erkennbar: Ein Selbstverständnis, sich nicht nur als „Anhängsel" der Erziehungswissenschaft, sondern als (selbst-)bewusste *Disziplin* mit *genuinem* Forschungs*interesse*, *spezifischen Perspektiven* und *Zugängen* zu begreifen. Nicht zuletzt daher und entsprechend absichtlich wird das hier beschriebene Projekt nicht als „Werkstatt medienpädagogisch orientierter Forschung" bezeichnet.

[20] Unter anderem mit Studierenden des Masterstudiengangs *(Erziehungswissenschaftlich-) Empirische Bildungsforschung* an der RWTH in Aachen sowie an der Universität Erlangen-Nürnberg.

und Inspiration sind, als auch Lehrende, die nach passenden Texten für ihre Lehrveranstaltungen recherchieren, fündig werden.

Auf die übliche einleitende Würdigung der Beiträge in einer knappen Zusammenfassung wird an dieser Stelle verzichtet, da jeder Grundlagen- und Werkstattbeitrag bereits über einleitende englisch- und deutschsprachige Abstracts verfügt.

4. Kritik und Weiterentwicklung

Ziel des Projekts ist es, nicht nur Theorien, Ansätze und Methoden zu versammeln, welche die Forschungslandschaft der Medienpädagogik bereicherten oder künftig bereichern, sondern auch den kritischen *Austausch* hierüber zu intensivieren. Dieser Austausch soll zum einen der Entwicklung neuer Ansätze, der Weiterentwicklung und Qualitätssicherung bestehender Methoden und Techniken dienen und zum anderen zur Verbreitung von bisher noch wenig bekannten Ansätzen und Arbeitsweisen beitragen. Die damit geförderte breitere Anwendung und Genese (forschungspraktischer) Erfahrungen soll wiederum der inhaltlichen Weiterentwicklung jener Ansätze und Methoden dienen.

Möglichkeiten des *Feedbacks*, der *kritischen Kommentierung* und des *Austauschs* sind daher auf jeder Ebene des Publikationsprojekts vorgesehen:

a) Nach der Einreichung des Exposés für einen Werkstattbeitrag werden jeweils zwei[21] *unabhängige Gutachten* angefertigt. Entsprechend der Zielsetzung des Projekts und um die Gefahr des „Mainstreamings" zu umgehen, war die wesentliche Frage der Begutachtenden, ob der im Werkstattbeitrag reflektierte Ansatz und die verwendete beziehungsweise beschriebene Methode in der Lage sind, das Wissen der Medienpädagogik zu mehren, deren Theoriebildung voranzubringen, Theorie und Praxis forschend zu verbinden, die medienpädagogische Praxis zu evaluieren oder zu reflektieren. Außerdem wurde geprüft, ob der Werkstattbeitrag insgesamt so beschrieben wurde, dass Nachwuchsforscherinnen, Nachwuchsforscher und Studierende davon profitieren können.

[21] Falls die Gutachten eines Exposés im Ergebnis unterschiedlich ausfallen, wurde beziehungsweise wird ein drittes Gutachten eingeholt.

b) Während des Forschungs- und Schreibprozesses konnten beziehungsweise können interessierte Autorinnen und Autoren Begleitung durch *Critical Friends* erhalten (vgl. Costa/Kallick 1993), die sie mit individuellem, kollegialem Feedback unterstütz(t)en.

c) Nach Fertigstellung des ersten Entwurfs redigierte beziehungsweise redigiert das *Redaktionsteam* die Texte und prüft(e) sie auf möglichst gute Verständlichkeit, Leserinnen- und Leserführung sowie die Einhaltung redaktioneller Standards und der einheitlichen Gliederung (vgl. Kapitel 3.2), die den Lesenden die schnelle Orientierung innerhalb der mitunter sehr unterschiedlichen Beiträge erleichtern soll. Dieses Feedback mündete bisher nicht selten in mindestens eine Überarbeitungsschleife, die einige Texte insbesondere in Bezug auf Verständlichkeit und praktische Anwendbarkeit verbesserte.

d) Jeder Werkstattbeitrag enthält überdies eine *Würdigung* durch Betreuende (beispielsweise im Falle von Dissertationen oder anderen Qualifikationsarbeiten) beziehungsweise *Critical Friends* oder eine *Selbstreflexion* der Forscherin oder des Forschers. Gerade die Selbstreflexionen entpuppten sich in nicht wenigen Fällen als interessanter Fundus weiterführender forschungspraktischer Erfahrungen, Hürden und Anekdoten. Manche Werkstattbeiträge verfügen daher sogar über eine Würdigung *und* eine ergänzende Selbstreflexion.

e) Über die Feedback- und Reflexionsoptionen innerhalb der Beiträge können die Werkstattbeiträge auch *online* mithilfe einer Kommentarfunktion in der Literaturdatenbank gewürdigt und kritisiert werden. Kommentierende müssen sich lediglich registrieren und per eMail-Verifikation authentifizieren. Dies stellt zwar eine Hürde dar, die den freien Austausch etwas hemmt, aber ist zur Vermeidung von unsachgemäßer Nutzung und *Bot*-Einträgen leider unerlässlich. Die Kommentarfunktion wurde bisher leider noch recht verhalten genutzt – was durchaus zu erwarten war (vgl. zur *90-9-1-Regel* zur Beteiligung von Mitgliedern in *Social Communities* u. a. Nielsen 2006). Wir hoffen, dass die weitere Verbreitung der Texte des Publikationsprojekts die Verwendung der Feedbackoptionen auf der Onlineplattform anfachen wird.

f) Es bleibt darüber hinaus zu hoffen, dass die Diskussion über förderliche Ansätze und Methoden nicht abebbt; aus diesem Grund wurden in den letzten beiden Jahren mehrere Veranstaltungen organisiert, die das Projekt und dessen erste Ergebnisse in unterschiedlichen Kontexten vorstellten: so beispielsweise im universitären Kontext im Rahmen von forschungsbezogenen Veranstaltungen (im Besonderen im Masterstudium und Master- beziehungsweise Promotionskolloquien), zwei forschungsmethodischer „Speed-Datings" der Fachgruppe *Qualitative Forschung* im Rahmen der GMK-Foren in Köln (2015) und Frankfurt am Main (2017) sowie von interdisziplinären Fachtagen der neuen Reihe *Medienpädagogik meets...*, unter anderem im Rahmen der gemeinsamen Herbsttagung (2016) der Sektion Medienpädagogik der DGfE und der Sektion Medienpädagogik der ÖFEB an der Universität Wien.

Im ersten Kapitel wurde auf die positiven Aspekte hingewiesen, Anregungen aus unterschiedlichen Disziplinen aufzunehmen und diese unter der eigenen Erziehungs- und Bildungsperspektive zu bearbeiten: So profitiert die Medienpädagogik als *Fractured-Porous Discipline* (vgl. Kapitel 1) von ihrer Umgebung im Sinne interdisziplinärer Inspiration – zumal sich „komplexe soziale Handlungsfelder [...] nur mit interdisziplinären, multiplen Methodenkombinationen erkunden und explizieren" lassen (Kübler 2014, S. 48). Herausfordernd ist hierbei das Er- und Beibehalten des Überblicks in diesem so weitverzweigten und heterogenen Feld. Auch dazu soll das hier beschriebene Publikationsprojekt beitragen. Möglicherweise gelingt es auch, durch die Intensivierung des interdisziplinären Austauschs zu förderlichen Ansätzen und innovativen Methoden für die Medienpädagogik etwas Neues zu schaffen – nämlich für medienpädagogische Fragestellungen besonders taugliche Zugänge und Methoden zu entwickeln, diese kollaborativ weiterzudenken und hierüber wiederum die Diskussion um Theorien, Ansätze und Methoden der umgebenden Disziplinen zu bereichern.

5. Dank und Ausblick

Dieses Projekt wurde und wird von zahlreichen Menschen unterstützt, ohne deren Förderung und Begleitung es nicht (und schon gar nicht in der nun vorliegenden Form) realisierbar gewesen wäre. Allen an dieser Stelle persönlich zu danken, obschon es angebracht wäre, sprengt leider den Rahmen. Ich bitte hierfür um Verständnis.

Mein herzlicher Dank gebührt allen Kolleginnen und Kollegen, die das Projekt in ihren Kreisen bekannt machten und so dafür sorgten, dass die Resonanz auf den *ersten Call* bereits derartig überwältigend war, dass wir das ursprünglich als lockeren Austausch angedachte Vorhaben auf solidere finanzielle und organisatorische Füße stellen mussten (vgl. forschungswerkstatt-medienpaedagogik.de/newsblog). Ich danke dem *Inner Circle* der Fachgruppe Qualitative Forschung der GMK sowie den Mitgliedern der Sektion Medienpädagogik der DGfE, die tatkräftig als Reviewerinnen, Reviewer und *Critical Friends* Exposés wertschätzend und konstruktiv beurteilten (vgl. Kapitel 4) sowie einige Werkstattbeiträge ebenso engagiert begleiteten.

Kein Publikationsprojekt kommt ohne hoch motivierte Autorinnen und Autoren aus, die dafür nicht nur die theoretische Fundierung und Methodik ihrer Studien dar- und offenlegten, sondern diese auch häufig selbst reflektierten und zur kritischen Begutachtung seitens der *Community* zur Verfügung stellten und noch immer stellen (vgl. Kapitel 4). Dies ist nicht nur aufwändig und anstrengend – es erfordert auch den Mut, die eigene Arbeit (erneut) bewerten und kritisieren zu lassen.

Ein ganz besonderer Dank gilt Professor Dr. Gerhard Tulodziecki (Paderborn), der nicht nur einen Werkstatt- und einen zusätzlichen rahmenden Grundlagenbeitrag beisteuerte, sondern mir auch als kluger und äußerst geduldiger Ratgeber zur Seite stand. Ebenso engagiert begleitete Professor Dr. Horst Niesyto (Ludwigsburg) dieses Projekt: Er begeisterte seine zahlreichen Doktorandinnen und Doktoranden zur Mitwirkung und steuerte darüber hinaus einen verbindenden Grundlagenbeitrag bei. Danken möchte ich meinem weiteren beruflichen Umfeld sowie unserer Hochschulleitung, insbesondere meinem Direktionskollegen im FTzM und Vizepräsidenten für Forschung und Weiterbildung, Professor Dr. Ulrich Schrader, für kreativitätsförderliche Freiheiten, den wöchentlichen Austausch und die nunmehr bereits fast zwei Jahrzehnte andauernde gegenseitige Unterstützung.

Mein umfänglichster Dank gilt meinen Kolleginnen, Kollegen und Mitarbeiterinnen an der Universität Erlangen-Nürnberg und dem FTzM Frankfurt am Main, im Wesentlichen Dr. Susann HOFBAUER und Dr. Katrin VALENTIN (Erlangen-Nürnberg) – und ganz besonders Nastasja MÜLLER, M. A./M. Ed., und Olga ENGEL, M. A./MBA (Frankfurt am Main), die mich in der Organisation des Vorhabens, der Redaktion aller Beiträge und dem Layout der Printbände in wunderbarer Weise unterstützten. Danken möchte ich zudem den Informatikern, Web-Entwicklern und Grafikdesignern des Frankfurter Teams, Marc MANNIG, Fabian LAMBA und Kamil SKIBA, die die webbasierte Literaturdatenbank, die Drucksachen und die Projektwebseite in technisch ausgereifter und grafisch sehr ansprechender Weise umsetzten, sowie Carolin HAHN und Robert MURPHY für die sehr hilfreiche Unterstützung der Redaktion mit ihrem Blick für die wesentlichen Details und ihrem untrüglichen Sprachgefühl.

Ein großer Dank gilt auch meinem Verleger, Dr. Ludwig SCHLUMP, mit dem ich bereits einige Projekte in erfreulich unaufgeregter und kooperativer Weise stemmte. So ist dieses Projekt für einen Verleger ein besonderes Wagnis, da die Werkstattbeiträge bereits *vor* der Printveröffentlichung online zur Verfügung gestellt und diskutiert werden – wie es sich eben für eine Forschungswerkstatt gehört. Für diese Möglichkeit und die (keineswegs selbstverständliche) Bereitschaft, offene Zugänge im wissenschaftlichen Kontext und damit den akademischen Austausch zu fördern, danke ich sehr. Die ersten drei Printpublikationen sind mit dem vorliegenden Band nun erschienen und damit wurden die Beiträge des ersten Calls aus dem Jahr 2015 veröffentlicht. Zur Fortsetzung der Sammlung „forschungsmethodischer Schätze" der Medienpädagogik und dieser Reihe sind – mit etwas zeitlichem Abstand – weitere Calls geplant.

Nicht zuletzt danke ich den Studierenden aus Frankfurt am Main und Erlangen-Nürnberg, die meine Seminare besuchten, bei mir Qualifikationsarbeiten verfassten und unbeirrt Jahr für Jahr monierten, dass es keine geeignete (und frei zugängliche) Literatur gibt, die theoretisch, forschungsmethodisch und -praktisch Vorbild für ihre eigenen Vorhaben sein könnte (vgl. Kapitel 2.1). Sie legten damit den Grundstein für dieses Projekt – was ihnen nun hoffentlich, wenngleich mit leichter Verspätung, zugutekommt.

A Media Pedagogy Research Workshop – Points of Departure, Rationales, and Aims of a Publication Project

1. Points of Departure and Challenges

Is there any such thing as *the* Media Pedagogy research? This question can be approached in a number of different ways: One way might be to examine whether Media Pedagogy possesses an interest in any specific fields of media-pedagogical knowledge, and has any specific methodical-methodological approaches at its disposal for acquiring it. It would also be possible to respond to the question by asking *how* Media Pedagogy generates its knowledge, by referencing the traditions of related disciplines. A further way would be to *collect and compile* those research strategies[1], methods[2], procedures and techniques which have served to – and will continue to – broaden the knowledge base of Media Pedagogy. The decision on whether such a thing exists as *the* Media Pedagogy research can then ultimately be left to the reader.

One main advantage of the latter approach is that any process of categorising and ranking tends not to result in the premature exclusion of specific theories, approaches and techniques (see Hartung/Schorb 2014, p. 7 and 9 f. and chapter 3.1). This would appear sensible inasmuch as the fields of research and objects of research in Media Pedagogy – not only in recent years, but also and especially in the current time – have seen considerable change and development, something that will be examined in greater depth below. It is largely for this reason that Hans-Dieter KÜBLER and others have questioned the customary usage of the singular – together with the use of the definite article in German – to refer to "the" Media Pedagogy (Kübler 2014, p. 29). Media Pedagogy is traditionally a multidisciplinary field of research. In addition, its approaches, methodologies and methods

[1] The following discussion understands (media pedagogical) research *strategies* as theoretically substantiated and methodologically operational research designs which examine issues and interests relevant to Media Pedagogy using a recognised (or at least verifiable) repertoire of methods and existing research in transparent and systematic research projects (see Kübler 2014, p. 27).

[2] The following discussion understands (media-pedagogical) methods to be procedures and instruments which contribute to the research, explication and discussion of Media Pedagogy in research and practice (see Kübler 2014, p. 27).

are also similarly heterogeneous, diffuse and often contradictory (see inter alia Kübler 2014, p. 32 and p. 34–36; Niesyto 2014, p. 180). The research objects of Media Pedagogy are in a constant state of flux, not least because of the way in which technological progress ("digitisation") is changing society, and as a result they are accumulating ever-greater relevance as a result of *ever further* mediatisation (see inter alia Hug 2003/2017; Kübler 2014, p. 29 f.; Krotz 2016, p. 21 f.; Knaus 2017a, p. 51–55; Tulodziecki 2017a, p. 59). It is in this context that Horst NIESYTO identifies "constantly changing media environments" (Niesyto 2014, p. 178). Media are changing the way in which we interact, our *societies* (see inter alia Jäckel 2005; Hurrelmann 2006, p. 255 f.; Sutter 2007; Maurer/Reinhard-Hauck/Schluchter/von Zimmermann 2013; Knaus 2018) – and ultimately *us* (see inter alia Theunert 2009; Vollbrecht/Wegener 2010, p. 55–63; Hoffmann 2013; Spanhel 2013; Carstensen/Schachter/Schelhowe/Beer 2014). Media – in their constitutive function as *shapers of subjects and societies* – are exerting a relentless influence on education and learning processes, and consequently on the fields of research and practice which are of interest to Media Pedagogy.

It is especially in times of social upheavals that research gains in importance, because it provides answers to newly-arising questions, offers a point of reference or delivers the potential for (self-)reflection. Current developments such as *digitisation* and *mediatisation* mean that there are many questions that remain to be answered. Indeed, virtually every current introduction to Media Pedagogy levels criticism at the discipline's research deficit[3] and points out the relevance of Media Pedagogy research and its existing research objectives (see inter alia Vollbrecht 2001; Sander/von Groß/Hugger 2008, p. 301 ff.; Moser 2010, p. 56; Süss/Lampert/Wijnen 2011, p. 26 f.; von Gross/Meister/Sander 2015, p. 26 f. and p. 65–71; Moser 2014, p. 55 f.; Niesyto 2014, p. 180 f.; Fleischer/Hajok 2016).

[3] The compendium *Erziehungswissenschaft* [Educational Science] by Norbert M. SEEL and Ulrike HANKE devotes a mere five of its 923 pages to Media Pedagogy. The authors, citing the textbook *Medienpädagogik* (Süss/Lampert/Wijnen 2011), are critical "that Media Pedagogy still remains a field which has been inadequately professionalised [...]. One of the most striking deficits to be identified is its lack of research [...]" (Seel/Hanke 2015, p. 900, English translation TK).

Horst Niesyto and Heinz Moser, who themselves have contributed significantly to research on Media Pedagogy, observed as much as ten years ago that "the state of methodological development has stagnated since the 1990s. It is time to engage in a discussion to identify the innovative processes which might take the methodological discussion forwards" (Niesyto/ Moser 2008, Editorial, English translation TK). Many other statements of a similar nature could be added to these, but they would only serve to repeat the same conclusion. But they do serve to drive home that there is both the *need* and the *demand* for greater and more comprehensive research activity in the field of Media Pedagogy.

The following statements are intended to serve as examples and, without claiming to be exhaustive, to indicate the challenges confronting the fields of research which are of interest to Media Pedagogy; they can be subsumed under the headings *Heterogeneity*, *Contradiction* and *Complexity*: This reflects the manifold interdisciplinary links that exist in Media Pedagogy, not least because of its proximity to hermeneutic and empirical research traditions and to those of the humanities; it is at one and the same time a field of research and practice, and although it possesses numerous points of contact between theory and practice, there is also the need to acquire more in-depth knowledge, identify more application-based approaches and engage in more research in the field. Even defining the matter of interest to Media Pedagogy (or the matter of interest to media-pedagogical research) raises a number of questions: From its systemic or constructivist perspective, Media Pedagogy possesses little which is *intuitively* "understandable". Because, as a systemically or constructivistically orientated social or cultural science, research on Media Pedagogy cannot – in contrast to natural sciences or positivistic approaches – proceed from constructs of a causal or "mechanical" nature, but only from individual constructs, or constructs that are generated by social groups. These artefacts always need to be *interpreted* or *reproduced* for the research process, and this means that the borders and clear lines of division between physical things and constructs, and interpretations or reproductions, become blurred (see Luhmann/Schorr 1982; p. 14; Kübler 2014, p. 27 f.; Moser 2014, p. 64 f.; Niesyto 2017, p. 74 f.). To the same degree – depending on the disciplinary perspective – it is on the one hand *media themselves* that constitute the subject matter, especially when they are of relevance to issues pertaining to education; on the other hand it is their appropriation, availability, user frequency and the way they are dealt with generally which is the object of Media Pedagogy research. Furthermore, (digital) media can also be involved *instrumentally* in the research process, and their constructions and debates can then become the object of Media Pedagogy research themselves.

Media Pedagogy is – in contrast to most of its neighbouring fields of research and practice – an *open discipline* and can therefore be referred to as a "fractured-porous discipline" (Meusburger 2009, p. 117; see also Keiner 2015, p. 16): This term serves to label a discipline which, due to its theories and methods, tends to have a relatively low level of consensus, is characterised by a high degree of diversity, and which (in contrast to "unified-insular disciplines") struggles to resist the "external" influences of other disciplines. Against the background of traditional boundaries between disciplines, this description sounds rather unattractive. But I would like to reverse the perspective – starting from a modern academic viewpoint – and to see it as something far more positive: Media Pedagogy adopts influences from other disciplines with great interest and adapts them in a creative manner. On the one hand this enriches the topical and methodical diversity of the field and opens up new approaches and perspectives, and on the other hand increases the heterogeneity of the research spectrum.

The brief overview of the disciplinary roots of the authors mentioned above who have written introductions to Media Pedagogy is enough in itself to reveal the *multidisciplinary approaches to* and *accessing of* Media Pedagogy: These include links with Educational Science, (General) Pedagogy, Media Studies and Communication Science, Literary Science as well as links with (Media) Psychology and (Media) Sociology within Media Pedagogy itself. Its research activities are therefore informed by a similarly interdisciplinary background (see Jarren/Wassmer 2009, p. 48; KBoM 2011, p. 16; Niesyto 2014, p. 180). These kinds of links are never free from traditions of their own: As a result, Media *Pedagogy* as a pedagogical discipline "inherits" the research traditions of the humanities and of traditional hermeneutic and empirical scholarship which to date have stood side by side with little in common. The manifold disciplinary approaches are united on the one hand by the breadth of media as a concept, and on the other by the now generally accepted view that *Media Pedagogy* as a concept can be used as an "umbrella term [for] all issues of pedagogical significance for media"

(Neubauer/Tulodziecki 1979, English translation TK).[4] So "the concept of media [is] manifold, diffuse and arbitrary" (Kübler 2014, p. 32, English translation TK) and has at its disposal not only innumerable (everyday) meanings and connections (see Knaus 2009, p. 49–58), but also several levels: A distinction is made between *objective* levels – such as techniques, tools or organisations – and *symbolic* levels such as content, communicative artefacts and aesthetic productions in various symbolic systems (languages, images, sounds, et cetera), which culminate in collective or subjective symbolic or experiential worlds through reproductions, discussions and interpretations (see Kübler 2014, p. 28). Furthermore, the field of research and practice covered by Media Pedagogy is currently witnessing further ongoing development resulting from processes of digitisation and mediatisation – which is bringing with it opportunities to conduct research on the *new* digital media objectively and to employ it *instrumentally*[5] in research projects. Unfortunately, these kinds of inclusively framed, multidisciplinary strategies – in combination with the different levels and connections – tend to result in media-pedagogical research not necessarily being identified as such.

Any further broadening of the spectrum of media-pedagogical research goes hand in hand with the field of "application-oriented" research – research *from*, *for* and *with* the practitioners themselves – which is especially relevant for Media Pedagogy. Media Pedagogy already possesses a long and established tradition of *practice-based research,* which systematically

[4] A more comprehensive definition of Media Pedagogy as an *umbrella term* can be found in the contribution by Gerhard TULODZIECKI in the edited volume *Medienbildung und Medienkompetenz* [Media Education and Media Literacy] from the 2010 autumn conference of the Media Pedagogy section of the German Educational Research Association (GERA/DGfE) in which he undertakes to deliver a more focused and finely-grained definition of the core concepts of Media Pedagogy: "Media Pedagogy incorporates everything which is pedagogically relevant and a potential impetus to action which has a connection to media, the discussion of which uses empirical research outcomes and normative ideas and is based on media studies, media theory, theories of teaching and learning or theories of socialisation and education" (Tulodziecki 2011, p. 13, English translation TK).

[5] On 24 November 2013 the research group *Qualitative Forschung* [Qualitative Research] organised a workshop on this issue as part of the 30th GMK Forum *smart und mobil* [smart and mobile] at the Johannes Gutenberg-University of Mainz. The workshop was called *Medienforschung mobil – Mobile Devices als Gegenstand und Instrumente qualitativer Medienforschung* [Mobile Media Research – Mobile Devices as the Object and Instrument of Qualitative Media Research].

monitors, documents, analyses and evaluates "pedagogically-arranged educational and learning processes with a media connection" (Niesyto 2014, p. 173, English translation TK). For example, classic practice-based research adds focus to projects in active-productive media work such as researching "self-productions" (Niesyto 2007; Niesyto 2017, p. 75–84), furthering quality development through the self-reflection, self-evaluation and critical introspection of practitioners, and expanding orientational and reflective knowledge (see Knaus/Meister/Tulodziecki 2017, p. 12 f.).

Also worthy of mention is the evaluation of media-pedagogical interventions (see inter alia Anfang/Brüggen 2009; Brüggen 2009; Süss/Lampert/Wijnen 2011, p. 27 and p. 30; Kübler 2014, p. 42; Moser 2014, p. 71; Niesyto 2014, p. 175 and p. 181) or (media-)educational learning arrangements and environments (see inter alia Klafki 1973; Petko 2010; Preußler/Kerres/Schiefner-Rohs 2014). These manifold strategies are distinguished from one another according to the function and the degree of involvement of the practitioners in the research process and by the forms of participation and interaction between the researcher and people being researched. Practice-based research has often drawn its relevance from the scholarly monitoring of model projects – when (professional) media-pedagogical activities or Media Pedagogy *itself* becomes the actual object of the research. Media-pedagogical practice-based research could therefore – in contrast to a "truth-seeking" understanding of research – be seen to have more of a "legitimising" function (see Kübler 2014, p. 42–44). But for Media Pedagogy – as a field of scholarship engaged in *action* and *reflection* – this perspective would be somewhat short-sighted, because "systematic, scholarly research on educational practice and educational interaction is a constituent part of the core and fundamentals of this discipline" (Niesyto 2014, p. 181, English translation TK). It is for this reason that *Action Research* (see inter alia Moser 1995) and *Design-Based Research* (see inter alia Reinmann 2005) – with their participative and dialogical approaches – have been so well received in pedagogical and media-pedagogical research circles, and in education research. Furthermore, work on educational design and development-based research formats have received and continue to receive widespread recognition (see Tulodziecki/Grafe/Herzig 2013; Niesyto 2014, p. 176; Reinmann/Sesink 2014; Tulodziecki/Grafe/Herzig 2014; Tulodziecki 2017c). They serve not only to further the field's legitimacy, the evaluation of interventions or (self-)reflection and discussion, but also conceptual growth and the *generation* of new theories. It is not least for this reason that practice-based research and educational design and development-based concepts have gained so much in importance in recent years – especially in and for Media Pedagogy (see KBoM 2011, p. 17; Niesyto 2014, p. 173–177; Moser 2014, p. 71 f.).

With the exception of the *Jahrbuch Medienpädagogik 10 – Methodologie und Methoden medienpädagogischer Forschung* [Media Pedagogy Yearbook 10 – Methodology and Methods in media-pedagogical Research], the strategies and methods that Media Pedagogy uses to generate new knowledge, to stimulate debate about media-pedagogical practice and to evaluate concepts have for a long time played a relatively minor role in the discussions and publications of the community – besides a few individual issues and initiatives. Around the turn of the millennium, there were some publications in the tradition of Media Studies and Communication Science (see inter alia Kübler 1989; Paus-Haase/Schorb 2000; Paus-Haase/Lampert/Süss 2002; see also more current works such as Brosius/Haas/Koschel 2012; Othmer/Weich 2015) together with some pertinent titles with a focus on Sociology (see Ayaß/Bergmann 2006) and Pedagogical Psychology (see Schweer 2001). However, these titles often only addressed and discussed certain aspects[6] of Media Pedagogy research.

More overarching studies of media-pedagogical research activities with a focus on Educational Science[7] are few and far between (see Tulodziecki 1981; Hug 2003; Moser 2001; Bachmair/Diepold/de Witt 2003; Mikos/Wegener 2005; Neuß 2005; Niesyto/Moser 2008; Theunert 2008). The above-mentioned yearbook published by Anja Hartung-Griemberg, Bernd Schorb, Horst Niesyto, Heinz Moser and Petra Grell is therefore a most helpful work for scholars in Media Pedagogy, because it reflects the current

[6] The interdisciplinary team of authors who wrote the introductory volume cited above also arrived at this conclusion – with reference to Schweer's publication in 2001: "Single-volume collections of articles on media-pedagogical research have so far often been just a compilation of relatively arbitrary individual building blocks" (Süss/Lampert/Wijnen 2011, p. 27, English translation TK).

[7] That media-pedagogical research which is located in the tradition of Educational Science appears to be relatively underrepresented in the literature could be explained by the relative proximity of Media Pedagogy to Educational Science. Because Media Pedagogy makes use of the strategies and methods of Educational Science (see inter alia Friebertshäuser/Langer/Prengel 2010; Friebertshäuser/Seichter 2013), there has been perhaps relatively little need to construct a *genuine* research profile and to represent it accordingly in the literature.

state of research with respect to its heterogeneous strategies and perspectives, engages with epistemological frames of reference (see inter alia Kübler 2014), and to the same degree draws together important connections from practice and for practice-based research (see inter alia Moser 2014; Niesyto 2014). However, students and young scholars have relatively few *concrete* possibilities to choose from which, for example, draw connections between theoretical approaches and media-pedagogical practice and research, and which consider real experience in a practical way. But considering the overall and current challenges facing media-pedagogical research, there is definitely a need and demand for titles such as these.

2. Origins and Structure

The challenges and desiderata of media-pedagogical research set out here now come face to face with the publication project before us, the aim of which is to increase the profile of the "methodical delights" of media-pedagogically inspired and orientated studies, and to make them available on an *open access* database website (see forschungswerkstatt-medienpaedagogik.de). The project also seeks to reveal the heterogeneous spectrum of creative approaches and innovative methods which exist to support research on the questions and phenomena of interest to Media Pedagogy.

This publication project therefore represents a contribution to the discussion regarding the limits and possibilities of established approaches and methods in the context of media-pedagogical research, and to contribute to the explication and discussion of less well-known approaches and innovative methods. In doing this, the project seeks to further their acceptance within the scientific community, and assist in establishing a more distinct research profile for Media Pedagogy as a scholarly field in its own right without shutting the door on its potential for establishing interdisciplinary connections – on the contrary. This act of methodologically and thematically *locating* Media Pedagogy in the scholarly landscape serves to provide students and young academics – who are working on media-pedagogical topics in their studies and their theses – with a theoretical and methodical sense of place as well as practical guidance in their research.

2.1 Idea and Genesis

The idea for this project arose during the block seminar of the same name, which I have been teaching at the Friedrich-Alexander-University of Erlangen-Nuremberg since 2011: by using research-based strategies, *research-based learning* (see inter alia BAK 1970; Tulodziecki/Herzig/Blömeke 2017, p. 323–342) and *learning by teaching*, I hope to have awakened the interest of future teachers, as well as students majoring in Media Pedagogy in the Master's programme in *Erziehungswissenschaftlich-Empirische Bildungsforschung* [Empirical Educational Research], in media-pedagogical issues. Indeed, it is in this context that a number of interesting *mini-studies* have come into being, some of which have included innovative questions and approaches which stimulated discussion in the seminars. On a number of occasions they were followed up by Master's theses or PhD dissertations – some of which have already been published (see inter alia Groß/Großberger/Knaus 2015; Weiß/Wick/Knaus 2015; Knaus/Valentin 2016). But even experienced and dedicated students struggled with these studies when they sought to conduct research outside the usual survey mechanisms which are familiar from everyday contexts, such as (expert and guided) interviews or simple questionnaires. It is certainly the case that media-pedagogical research – as pointed out in the first chapter – finds itself confronted by a host of challenges.

Students justifiably complain that young academics in Media Pedagogy have to date received virtually no *tangible methodological inspiration* for their research and that, besides (oral-based) colloquia, there is hardly any opportunity to exchange experience with a *practical value* for their research. My reaction was to recommend the pertinent literature on methods[8], the literature databases *FIS-Bildung* and *peDOCS* at the DIPF[9], the

[8] These works can be found in the bibliography at the end of this text together with the bibliographies for the general submissions and the methods-related workshop articles. Of particular note are the *Literatur zum Weiterlesen* [recommendations for "further reading"] which supplement most of the cited literature in the articles.

events on offer at the GESIS[10], current theory fora and methods workshops (especially the workshops at the ZSM[11] at the University of Magdeburg) as well as the annual events staged by the research group *Qualitative Forschung* [Qualitative Research] at the GMK[12]. But the methods literature either still had not been acquired by university libraries or was constantly on loan, the methods seminars and training courses were mostly too expensive for students, and events scheduled by the research group were only available at certain times and in a different place every time, which meant covering travel expenses. At the same time, our research group had to cancel a conference, the organisation of which had consumed a great deal of time and energy, because there were too few registrations.

It was in this context that it occurred to us that the GMK research group had one distinct characteristic: While other sections such as *Film, Netzpoli-*

---

[9] The *German Institute for International Educational Research and Educational Information* (DIPF), located in Frankfurt am Main and in Berlin, is a research institute dedicated to Educational Research which develops and makes available services in support of research and information infrastructure. These services include the specialist web-based portal *Fachportal Pädagogik* [German Education Portal] which uses the *FIS-Bildung* literature database to deliver convenient (and using *peDOCS*, free) access to educational literature and related specialist information (for further information see dipf.de/en).

[10] The Leibniz Institute for Social Sciences (GESIS), located in Mannheim and Cologne, is the largest infrastructure facility for the social sciences in Germany. The institute supports researchers in the social sciences with research-based services, advisory services, and additional education and training (for further information see gesis.org/en).

[11] The Centre for Social World Research and Method Development (ZSM) is attached to the Faculty of Humanities at the Otto-von-Guericke-University of Magdeburg and arose out of the former Centre for Qualitative Educational, Counselling and Social Research (ZBBS). It is devoted to fundamental methodological and methodical issues in qualitative research. The ZSM aims – in addition to the consolidation of qualitative methods in various disciplines – to encourage the discussion and the ongoing development of methodological frameworks and methodical procedures, including quantitative approaches, as well as providing support for young scholars. To this end, the centre has regularly organised workshops on theory and methods as well as (interdisciplinary) conferences for young scholars (for further information see zsm.ovgu.de).

[12] The Association for Media Education and Communication Culture (GMK) is a nationwide, non-profit umbrella and professional organisation which devotes its energies to promoting Media Pedagogy and media literacy, uniting over one thousand members. It was founded in 1984 in Frankfurt am Main in order to consolidate media-pedagogical activities. It still functions today as a platform for those interested and involved in Media Pedagogy who have backgrounds in theory and practice, as well as for people involved in education, politics, culture and media (for further information see gmk-net.de, English translation TK). Dieter BAACKE was chairman of the GMK from 1984 until his death in 1999.

tik [Network Policy] or *Schule* [School] were able to define themselves with more of an objective-material focus or a specific occupational field, interest in the *Qualitative Forschung* [Qualitative Research] section was limited to certain phases in the students' and young academics' lives or qualifications. This meant that the members of the research group were particularly keen to participate actively in the group during their Bachelor or Master's theses or their PhD dissertations. But this rather "pragmatic" association with the research group nevertheless hampered its work as a permanent, active group.

Out of this desire on the part of the students to participate and the idea of consolidating the research group over a longer period of time by setting up a *common project*, a plan was forged to discuss current research strategies and methods not only in personal exchanges at conferences and in workshops, but also to do so in *written* form. A research *workshop* was to be established – a "place" to discuss, work on and "hone" common topics of interest and new (research) strategies. It was intended to be a place with the potential for growth.

Engaging in collaborative work on a publication project has several advantages: Firstly, there is a "common topic" – a *project* for the research group. Secondly, it initiates an *ongoing* process, not least because the aim – namely to map out media-pedagogical research strategies, approaches and methods in their full breadth – is so all-encompassing. Thirdly, in contrast to physical meetings, the members of the research group are not bound to a specific time and place, a particular advantage as arranging a common time and place for large groups of people poses a significant challenge for any large group.[13] And finally, fourthly, it soon became clear that the collaborative work on the publication would give rise to further physical meetings, symposia and workshops, such as the workshop which took place as part of the GMK *Fora for Communication Culture* in Cologne in 2015, a pre-conference *Media Pedagogy meets...Visual Sociology* which took place as part of the autumn conference of the Media Pedagogy section of the German Educational Research Association (GERA/DGfE) and the Media Pedagogy section of the Austrian Association of Research and Develop-

[13] The *Qualitative Forschung* [Qualitative Research] research group currently has a membership of just over 400, with members spread across Germany and (esp. German-speaking) Europe.

ment in Education (ÖFEB), as well as a further workshop that took place as part of the 2017 GMK *Fora for Communication Culture* in Frankfurt am Main.

2.2 Publishing Strategy

This project challenged its contributors to conduct their studies not with the aim of presenting their results or with an eye to acquiring funding, but to direct the focus of their work onto the *how* of the *research process*. My initial assumption was that it would be anything but easy to enlist the support of academics who describe and discuss their work with respect to methods – especially as this type of activity is not usually at the centre of focus in studies. In the first instance, our intention was to create a small and selective "snapshot" of media-pedagogical research by using selected examples, but my small editorial team and I were soon overwhelmed by the number of responses to our first call for submissions.

One aspect that might have contributed to the large number of responses might well have been the publishing *strategy* we had chosen, and its associated potential for discussing and disseminating the texts: Firstly, students and young researchers alike were to be provided with the simplest and freest possible access to all the articles, in order to allow them to use them in support of their qualifications. Secondly, there was a genuine desire to stimulate discussion about innovative approaches, strategies and methods. The intention was to make access to the texts and all related networking opportunities as easy as possible. These intentions were best served by publishing under a *creative commons* licence and using an *open access website* which offers convenient options for reading and downloading materials, and which delivers ways of commenting on and discussing issues online.

Publications in book form are still accorded a high degree of status in scientific communities and usually serve to attract contributors more easily if a printed volume is to result from their efforts. The idea of *unifying* both publishing methods was conceived of quickly, but the challenge of bringing the plan to fruition threw up three main problems: a) We needed to find an appropriate *publisher* which was not only suited to the project, but which was also open to the risk of *ex ante* publication; b) we had to select a suitable *licence model* that allowed for the texts to be accessed and used in academic contexts, but which did not present the authors or the publishers with predictable difficulties in the sense of securing the entire project for the future; c) we then had to *explain*[14] this publishing strategy to all contributors, as it remains relatively unusual. Ultimately, we chose to publish the physical book with the reputable publisher *kopaed* in Munich, with which I have shared many years of fruitful collaboration, and which declared itself open to our planned venture.

The decision in favour of *creative commons* licence CC BY-NC-SA 4.0[15] was taken following intensive discussions in which typical user scenarios in research and teaching, and at conferences and meetings, were assessed. The licence chosen provided the greatest possible freedom to users whilst also giving the authors the necessary protection and recognition for their intellectual work. Although one core aim of the project was to provide young academics with free and easy access to high-quality materials, it is at one and the same time the responsibility of the publisher to protect all of the authors from the improper use of their intellectual work. The *commercial* use of the texts is therefore not permitted without the express authorisation of the authors and the editor. Whilst this does represent something of a limitation on the idea of *open access*, it does (and this aspect is not to be underestimated) ensure that researchers will continue to contribute in

[14] Advertising for our rather unusual publishing strategy was aided by the established contacts belonging to the GMK's *Qualitative Forschung* [Qualitative Research] research group, for which I (together with Benjamin Jörissen) have acted as spokesperson since 2011. These contacts include regular symposia and workshops which take place within the annual *GMK fora for Communication Culture*, as well as comprehensive mailing lists which include virtually all Media Pedagogy researchers.

[15] Licence CC BY-NC-SA 4.0 permits the sharing, i. e. the duplication and distribution of the material in any given format or medium, as well as its alteration, meaning users can amend it and add to it. However, its use and re-use are conditional on the following: a) The "BY" attribute indicates that suitable information regarding copyrighting and rights (citing names) is required – this means that the authors and origins of the texts must be named – together with a declaration about whether any changes have been made to them. b) The abbreviation NC (Non-Commercial) means that the material cannot be used for commercial purposes except by the publishing house chosen by the editor. c) The abbreviation SA (Share-Alike) points to the idea of the *creative commons*, in which all alterations and further development of the published methods-related workshop articles may only be distributed under the licence covering the original (for further information see inter alia creativecommons.org/share-your-work/licensing-types-examples).

the future, thereby ensuring the longevity of the project despite the low-threshold access to the texts.

3. Organising the Material

At some point, every collector seeks to organise their "finds" and give them a sensible *order* – this is as true for texts which discuss and describe the theories, strategies and methods of media-pedagogical research as it is for anything else. And so arises the urge to devote entire volumes from the research workshop to disciplinary *traditions* and their references (see chapter 1 and Kübler 2014, p. 42–47; Hartung/Schorb 2014, p. 8), to specific *knowledge interests and fields*[16] or certain *research paradigms*[17], *paths* or *techniques*. From the outset, it was nevertheless my desire largely to dispense with these constraining *restrictions* and *prescriptions* and instead to *present the plurality* of the approaches, strategies and methods on as equal a footing as possible. My guiding principle here was that the diversity of the issues should be reflected in the approaches and strategies which help to provide the answers to the questions being posed.

[16] Typical fields of media-pedagogical research which can be divided by knowledge interests are primarily questions of a) personal development, social development, research on *socialisation* and *media appropriation*, b) research on *media literacy*, c) *practice research* (such as the generation and evaluation of practical knowledge and its related concepts, or research on media self-productions) and d) research on media education *learning arrangements* and *learning environments*, in the sense of the German term *Mediendidaktik* ["media didactics"] (see inter alia Hartung/Schorb 2014, p. 10–14; Niesyto 2014, p. 178–180; Hartung 2017, p. 248–253).

[17] For example the differentiation between *interpretive*, *subject-related* and *qualitative* approaches (see Friebertshäuser/Lange/Prengel 2010; Flick/Kardorff 2012) and *empirical-quantitative* approaches or their targeted linking using (methods-)*triangulation* or *mixed-methods* approaches (see Johnson/Onwuegbuzie 2004; Gläser-Zikuda/Seidel/Rohlfs/Gröschner/Ziegelbauer 2012; Moser 2014, p. 55 f. und 2018, p. 85–113; Ganguin/Gemkow/Treumann 2017, p. 125–154). The targeted linking of methods enables further forms of triangulation such as *data*-triangulation, *researcher*-triangulation or even *theory*-triangulation (see Denzin 1970, p. 300 f.).

3.1 Dispensing with Systems and Categories

Bearing in mind the ongoing transformation in and the relatively young history of media-pedagogical research methods and their discussion, criticism and development (see inter alia Niesyto/Moser 2008, Editorial; Süss/Lampert/Wijnen 2011, p. 26; Seel/Hanke 2015, p. 900; Hartung-Griemberg 2017, p. 253), a conscious decision was taken to dispense with the *restrictive* systematisation and *prescriptive* categorisation of specific fields of research, research traditions and paradigmatic methods.[18] Doing this, I fear, might only have served to stifle *innovative* approaches and any related discussion before they had even been noticed and given the chance to be improved and developed further. Indeed, it has been stated elsewhere that it is "neither sensible or productive, in discussing the state of research, to try and standardise it because the knowledge interests and approaches used in media-pedagogically-orientated[19] research are too heterogeneous and multi-faceted" (Hartung/Schorb 2014, p. 7 f., English translation TK; see also Kübler 2014, p. 29–32; Hartung-Griemberg 2017, p. 248).

---

[18] The selection of the methods-related workshop articles proceeded in a largely *uncontrolled* manner through a public call. The reviewers decided to grant access to the workshop based not on contentual aspects but rather on qualitative criteria such as text comprehensibility and the actual usefulness of the submissions. In contrast, the *general* submissions were chosen according to specific criteria. These submissions were intentionally exempted from the self-imposed target of avoiding comparative classification and categorisation.

[19] The quotation "media-pedagogically-*orientated* research" is taken from a 2014 volume (Hartung/Schorb 2014, p. 8, English translation and italics TK). It was included in the current sixth edition of *Grundbegriffe Medienpädagogik* [Fundamental Terms of Media Pedagogy] as "medienpädagogische Forschung" [Media Pedagogical Research] (see Schorb/Hartung/Dallmann 2017, p. 247–253; Knaus 2017b, p. 85) although the previous edition did not include this as a basic term (see Hüther/Schorb 2005), placed it under "Medienforschung" [Media Research] and on a par with "Qualitative Medienforschung" [Qualitative Media Research] (see Hüther/Schorb 2005, p. 253–256; Mikos/Wegener 2005). In my view, the fact that is has been given its own entry, and has developed enough to dispense with the adjective "orientated" indicates a (in my view long overdue) growing self-confidence among the media-pedagogical community: a self-confidence born from being more than a mere "appendage" to educational science, and being a (self-)confident *discipline* with *genuine* research *interests* and *specific strategies*. Not least for this reason and accordingly intentionally, the publication project described here is *not* described as a "workshop of media-pedagogically-*orientated* research".

3.2 Points of Reference and Structural Elements

One further structural element was added – besides equipping all methods-related workshop articles with *recurring chapter headlines* wherever possible to achieve a standard overall structure – namely *indexing tags*, in order to support improved referencing and searching on the online database. The tags in the print version, which supplement the foregoing German and English-language abstracts, serve to allow for the quick indexing and filing of the contributions. Several seminars[20] showed that the indexing tags – in combination with the short abstracts – were already a relatively good way of referencing texts within a short space of time (e. g. for an individual session). It should therefore still be possible for students writing their theses and dissertations who are in search of support and inspiration, as well as instructors who are looking for appropriate texts for their courses, to find what they are looking for despite the absence of ordering categories and overarching structures.

A decision was also taken to dispense with the customary short summary of contributions in this introduction, because each of the articles is already furnished with an introductory English and German abstract.

4. Criticism and Further Development

This project has aimed not only to compile the theories, approaches and methods which enrich the research landscape of Media Pedagogy, but also to intensify related critical discussion of methods and methodology. This dialogue is intended to advance development of methods and their quality assurance, and also to increase the profile of less well-known approaches, methods and techniques. It is hoped that these approaches will then be carried forward by their broader application and the experience gained in research practice. It is with this in mind that the possibility to submit *feedback*, comment critically and engage in dialogue has been incorporated into every level of the publication project:

---

20 Including some conducted with students in the Master's programme *Empirical Education Research* at the RWTH Aachen and at the University of Erlangen-Nuremberg.

a) Upon submission of an exposé for a methods-related workshop article, two[21] *independent reviews* are compiled. In accordance with the aims of the project and to combat the danger of "mainstreaming", the main selection criteria in the minds of the reviewers have been the degree to which the approach and the method used or described in the article open up the potential to further media-pedagogical knowledge, advance the development of its theories, unite theory and practice through research, and evaluate or discuss Media Pedagogy in practice. Additionally, the reviewers have examined whether the methods-related workshop article was described in such a way as to suggest it would be of benefit to students and aspiring young researchers.

b) During the research and writing process, interested authors have had access to support via *critical friends* (see Costa/Kallick 1993) who have provided them with individual, collegial feedback.

c) Upon completion of the first draft, the *editorial team* have redacted the texts and checked them to ensure the greatest possible intelligibility, signposting for the reader as well as adherence to editorial standards and the standardised structure (see chapter 3.2), which is intended to assist the reader in navigating his or her way around the often highly diverse contributions. This feedback has frequently culminated in at least one round of revisions which has improved the texts' intelligibility and practical applicability.

d) In addition, each methods-related workshop article has received a *critical appraisal* from its mentors (e. g. in the case of dissertations or other theses) or its *critical friends*, or a *critical self-reflection* by the researcher. These critical introspectives have transpired to be particularly interesting sources of further practical research experience, obstacles and anecdotes. This explains why several articles have both a critical appraisal as well as a reflection of the researcher's own thoughts.

e) Besides these feedback and discussion options readers are invited to appraise and criticise the articles *online* using the comment function. In

[21] If the reviews are different, then a third report is commissioned.

order to submit a comment, contributors need only register and authenticate by email. Whilst this has represented something of an obstacle to free and open discussion, it is unfortunately unavoidable in order to prevent inappropriate use and posts by bots. As was to be expected, the comment function has not been used excessively (see inter alia Nielsen 2006 on the *90-9-1 rule* on the participation of members in social communities). Nevertheless, we hope that the print version of our publication and the wider dissemination of the texts including the upcoming calls will kindle greater interest in using the feedback options on the internet platform.

f) We also hope that the discussion of helpful approaches and methods does not ebb away; with this in mind, the past two years have seen the organisation of several events which have sought to present the project and its initial results in a variety of contexts: In universities this has been within research-orientated events (especially in MA programmes and Master's or PhD colloquia); two "speed-dating" events on research methods by the research group *Qualitative Forschung* [Qualitative Research] as part of the GMK fora in Cologne (2015) and in Frankfurt am Main (2017), as well as interdisciplinary symposia in the new series *Media Pedagogy meets...* for example as part of the joint autumn conference (2016) between the Media Pedagogy sections of the GERA/DGfE and the ÖFEB at the University of Vienna.

The first chapter points out the positive aspects of absorbing new ideas from various disciplines and reworking and applying them to the field of education: It is in this way that Media Pedagogy as a *fractured-porous discipline* (see chapter 1) gains interdisciplinary inspiration from its neighbouring disciplines – something of particular importance because "complex spheres of social activity [...] can only be explored and explicated using interdisciplinary, multiple-method combinations" (Kübler 2014, p. 48, English translation TK). This poses the challenge of maintaining and preserving an overview of this diverse and heterogeneous field of research. This project also aims to assist in this respect. Perhaps the intensification of interdisciplinary collaboration with respect to helpful approaches and innovative methods will lead to something new for Media Pedagogy – namely the development of especially well-suited approaches and methods, taking these forwards collaboratively, and in doing so enriching the discussion of the neighbouring disciplines' theories, methods and approaches as well.

5. Outlook and Thanks

This project has been and continues to be supported by numerous people, without whose backing and support it would never have come into being (certainly not in its current form). Whilst all contributors and supporters of the project undoubtedly deserve an individual word of thanks, I regret that this is not possible is the space available here.

My heartfelt thanks go to all of my colleagues who spread word of this project in their own academic circles and thereby ensured that the response to the first call was so overwhelming that what was first conceived of as an informal exchange of ideas needed to be placed on a more solid financial and organisational footing (see newsblog at forschungswerkstatt-medienpaedagogik.de/newsblog). My thanks go to the inner circle of the *Qualitative Forschung* [Qualitative Research] research group at the GMK and the members of the Media Pedagogy section at the GERA/DGfE who as reviewers and critical friends worked tirelessly evaluating exposés in a respectful and constructive manner (see chapter 4) and offered dedicated support to a number of the methods-related workshop submissions.

No publication project can do without highly-motivated authors who, in the case of this project, not only presented and explained the theoretical basis and methods underlying their studies, but who also in many cases subjected them to critical self-reflection and opened them to critical scrutiny by the community (see chapter 4). This is not only strenuous and time-consuming – it also takes courage to (re-)open one's work to scrutiny and criticism.

Particular thanks go to Professor Dr. Gerhard TULODZIECKI (University of Paderborn), who not only contributed a methods-related workshop article and an additional general submission to the project, but who also – in his role as a wise and patient adviser – provided invaluable assistance to me at all times. Professor Dr. Horst NIESYTO (University of Education, Ludwigsburg) was also an indispensable supporter of this project: He encouraged his numerous doctoral candidates to participate and also contributed a general submission. I would also like to thank my broader professional circle as well as our university management, especially my colleague at the FTzM and Vice President Research and Further Education of our university, Professor Dr. Ulrich Schrader, for allowing me the creative freedom to conduct my work, for our weekly exchanges and for the mutual support which we have provided each other for almost two decades now.

My most extensive thanks go to my colleagues and assistants at the University of Erlangen-Nuremberg and the FTzM Frankfurt am Main, most prominently Dr. Susann HOFBAUER and Dr. Katrin VALENTIN (Erlangen-Nuremberg) – and especially Nastasja MÜLLER, M. A./M. Ed. and Olga ENGEL, M. A./MBA (Frankfurt am Main), whose organisation of the project and the editing process was truly remarkable. Thanks also go to the IT specialist, web developer and graphic designer on the Frankfurt team – Marc MANNIG, Fabian LAMBA and Kamil SKIBA – who designed the literature database, the printed materials and the project website with a high degree of technical sophistication and highly appealing graphics, as well as Carolin HAHN and Robert MURPHY for their help in support of the editorial team with their unerring eye for important detail and language instincts.

A big thank you also goes to my publisher, Dr. Ludwig SCHLUMP, with whom I have already shouldered a number of projects thanks in no small measure to his reassuringly calm and cooperative manner. This project represents a particular risk for a publisher, because the methods-related workshop articles were placed online and opened to critical scrutiny *before* entering the printing process – as it should be in a research workshop. I am particularly indebted to my publisher for the opportunity – and his (by no means self-evident) willingness – to promote open access in the scholarly context, thereby fostering academic debate. This third volume completes the publication of all contributions stemming from the first call in 2015. In order to continue this series and carry on collecting the "methodological treasures" of Media Pedagogy, further calls are planned in the near future.

Last but not least I extend my thanks to the students in Frankfurt am Main and Erlangen-Nuremberg who attended my seminars, wrote theses under my aegis and who complained with great tenacity year after year that there was no appropriate (and freely accessible) literature which might serve as a theoretical, methodical or practical template for their own projects (see chapter 2.1). In doing so it was they who laid the foundation for this project – which we hope will now, albeit with a small delay, serve to grant them their wish.

Literatur | Literature

- Anfang, Günther/Brüggen, Niels (2009): Wie gut ist Medienpädagogik (Editorial), in: merz 53 (3), S. 10–11
- Ayaß, Ruth/Bergmann, Jörg (2006): Qualitative Methoden der Medienforschung, Reinbek: Rowohlt
- Baacke, Dieter (1973): Kommunikation und Kompetenz. Grundlegung einer Didaktik der Kommunikation und ihrer Medien, München: Juventa
- Baacke, Dieter/Kübler, Hans-Dieter (1989): Qualitative Medienforschung – Konzepte und Erprobungen, Tübingen: Max Niemeyer
- Bachmair, Ben/Diepold, Peter/de Witt, Claudia (2003): Jahrbuch Medienpädagogik 3, Opladen: Leske+Budrich
- BAK – Bundesassistentenkonferenz (1970): Forschendes Lernen – Wissenschaftliches Prüfen, Bonn: BAK
- Brosius, Hans-Bernd/Haas, Alexander/Koschel, Friederike (2012): Methoden der empirischen Kommunikationsforschung, Wiesbaden: Springer VS
- Brüggen, Niels (2009): Fragen an eine medienpädagogische Evaluationsforschung, in: merz 53 (3), S. 20–23
- Carstensen, Tanja/Schachtner, Christina/Schelhowe, Heidi/Beer, Raphael (2014): Subjektkonstruktionen im Kontext digitaler Medien, in: Carstensen, Tanja/Schachtner, Christina/Schelhowe, Heidi/Beer, Raphael (Hrsg.): Digitale Subjekte, Bielefeld: transcript
- Costa, Arthur L./Kallick, Bena (1993): Through the Lens of a Critical Friend, in: Educational Leadership 51 (2), S. 49–51
- Denzin, Norman K. (1970): The Research Act in Sociology. A Theoretical Introduction to Sociological Methods, London: Butterworth-Heinemann
- Fleischer, Sandra/Hajok, Daniel (2016): Einführung in die medienpädagogische Praxis und Forschung. Kinder und Jugendliche im Spannungsfeld der Medien, Weinheim/Basel: Beltz
- Flick, Uwe/von Kardorff, Ernst (2012): Handbuch qualitative Sozialforschung. Grundlagen, Konzepte, Methoden und Anwendungen, Weinheim: Beltz, Psychologie-Verlag-Union
- Friebertshäuser, Barbara/Langer, Antje/Prengel, Annedore (2010): Handbuch qualitative Forschungsmethoden in der Erziehungswissenschaft, München: Juventa

- Friebertshäuser, Barbara/Seichter, Sabine (2013): Qualitative Forschungsmethoden in der Erziehungswissenschaft, Weinheim: Juventa
- Ganguin, Sonja/Gemkow, Johannes/Treumann, Klaus-Peter (2017): Methodentriangulation in der medienpädagogischen Forschung. Von agonalen Paradigmen zu einer methodologischen Synergie, in: Knaus, Thomas (Hrsg.): Forschungswerkstatt Medienpädagogik. Projekt – Theorie – Methode [Band 1], München: kopaed, S. 125–154 [Onlinedokument: doi.org/10.25526/fw-mp.12, aufgerufen am 28. April 2019]
- Gläser-Zikuda, Michaela (2017): Qualitative Inhaltsanalyse in der medienpädagogischen Forschung, in: Knaus, Thomas (Hrsg.): Forschungswerkstatt Medienpädagogik. Projekt – Theorie – Methode [Band 1], München: kopaed, S. 97–123 [Onlinedokument: doi.org/10.25526/fw-mp.30, aufgerufen am 28. April 2019]
- Gläser-Zikuda, Michaela/Seidel, Tina/Rohlfs, Carsten/Gröschner, Alexander/Ziegelbauer, Sascha (2012): Mixed Methods in der empirischen Bildungsforschung, Münster: Waxmann
- Großberger, Nicole/Groß, Madlen/Knaus, Thomas (2015): Medienerzieherische Grundbildung in der Vorschule. Eine explorative Studie, in: Knaus, Thomas/Engel, Olga (Hrsg.): fraMediale – digitale Medien in Bildungseinrichtungen (Band 4), München: kopaed, S. 173–190
- Hartung, Anja/Schorb, Bernd (2014): Methodologie und Methoden medienpädagogischer Forschung, in: Hartung, Anja/Schorb, Bernd/Niesyto, Horst/Moser, Heinz/Grell, Petra (Hrsg.): Methodologie und Methoden medienpädagogischer Forschung (Jahrbuch Medienpädagogik 10), Wiesbaden: Springer VS, S. 7–24
- Hartung, Anja/Schorb, Bernd/Niesyto, Horst/Moser, Heinz/Grell, Petra (2014): Methodologie und Methoden medienpädagogischer Forschung (Jahrbuch Medienpädagogik 10), Wiesbaden: Springer VS
- Hartung-Griemberg, Anja (2017): Medienpädagogische Forschung, in: Schorb, Bernd/Hartung-Griemberg, Anja/Dallmann, Christine (Hrsg.): Grundbegriffe Medienpädagogik, München: kopaed, S. 247–253
- Hoffmann, Dagmar (2013): Das Sozialisationsprimat und der Identity Turn. Mediales Handeln und Subjektentwicklung, in: Hartung, Anja/Lauber, Achim/Reißmann Wolfgang (Hrsg.): Das handelnde Subjekt und die Medienpädagogik, München: kopaed, S. 41–56

- Hug, Theo (2001): Wie kommt Wissenschaft zu Wissen? Einführung in die Wissenschaftstheorie und Wissenschaftsforschung, Baltmannsweiler: Schneider Hohengehren
- Hug, Theo (2003/2017): Medien – Generationen – Wissen. Überlegungen zur medienpädagogischen Forschung, in: Bachmair, Ben/Diepold, Peter/de Witt, Claudia (Hrsg.): Jahrbuch Medienpädagogik 3, Opladen: Leske+Budrich, S. 13–26 [Onlinedokument: doi.org/10.21240/mpaed/retro/2017.07.02.X, aufgerufen am 28. April 2019]
- Hurrelmann, Klaus (2006): Einführung in die Sozialisationstheorie, Weinheim und Basel: Beltz
- Hüther, Jürgen/Schorb, Bernd (2005): Grundbegriffe Medienpädagogik, München: kopaed
- Jäckel, Michael (2005): Mediensoziologie. Grundfragen und Forschungsfelder, Wiesbaden: Springer VS
- Jarren, Otfried/Wassmer, Christian (2009): Medienkompetenz – Begriffsanalyse und Modell, in: merz 53 (3), S. 46–51
- Johnson, R. Burke/Onwuegbuzie, Anthony J. (2004): Mixed Methods Research. A Research Paradigm Whose Time Has Come, in: Educational Researcher 33 (7), S. 14–26 [Onlinedokument: journals.sagepub.com/doi/abs/10.3102/0013189X033007014, aufgerufen am 28. April 2019]
- KBoM – Initiative Keine Bildung ohne Medien (2011): Bildungspolitische Forderungen – Medienpädagogischer Kongress 2011 [Onlinedokument: keine-bildung-ohne-medien.de/kongress-dokumentation/keine-bildung-ohne-medien_bildungspolitische-forderungen.pdf, aufgerufen am 28. April 2019]
- Keiner, Edwin (2015): Pädagogik, Erziehungswissenschaft, Bildungswissenschaft, Empirische Bildungsforschung. Begriffe und funktionale Kontexte, in: Glaser, Edith/Keiner, Edwin (Hrsg.): Unscharfe Grenzen – eine Disziplin im Dialog, Bad Heilbrunn: Klinkhardt, S. 13–34
- Keiner, Edwin (2017) Didaktik – Bildung – Technik – Kritik. Medienpädagogik und Antinomien der Moderne, in: MedienPaedagogik 27, S. 270–286 [Onlinedokument: doi.org/10.21240/mpaed/27/2017.04.29.X, aufgerufen am 28. April 2019]
- Klafki, Wolfgang (1973): Handlungsforschung im Schulfeld, in: ZfPäd 19 (4), S. 487–516

- KMK – Kultusministerkonferenz (2016): Bildung in der digitalen Welt [Onlinedokument: kmk.org/fileadmin/Dateien/pdf/PresseUndAktuelles/2016/Entwurf_KMK-Strategie_Bildung_in_der_digitalen_Welt.pdf, aufgerufen am 28. April 2019]
- Knaus, Thomas (2016): Digital – medial – egal?, in: Brüggemann, Marion/Knaus, Thomas/Meister, Dorothee (Hrsg.): Kommunikationskulturen in digitalen Welten. Konzepte und Strategien der Medienpädagogik und Medienbildung, München: kopaed, S. 99–130
- Knaus, Thomas (2017a): Pädagogik des Digitalen. Phänomene – Potentiale – Perspektiven, in: Eder, Sabine/Micat, Claudia/Tillmann, Angela (Hrsg.): Software takes command, München: kopaed, S. 49–68
- Knaus, Thomas (2017b): Medienpädagogik 6.0 – ein überfälliges Update, in: merz 61 (5), S. 85–87
- Knaus, Thomas (2017c): Forschungswerkstatt Medienpädagogik. Projekt – Theorie – Methode [Band 1], München: kopaed
- Knaus, Thomas (2018a): [Me]nsch – Werkzeug – [I]nteraktion, in: MedienPaedagogik 31, S. 1–35 [Onlinedokument: doi.org/10.21240/mpaed/31/2018.03.26.X, aufgerufen am 28. April 2019]
- Knaus, Thomas (2018b): Forschungswerkstatt Medienpädagogik. Projekt – Theorie – Methode [Band 2], München: kopaed
- Knaus, Thomas/Engel, Olga (2015): (Auch) auf das Werkzeug kommt es an. Technikhistorische und techniktheoretische Annäherungen an den Werkzeugbegriff in der Medienpädagogik, in: Knaus, Thomas/Engel, Olga (Hrsg.): fraMediale – digitale Medien in Bildungseinrichtungen (Band 4), München: kopaed, S. 15–57
- Knaus, Thomas/Meister, Dorothee M./Tulodziecki, Gerhard (2017): Futurelab Medienpädagogik. Qualitätsentwicklung – Professionalisierung – Standards [Onlinedokument: doi.org/10.21240/mpaed/00/2017.10.24.X, aufgerufen am 28. April 2019]
- Knaus, Thomas/Valentin, Katrin (2016): Video-Tutorials in der Hochschullehre. Hürden, Widerstände und Potentiale, in: Knaus, Thomas/Engel, Olga (Hrsg.): Wi(e)derstände – Digitaler Wandel in Bildungseinrichtungen (Band 5 der fraMediale-Reihe), München: kopaed, S. 151–171
- Kornmesser, Stephan/Schurz, Gerhard (2014): Die multiparadigmatische Struktur der Wissenschaften, Wiesbaden: Springer VS

- Krotz, Friedrich (2016): Wandel von sozialen Beziehungen, Kommunikationskultur und Medienpädagogik. Thesen aus der Perspektive des Mediatisierungsansatzes, in: Brüggemann, Marion/Knaus, Thomas/Meister, Dorothee M. (Hrsg.): Kommunikationskulturen in digitalen Welten, München: kopaed, S. 19–42
- Kübler, Hans-Dieter (1989): Medienforschung zwischen Stagnation und Innovation. Eine Skizze des Diskussionstandes aus der Sicht qualitativer Forschung, in: Baacke, Dieter/Kübler, Hans-Dieter (Hrsg.): Qualitative Medienforschung. Konzepte und Erprobungen, Tübingen: Max Niemeyer, S. 7–71
- Kübler, Hans-Dieter (2014): Ansätze und Methoden medienpädagogischer Forschung. Erträge und Desiderate, in: Hartung, Anja, Schorb/Bernd, Niesyto, Horst/Moser, Heinz/Grell, Petra (Hrsg.): Methodologie und Methoden medienpädagogischer Forschung (Jahrbuch Medienpädagogik 10), Wiesbaden: Springer VS, S. 27–53
- Luhmann, Niklas/Schorr, Karl-Eberhard (1982): Das Technologiedefizit der Erziehung und die Pädagogik, in: Luhmann, Niklas/Schorr, Karl-Eberhard (Hrsg.): Zwischen Technologie und Selbstreferenz. Fragen an die Pädagogik, Frankfurt am Main: Suhrkamp, S. 11–41
- Marotzki, Winfried/Niesyto, Horst (2006): Bildinterpretation und Bildverstehen. Methodische Ansätze aus sozialwissenschaftlicher, kunst- und medienpädagogischer Perspektive, Wiesbaden: Springer VS
- Maurer, Björn/Reinhard-Hauck, Petra/Schluchter, Jan-René/von Zimmermann, Martina (2013): Medienbildung in einer sich wandelnden Gesellschaft (Festschrift für Horst Niesyto), München: kopaed
- Meusburger, Peter (2009): Räumliche Disparitäten des Wissens, in: Hey, Marissa/Engert, Kornelia (Hrsg.): Komplexe Regionen, Wiesbaden: Springer VS, S. 209–229
- Mikos, Lothar/Wegener, Claudia (2005): Qualitative Medienforschung – Ein Handbuch, Konstanz: UTB
- Moser, Heinz (1995): Grundlagen der Praxisforschung, Freiburg: Lambertus
- Moser, Heinz (2001): Methodologische Forschungsansätze, in: MedienPaedagogik 3 [Onlinedokument: medienpaed.com/issue/view/3, aufgerufen am 28. April 2019]
- Moser, Heinz (2010): Einführung in die Medienpädagogik, Wiesbaden: Springer VS

- Moser, Heinz (2014): Die Krise der Repräsentationen und ihre Folgen für die medienpädagogische Forschung, in: Hartung, Anja/Schorb, Bernd/ Niesyto, Horst/Moser, Heinz/Grell, Petra (Hrsg.): Methodologie und Methoden medienpädagogischer Forschung (Jahrbuch Medienpädagogik 10), Wiesbaden: Springer VS, S. 55–73
- Moser, Heinz (2015): Die Medienpädagogik im deutschsprachigen Raum, in: von Gross, Friederike/Meister, Dorothee M./Sander, Uwe (Hrsg.): Medienpädagogik – ein Überblick, Weinheim/Basel: Beltz Juventa, S. 13–31
- Moser, Heinz (2018): Praxisforschung – eine Forschungskonzeption mit Zukunft, in: Knaus, Thomas (Hrsg.): Forschungswerkstatt Medienpädagogik. Projekt – Theorie – Methode [Band 2], München: kopaed, S. 449–478 [Onlinedokument: doi.org/10.25526/fw-mp.36, aufgerufen am 28. April 2019]
- Neubauer, Wolfgang/Tulodziecki, Gerhard (1979): Einleitung, in: Hagemann, Wilhelm/Neubauer, Wolfgang/Tulodziecki, Gerhard (Hrsg.): Medienpädagogik, Köln: Verlagsgemeinschaft Schulfernsehen
- Neuß, Norbert (2005): Fallstudien in der medienpädagogischen Forschung, in: Mikos, Lothar/Wegener, Claudia (Hrsg.): Qualitative Medienforschung – Ein Handbuch, Konstanz: UTB, S. 152–161
- Nielsen, Jakob (2006): Participation Inequality. Encouraging More Users to Contribute [Onlinedokument: nngroup.com/articles/participation-inequa lity, aufgerufen am 28. April 2019]
- Niesyto, Horst (2007): Eigenproduktionen mit Medien als Gegenstand medienpädagogischer Praxisforschung, in: Sesink, Werner/Kerres, Michael/ Moser, Heinz (Hrsg.): Medienpädagogik – Standortbestimmung einer erziehungswissenschaftlichen Disziplin (Jahrbuch Medienpädagogik 6), Wiesbaden: Springer VS, S. 222–245
- Niesyto, Horst (2014): Medienpädagogische Praxisforschung, in: Hartung, Anja/Schorb, Bernd/Niesyto, Horst/Moser, Heinz/Grell, Petra (Hrsg.): Methodologie und Methoden medienpädagogischer Forschung (Jahrbuch Medienpädagogik 10), Wiesbaden: Springer VS, S. 173–191
- Niesyto, Horst (2017): Visuelle Methoden in der medienpädagogischen Forschung. Ansätze, Potentiale und Herausforderungen, in: Knaus, Thomas (Hrsg.): Forschungswerkstatt Medienpädagogik. Projekt – Theorie – Methode [Band 1], München: kopaed, S. 59–95 [Onlinedokument: doi.org/ 10.25526/fw-mp.29, aufgerufen am 28. April 2019]

- Niesyto, Horst/Moser, Heinz (2008): Qualitative Forschung in der Medienpädagogik, in: MedienPaedagogik 14, Editorial, S. 1–4 [Onlinedokument: doi.org/10.21240/mpaed/14.X, aufgerufen am 28. April 2019]
- Othmer, Julius/Weich, Andreas (2015): Medien – Bildung – Dispositive. Beiträge zu einer interdisziplinären Medienbildungsforschung, Wiesbaden: Springer VS
- Paus-Haase, Ingrid/Lampert, Claudia/Süss, Daniel (2002): Medienpädagogik in der Kommunikationswissenschaft. Positionen, Perspektiven, Potentiale, Wiesbaden: Westdeutscher Verlag
- Paus-Haase, Ingrid/Schorb, Bernd (2000): Qualitative Kinder- und Jugend-Medienforschung. Theorie und Methoden, München: kopaed
- Petko, Dominik (2010): Praxisorientierte medienpädagogische Forschung. Ansätze für einen empirischen Perspektivenwechsel und eine stärkere Konvergenz von Medienpädagogik und Mediendidaktik, in: Moser, Heinz/Niesyto, Horst/Grell, Petra (Hrsg.): Medienbildung und Medienkompetenz. Beiträge zu Schlüsselbegriffen der Medienpädagogik, München: kopaed, S. 245–258
- Preußler, Annabel/Kerres, Michael/Schiefner-Rohs, Mandy (2014): Gestaltungsorientierung in der Mediendidaktik, in: Hartung, Anja/Schorb, Bernd/Niesyto, Horst/Moser, Heinz/Grell, Petra (Hrsg.): Methodologie und Methoden medienpädagogischer Forschung (Jahrbuch Medienpädagogik 10), Wiesbaden: Springer VS, S. 253–274
- Reinmann, Gabi (2005): Innovation ohne Forschung? Ein Plädoyer für den Design-Based-Research-Ansatz in der Lehr-Lernforschung, in: Unterrichtswissenschaft 33 (1), S. 52–69
- Reinmann, Gabi/Sesink, Werner (2014): Begründungslinien für eine entwicklungsorientierte Bildungsforschung, in: Hartung, Anja/Schorb, Bernd/Niesyto, Horst/Moser, Heinz/Grell, Petra (Hrsg.): Methodologie und Methoden medienpädagogischer Forschung (Jahrbuch Medienpädagogik 10), Wiesbaden: Springer VS, S. 75–89
- Sander, Uwe/von Gross, Friederike/Hugger, Kai-Uwe (2008): Handbuch Medienpädagogik, Wiesbaden: Springer VS
- Schäffer, Burkhard/Pietraß, Manuela (2010): Qualitative Medienforschung in der Erziehungswissenschaft, in: Friebertshäuser, Barbara/Langer, Antje/Prengel, Annedore (Hrsg.): Handbuch qualitative Forschungsmethoden in der Erziehungswissenschaft, München: Juventa, S. 575–587

- Schorb, Bernd (2006): Argumente für eine integrale Medienpädagogik, in: Theunert, Helga (Hrsg.): Bilderwelten im Kopf, München: kopaed, S. 17–21
- Schorb, Bernd/Hartung-Griemberg, Anja/Dallmann, Christine (2017): Grundbegriffe Medienpädagogik, München: kopaed
- Schweer, Martin K. W. (2001): Aktuelle Aspekte medienpädagogischer Forschung, Wiesbaden: Westdeutscher Verlag
- Seel, Norbert M./Hanke, Ulrike (2015): Erziehungswissenschaft, Berlin/Heidelberg: Springer VS
- Sesink, Werner/Kerres, Michael/Moser, Heinz (2007): Medienpädagogik – Standortbestimmung einer erziehungswissenschaftlichen Disziplin (Jahrbuch Medienpädagogik 6), Wiesbaden: Springer VS
- Spanhel, Dieter (2013): Der Prozess der Identitätsbildung in mediatisierten Alltagswelten, in: Wijnen, Christine W./Trültzsch, Sascha/Ortner, Christine (Hrsg.): Medienwelten im Wandel, Wiesbaden: Springer VS, S. 79–94
- Süss, Daniel/Lampert, Claudia/Wijnen, Christine W. (2011): Medienpädagogik, Wiesbaden: Springer VS
- Sutter, Tillmann (2007): Zur Bedeutung kommunikativer Aneignungsprozesse in der Mediensozialisation, in: Hoffmann, Dagmar/Mikos, Lothar (Hrsg.): Mediensozialisationstheorien. Neue Modelle und Ansätze in der Diskussion, Wiesbaden: Springer VS, S. 131–145
- Theunert, Helga (2008): Qualitative Medienforschung, in: Sander, Uwe/von Gross, Friederike/Hugger, Kai-Uwe (Hrsg.): Handbuch Medienpädagogik, Wiesbaden: Springer VS, S. 301–306
- Theunert, Helga (2009): Jugend – Medien – Identität. Identitätsarbeit Jugendlicher mit und in Medien, München: kopaed
- Tulodziecki, Gerhard (1981): Einführung in die Medienforschung, Köln: VGS
- Tulodziecki, Gerhard (2011): Zur Entstehung und Entwicklung zentraler Begriffe bei der pädagogischen Auseinandersetzung mit Medien, in: Grell, Petra/Niesyto, Horst (Hrsg.): Medienbildung und Medienkompetenz, München: kopaed, S. 11–39
- Tulodziecki, Gerhard (2017a): Thesen zu einem Rahmenplan für ein Studium der Medienpädagogik, in: merz 61 (3), S. 59–65
- Tulodziecki, Gerhard (2017b): Diskurs als konstituierende Grundlage der Medienpädagogik und Folgerungen aus systemtheoretischer Sicht, in: MedienPaedagogik 29, S. 35–51 [Onlinedokument: doi.org/10.21240/mpaed/29/2017.08.08.X, aufgerufen am 28. April 2019]

- Tulodziecki, Gerhard (2017c): Praxis- und theorieorientierte Entwicklung und Evaluation von Konzepten für pädagogisches Handeln, in: Knaus, Thomas (Hrsg.): Forschungswerkstatt Medienpädagogik. Projekt – Theorie – Methode [Band 1], München: kopaed, S. 155–179 [Onlinedokument: doi.org/10.25526/fw-mp.18, aufgerufen am 28. April 2019]
- Tulodziecki, Gerhard/Grafe, Silke/Herzig Bardo (2013): Gestaltungsorientierte Bildungsforschung und Didaktik, Bad Heilbrunn: Klinkhardt
- Tulodziecki, Gerhard/Grafe, Silke/Herzig, Bardo (2014): Praxis- und theorieorientierte Entwicklung und Evaluation von Konzepten für medienpädagogisches Handeln als gestaltungsorientierte Bildungsforschung, in: Hartung, Anja/Schorb, Bernd/Niesyto, Horst/Moser, Heinz/Grell, Petra (Hrsg.): Methodologie und Methoden medienpädagogischer Forschung (Jahrbuch Medienpädagogik 10), Wiesbaden: Springer VS, S. 213–229
- Tulodziecki, Gerhard/Herzig, Bardo/Blömeke, Sigrid (2017): Gestaltung von Unterricht, Bad Heilbrunn: Julius Klinkhardt
- Tulodziecki, Gerhard/Herzig, Bardo/Grafe, Silke (2018): Gestaltungs- und entwicklungsorientierte Forschung als Forschungsrichtung für die Medienpädagogik, in: Knaus, Thomas (Hrsg.): Forschungswerkstatt Medienpädagogik. Projekt – Theorie – Methode [Band 2], München: kopaed, S. 423–448 [Onlinedokument: doi.org/10.25526/fw-mp.37, aufgerufen am 28. April 2019]
- Vollbrecht, Ralf (2001): Einführung in die Medienpädagogik, Weinheim/Basel: Beltz
- Vollbrecht, Ralf/Wegener, Claudia (2010): Handbuch Mediensozialisation, Wiesbaden: Springer VS
- von Gross, Friederike/Meister, Dorothee M./Sander, Uwe (2015): Medienpädagogik – ein Überblick, Weinheim/Basel: Beltz Juventa
- Weiß, Corinna/Wick, Sebastian/Knaus, Thomas (2015): Digitale Tafeln im Unterricht. Fragen an Schülerinnen und Schüler, in: Knaus, Thomas/Engel, Olga (Hrsg.): fraMediale – digitale Medien in Bildungseinrichtungen (Band 4), München: kopaed, S. 157–171

Lizenz

RALF BOHNSACK, ALEXANDER GEIMER

Dokumentarische Medienanalyse und das Verhältnis von Produkt und Rezeption

Nach einem kurzen Einblick in die Geschichte der Dokumentarischen Methode *geben wir zunächst einen Überblick über ihre allgemeinen Charakteristika, um dann den Beitrag der Dokumentarischen Methode für die* empirische Medienanalyse *darzustellen, und zwar mit Bezug auf die für sie zentrale Problematik der Relation von* Produkt- und Rezeptionsanalyse, *wobei diese Darstellung vor dem Vergleichshorizont anderer theoretisch-methodologischer Zugänge (vor allem der Cultural Studies) konturiert wird. Wir werden dann über einschlägige empirische Studien auf der Grundlage unseres methodischen Zugangs informieren und diesen mit Bezug auf die Integration von Produkt- und Rezeptionsanalyse an zwei Beispielen genauer erläutern. Verbunden mit einem Fazit wird abschließend auch das besondere Verhältnis des theoretisch-methodischen Zugangs zur Medienpädagogik beleuchtet.*

After a brief insight into the history of the Documentary Method, *we give an overview regarding its general characteristics. Then, we will highlight the contribution of the Documentary Method towards* empirical media research, *especially concerning the relation between* product analysis *and* reception analysis. *Thereby, we also focus on the perspectives of Cultural Studies. Our own methodical approach is demonstrated by empirical examples with a special focus on the integration of product and reception analysis. Finally, the conclusion refers to methodical-methodological challenges of Media Pedagogy.*

Schlagworte | Tags: Dokumentarische Methode, dokumentarische Medienanalyse, rekonstruktive Sozialforschung, empirische Medienanalyse, Produktanalyse, Rezeptionsanalyse, Praxeologische Wissenssoziologie, Bildanalyse, Filmanalyse, Rezeptionsforschung, Cultural Studies, Subjektivierung, Identitätsnormen, Habitus, Pose, Lifestyle, konjunktiver Erfahrungsraum, Aneignung, Aneignungsprozesse

1. Struktur und Anliegen des Beitrags

Die *Dokumentarische Methode* verbindet methodologische Reflexionen, methodische Praktiken und grundlagentheoretische Konzepte miteinander. Dort, wo die Arbeit an den grundlagentheoretischen Konzepten primär im Dienst der Bewältigung methodisch-methodologischer Fragen und empirischer Praktiken steht, sprechen wir von *Dokumentarischer Methode*. Während dort, wo umgekehrt die auf der Grundlage der empirischen Analysen generierten Erfahrungen und Konzepte primär in den Dienst der begrifflich-definitorischen Vergewisserung und der grundlagen- oder metatheoretischen Fundierung treten, sprechen wir von *Praxeologischer Wissenssoziologie*. Letztere Perspektive ist in den letzten Jahren zunehmend elaboriert und systematisiert worden (vgl. Bohnsack 2017).

Die Dokumentarische Methode lässt sich im komplexen Feld der qualitativen Medienanalysen vor allem in vierfacher Hinsicht positionieren: Erstens ist ihr eine *praxeologische Analyseeinstellung* eigen, welche – über die Analyseebene *wörtlicher*, das heißt expliziter und theoretischer Bedeutungsgehalte hinausgehend – auf den Modus Operandi der Praxis, also den Habitus, zielt. Voraussetzung dafür ist die Rekonstruktion *impliziter* Bedeutungsgehalte. Indem es sowohl den im Medien*produkt* wie auch den im Prozess seiner *Rezeption* sich dokumentierenden Habitus in den Blick zu nehmen gilt, zielt die Medienforschung der Dokumentarischen Methode zweitens auf eine Integration von Produkt- und Rezeptionsanalyse – unter dem Schlagwort der *habituellen Kongruenzen* von Produzierenden und Rezipierenden. Drittens ist es das zentrale Anliegen und auch bereits die zentrale Leistung der Dokumentarischen Methode, sowohl im Bereich der Produkt- als auch der Rezeptionslogik der Eigenlogik des Bildlichen, des Ikonischen Rechnung zu tragen. Denn mediale Kommunikation ist nicht auf eine Verständigung *über* Bilder zu reduzieren, wie dies im Medium von Sprache und Text geschieht. Vielmehr vollzieht sich mediale Kommunikation ganz wesentlich – und auch zunehmend – *durch* Bilder, also im Medium des Bildlichen selbst, als eine Bildkommunikation. Dazu ist es erforderlich, einen Zugang zu Bildern als selbstreferentielle Systeme zu gewinnen. Während es im Bereich von Texten (im Zusammenhang mit dem *Linguistic Turn*) in dieser Hinsicht inzwischen eine nahezu fünfzigjährige sozialwissenschaftliche Tradition in der qualitativen Forschung gibt, steht der Bereich der sozialwissenschaftlichen Bildinterpretation noch ganz am Anfang – von einem „Pictorial *Turn*" oder „Iconic *Turn*" kann im Bereich der sozialwissenschaftlichen Forschung also allenfalls in Ansätzen die Rede sein. Die Dokumentarische Methode ist inzwischen sowohl im Bereich der Textinterpretation (in deren vielfältigen Gattungen) als auch der Bildinterpretation (im Bereich von unbewegten wie auch bewegten Bildern) umfassend ausgewiesen, sodass es – und hier liegt der vierte Schwerpunkt der dokumentarischen Medienanalyse – gelingen kann, gleichermaßen der Dimension des Textes wie des Bildes und auch deren Bezug zueinander gerecht zu werden – sowohl im Bereich des Medienprodukts als auch der Medienrezeption.

Wir möchten nach einem sehr kurzen Einblick in die Geschichte der Dokumentarischen Methode (vgl. Kapitel 2) zunächst einen einführenden Überblick über ihre allgemeinen, das heißt über die Medienanalyse hinausgehenden, zentralen Charakteristika geben (vgl. Kapitel 3), um dann den Beitrag der Methode für die *empirische Medienanalyse* darzustellen, und zwar mit Bezug auf die für sie zentrale Problematik der Relation von Produkt- und Rezeptionsanalyse, wobei diese Darstellung vor dem Vergleichshorizont anderer theoretisch-methodologischer Zugänge (vor allem der *Cultural Studies*) konturiert wird (vgl. Kapitel 4). Der eigene methodische Zugang wird dann insbesondere mit Bezug auf die Integration von Produkt- und Rezeptionsanalyse an *Forschungsbeispielen* erläutert (vgl. Kapitel 5). Verbunden mit einem *Fazit* wird abschließend (vgl. Kapitel 6) auch das besondere Verhältnis des theoretisch-methodischen Zugangs zur *Medienpädagogik* beleuchtet.

2. Entwicklungslinien der Dokumentarischen Methode

Karl MANNHEIM (vgl. Mannheim 1964 [1921/22]) hatte in den zwanziger Jahren des vergangenen Jahrhunderts mit seinem Entwurf der *Dokumentarischen Methode der Interpretation* die erste umfassende Begründung für eine Beobachterhaltung in den Sozialwissenschaften vorgelegt, die einen Zugang zur Praxis des Handelns zu eröffnen vermochte und somit als eine der frühen Begründungen der *praxeologischen Analyseeinstellung* gelten kann. Als Zeitgenosse MANNHEIMS hatte Erwin PANOFSKY, der wohl bekannteste Kunsthistoriker, im Zuge der Ausarbeitung seiner (nicht nur für die Kunstgeschichte) bahnbrechenden *Ikonologie* damals an entscheidender

Stelle auf MANNHEIM und die Dokumentarische Methode Bezug genommen – und auch umgekehrt. Die Ikonologie ist zugleich als eine methodologische Fundierung jener Beobachterhaltung zu verstehen, wie sie für die Analyse des Habitus konstitutiv ist. Bekanntlich ist Pierre BOURDIEU sowohl durch die Konzeptionierung des Habitus bei PANOFSKY als auch durch dessen Ikonologie wesentlich beeinflusst (vgl. Bourdieu 1976).

Als ein Verfahren der empirischen Sozialforschung ist die Dokumentarische Methode zuerst in den 1980er Jahren (vgl. u. a. Bohnsack 1989) ausgearbeitet worden – theoretisch und methodologisch inspiriert durch MANNHEIM und in Auseinandersetzung mit dessen Rezeption durch die Ethnomethodologie in den 1960er Jahren. Die Kultursoziologie von BOURDIEU (vgl. u. a. Bourdieu 1976) sowie die Ikonologie von PANOFSKY (vgl. u. a. Panofsky 1975 [1939]) haben die Dokumentarische Methode im heutigen Verständnis entscheidend mit beeinflusst. Die Dokumentarische Methode als *forschungspraktisches Verfahren* nahm ihren Anfang im Bereich der methodischen Fundierung des Gruppendiskussionsverfahrens und der Gesprächsanalyse (vgl. Bohnsack 1989), um dann bald für eine Vielfalt von Textinterpretationen Bedeutung zu gewinnen: für biografische ebenso wie für Leitfaden-Interviews und für die Interpretation von Beobachtungsprotokollen sowie von Dokumenten aller Art. Schließlich begann Anfang des 21. Jahrhunderts – beeinflusst durch PANOFSKY (vgl. Panofsky 1975 [1939]) sowie die Kunstgeschichte im Allgemeinen, die Bildwissenschaft und die Semiotik – mit der Interpretation von Bildern, Videos und Filmen eine neue Etappe der Dokumentarischen Methode.

3. Methodologie und Methodik in ihren Grundlinien – eine Hinführung

Die Analyseverfahren der Dokumentarischen Methode eröffnen, wie bereits erwähnt, einen Zugang nicht nur zum reflexiven oder theoretischen, sondern auch zum handlungsleitenden Wissen der Akteurinnen und Akteure und somit zur Handlungspraxis. Die Rekonstruktion der Handlungspraxis zielt insbesondere auf das dieser Praxis zugrundeliegende habitualisierte und zum Teil inkorporierte Orientierungswissen, welches das Handeln relativ unabhängig vom subjektiv gemeinten Sinn strukturiert. Dennoch wird dabei die empirische Basis des Wissens von Akteurinnen und Akteuren nicht verlassen.

Zwischen Objektivismus und Subjektivismus
Dies unterscheidet die Dokumentarische Methode von *objektivistischen Zugängen*, die nach Handlungsstrukturen „hinter dem Rücken" der Akteurinnen und Akteure suchen, wie unter anderem die *Objektive Hermeneutik*. Die in den objektivistischen Zugängen herausgearbeitete Differenz von subjektiv gemeintem Sinn und „objektiver" Struktur wird häufig mit Ansprüchen auf einen privilegierten Zugang zur Realität verbunden. Es zeigt sich die Tendenz, die Perspektive der oder des Beobachtenden auf diese objektiven Strukturmerkmale und somit deren oder dessen Wissen mehr oder weniger absolut zu setzen und die eigene Standort*ge*bundenheit oder auch Standort*ver*bundenheit im Sinne Karl MANNHEIMS, also den eigenen „blinden Fleck", nicht konsequent zu reflektieren (vgl. zu dieser Kritik u. a. Bohnsack 2014a, Kapitel 5 und 10).

Auf der anderen Seite unterscheidet sich die Dokumentarische Methode aber auch von jenen theoretischen und methodologischen Zugängen, die dem Postulat von Max WEBER nach einem Verstehen des *subjektiv gemeinten Sinns* in der Weise folgen, dass sie die Theorien des Common Sense, also die Alltagstheorien, nachzeichnen und systematisieren. Dies entspricht der Methodologie der *Sozialphänomenologie* von Alfred SCHÜTZ (vgl. Schütz 1971 [1962]) und der daran direkt anschließenden Wissenssoziologie im Sinne von Peter BERGER und Thomas LUCKMANN, an der sich auch die Methoden der *Hermeneutischen Wissenssoziologie* orientieren. Auf diese Weise erfahren wir sehr viel über die Eigentheorien, Vorstellungen und subjektiven Intentionen der Akteurinnen und Akteure, gewinnen aber keinen Zugang zu ihrer Handlungspraxis. Das bedeutet, dass die Perspektive der oder des sozialwissenschaftlich Beobachtenden, also deren oder dessen wissenschaftliche Theorie über die Handlungspraxis der Akteurinnen und Akteure, von deren oder dessen eigenen Theorien, den Alltags- oder Common-Sense-Theorien, theoretisch und methodologisch nicht systematisch unterschieden werden. Ebendies ist eines der Anliegen und die besondere Leistung der Dokumentarischen Methode. Aufgrund der Bedeutung der Handlungspraxis bezeichnen wir die von uns im Anschluss an MANNHEIM vertretene Wissenssoziologie auch als *Praxeologische Wissenssoziologie* (vgl. Bohnsack 2017). Gemeint ist die Praxis des Sprechens, Darstellens und Argumentierens ebenso wie die korporierte Praxis.

Die Doppelstruktur von konjunktivem und kommunikativem Wissen – der konjunktive Erfahrungsraum

In die Analyse werden aber immer auch die Common-Sense-Theorien der Akteurinnen und Akteure und deren Spannungsverhältnis zu ihrer eigenen Praxis mit einbezogen. Die Sozialphänomenologie von Alfred SCHÜTZ eröffnet uns wichtige Einblicke in diese Common-Sense-*Theorien* (vgl. u. a. Schütz 1971 [1962]). Wir haben deshalb im Rahmen der Dokumentarischen Methode und auf der Grundlage der Praxeologischen Wissenssoziologie ein umfassendes handlungstheoretisches, methodologisches und methodisch-forschungspraktisches Modell entwickelt, welches die sozialphänomenologische Theorie insofern zu integrieren vermag, als es uns den Zugang zur Handlungspraxis, das heißt zum Habitus respektive zu den handlungsleitenden Wissensbeständen und Orientierungen der Akteurinnen und Akteure zugleich mit deren Theorien und den normativen Erwartungen und Identitätserwartungen eröffnet. In diesem Spannungsverhältnis von handlungspraktischem Wissen einerseits, zu dem auch das korporierte Wissen des *Habitus* gehört und welches wir aufgrund seines kollektiven Charakters auch als *konjunktives Wissen* bezeichnen, und den normativen Erwartungen und den Theorien andererseits, dem *kommunikativen Wissen* (vgl. zur Unterscheidung ursprünglich Mannheim 1980), konstituiert sich der *konjunktive Erfahrungsraum* der Erforschten (vgl. Bohnsack 2017, Kapitel 4). Dieser bildet den zentralen Gegenstand der Dokumentarischen Methode und umfasst „eine Doppeltheit der Verhaltensweisen in jedem einzelnen, sowohl gegenüber Begriffen als auch Realitäten" (Mannheim 1980, S. 296), diejenige von kommunikativem und konjunktivem Wissen.

Diese Leitdifferenz der Dokumentarischen Methode und Praxeologischen Wissenssoziologie ist in den letzten Jahren umfassender ausgearbeitet worden unter dem Aspekt der notorischen Diskrepanz von propositionaler und performativer Logik, zu der unter anderen auch diejenige von Norm und Habitus zu zählen ist, respektive von Identität und Habitus oder – wenn wir den Begriff von Erving GOFFMAN verwenden – von *Identitätsnorm* und Habitus. In neueren Texten (vgl. Bohnsack 2017, Kapitel 2 und 3 sowie Bohnsack 2014b) wird der Habitus als Orientierungsrahmen im engeren Sinne und das Spannungsverhältnis von Norm und Habitus respektive allgemeiner von kommunikativem und konjunktivem Wissen als Orientierungsrahmen im weiteren Sinne verstanden. Letzteren bezeichnen wir (vom Begriff der Erfahrung her betrachtet) zugleich als *konjunktiven Erfah-*

rungsraum. Parallel dazu haben Alexander GEIMER und Steffen AMLING (vgl. Geimer 2014; Geimer 2019; Amling/Geimer 2016; Geimer/Amling 2019) in Diskussion der Cultural und Governmentality Studies und insbesondere neuerer Positionen der Subjektivierungsforschung auf der Grundlage der systematischen Berücksichtigung der Relation respektive des Spannungsverhältnisses von normativen Ordnungen (mehr oder weniger hegemoniale Subjektnormen) und dem Habitus der Akteurinnen und Akteure Ansätze einer *dokumentarischen Subjektivierungsforschung* entwickelt.

Im Bereich der empirischen Medienforschung wurden derartige Spannungsverhältnisse unter anderem von Ralf BOHNSACK und Aglaja PRZYBORSKI (vgl. Bohnsack/Przyborski 2015), PRZYBORSKI (vgl. Przyborski 2018) und BOHNSACK (vgl. Bohnsack 2017, Kapitel 6) im Bereich der *Bildkommunikation* auf der Grundlage der Triangulation von Produkt- und Rezeptionsanalyse sowie von Alexander GEIMER und Daniel BURGHARDT (vgl. Geimer/Burghardt 2017; Geimer/Burghardt 2019) im Bereich der *Video-Kommunikation* ausgearbeitet.

Die Explikation des impliziten Wissens

Während das kommunikative Wissen mit seiner propositionalen Logik weitgehend *explizierbar* ist, sind das handlungsleitende und korporierte Wissen mit ihrer performativen Logik, zu dem auch der Habitus gehört, ein *implizites* Wissen. Die Dokumentarische Methode zeichnet sich ganz wesentlich dadurch aus, dass sie uns einen Zugang zum impliziten Wissen eröffnet und sieht ihre zentrale Aufgabe in dessen *Explikation*. Karl MANNHEIM hat das implizite Wissen auch als atheoretisches Wissen bezeichnet (vgl. Mannheim 1964, S. 98). Dieses bildet einen Strukturzusammenhang, der als kollektiver Wissenszusammenhang das Handeln relativ unabhängig vom subjektiv gemeinten Sinn orientiert, ohne den Akteurinnen und Akteuren aber – im Sinne von Émile DURKHEIM – *exterior* zu sein (vgl. Durkheim 1961). In Abgrenzung von DURKHEIM spricht MANNHEIM deshalb auch von *konjunktiv* statt von kollektiv. Diese Struktur ist somit – und dies ist entscheidend – bei den Akteurinnen und Akteuren selbst *wissensmäßig repräsentiert*. Die sozialwissenschaftlich Interpretierenden gehen also im Sinne der Praxeologischen Wissenssoziologie nicht davon aus, dass sie *mehr wissen* als die Akteurinnen oder Akteure – wie dies für objektivistische Ansätze charakteristisch ist –, sondern davon, dass letztere selbst nicht wissen, was sie da eigentlich (implizit) alles wissen.

Während der methodische Zugang zum kommunikativen Wissen unproblematisch ist, da es ohne große Schwierigkeiten abgefragt werden kann, erschließt sich uns das konjunktive Wissen nur dann, wenn wir uns – auf dem Wege von Erzählungen und Beschreibungen, der direkten Beobachtung oder von bildhaften Repräsentationen – mit der Handlungspraxis vertraut gemacht haben.

Der Wechsel der Analyseeinstellung – vom Was *zum* Wie

Die Analyseeinstellung der dokumentarischen Interpretation unterscheidet sich vom Common Sense durch einen Wechsel von der Frage, *was* die gesellschaftliche Realität in der Perspektive der Akteurinnen und Akteure ist, zur Frage danach, *wie* diese in der Praxis *hergestellt wird*, also nach dem *Modus Operandi* ihres handlungspraktischen Vollzugs. Mit diesem Wechsel vom *Was* zum *Wie* hat MANNHEIM bereits in den 20er Jahren des vergangenen Jahrhunderts die erste umfassende Begründung einer konstruktivistischen und zugleich praxeologischen Beobachterhaltung oder Analyseeinstellung in den Sozialwissenschaften vorgelegt, die den Ansprüchen einer erkenntnistheoretischen Fundierung auch heute noch standzuhalten vermag. Im Sinne der Systemtheorie nach Niklas LUHMANN, welche die Praxeologische Wissenssoziologie auch in anderen Hinsichten inspiriert hat, ist dies der Übergang von den Beobachtungen erster zu den Beobachtungen zweiter Ordnung (vgl. Luhmann 1990, S. 87). Dieser Wechsel ist mit der Einklammerung beziehungsweise Suspendierung von Geltungsansprüchen hinsichtlich der faktischen Wahrheit oder normativen Richtigkeit der Darstellungen im Alltag verbunden. Im Sinne von Pierre BOURDIEU haben wir es hier mit dem „Bruch mit den Vorannahmen des *Common Sense*" zu tun (Bourdieu 1996, S. 278, Herv. im Original).

Die Arbeitsschritte –
formulierende, reflektierende Interpretation und Typenbildung

Die methodologische (Leit-)Differenz zwischen dem *kommunikativen, wörtlichen* oder *propositionalen* – auf die Frage nach dem *Was* gerichteten – Sinngehalt auf der einen und dem *konjunktiven, performativen* oder eben *dokumentarischen* – an der Frage nach dem *Wie* orientierten – Sinngehalt auf der anderen Seite findet ihren Ausdruck auch in zwei klar voneinander abgrenzbaren Arbeitsschritten der Textinterpretation (vgl. u. a. Bohnsack 2014a, Kapitel 8), die sich auch in der Bildinterpretation wiederfinden. In diesem Sinne geht es darum, das, was *wörtlich* gesagt wird, also das, was thematisch wird (*formulierende Interpretation*), von dem zu unterscheiden, *wie* ein Thema behandelt wird, das heißt also in welchem (Orientierungs-) Rahmen (*reflektierende Interpretation*). Dieser Orientierungsrahmen (oder auch: Habitus) einer Gruppe oder eines Individuums ist zusammen mit dem konjunktiven Erfahrungsraum der zentrale Gegenstand dokumentarischer Interpretation. Hierbei kommt der *komparativen Sequenzanalyse* von Anfang an eine zentrale Bedeutung zu, da sich der Orientierungsrahmen erst vor dem Vergleichshorizont anderer Fälle in konturierter und empirisch überprüfbarer Weise herauskristallisiert. Im ersten Schritt, also demjenigen der formulierenden Interpretation, geht es darum, das, was von Akteurinnen und Akteuren im Forschungsfeld bereits selbst interpretiert, also begrifflich expliziert wurde, noch einmal zusammenfassend zu „formulieren". Auf dieser Grundlage kann dann sehr genau bestimmt werden, ab welchem Punkt von der oder dem Forschenden in einem zweiten Schritt, demjenigen der *reflektierenden Interpretation*, eigene Interpretationen in „Reflexion" auf die implizierten Selbstverständlichkeiten des Wissens der Akteurinnen und Akteure erbracht werden.

Die dokumentarische Interpretation ist, wie gesagt, darauf gerichtet, einen Zugang zum konjunktiven Erfahrungsraum zu erschließen. Das konjunktive (Orientierungs-)Wissen als ein in die Handlungspraxis eingelassenes und diese Praxis orientierendes und somit vorreflexives oder implizites Erfahrungswissen ist der oder dem Interpretierenden nur zugänglich, wenn sie oder er sich den je individuellen oder kollektiven *Erfahrungsraum* (Kontext) der sprachlich-textlich oder bildlich dargestellten oder beobachteten Handlungspraxis erschließt. Dabei resultiert die Komplexität der empirischen Analyse daraus, dass das Individuum beziehungsweise die konkrete Gruppe, welche jeweils den zu untersuchenden Fall bilden, immer schon an unterschiedlichen Erfahrungsräumen teilhaben. Oder anders formuliert: Der je fallspezifische Erfahrungsraum konstituiert sich immer schon in der *Überlagerung* beziehungsweise wechselseitigen *Durchdringung* unterschiedlicher (milieuspezifischer) Erfahrungsräume beziehungsweise Dimensionen – beispielsweise bildungs-, geschlechts- und generationstypischer, aber auch alterstypischer, das heißt lebenszyklischer Art (vgl. Bohnsack 1989). So wird beispielsweise auch in der Gender-Forschung mit dem Begriff der Intersektionalität derzeit betont, dass geschlechtsspezifische Orientierungen oder Habitus lediglich im Kontext anderer Dimensionen – unter anderem im Kontext von Milieu, Generation und Lebenszyklus – und in der Überlagerung und „Brechung“ durch diese anderen Dimensionen oder Typen in ihrer Relevanz für die Akteurinnen und Akteure erschließbar und auch generalisierbar sind. Der Komplexität einer derartigen *mehrdimensionalen Typenbildung* (vgl. Bohnsack 2010; Bohnsack/Hoffmann/Nentwig-Gesemann 2018) und den Anforderungen der Generalisierbarkeit wird die Dokumentarische Methode gerecht, indem sie sich auf das in umfangreichen Forschungserfahrungen ausgearbeitete Modell der *komparativen Analyse* stützt (für exemplarische Typenbildungen im Bereich der Medienanalyse vgl. Schäffer 2003 und Geimer 2010a).

Die Dokumentarische Bild-, Video- und Filminterpretation
Dort, wo wir es nicht mit dem verbalen, sondern mit dem *korporierten*, das heißt mit dem in die leiblichen Praktiken eingeschriebenen Erfahrungswissen zu tun haben, sind es weniger die Texte als vielmehr die Bilder, die uns einen validen Zugang zum Habitus und Orientierungswissen vermitteln. Aufgrund der engen Verbindung zwischen MANNHEIMS Dokumentarischer Methode und PANOFSKYS Ikonologie in den 1920er Jahren waren ideale Voraussetzungen gegeben, die sozialwissenschaftliche Methode der dokumentarischen Bildinterpretation zu entwickeln (vgl. u. a. Bohnsack 2009, Kapitel 4). Die Einbeziehung der an die Ikonologie von PANOFSKY anschließenden *Ikonik* von Max IMDAHL (vgl. u. a. Imdahl 1980), aber auch der Semiotik von Roland BARTHES und Umberto ECO war in besonderer Weise darauf gerichtet, der Eigenlogik des Bildlichen gerecht zu werden (vgl. Bohnsack 2009, Kapitel 3). An die Stelle der formulierenden Interpretation treten hier die Arbeitsschritte der vor-ikonografischen Interpretation (Welche Objekte und Praktiken sind abgebildet?) und der ikonografischen (Was ist das Sujet, das Thema des Bildes?) sowie der ikonologisch-ikonischen Interpretation (Welcher Habitus dokumentiert sich im Bild?). In Anlehnung an die Ikonik von IMDAHL und im Unterschied zu PANOFSKY kommt der *formalen Dimension* im Herstellungsprozesse des Bildes (seiner formalen Struktur in der Fläche und seiner Perspektivität), also der formalen Komposition, eine zentrale Bedeutung zu, welche uns den Weg zu dessen Eigenlogik, also zum Bild als selbstreferentiellem System, weist. Dies ist Voraussetzung, um auch im Bereich der Video- und Filmanalyse dem Bildlichen, dem Ikonischen, eine zentrale Bedeutung gegenüber dem Sprachlichen und Textlichen zuzuerkennen.

Ansonsten finden in der sozialwissenschaftlichen Forschung und auch in der Medienforschung die Eigenlogik des Visuellen gegenüber dem Text-lich-Sprachlichen und insbesondere die Anforderungen des methodischen Zugangs zum Visuellen nicht ausreichend Beachtung. In der Tradition der Cultural Studies dokumentiert sich dies schon darin, dass auch Bild- wie Filmmedien unter dem Oberbegriff des „Textes" subsumiert werden (vgl. u. a. Hepp 2010, S. 113; Winter 1997a, S. 54). Die in der Tradition der Konversationsanalyse und des Interpretativen Paradigmas zu verortenden Arbeiten fokussieren nicht nur dort, wo die Videografie als *Erhebungsinstrument* genutzt wird (vgl. u. a. Knoblauch 2004), sondern auch dort, wo die visuellen Dokumente *Eigenprodukte* der Erforschten darstellen (vgl. u. a. Keppler 2006), primär auf Sprache und Text und erst sekundär, das heißt in eher *ergänzender* Funktion, auf die Dimension des Visuellen.

Die für die dokumentarische Analyse von Bildmedien zentrale Frage nach dem ikonologischen (beziehungsweise dokumentarischen) Sinngehalt zielt also auf den *Habitus* beziehungsweise *Orientierungsrahmen* der Bildproduzentinnen und -produzenten. Im Unterschied zur Malerei und Grafik wird es im Bereich der *Fotografie* wie auch der *Videografie* und des *Filmes* allerdings notwendig, grundsätzlich zwei Dimensionen oder Arten von Bildproduzierenden zu unterscheiden: Auf der einen Seite wäre der Habitus der *abbildenden* Bildproduzentinnen und -produzenten, also unter anderem der Fotografierenden und/oder an der Bearbeitung des Fotos noch nach der Ablichtung Beteiligten, und auf der anderen Seite der Habitus der *abgebildeten* Bildproduzentinnen und -produzenten zu berücksichtigen, also der Personen, Wesen oder sozialen Szenerien, die zum Sujet des Bildes gehören beziehungsweise vor der Kamera agieren. Dieser Differenz und komplexen Relation wurde in der sozialwissenschaftlich-empirischen Interpretation der Fotografie bisher nicht Rechnung getragen (vgl. u. a. Bohnsack 2009, Kapitel 3).

Im Unterschied zum Einzel- oder Standbild geht es im Bereich der *filmisch-bildlichen* Darstellung darum, zugleich der Sequenzialität sowie der Simultaneität des Produkts Rechnung zu tragen (vgl. Bohnsack 2009, Kapitel 5.5 und 5.6; Bohnsack/Fritzsche/Wagner-Willi 2015). In der Sequenzialität der Bilderfolge und des Bilderwechsels dokumentieren sich zum einen die Strukturen des Einstellungswechsels und der Montage, also die Gestaltungsleistungen der *abbildenden* Bildproduzierenden. In der Sequenzialität des Filmes dokumentieren sich aber ebenso auch die Gestaltungsleistungen der *abgebildeten* Bildproduzierenden. Zum anderen findet in der Dokumentarischen Methode auch das Bild in seiner Sinnstruktur der Gleichzeitigkeit, der Simultaneität, Berücksichtigung, auf deren Bedeutung für den Zugang zur „Eigengesetzlichkeit" des Visuellen beziehungsweise zu den „visuellen Formen" unter anderem IMDAHL (vgl. Imdahl 1979, S. 190) und Susanne K. LANGER (vgl. Langer 1984, S. 99) hingewiesen haben (vgl. Bohnsack 2009, Kapitel 3.9 und 5.5).

4. Der Beitrag zur komplexen Relation von Produkt- und Rezeptionsanalyse in der Medienforschung

Die Relation von Medienprodukt und seiner Rezeption, seinem Gebrauch, stellt eine der zentralen Fragen innerhalb der theoretischen und methodologischen Diskussion der Medienforschung dar. Vertreterinnen und Vertreter sehr unterschiedlicher Positionen betonen vielfach den engen Zusammenhang von Produkt- und Rezeptionsanalyse und sprechen von der Interaktion von Medium und Rezipierenden (vgl. u. a. Morley 1992, S. 283; Charlton/Neumann-Braun 1992, S. 88; Jensen 1995, S. 11; Thompson 1995, S. 44; Winter 2003, S. 435; Keppler 2006, S. 26; Geimer 2019b, S. 3 f.). Diese Interaktion lässt sich entsprechend vielfältig fassen, etwa aus kognitionspsychologischer, systemtheoretischer, handlungstheoretischer oder auch praxeologischer Perspektive (vgl. zum Überblick Geimer 2010a, S. 61–101). Vor allem die Perspektive der Cultural Studies hat große Resonanz erfahren und soll deshalb genauer erörtert werden.

Teils implizit, teils explizit geht die Forschung der *Cultural Studies* bei der Relationierung von Medienprodukt und dessen Rezeption beziehungsweise Gebrauch entweder den Weg, das Produkt als ein Bündel von Rezeptionsmöglichkeiten zu begreifen, das heißt, es in der Analyse seiner Rezeptionen aufzulösen, oder sich mit ihm (gesellschafts-)theoretisch, das bedeutet vor allem ideologiekritisch, auseinanderzusetzen (vgl. Denzin 1991a; Denzin 1991b; Geimer 2011a; Geimer 2018a; Geimer 2018b). Die Cultural Studies postulieren so eine „anti-objektivistische Sicht des Wissens" und haben ein entsprechendes Konzept der Film-Zuschauer-Interaktion formuliert (Winter 1997b, S. 81). Dieses steht in engem Zusammenhang mit dem Problem der *Polysemie* (vgl. Winter 2003; Bohnsack 2009, Kapitel 3.8 und

5.2.2), der (weitgehend unbewältigten) Mehrdeutigkeit auch der wissenschaftlichen Produktanalyse.

Das Problem der Polysemie wird im Kontext der genannten methodisch-theoretischen Pfade von den Vertreterinnen und Vertretern der Cultural Studies also auf grundsätzlich zwei unterschiedlichen Wegen bearbeitet (vgl. Bohnsack 2009, Kapitel 5.2.2; Geimer 2018a; Geimer 2018b): Der erstere Weg stützt sich bei der Analyse des Produkts zunehmend auf die Interpretationen der Rezipierenden und löst somit tendenziell die Produkt- in eine Rezeptionsanalyse auf, die ganz wesentlich im Sinne ethnografischer Forschung verstanden wird (vgl. Ang 1996; Morley 1999). In diesem Sinne werden eine „umfassende Kontextualisierung des Medientext- bzw. Produktbegriffs" (Hepp 2010, S. 134) oder ein „Radical Contextualism" (Ang 1996) gefordert. Sofern eine Produktanalyse realisiert wird, bleibt diese häufig, wie bei Lothar Mikos, auf die „Analyse ästhetischer Strukturen" begrenzt, auf die „Konventionen der Darstellung" (Mikos 2003, S. 140), sozusagen auf die Syntax des Films. Weitergehende semantische Aussagen werden der Rezeptionsanalyse überantwortet.

Der andere Weg der Bewältigung des Problems der Polysemie in den Cultural Studies ist stärker am Encoding/Decoding-Modell von Stuart Hall (vgl. Hall 1980; Hall 1994) orientiert, welches „als der frühe Kristallisationspunkt der Medienstudien der Cultural Studies" (Hepp 2010, S. 117) gelten kann und demzufolge „Medienkommunikation stets als ein Prozess gedacht wird, in dem der Medientext auf nicht hintergehbare Weise zwischen ‚Encoding' (Produktion) und ‚Decoding' (Rezeption) lokalisiert ist" (Hepp 2010, S. 115 f.). Allerdings wird dieser auch als „kritische Diskursanalyse" (Hepp 2010, S. 262) gefasste Zusammenhang weniger empirisch nachgezeichnet, als vielmehr im Rahmen einer ideologiekritischen Auseinandersetzung mit dem Produkt abgehandelt (vgl. Geimer 2018a; Geimer 2018b).

Die in den Cultural Studies zu beobachtende Auflösung der Produkt- in eine Rezeptionsanalyse beziehungsweise Substitution der Produkt- durch die Rezeptionsanalyse, die wir oben als deren *ersteren Weg* bezeichnet haben, erscheint vor allem aus zwei Gründen problematisch: Zum einen erfahren wir dann etwas über die Rezipierenden und nicht über die Produzierenden des Films. Im Sinne der Dokumentarischen Methode ist uns der Habitus der Produzierenden am Produkt selbst – und letztlich auch nur dort – unmittelbar und in valider Weise zugänglich. Hierin stimmen wir mit Pierre Bourdieu überein, wenn er formuliert: „Im *Opus Operatum* und in ihm allein enthüllt sich der *Modus Operandi*", also der Habitus (Bourdieu 1976, S. 209). Dies gilt auch für den Modus Operandi der Konstruktionen oder Inszenierungen eines Habitus, wie sie uns in den im Rahmen der Werbung inszenierten Lifestyles begegnet. Hierin impliziert ist die Unabhängigkeit der Analyse des Habitus respektive des dokumentarischen Sinngehalts vom (introspektiven) Nachvollzug des subjektiv gemeinten Sinns und der Intentionen der Akteurinnen und Akteure und somit von der Introspektion. Der Zugang wird über deren Objektivationen, ihre „Kulturobjektivationen" (Mannheim 1964, S. 101), also über die Werke oder *Dokumente* ihres Handelns, gesucht – wie dies im Begriff der Dokumentarischen Methode auch seinen Ausdruck gefunden hat.

Zum anderen erscheint die Verlagerung von der Produkt- zur Rezeptionsanalyse deshalb problematisch, weil damit das Problem der Polysemie und der Objektivität oder Gültigkeit der Interpretation oder Lesart der Forschenden nicht bewältigt, sondern lediglich verlagert wird: Denn dieses Problem stellt sich dort erneut, wo wir als Forschende dann wiederum die Interpretationen oder Darstellungen der Rezipierenden, also deren verbale Äußerungen, das heißt deren Texte (in ihrer Polysemie), zu interpretieren haben. Dabei vermögen die Cultural Studies den Unterschied zwischen den Rezeptionsweisen der Zuschauenden und den „Rezeptionen", das heißt den Interpretationen, der Forschenden nicht genauer zu bestimmen und somit auch die Differenz von Common Sense und wissenschaftlicher Interpretation nicht zu begründen. Dies wird dann auch von Rainer Winter explizit gemacht, wenn er formuliert: „Der Forscher nimmt nicht die Rolle des unabhängigen Beobachters ein. Er ist eher unterstützender Mitspieler" (Winter 1997b, S. 83). Diese Fusion oder Diffusion von Beobachter- und Teilnehmerhaltung führt dann auch zu einer Diffusion von wissenschaftlichem und moralischem Diskurs: „Die ‚neue' Ethnografie im Rahmen der Cultural Studies begreift sich nicht nur als wissenschaftlicher, sondern auch als moralischer Diskurs" (Winter 2015, S. 45; vgl. auch Geimer 2011b).

Erst die genauere Bestimmung der Relation der Alltagsinterpretationen, des Common Sense zu den Interpretationsleistungen der Forschenden vermag den Anspruch einer Wissenschaftlichkeit zu begründen und damit schließlich auch den Aufwand an Ressourcen zu legitimieren, der darin investiert wird. Die Wissenschaftlichkeit von Interpretationen lässt sich letztlich nur von ihrem methodischen Potential her begründen, über die Interpretationen des Alltags, des Common Sense (in welcher Weise auch immer) hinauszuweisen, diese systematisch und methodisch kontrolliert zu *transzendieren*, mit ihnen zu „brechen" (Bourdieu 1996, S. 278).

Damit ist – im Sinne der Dokumentarischen Methode und in Übereinstimmung mit der LUHMANNschen Systemtheorie – nicht der Anspruch auf eine „höhere Rationalität" wissenschaftlicher Interpretationen nach Art einer „Hierarchisierung des Besserwissens" (Luhmann 1990, S. 510) gemeint, sondern der aus einem *Wechsel der Analyseeinstellung* als, wie bereits dargelegt, dem Wechsel von der Frage nach dem *Was* zur Frage nach dem *Wie* resultierende Gewinn an Erkenntnispotential. Es handelt sich – generalisierend betrachtet – um den Wechsel von der *propositionalen* zur *performativen* Logik, von der ikonografischen zur ikonologischen Ebene, von der – den Common Sense bestimmenden – rationalistischen (zweckrationalen) Betrachtungsweise des Handelns zur Analyse seiner performativen Struktur, seines Modus Operandi, seines Habitus (vgl. Bohnsack 2017, Kapitel 3). Das Problem der Polysemie stellt sich als ein mehr oder weniger unlösbares, solange wir auf der Ebene der *propositionalen* Logik verbleiben. Wir können das Handeln in immer neue Kontexte stellen und immer neue Motive unterstellen. Demgegenüber kann auf der performativen Ebene, auf der nach dem *Wie*, nach dem Modus Operandi, gefragt wird, auf ein Kontextwissen nahezu vollständig verzichtet werden. Allerdings ist die Untersuchung – im Sinne der komparativen Analyse – abhängig von herangezogenen Vergleichshorizonten. Es ist die Rekonstruktion und Explikation dieser Vergleichshorizonte, welche die Polysemie nicht eliminiert, sondern die methodische Kontrolle der Polysemie ermöglicht und somit den Blick auf die Mehrdimensionalität des Bildes ermöglicht sowie die Konstruktion einer *mehrdimensionalen Typenbildung* und schließlich auch einen selbstreflexiven Blick auf die „Subjektivität" der Forschenden selbst oder genauer: auf deren eigene „Standortgebundenheit" oder „Seinsverbundenheit" (Mannheim 1952, S. 229 f.; vgl. dazu ausführlicher Bohnsack 2009, Kapitel 5.2.2.; Bohnsack 2010; Bohnsack/Hoffmann/Nentwig-Gesemann 2018).

Die komparative Analyse, die Operation mit Vergleichshorizonten sowie der Wechsel der Analyseeinstellung von der propositionalen zur performativen Logik, von der Common-Sense-Rationalität zur Rekonstruktion des Habitus und des Orientierungsrahmens (im weiteren Sinne), stellen die zentralen Komponenten der Dokumentarischen Methode dar, welche sowohl Produkt- als auch Rezeptionsanalyse und deren Integration bestimmen.

5. Forschungsbeispiele

Ebenso wie die vielfältigen methodischen Zugänge im Bereich der Analyse von Texten, Bildern, Videos und Filmen weisen auch die pädagogisch relevanten Forschungsfelder eine große Spannbreite auf: Von pädagogischer Relevanz ist hier zunächst die Erforschung der Adoleszenzentwicklung im Bereich von Jugendkulturen respektive Jugendmilieus (vgl. Bohnsack 1989) und der Jugendkriminalität (vgl. Bohnsack/Loos/Schäffer/Städtler/Wild 1995; Bohnsack/Nohl 2001) zu nennen, mit der die Dokumentarische Methode ihren Anfang nahm.

Heute sind es die Bildungsprozesse im Bereich der Schule und im vorschulischen Feld der Frühpädagogik, die auf der Grundlage des Erhebungsinstruments der Videografie eine der Zentren der pädagogisch relevanten Forschung mit der Dokumentarischen Methode bilden (vgl. u. a. Bohnsack/Fritzsche/Wagner-Willi 2015; Asbrand/Martens 2018; Baltruschat 2015; Baltruschat 2018a). Aus Platzgründen und da die Medienpädagogik sich zumindest lange Zeit weniger für Medien als *Erhebungsinstrumente* als vielmehr für die *Produkte öffentlicher Medien* interessierte, werden wir hierauf nicht genauer eingehen. Zumindest erwähnt seien aber Studien, welche auf der Grundlage von Zeichnungen, also sozusagen *nicht-öffentlichen Medien*, von Kindern und Jugendlichen arbeiten (Wopfner 2012; Wopfner 2015; Gall Prader 2017).

Eine besondere Bedeutung kommt hier auch jenen *Praktiken des Umgangs* mit den neuen Medien zu, wie Burkhard SCHÄFFER sie unter dem Begriff der *Medienpraxiskulturen* im Bereich des generations- und partiell auch des bildungs- und geschlechtsspezifischen Umgangs mit dem Medium Computer in einer komplexen Typologie wegweisend herausgearbeitet hat (vgl. Schäffer 2003). Auch Stefan WELLING hat im Jahr 2008 schon recht früh milieuspezifische Modi Operandi respektive Habitus der Computermedienpraxis bei Jugendlichen im Kontext der Jugendarbeit in ihrer Beziehung zu Jugendarbeiterinnen und -arbeitern analysiert (vgl. Welling 2008); Marion BRÜGGEMANN (vgl. Brüggemann 2013) hat das (distanzierte) Verhältnis von Lehrpersonen zu den digitalen Medien in ihrer pädagogischen Praxis rekonstruiert (vgl. auch Brüggemann/Welling 2017).

Öffentliche Medienprodukte und deren Rezeption

Im Bereich der *Medienforschung* im engeren Sinne, also der Analyse öffentlicher Medien, lässt sich die Analyse der Bildmedien noch einmal differenzieren in die Analyse bewegter Bilder, also Interpretationen von Filmen und Videos, und die Analyse unbewegter Bilder, also etwa Fotografien. Hinsichtlich der Interpretation *bewegter Bilder* finden sich erste Analysen, die das Potential der Analyse von Fernsehshows verdeutlichen und – in einem ersten Schritt – konsequent im Bereich des Bildlichen verbleiben, bei Ralf BOHNSACK (vgl. Bohnsack 2009, Kapitel 6). Exemplarisch werden hier Sequenzen der Sendung „Istanbul Total" mit dem Moderator Stefan RAAB ausgewertet, wobei insbesondere eine „Hyperzentrierung" auf die Person des Showmasters sowie ein „parasitärer Aufmerksamkeitsgewinn" und in Bezug auf das hier konstruierte Bild der Türkei deren fremder und undurchschaubarer oder opaker und somit „nicht ganz geheurer Charakter" herausgearbeitet werden. Sylka SCHOLZ, Michel KUSCHE, Nicole SCHERBER, Sandra SCHERBER und David STILLER verwenden die Dokumentarische Methode, um das „Potenzial von Filmanalysen für die (Familien-)Soziologie" zu verdeutlichen (vgl. Scholz/Kusche/Scherber/Scherber/Stiller 2014) und Hao XAOFEI (vgl. Xaofei 2016) interpretiert Spielfilme mit Bezug auf die Stadt Taipei von Arvin CHEN und Wim WENDERS sowie von Edward YANG, um deren Potential für den Tourismus in Taipei zu analysieren im Rahmen der an chinesischen Universitäten bedeutsamen Tourism Studies. Astrid BALTRUSCHAT (vgl. Baltruschat 2018b) untersucht Gestaltungsleistungen der abbildenden Bildproduzierenden, also unter anderem die Wahl von Einstellung und Kadrierung, Schnitt und Montage im Vergleich von Spielfilmen zur Interaktion im Klassenraum mit Videografien, die zur Protokollierung des Unterrichtsgeschehens von Forschenden erstellt wurden. Weitere Beispiele finden sich in einem Überblicksband zu Bild- und Filmanalysen (vgl. Bohnsack/Fritzsche/Wagner-Willi 2015), wie etwa Analysen des Vergleichs von Videos der staatlichen Alkoholprävention mit solchen der Alkoholwerbung von Manel HELL (vgl. Hell 2015).

Die dokumentarische Interpretation unbewegter Bilder wurde ursprünglich in Ralf BOHNSACKS Analysen von Werbefotos und des in ihnen propagierten Lifestyles entwickelt (vgl. u. a. Bohnsack 2001; Bohnsack 2003; Bohnsack 2009, Kapitel 4.2). Für die Analyse öffentlicher Medien von Relevanz sind die in dem von Ralf BOHNSACK, Burkard MICHEL und Aglaja PRZYBORSKI (vgl. Bohnsack/Michel/Przyborski 2015) herausgegebenen Band versammelten empirischen Analysen von Schäffer (vgl. Schäffer 2015) zur medialen Selbstdarstellung der Piratenpartei, von Axel Philipps (vgl. Philipps 2015) zu visuellem Protestmaterial, das heißt politischen Plakaten, von Burkard Michel (vgl. Michel 2015) zu Vorstandsporträts der Deutschen Bank und von Heike Kanter (vgl. Kanter 2016) zu Pressefotografien von Politikern, auf die wir hier genauer eingehen möchten, um an diesem Beispiel auch Perspektiven einer pädagogischen Relevanz der dokumentarischen Medienanalyse zu erläutern.

Heike Kanter hat im Vergleich fünf verschiedener Tageszeitungen – *taz, SZ, Welt, FAZ* und *Bild* – die Fotografien von Politikerinnen und Politikern dahingehend interpretiert, welche fotografischen Vorlagen seitens der Presseagenturen von den Zeitungsredaktionen ausgewählt und wie diese in unterschiedlicher Weise bearbeitet wurden, wobei bereits eine geringfügige und somit kaum rekonstruierbare Beschneidung des Agenturfotos durch die Zeitungsredaktion erhebliche Konsequenzen für den ikonologischen Sinngehalt mit sich bringt (vgl. Kanter 2015; Kanter 2016). Indem aber der „Mythos" der reinen Abbildfunktion von Pressefotos aufrechterhalten wird, entfaltet sich auf diese Weise das „Machtpotential" der *abbildenden* Bildproduzierenden im Rahmen öffentlicher Medien hinsichtlich der Auswahl und Bearbeitung von Bildern (vgl. Bohnsack 2017, Kapitel 8). Es ist lediglich die *taz*, die diese Ge-Machtheit der von ihr veröffentlichten Fotos mittels karikierender Überzeichnungen und Hinweise auf vielfältige Montage- und Kontextuierungsmöglichkeiten, also Polysemien, aufmerksam macht. Medien*pädagogik* (vgl. Kapitel 6) könnte an derartige Analysen beispielhaft anschließen, um die Mythen der reinen Abbildfunktion von Medien anschaulich zu dekonstruieren.

Als eine frühe Variante der *Rezeptionsforschung* von pädagogischer Relevanz im weiteren Sinne kann eine Studie über die Auseinandersetzung in HipHop-Gruppen (vgl. Bohnsack/Loos/Schäffer/Städtler/Wild 1995; Schäffer 1996) gelten, in denen im Zuge einer Entfaltung der eigenen *habituellen* Stilelemente eine handlungspraktische, also performative und kritische Auseinandersetzung mit den *über die Medien vermittelten,* den kommunikativ-generalisierten *Stilen* des HipHop zu beobachten war. Für eine ähnliche performative Auseinandersetzung ist auch die Studie von Bettina Fritzsche zur Analyse der Alltagspraxis und der Orientierungen innerhalb der Kultur von jungen weiblichen Boygroup-Fans zu nennen (vgl. Fritzsche 2011 [2003]). Mit der Rezeption von Bildern hat sich Burkard MICHEL schon früh auseinandergesetzt. Er stellt dabei nicht nur die Frage, inwiefern Bilder „auf Basis eines Habitus rezipiert, sondern zur Basis des Habitus werden – der Habitus läge dann der Rezeption von Bildern nicht mehr voraus, sondern ‚bildet' sich in der Auseinandersetzung mit den unterschiedlichen Bildwelten" (Michel 2006, S. 398).

In ähnlicher Weise hat sich Alexander GEIMER mit Filmen beschäftigt, indem er nicht nur verschiedene Praktiken der Rezeption differenzierte, sondern besonders jene Praktiken fokussierte, die zur Transformation eines Habitus beziehungsweise Orientierungsrahmens führen. In diesem Kontext konnte das mitunter inflationär verwendete, aber für Medienpädagogik zentrale, Konzept der *Aneignung* (vgl. Geimer 2010a; Geimer 2011a) aus einer wissenssoziologischen und praxeologischen Perspektive präzisiert werden. Im Unterschied zu einer *reproduktiven* Aneignung, in der sich habituelle Strukturen und elementare Orientierungen lediglich in Filmen spiegeln (ohne modifiziert zu werden), kommt es im Falle der *produktiven* Aneignung zu einer Transformation grundlegender Orientierungsrahmen (Habitus) von Rezipierenden – ein kreativer, teilweise implizit ablaufender und spontaner Prozess. Diese Spontaneität und Implizitheit des Medienhandelns durch ästhetische Erfahrungen, welche im Sinne von „Impulsionen" (Dewey 1980 [1934], S. 80) die Transformation (von Komponenten) des impliziten, konjunktiven Wissens im Sinne der Praxeologischen Wissenssoziologie ein- und anleitet, führt zu spontanen Bildungsprozessen (vgl. Nohl 2006).

Dieser Ansatz wurde von Patrick BETTINGER im Sinne einer Analyse von „Medienbildungsprozesse[n] als Habitustransformationen" weiter ausgearbeitet (Bettinger 2018, S. 578), wobei einerseits auch „mediale Artefakte" (Bettinger 2018, S. 583), wie etwa die Struktur von Webseiten und Blogs (vgl. Bettinger 2018, S. 584), berücksichtigt werden, wie andererseits „Habitustransformationen und diskursive Verschränkungen" (Bettinger 2016, S. 28) beziehungsweise das „Verhältnis von Subjektpositionierung und Bildungsprozessen" (Bettinger 2016, S. 29). Anschlüsse solcher Analysen an medienpädagogische Konzepte des reflexiv-kognitiven Durchdringens der „Prinzipien der eigenen Verhaltensmuster" (Jörissen/Marotzki 2009, S. 44) und der bewussten Nutzung „reflexiver Orientierungsoptionen" (Jörissen/

Marotzki 2009, S. 31) lassen sich eher schwer herstellen (vgl. Geimer 2012a). Wir werden hierauf weiter unten zurückkommen.

Zur Integration von Produkt- und Rezeptionsanalyse in der dokumentarischen Medienanalyse

Analysen, die in einem Triangulationsmodell die Produkt- und Rezeptionsforschung *integrieren*, finden sich in einer neueren komplexen Studie von Aglaja Przyborski (vgl. Przyborski 2018). Unter dem Begriff der *Bildkommunikation* hat sie ein Forschungsdesign entwickelt, mit dem die Voraussetzungen dafür geschaffen wurden, die Antwort auf die Frage nach der Bedeutung des Bildes für die Beforschten (jeweils Gruppen von Freundinnen und Freunden) im Medium des Bildlichen selbst zu finden, also „nach bildlichen Antworten auf Bilder zu suchen" (Przyborski 2018, S. 148).

Die Beforschten wurden gebeten, ein kommerzielles und ein privates Bild auszuwählen, die beide für sie von (wie auch immer gearteter) besonderer Bedeutung waren. In diesem Kontext der Analyse von Bild-Rezeptionen durch Bild-Produktionen haben Ralf Bohnsack und Aglaja Przyborski den Zusammenhang zwischen *Habitus*, *Pose* und *Lifestyle* ausgearbeitet (vgl. Bohnsack/Przyborski 2015). Komplexere Einblicke in derartige Relationen von Produkt- und Rezeptionsanalysen lassen sich also unter anderem dort gewinnen, wo die Rezipierenden sich ihrerseits des Bildmediums bedienen, um ihre Reaktionen auf ein Bild zum Ausdruck zu bringen. Das folgende Foto wurde von einer Mädchengruppe ausgewählt:

Abbildung 1: Werbefoto von H&M
(Quelle: Bademodenkampagne des Textilhandelsunternehmens H&M; vgl. auch Przyborski 2018)

Zusätzlich wurden die Gruppen um ein selbstinszeniertes Foto gebeten:

Abbildung 2: Privates Foto der Gruppe Pool
(Quelle: Selbstportrait der beforschten Mädchengruppe)

Die Mädchen reagierten mit dem privaten fotografischen Selbstportrait gleichsam auf das von ihnen ausgewählte Werbefoto des Textilhandelsunternehmens, das eine Badeszene mit jungen Frauen am Strand zeigt. In ihrem Selbstportrait ließen die Mädchen sich selbst in einer Badeszene in einem privaten Schwimmbad ablichten. Dabei greifen die Mädchen eine spezifische Gebärde respektive Pose der Akteurinnen des Werbefotos auf – ein „verschämt-mädchenhaftes" Ordnen der Haare – und stellen dies mimetisch in einen neuen Gesamtkontext (vgl. ausführlicher dazu Przyborski 2018, Kapitel 8; Bohnsack/Przyborski 2015). Diese Gebärde erweist sich dem Kontext der Handlungspraxis der Mädchen adäquat, fügt sich homolog in die Gesamtgestalt ihres körpergebundenen Ausdrucks sowie ihrer Bekleidung ein. Demgegenüber erscheint – insbesondere vor diesem Vergleichshorizont des selbstinszenierten Fotos, also in komparativer Analyse – diese Geste auf dem Werbefoto als de-kontextuiert und somit als *Pose* (vgl. zum Begriff Bohnsack/Przyborski 2015 und Bohnsack 2017, S. 197–215). Zugleich zeigt sich auf diese Weise, nämlich indem diese Gebärde sich adäquat beziehungsweise homolog in die Praxis der Mädchen, also in deren Gesamthabitus, einfügt, überhaupt erst die Validität der Interpretation der Gebärde als „mädchenhaft".

Die mimetische Aneignung der „verschämt-mädchenhaften" Gebärde durch die Mädchen selbst erweist sich somit eigentlich als eine *Wieder*-Aneignung. Zugleich und vor allem ist hiermit aber auch der Versuch der

Aneignung des Ausdrucksgehalts des Werbefotos in seiner Gesamtheit durch die Mädchen verbunden. Dieser Ausdrucksgehalt erschließt sich in der Produktanalyse als eine Übergegensätzlichkeit, eine hybride Konstruktion. Er verheißt die Bewältigung eines Identitätsproblems, welches für Mädchen und jüngere Frauen ganz allgemein von Relevanz ist: dasjenige der Vermittlung von mädchenhafter „Unschuld" mit der körperlich-sexuellen Attraktivität der selbstbewussten Frau. Es sind derartige hybride Identitätsanforderungen, deren Bewältigung der im Werbefoto propagierte Lifestyle verheißt. Diese Leistung der Vermittlung hybrider Identitätsanforderungen durch den Lifestyle konnte auch am Beispiel anderer Werbefotos gezeigt werden (vgl. Bohnsack 2017, Kapitel 6.3 und ursprünglich Bohnsack 2001).

Für die Mädchen eröffnet die mädchenhafte Gebärde oder Pose als zentrales Element der eigenen Praxis den Einstieg in das Werbefoto. Sie gibt ihnen die Möglichkeit, sich in spezifischen Komponenten des Werbefotos unmittelbar wiederzuerkennen, in diesen Komponenten eine habituelle Übereinstimmung zu erfahren und sich auf dieser Grundlage auch den anderen Komponenten des Fotos anzunähern: den Imaginationen und normativen Ansprüchen der körperlich-sexuellen Attraktivität einer selbstbewussten Frau, die jenseits der eigenen Praxis und des eigenen Habitus liegen. Verbunden mit dieser im selben Foto angelegten Imagination ist die Verheißung, dass die Mädchen von dieser anderen Komponente – derjenigen der selbstbewussten und offensiven Frau – nicht mehr so weit entfernt sind, wenn sie sich mit der Bikini-Mode von H&M zugleich auch deren propagierten Lifestyle erkaufen. Im Sinne der Diskursanalyse lassen sich die derart rekonstruierten Lifestyles mit ihren hybriden Identitätsanforderungen auch als „Subjektcodes" und „Subjektpositionen" verstehen (vgl. u. a. Keller/Schneider/Viehöfer 2012; Geimer 2012b; Geimer 2014; Geimer 2019a).

An diesem Beispiel kann deutlich werden, wie ein Produkt – in unserem Fall ein Werbefoto – beziehungsweise der mit dem Produkt vermittelte Lifestyle aufgebaut sein muss, um Prozesse der Aneignung zu initiieren: Der im Werbefoto propagierte Lifestyle integriert hybride Identitätsanforderungen, deren eine Seite unmittelbaren Anschluss an die Alltagspraxis, das heißt an den *konjunktiven Erfahrungsraum* und den *Habitus*, der Adressierten eröffnet. Letzterer findet hier insbesondere in der ein wenig unbeholfenen mädchenhaften Geste der Verschämtheit seinen Ausdruck, die sich homolog in den körperlichen Gesamtausdruck der Mädchen einfügt – nicht aber so ohne weiteres in den der jungen Frauen. Die andere Seite des im Werbefoto propagierten Lifestyles verweist auf stereotype gesellschaftliche Erwartungen im Sinne einer *virtualen sozialen Identität* (auf der *kommunikativen* Ebene). Derartige Einblicke in die komplexe Relation von Produktion und Rezeption lassen sich also dort gewinnen, wo die Rezipierenden sich ihrerseits des Bildmediums bedienen, um ihre Reaktionen auf ein Bild zum Ausdruck zu bringen, also dort, wo wir es mit einer *Bildkommunikation* (Przyborski 2018) zu tun haben.

Zugleich kommunizieren die jungen Frauen aber nicht nur mit dem H&M-Werbefoto respektive dessen Produzierenden, sondern auch mit den Forscherinnen. In der komplexen Art und Weise der Darstellung, durch die sie denen ihr eigenes Verhältnis zur Botschaft des Werbefotos und ihren Rezeptionsprozess erläutern oder erklären, dokumentieren sich weitergreifende Reflexionsprozesse und zwar solche *impliziter* Art. Von den *impliziten* oder *praktischen* Reflexionen unterscheiden sich die *expliziten* aber eben nicht allein durch ihren Grad der Explikation, sondern auch durch ihre *logische Struktur*. Der Zugang zu derartigen impliziten Reflexionen ist wesentliche Voraussetzung für die Kenntnis und Anerkennung der alltäglichen Medienpraxis der Jugendlichen und somit auch für medienpädagogische Interventionen (vgl. Kapitel 6)

In ähnlicher Weise, wie Aglaja Przyborski die jungen Frauen anregt, mit Fotos auf ein Foto zu reagieren, machen sich Alexander Geimer und Daniel Burghardt[1] die Affordanzen von *YouTube* zunutze (vgl. Geimer/Burckhardt 2017; Geimer/Burckhardt 2019), indem hier Nutzerinnen und Nutzern nicht nur die Möglichkeit offensteht, Videos mit Textkommentaren zu versehen, sondern wiederum mit eigenen Videos zu kommentieren, zu verlinken oder auch in Informationen zu einem eigenen Video auf ein anderes hinzuweisen. Die Autoren untersuchten insbesondere Videos und Videos zu diesen Videos aus dem Bereich Lifestyle (vgl. zu YouTube-Genres Geimer 2018c) und folgten der in Kapitel 3 erwähnten Modifikation der Dokumentarischen Methode zu einer dokumentarischen Subjektivierungsforschung.

---

[1] Vgl. hierzu auch das Dissertationsprojekt von Daniel Burghardt zu *Repräsentationen und Reproduktionen von Subjektnormen – Eine qualitative Studie über Appelle, Angebote und Prozesse der Subjektivierung in YouTube-Videos des Lifestyle-Genres* [Arbeitstitel].

Dies bedeutet, die in den YouTube-Videos repräsentierten, normativen Normalitätshorizonte oder Identitätsnormen zu identifizieren sowie darüber hinaus die Prozesse der Rezeption und Aneignung jener normativen Normalitätshorizonte seitens der Rezipierenden (und zugleich Produzierenden) wie sie in ihren (eher amateurhaften) Videos zu den (eher professionellen) Videos ihrer Vorbilder sich abbilden.

Die Analysen umfassten daher sowohl die Rekonstruktion repräsentierter Identitätsnormen in den Lifestyle-Videos, denen ein Vorbildcharakter zukommt, als auch – anhand von Fokussierungen durch Nachahmungen – Sequenzen jener Videos, in denen sprachlich, visuell und/oder körperlich auf die Vorbilder Bezug genommen wird (vgl. Geimer/Burghardt 2017 und 2019; vgl. Abbildungen 3 und 4). Wir veranschaulichen die Analysen und Ergebnisse anhand eines Beispiels.

Abbildung 3: Transformationsbild von Sophia Thiel (Quelle: youtube.com/watch?v=wg19L6bjdW8, aufgerufen am 30. April 2019)

Deutlich werden Normen der Selbst-Disziplinierung (und ihre Nachahmung, vgl. Abbildung 4) etwa anhand des „Transformationsbild[s]" von Sophia Thiel, das sie ihrer Transformationsgeschichte in dem Video *Mein Weg in ein neues Leben – Fitness Motivation – Sophia Thiel* (ca. 5,7 Millionen Klicks im Dezember 2018) vorausstellt und das also dramaturgisch besonders fokussiert ist. Das Foto aus 2012 nimmt in der Gesamtkonstellation nur circa ein Drittel des Bildes ein und ihr Körper füllt dieses Drittel fast vollständig aus, wird dabei auch angeschnitten – passt nicht in den Rahmen. Das Leben vor der Transformation wird so als „beengend" inszeniert, wohingegen der muskulöse Körper aus 2014 aufgrund der veränderten

Kadrierung viel Platz hat und im Kontext der körperlichen Selbstgestaltung im Fitness-Studio freier, beweglicher und selbst-bestimmt beziehungsweise körperlich definiert erscheint. Die Kontrastierung der beiden Lebensphasen zeigt sich auch in der Perspektive und der Wandel wird zusätzlich durch die Hintergrundmusik untermalt, indem die Zeit vor der Transformation mit schwerfälliger Klaviermusik begleitet wird, die im Laufe des Videos (und mit dem Einspielen aktuellerer Bilder) von lebendiger elektronischer Musik abgelöst wird. Die durch starke Disziplinierung (Diät und Sportprogramm) forcierte Transformation des Körpers wird somit auf unterschiedlichen Ebenen jeweils als befreiend sowie selbstverwirklichend repräsentiert. Diese Befreiung und Selbstverwirklichung durch eine Disziplinierung des Selbst wird auch den Rezipierenden nahegelegt: „Ich will nicht, dass ihr dieses Video einfach nur anseht, ich möchte dass ihr Verantwortung über euer Leben übernehmt so wie ich es vor zwei Jahren getan habe. In diesem Körper werdet ihr nur einmal leben und das Leben ist viel zu kurz um sich darin unwohl in seiner Haut zu fühlen. Es liegt in eurer Hand."

Wie bereits vorweggenommen, trifft der Appell der Disziplinierung des Selbst auf fruchtbaren Boden, was sich zum Beispiel anhand des Amateur-Videos von Veronika *Meine TRANSFORMATION 2016! -20 KG* (2377 Klicks im Dezember 2018) zeigen lässt.

Abbildung 4: Transformationsbild von Veronika (Quelle: youtube.com/watch?v=at2yU2HGTic, aufgerufen am 30. April 2019)

Sophia THIEL ist für Veronika nach eigener Aussage im Video die „Erleuchtung meines Lebens" – und auch Veronika leitet ihre Transformationsgeschichte mit der Gegenüberstellung eines Bilderpaares ein. Beide Fotos wurden an Heiligabend im Abstand von einem Jahr aufgenommen. Wie auch im Referenzvideo von Sophia Thiel, räumt Veronika dem alten Foto nur etwa ein Drittel des Gesamtbildes ein, sodass auch ihr Körper hier eingeengt wirkt. Verstärkt wird dieser Effekt auch hier durch das Framing – zumal ihr Körper vor der „Transformation" zusätzlich durch die Interaktion gerahmt und eingenommen wird, wohingegen er im Vergleichsbild Platz hat und eher gestreckt wirkt. Die Struktur des „Transformationsbild[s]" von Sophia Thiel wurde also sowohl in der Dimension der abgebildeten als auch der abbildenden Bildproduzentin imitiert. Auch die Musik im Ablauf des Videos wurde entsprechend nachgeahmt: beim Zeigen der älteren Bilder zunächst melancholisch-schwerfällig, dann zur Untermalung der neuen Bilder fröhlich-lebendig.

Anhand der Vorbild-Videos und ihren Nachahmungen konnte ebenfalls auf sprachlicher Ebene die Identitätsnorm einer Disziplinierung und Optimierung des Selbst herausgearbeitet werden, auf die sich Referenzvideos unterschiedlich (siehe unten) beziehen. Dass es sich dabei nicht lediglich um Inszenierungen im Sinne der medialen Selbstpräsentation handelt, zeigt sich nicht zuletzt auf sprachlicher Ebene und in Randbemerkungen – so hält beispielsweise Veronika fest: „Ich werde mich jetzt ans *Essen* rantasten, ans Weihnachtsessen. Und ich werde mir alles gönnen was ich möchte". Dass sie sich an das Essen „herantasten", diesem sich – noch bei einem feierlichen Anlass – langsam nähern muss, dokumentiert die Verinnerlichung jener Normen der Selbst-Disziplinierung. Auch dass gesondert zu erwähnen ist, dass sie sich alles „gönnen" wird, was sie „möchte", verweist darauf, dass dieses Gönnen wenig selbstverständlich und vielmehr problematisch erscheint, da es in einem Widerspruch zum disziplinierten Habitus steht.

Hinsichtlich der *Varianten* der Nachahmung von Lifestyle-Videos ist allerdings auch eine naiv-spielerische Version der semantischen, körperlichen und visuellen Imitation zu identifizieren, in der das Ideal der Selbst-Disziplinierung und Selbstbewährung gemäß der „Video-Vor-Bilder" nicht übernommen wird, wenngleich oberflächlich starke Parallelen bestehen. Andererseits ist durch weitere komparative Analysen von Amateurvideos anderer (ausnahmslos älterer, vgl. Abbildung 4) Rezipierender und Produzierender festzustellen, dass diese in professionellen YouTube-Videos repräsentierten Identitätsnormen in mimetischen Prozessen der Angleichung einer Verheißung der umfassenden Selbstkontrolle nachkommen. Normen der Disziplinierung, der andauernden Kontrolle hinsichtlich einer stetigen Selbst-Optimierung und entsprechenden Bewährung erscheinen vor diesem Hintergrund als sittlich-moralischer Aspekt einer gelungenen Lebensführung und eines legitimen Selbst.

Hier kann die qualitative Forschung im Bereich der Medienpädagogik verstärkt ansetzen, um *erstens* generell die Differenz zwischen normativer Identitäts-Programmatik von Lifestyle-Angeboten und der er- und gelebten Alltagspraxis methodisch-methodologisch weitergehend in den Blick zu rücken und um *zweitens* zeitgenössische Identitätsnormen eines optimierten und disziplinierten Selbst (kritisch) zu reflektieren.

6. Fazit und medienpädagogische Perspektiven

Eine Präzisierung des Rezeptions- und Aneignungskonzepts setzt eine genauere Klärung des *Praxis*- und *Habitus*begriffs sowie auch – in kategorialer Abgrenzung dazu – desjenigen der *Pose* und des *Lifestyles* voraus (vgl. zur Begriffsklärung Bohnsack/Przyborski 2015; Bohnsack 2017, Kapitel 6.3). Dabei gilt es unter anderem, die Praxis des *Umgangs mit* den Medien, wie sie in zahlreichen (zumeist ethnografischen) Studien im Bereich und im Umfeld der *Cultural Studies* untersucht worden ist (vgl. u. a. Ulmer/Bergmann 1993; Vogelsang 1994; Winter 1995; Prommer 1999; Mikos 2004), von der *in* den Medien – im Wesentlichen in Bild und Film – *vermittelten* Praxis zu differenzieren, also von jener Praxis, die *Gegenstand* medialer Darstellung ist.

Von *Aneignung* wollen wir dann sprechen, wenn sich die Rezeption auf der Ebene eines unmittelbaren, intuitiven, das heißt präreflexiven oder atheoretischen Erfassens, eines *Verstehens* im Sinne von Mannheim (vgl. Mannheim 1980, S. 272) vollzieht, das einen unmittelbaren Anschluss der eigenen Handlungspraxis an den Modus Operandi der medial dargestellten Praxis findet. Dies ist zu unterscheiden von einem „Interpretieren" eines Medienprodukts, seiner „theoretisch-reflexiven Explikation" (Mannheim 1980, S. 272), dessen Rekonstruktion lediglich eine der Ebenen unserer Analysen auf der Basis der Dokumentarischen Methode darstellt. Aneignung vollzieht sich somit in jenen Bereichen, in denen Gemeinsamkeiten konjunktiver Erfahrung in zumindest einer Dimension, einem Erfahrungsraum (etwa

Gender, Milieu, Generation et cetera) gegeben sind, mithin unter Bedingungen gegebener Anschlussfähigkeit des Habitus oder Orientierungsrahmens. Wenn also die Praxis der Rezipierenden an diejenige der Produzierenden beziehungsweise an die von letzteren – im Sinne des Lifestyles und der Subjekt- respektive Identitätsnormen – *inszenierte, medial repräsentierte* Praxis anschließen kann, liegen in unserem Sinne Prozesse der Aneignung vor.

Hier kann weitergehend zwischen produktiver und reproduktiver Aneignung unterschieden werden: In einer *reproduktiven* Aneignung werden eigene Erfahrungs- und Wissensstrukturen gespiegelt (oder in das Filmmaterial projiziert), wodurch sich diese verfestigen und „sedimentieren" (reproduzieren). In der produktiven Aneignung, wie wir sie in unserem Beispiel finden, werden demgegenüber – unter anderem im Sinne spontaner Bildungsprozesse (vgl. Nohl 2006; Geimer 2010a; Geimer 2010b) – auch (partiell) neue Erfahrungs- und Wissensstrukturen geschaffen; der Erfahrungsraum wird (in welcher Richtung auch immer) erweitert oder auch mit normativen gesellschaftlichen Erwartungen relationiert und gegebenenfalls Veränderungen gegenüber geöffnet.

Wie am Beispiel des Werbefotos (vgl. Abbildungen 1 und 2) bereits gezeigt werden konnte, gelingt eine komplexe Produkt- wie auch Rezeptionsanalyse und insbesondere deren Integration nur dann, wenn wir Zugang zur tiefer liegenden Semantik im Sinne der impliziten, atheoretischen oder inkorporierten Wissensbestände finden, was zudem auch Voraussetzung für den Zugang zur Eigenlogik des Visuellen ist.

Ausgehend von dieser Eigengesetzlichkeit filmischer Sinnstrukturen lässt sich der Habitus der Produzierenden beziehungsweise der von ihnen propagierte Lifestyle tiefergehend rekonstruieren und mit den Habitus der Rezipierenden relationieren. In dem zuvor dargestellten grundlagentheoretischen Bezugsrahmen einer dokumentarischen Rezeptions- und Produktanalyse sehen wir die Chance, die Unabhängigkeit einer Analyse des Produkts von derjenigen der Rezeptionsleistungen begründen zu können, um auf diese Weise dann überhaupt erst die Voraussetzung dafür zu schaffen, die Relationen, die Zusammenhänge und Kongruenzen zwischen dem Produkt einerseits und seiner Rezeption andererseits, analytisch durchleuchten und systematisch untersuchen zu können. Auf diese Weise kann es gelingen, die Strukturen herauszuarbeiten, welche ein Produkt aufweisen muss, um die Bedingungen der Möglichkeit für eine Aneignung zu schaffen. Die konkrete Ausprägung möglicher Kongruenzen und Anschlussmöglichkeiten konnte hier an Beispielen beleuchtet werden. Deren Vielfalt und die Vielfalt der Aneignungsprozesse muss – im Sinne einer rekonstruktiven Sozialforschung – dann allerdings für weitere empirische Rekonstruktionen und eine daran anschließende Typen- und Theoriegenerierung offengehalten werden.

In den Cultural Studies, die sich „nicht nur als wissenschaftlicher, sondern auch als moralischer Diskurs" verstehen (Winter 2015, S. 45; vgl. auch Geimer 2011b) und in deren Interpretationen die normative und die analytische Dimension somit untrennbar miteinander verwoben sind, lassen sich *normative* Bewertungen, wie sie Grundlage pädagogischer Rahmungen und Interventionen sind, unmittelbar aus der Analyse ableiten. In der aktuellen Diskussion setzen die medienpädagogischen Rahmungen jedoch auf einer Ebene an, auf der es nicht um implizite oder explizite Normalitäts- oder Moralvorstellungen, also um Regeln des „richtigen Handelns" geht, sondern – auf einer *reflexiven* Ebene – um Regeln der diskursiven *Verständigung über* unterschiedliche Normalitätsvorstellungen.[2]

Weit fortgeschritten ist hier das Konzept der *Medienbildung* von Winfried MAROTZKI und Benjamin JÖRISSEN (vgl. Marotzki/Jörissen 2008). Den Autoren zufolge ist es die durch die Medienrezeption (hier von Filmen) ausgelöste „Reflexion auf Wissenslagerungen" (Marotzki/Jörissen 2008, S. 104), die Bildungsprozesse (und Transformationen eines Habitus) anregen kann. Filme werden also – zumindest weitgehend – nach ihrem „Reflexionspotenzial" (Marotzki/Jörissen 2008, S. 104) beurteilt, also inwiefern sie Zuschauerinnen und Zuschauer in „eine Reflexionsposition bringen" (Jörissen/Marotzki 2009, S. 44). Ähnlich wie Winfried MAROTZKI und Benjamin JÖRISSEN in ihrem Konzept der Medienbildung fokussieren unterschiedliche Medienkompetenzmodelle die reflexive Durchdringung von Medienprodukten und des eigenen, alltäglichen Umgangs mit ihnen (vgl. u. a. Baacke 1996, S. 8; Hugger 2008, S. 93) – wie etwa im Konzept einer „reflexiv-praktischen

[2] Lawrence KOHLBERG (vgl. Kohlberg 1971) und Jürgen HABERMAS (vgl. Habermas 1976) unterscheiden hier zwischen der „konventionellen" und „post-konventionellen" Stufe der Moral und schließen damit letztlich an die empirisch-rekonstruktiv fundierten Analysen Jean PIAGETS (vgl. Piaget 1976) an mit seiner Differenzierung der „sogenannten moralischen Regeln in konstituierte Regeln oder Gebräuche, die vom gegenseitigen Übereinkommen abhängen, und konstituierende Regeln oder Funktionsprinzipien, die die Zusammenarbeit und Gegenseitigkeit ermöglichen" (Piaget 1976, S. 106).

Medienarbeit" nach Bernd SCHORB (Schorb 1995, S. 172). In diesem Sinne einer „reflexiven Auseinandersetzung mit medialen Produkten" zugunsten einer Verarbeitung von Medienerfahrungen, die zur „Erweiterung von Handlungsfähigkeit" (Schorb 2008, S. 82) führen soll, äußern sich auch die Autorinnen und Autoren des im März 2009 formulierten Medienpädagogischen Manifests[3].

Diesem Weg der pädagogischen Intervention ist insofern zuzustimmen, als er sich nicht nach Art einer „Hierarchisierung des Besserwissens" (Luhmann 1990, S. 510), also mit dem Anspruch einer „höheren" sozialwissenschaftlichen Rationalität, an einer „Ordnung der Belehrung, der Korrektur" orientiert. Vielmehr geht es darum, die Kinder und Jugendlichen in die Lage zu versetzen, selbst ihr Potential an Handlungsalternativen zu erweitern, also *Kontingenzen* zu eröffnen.[4] Allerdings sind von den obengenannten Autorinnen und Autoren – in einer eher *rationalistischen* Perspektive[5] – mit den Reflexionspotentialen überwiegend solche der *theoretisierenden* oder auch *legitimierenden* Selbstvergewisserung gemeint, welche eine propositionale Logik aufweisen (vgl. Bohnsack 2017, Kapitel 3). Sie haben die Struktur *argumentierender* Darstellungen, also von Common-Sense-Theorien, die einer zweckrationalen Logik folgen, wie sie ihren Ausdruck etwa in Motivunterstellungen findet. Dieses theoretisierende Wissen vermag die Handlungspraxis, das handlungsleitende Wissen, das „Knowledge-in-Action" (Schön 1983, S. 59) kaum zu erreichen, welches sich durch eine „performative Logik" (Bohnsack 2017, Kapitel 3) auszeichnet und im Spannungsverhältnis zu den theoretisierenden und den normativen Wissensbeständen steht. Dieses Spannungsverhältnis von performativer und propositionaler Logik, von Habitus und Norm bezeichnen wir, wie im dritten Kapitel dargelegt, als *konjunktiven Erfahrungsraum*. Das handlungsleitende

[3] „Medienkompetenz zielt auf die Fähigkeit zur sinnvollen, reflektierten und verantwortungsbewussten Nutzung der Medien. Hierzu gehören u. a. die Fähigkeit zu überlegter Auswahl, zum Verstehen und Interpretieren medialer Kodes, zu einer reflektierten Verwendung von Medien in Freizeit, Schule und Beruf" (Niesyto 2009, S. 1).

[4] *Reflexion* setzt im Sinne von Niklas LUHMANN (Luhmann 1975, S. 74) „einen ‚Horizont' anderer Möglichkeiten voraus und erschließt einen geordneten Zugang zu diesen Möglichkeiten", erschließt also Kontingenzen (vgl. Bohnsack 2017, S. 77 f.).

[5] Diese Kritik ist in Übereinstimmung mit Andreas RECKWITZ (Reckwitz 2010, S. 185) „gegen die rationalistischen Voraussetzungen eines Homo Oeconomicus und eines Homo Sociologicus gleichermaßen und damit gegen das klassische Konzept einer Handlungstheorie, die vom zweckrationalen oder regelorientierten Handeln ausgeht", gerichtet.

Wissen hat seinen eigenen Modus der Reflexion, eine „Reflection-in-Action" (Schön 1983, S. 59), also eine in die Handlungspraxis eingelassene, eine praktische oder *implizite Reflexion* (vgl. Bohnsack 2017, S. 107 und S. 137). Sie wird auf dem Wege der Darstellung der Praxis im Modus von Erzählungen und Beschreibungen oder metaphorischen und bildhaften Darstellungen oder – wie in unseren Beispielen der H&M-Werbung (vgl. Abbildung 1) und der YouTube-Videos (vgl. Abbildungen 3 und 4) – auch in materialen Bildern zum Ausdruck gebracht.

Der Erfolg pädagogischer Diskurse oder Interventionen ist abhängig von der Verständigung auf der Grundlage eines Zugangs zu derartigen handlungsleitenden Wissensbeständen einschließlich ihrer impliziten Reflexionen und ihres Spannungsverhältnisses zur Norm und zu den Theoriepotentialen – er ist also abhängig vom Zugang zum konjunktiven Erfahrungsraum. Hierfür können Analysen zur Medienrezeption wichtige Grundlagen schaffen. Wie bereits erwähnt, haben wir schon sehr früh in Untersuchungen zu jugendlichen Peer-Groups (vgl. u. a. Bohnsack/Loos/Schäffer/Städtler/Wild 1995; Schäffer 1996) in etwas anderer Begrifflichkeit herausgearbeitet, dass beispielsweise der konjunktive Erfahrungsraum von HipHop-Gruppen sich im Spannungsverhältnis von den *über die Medien vermittelten* kommunikativ-generalisierten Stilen (mit ihrer propositionalen Logik) und der habitualisierten Praxis und den sich in dieser allmählich entfaltenden *habitualisierten Stilen* (mit ihrer performativen Logik) konstituiert. In der Inszenierung dieses Spannungsverhältnisses in den Gruppendiskussionen mit den Jugendlichen dokumentieren sich implizite Reflexionsprozesse, wie sie typisch für konjunktive Erfahrungsräume sind (vgl. Bohnsack 2017, Kapitel 7.5). Auf der Grundlage eines derartigen verstehenden Zugangs vermag die Medienanalyse pädagogische Diskurse zur Erweiterung des Potentials von Handlungspraktiken mit den Kindern und Jugendlichen anzuleiten.

Abbildungsverzeichnis

Literaturverzeichnis

- Ang, Ien (1996): Ethnography and Radical Contextualism in Audience Studies, in: Hay, John/Grossberg, Lawrence/Wartella, Ellen (Hrsg.): The Audience and its Landscape, Boulder: Westview Press, S. 247–262
- Amling, Steffen/Geimer, Alexander (2016): Techniken des Selbst in der Politik. Ansatzpunkte einer dokumentarischen Subjektivierungsanalyse, in: Forum Qualitative Sozialforschung 17 (3), Art. 18, S. 1–33 [Onlinedokument: doi.org/10.17169/fqs-17.3.2630, aufgerufen am 02. Mai 2019]
- Asbrand, Barbara/Martens, Matthias (2018): Dokumentarische Unterrichtsforschung, Wiesbaden: Springer VS
- Baacke, Dieter (1996): Medienkompetenz als Netzwerk. Reichweite und Fokussierung des Begriffes, der Konjunktur hat, in: Medien Praktisch 20, S. 4–10
- Baltruschat, Astrid (2015): Unterricht als videografische Konstruktion, in: Bohnsack, Ralf/Fritzsche, Bettina/Wagner-Willi, Monika (Hrsg.): Dokumentarische Video- und Filminterpretation. Methodologie und Forschungspraxis, Opladen/Farmington Hills: Budrich, S. 267–292
- Baltruschat, Astrid (2018a): Didaktische Unterrichtsforschung, Wiesbaden: Springer VS

- Baltruschat, Astrid (2018b): Zwischen Lehrern und Schülern. Videografische Konstruktionen unterrichtlicher Begegnung, in: Geimer, Alexander/ Heinze, Carsten/Winter, Rainer (Hrsg.): Die Herausforderungen des Films. Soziologische Antworten, Wiesbaden: Springer VS, S. 289–411
- Bettinger, Patrick (2016): Mediale Diskurse und biographische Transformationen. Entwurf einer methodologischen Rahmung zur Untersuchung von diskursiven und biographischen Verschränkungen in Medienbildungsprozessen, in: Fromme, Johannes/Kiefer, Florian/Holze, Jens (Hrsg.): Mediale Diskurse, Kampagnen und Öffentlichkeiten, Wiesbaden: Springer VS, S. 9–33
- Bettinger, Patrick (2018): Rekonstruktive Medienbildungsforschung – Die Analyse von Bildungsprozessen als Habitustransformationen in mediatisierten Lebenswelten, in: Knaus, Thomas (Hrsg.): Forschungswerkstatt Medienpädagogik. Praxis – Theorie – Methode [Band 2], München: kopaed, S. 569–600 [Onlinedokument: doi.org/10.25526/fw-mp.11, aufgerufen am 02. Mai 2019]
- Bohnsack, Ralf (1973): Handlungskompetenz und Jugendkriminalität, Neuwied/Berlin: Luchterhand
- Bohnsack, Ralf (1989): Generation, Milieu und Geschlecht – Ergebnisse aus Gruppendiskussionen mit Jugendlichen, Opladen: Leske+Budrich
- Bohnsack, Ralf (2003): Qualitative Methoden der Bildinterpretation, in: ZfE 6 (2), S. 239–257
- Bohnsack, Ralf (2010): Die Mehrdimensionalität der Typenbildung und ihre Aspekthaftigkeit, in: Ecarius, Jutta/Schäffer, Burkhard (Hrsg.): Typenbildung und Theoriegenerierung. Perspektiven qualitativer Bildungs- und Biographieforschung, Opladen/Farmington Hills: Budrich, S. 47–72
- Bohnsack, Ralf (2011): Qualitative Bild- und Videointerpretation. Die dokumentarische Methode, Opladen/Farmington Hills: Budrich
- Bohnsack, Ralf (2013): „Heidi" – Eine exemplarische Bildinterpretation auf der Basis der dokumentarischen Methode, in: Bohnsack, Ralf/Nentwig-Gesemann, Iris/Nohl, Arnd-Michael (Hrsg.): Die dokumentarische Methode und ihre Forschungspraxis, Opladen: Leske+Budrich, S. 328–337
- Bohnsack, Ralf (2014a): Rekonstruktive Sozialforschung. Einführung in qualitative Methoden, Opladen/Berlin/Toronto: Budrich

- Bohnsack, Ralf (2014b): Habitus, Norm und Identität, in: Helsper, Werner/Kramer, Rolf-Torsten/Thiersch, Sven (Hrsg.): Schülerhabitus, Wiesbaden: Springer VS, S. 35–55
- Bohnsack, Ralf (2017): Praxeologische Wissenssoziologie, Opladen/Berlin/Toronto: Budrich
- Bohnsack, Ralf/Fritzsche, Bettina/Wagner-Willi, Monika (2015): Dokumentarische Video- und Filminterpretation, in: Bohnsack, Ralf/Fritzsche, Bettina/Wagner-Willi, Monika (Hrsg.): Dokumentarische Video- und Filminterpretation. Methodologie und Forschungspraxis, Opladen/Berlin/Toronto: Budrich, S. 11–44
- Bohnsack, Ralf/Hoffmann, Nora/Nentwig-Gesemann, Iris (2018): Typenbildung und Dokumentarische Methode, in: Bohnsack, Ralf/Hoffmann, Nora/Nentwig-Gesemann, Iris (Hrsg.): Typenbildung und Dokumentarische Methode. Forschungspraxis und methodologische Grundlagen, Opladen/Berlin/Toronto: Budrich, S. 9–50
- Bohnsack, Ralf/Loos, Peter/Schäffer, Burkhard/Städtler, Klaus/Wild, Bodo (1995): Die Suche nach Gemeinsamkeit und die Gewalt der Gruppe. Hooligans, Musikgruppen und andere Jugendcliquen, Opladen: Leske+Budrich
- Bohnsack, Ralf/Michel, Burkard/Przyborski, Aglaja (2015): Dokumentarische Bildinterpretation. Methodologie und Praxis, Opladen/Berlin/Toronto: Budrich
- Bohnsack, Ralf/Nohl, Arnd-Michael (2001): Ethnisierung und Differenzerfahrung. Fremdheit als alltägliches und als methodologisches Problem, in: ZBBS 1, S. 15–36
- Bohnsack, Ralf/Przyborski, Aglaja (2015): Habitus, Pose und Lifestyle in der Ikonik, in: Bohnsack, Ralf/Michel, Burkard/Przyborski, Aglaja (Hrsg.): Dokumentarische Bildinterpretation. Methodologie und Praxis, Opladen/Berlin/Toronto: Budrich, S. 343–363
- Bourdieu, Pierre (1976): Entwurf einer Theorie der Praxis, Frankfurt am Main: Suhrkamp
- Bourdieu, Pierre (1996): Die Praxis der reflexiven Anthropologie, in: Bourdieu, Pierre/Wacquant, Loïc J. D. (Hrsg.): Reflexive Anthropologie, Frankfurt am Main: Suhrkamp, S. 251–294

- Brüggemann, Marion (2013): Digitale Medien im Schulalltag. Eine qualitativ rekonstruktive Studie zum Medienhandeln und berufsbezogenen Orientierungen von Lehrkräften, München: kopaed
- Brüggemann, Marion/Welling, Stefan (2017): Dokumentarische Methode und Gruppendiskussionsverfahren in der medienpädagogischen Forschung, in: Knaus, Thomas (Hrsg.): Forschungswerkstatt Medienpädagogik. Projekt – Theorie – Methode [Band 1], München: kopaed, S. 181–208 [Onlinedokument: doi.org/10.25526/fw-mp.22, aufgerufen am 02. Mai 2019]
- Charlton, Michael/Neumann-Braun, Klaus (1992): Medienkindheit – Medienjugend. Eine Einführung in die aktuelle kommunikationswissenschaftliche Forschung, München: Quintessenz
- Denzin, Norman K. (1991a): Hollywood Shot by Shot. Alcoholism in American Cinema, New York: De Gruyter
- Denzin, Norman K. (1991b): Images of Postmodern Society. Social Theory and Contemporary Cinema, London: Sage
- Dewey, John (1980 [1934]): Kunst als Erfahrung, Frankfurt am Main: Suhrkamp
- Durkheim, Émile (1961): Regeln der soziologischen Methode, Neuwied/Berlin: Luchterhand
- Fritzsche, Bettina (2011): Pop-Fans – Studie einer Mädchenkultur, Wiesbaden: Springer VS
- Gall Prader, Maria (2017): Altsein, Generation und Geschlecht in Zeichnungen junger Menschen. Dokumentarische Interpretation von Bildern und Gruppendiskussionen, Opladen/Berlin/Toronto: Budrich
- Geimer, Alexander (2010a): Filmrezeption und Filmaneignung. Eine qualitativ-rekonstruktive Studie über Praktiken der Rezeption bei Jugendlichen, Wiesbaden: Springer VS
- Geimer, Alexander (2010b): Praktiken der produktiven Aneignung von Medien als Ressource spontaner Bildung, in: ZfE 13 (1), S. 149–166
- Geimer, Alexander (2011a): Das Konzept der Aneignung in der qualitativen Rezeptionsforschung. Eine wissenssoziologische Präzisierung im Anschluss an die und in Abgrenzung von den Cultural Studies, in: ZfS 40 (4), S. 191–207

- Geimer, Alexander (2011b): Autoethnography und Performance Ethnography. Trend, Turn oder Schisma in der qualitativen Sozialforschung?, in: ZQF 12 (2), S. 299–320
- Geimer, Alexander (2012a): Das Verhältnis von Medienaneignung und Medienkompetenz am Beispiel „Film". Eine medien- und kunstpädagogische Reflexion von Praktiken der Rezeption, in: ZSE 32 (1), S. 4–17
- Geimer, Alexander (2012b): Bildung als Transformation von Selbst- und Weltverhältnissen und die dissoziative Aneignung von diskursiven Subjektfiguren in posttraditionellen Gesellschaften, in: ZBF 2 (3), S. 229–242
- Geimer, Alexander (2014): Das authentische Selbst in der Popmusik. Zur Rekonstruktion von Subjektfiguren sowie ihrer Aneignung und Aushandlung mittels der Dokumentarischen Methode, in: OEZS 39 (2), S. 111–130
- Geimer, Alexander (2018a): Qualitative Filmrezeptionsforschung, in: Geimer, Alexander/Heinze, Carsten/Winter, Rainer (Hrsg.): Handbuch der Filmsoziologie, Wiesbaden: Springer VS, S. 1–18 [Onlinedokument: doi.org/10.1007/978-3-658-10947-9_36-1, aufgerufen am 02. Mai 2019]
- Geimer, Alexander (2018b): Diskursanalyse und Filmsoziologie, in: Geimer, Alexander/Heinze, Carsten/Winter, Rainer (Hrsg.): Handbuch der Filmsoziologie, Wiesbaden: Springer VS, S. 1–21 [Onlinedokument: doi.org/10.1007/978-3-658-10947-9_31-1, aufgerufen am 02. Mai 2019]
- Geimer, Alexander (2018c): YouTube-Videos und ihre Genres als Gegenstand der Filmsoziologie, in: Geimer, Alexander/Heinze, Carsten/Winter, Rainer (Hrsg.): Handbuch der Filmsoziologie, Wiesbaden: Springer VS, S. 1–14 [Onlinedokument: link.springer.com/referenceworkentry/10.1007/978-3-658-10947-9_95-1, aufgerufen am 02. Mai 2019]
- Geimer, Alexander (2019): Subjektnormen in Orientierungsrahmen. Zur (Ir)Relevanz von Authentizitätsforderungen für die künstlerische Praxis, in: ZQF [im Erscheinen]
- Geimer, Alexander/Amling, Steffen (2019): Subjektivierungsforschung als rekonstruktive Sozialforschung vor dem Hintergrund der Governmentality und Cultural Studies. Eine Typologie der Relation zwischen Subjektnormen und Habitus als Verhältnisse der Spannung, Passung und Aneignung, in: Geimer, Alexander/Amling, Steffen/Bosančić, Saša (Hrsg.): Subjekt und Subjektivierung – Empirische und theoretische Perspektiven auf Subjektivierungsprozesse, Wiesbaden: Springer VS, S. 19–42

- Geimer, Alexander/Burghardt, Daniel (2017): Normen der Selbst-Disziplinierung in YouTube-Videos. Eine Analyse von Varianten der Nachahmung von professionellen Life Hack- und Transformation-Videos in Amateurvideos, in: Sozialer Sinn 18 (1), S. 27–56
- Geimer, Alexander/Burghardt, Daniel (2019): Die Mediatisierung von Subjektivierungsprozessen. Geschlechternormen im Kontext der Subjektnorm des disziplinierten Selbst in YouTube-Videos und mimetische Praktiken der Subjektivierung, in: Geimer, Alexander/Amling, Steffen/Bosančić, Saša (Hrsg.): Subjekt und Subjektivierung – Empirische und theoretische Perspektiven auf Subjektivierungsprozesse, Wiesbaden: Springer VS, S. 235–257
- Habermas, Jürgen (1976): Moralentwicklung und Ich-Identität, in: Habermas, Jürgen (Hrsg.): Zur Rekonstruktion des Historischen Materialismus. Frankfurt am Main: Suhrkamp, S. 63–91
- Hall, Stuart (1980): Encoding/Decoding, in: Hall, Stuart (Hrsg.): Culture, Media, Language – Working Papers in Cultural Studies 1972–1979, New York: Routledge, S. 128–138
- Hall, Stuart (1994): Reflections upon the Encoding/Decoding Model, in: Cruz, Jon/Lewis, Justin (Hrsg.): Viewing, Reading, Listening. Audiences and Cultural Reception, Boulder: Westview Press, S. 253–274
- Hell, Manel (2015): Alkoholwerbung versus Alkoholprävention in komparativer Videoanalyse. Eine dokumentarische Videointerpretation, in: Bohnsack, Ralf/Fritzsche, Bettina/Wagner-Willi, Monika (Hrsg.): Dokumentarische Video- und Filminterpretation. Methodologie und Forschungspraxis, Opladen/Berlin/Toronto: Budrich, S. 319–348
- Hepp, Andreas (2010): Cultural Studies und Medienanalyse, Wiesbaden: Springer VS
- Hugger, Kai-Uwe (2008): Medienkompetenz, in: Sander, Uwe/von Gross, Friederike/Hugger, Kai-Uwe (Hrsg.): Handbuch Medienpädagogik, Wiesbaden: Springer VS, S. 93–98
- Imdahl, Max (1979): Überlegungen zur Identität des Bildes, in: Marquard, Odo/Stierle, Karlheinz (Hrsg.): Identität, in der Reihe. Poetik und Hermeneutik (Band VII), München: Fink, S. 187–211
- Imdahl, Max (1980): Giotto – Arenafresken. Ikonographie, Ikonologie, Ikonik, München: Fink

- Jensen, Klaus Bruhn (1995): The Social Semiotics of Mass Communication, London: Sage
- Jörissen, Benjamin/Marotzki, Winfried (2009): Medienbildung – Eine Einführung, Bad Heilbrunn: Klinkhardt
- Kanter, Heike (2015): Vom fotografierten Körper zum veröffentlichten Bild. Zur Rekonstruktion von Pressefotografien in Tageszeitungen, in: Bohnsack, Ralf/Michel, Burkard/Przyborski, Aglaja (Hrsg.): Dokumentarische Bildinterpretation. Methodologie und Forschungspraxis, Opladen/Berlin/Toronto: Budrich, S. 147–167
- Kanter, Heike (2016): Ästhetisches Agieren und die Auslegung von Welt. Ikonische Macht in der Gestaltung von Pressefotografien, in: OEZS 2, S. 187–211
- Keller, Rainer/Schneider, Werner/Viehöver, Willy (2012): Diskurs – Macht – Subjekt. Theorie und Empirie von Subjektivierung in der Diskursforschung, Wiesbaden: Springer VS
- Keppler, Angela (2006): Mediale Gegenwarten. Eine Theorie des Fernsehens am Beispiel der Darstellung von Gewalt, Frankfurt am Main: Suhrkamp
- Knoblauch, Hubert (2004): Die Video-Interaktions-Analyse, in: Wulf, Christoph/Zirfas, Jörg (Hrsg.): Ikonologie des Performativen, München: Fink, S. 263–275
- Kohlberg, Lawrence (1971): From Is to Ought, in: Mishel, Theodore (Hrsg.): Cognitive Development and Epistemology, New York: Academic Press, S. 151–236
- Langer, Susanne (1984): Philosophie auf neuen Wegen. Das Symbol im Denken, im Ritus und in der Kunst, Frankfurt am Main: Suhrkamp
- Luhmann, Niklas (1975): Selbst-Thematisierungen des Gesellschaftssystems, in: Luhmann, Niklas (Hrsg.): Soziologische Aufklärung 2 – Aufsätze zur Theorie der Gesellschaft, Opladen: Westdeutscher Verlag, S. 72–102
- Luhmann, Niklas (1990): Die Wissenschaft der Gesellschaft, Frankfurt am Main: Suhrkamp
- Mannheim, Karl (1952 [1931]): Wissenssoziologie, in: Mannheim, Karl (Hrsg.): Ideologie und Utopie, Frankfurt am Main: Suhrkamp, S. 227–267
- Mannheim, Karl (1964 [1921/22]): Beiträge zur Theorie der Weltanschauungsinterpretation, in: Wolff, Kurt H. (Hrsg.): Wissenssoziologie. Auswahl aus dem Werk, Neuwied: Luchterhand, S. 91–154

- Mannheim, Karl (1980): Strukturen des Denkens, Frankfurt am Main: Suhrkamp
- Marotzki, Winfried/Jörissen, Benjamin (2008): Medienbildung, in: Sander, Uwe/von Gross, Friederike/Hugger, Kai-Uwe (Hrsg.): Handbuch Medienpädagogik, Wiesbaden: Springer VS, S. 100–109
- Michel, Burkard (2006): Bild und Habitus. Sinnbildungsprozesse bei der Rezeption von Fotografien, Wiesbaden: Springer VS
- Michel, Burkard (2015): Orientierungsdilemmata einer korporativen Bildpraxis. Analyse der Vorstandsporträts der Deutschen Bank von 1998 bis 2012, in: Bohnsack, Ralf/Michel, Burkard/Przyborski, Aglaja (Hrsg.): Dokumentarische Bildinterpretation. Methodologie und Forschungspraxis, Opladen: Budrich, S. 107–146
- Mikos, Lothar (2003): Zur Rolle ästhetischer Strukturen in der Filmanalyse, in: Ehrenspeck, Yvonne/Schäffer, Burkhard (Hrsg.): Film- und Fotoanalyse in der Erziehungswissenschaft – Ein Handbuch, Opladen: Leske+ Budrich, S. 135–149
- Mikos, Lothar (2004): Medienhandeln im Alltag. Alltagshandeln mit Medienbezug, in: Hasebrink, Uwe/Mikos, Lothar/Prommer, Elisabeth (Hrsg.): Mediennutzung in konvergierenden Medienumgebungen, München: Fischer, S. 21–40
- Morley, David (1992): Television Audience & Cultural Studies, London/ New York: Routledge
- Morley, David (1996): Medienpublika aus der Sicht der Cultural Studies, in: Hasebrink, Uwe/Krotz, Friedrich (Hrsg.): Die Zuschauer als Fernsehregisseure – Zum Verständnis individueller Nutzungs- und Rezeptionsmuster, Baden-Baden: Nomos, S. 37–51
- Morley, David (1999): Bemerkungen zur Ethnografie des Fernsehpublikums, in: Bromley, Roger/Göttlich, Uwe/Winter, Carsten (Hrsg.): Cultural Studies. Grundlagentexte zur Einführung, Lüneburg: Zu Klampen, S. 281–316
- Niesyto, Horst (2009): Keine Bildung ohne Medien! Medienpädagogisches Manifest [Onlinedokument: keine-bildung-ohne-medien.de/wp-content/uploads/2017/10/manifest.pdf, aufgerufen am 02. Mai 2019]
- Nohl, Arnd-Michael (2006): Bildung und Spontaneität. Phasen biographischer Wandlungsprozesse in drei Lebensaltern – Empirische Rekonstruktionen und pragmatistische Reflexionen, Opladen/Farmington Hills: Budrich

- Panofsky, Erwin (1975 [1955]): Ikonographie und Ikonologie. Eine Einführung in die Kunst der Renaissance, in: Panofsky, Erwin (Hrsg.): Sinn und Deutung in der bildenden Kunst, Köln: DuMont, S. 36–67
- Philipps, Axel (2015): Visuelles Protestmaterial als empirische Daten. Zur Dokumentarischen Interpretation von Textbotschaften, in: Bohnsack, Ralf/Michel, Burkard/Przyborski, Aglaja (Hrsg.): Dokumentarische Bildinterpretation. Methodologie und Forschungspraxis, Opladen: Budrich, S. 83–105
- Piaget, Jean (1976 [1954]): Das moralische Urteil beim Kinde, Frankfurt am Main: Suhrkamp
- Prommer, Elisabeth (1999): Kinobesuch im Lebenslauf. Eine historische und medienbiografische Studie, Konstanz: UVK
- Przyborski, Aglaja (2018): Bildkommunikation. Qualitative Bild- und Medienforschung, Berlin: De Gruyter
- Reckwitz, Andreas (2010): Auf dem Wege zu einer kultursoziologischen Analytik zwischen Praxeologie und Poststrukturalismus, in: Wohlrab-Sahr, Monika (Hrsg.): Kultursoziologie. Paradigmen – Methoden – Fragestellungen, Wiesbaden: Springer VS, S. 179–205
- Schäffer, Burkhard (1996): Die Band – Stil und ästhetische Praxis im Jugendalter, Opladen: Leske+Budrich
- Schäffer, Burkhard (2003): Generationen – Medien – Bildung. Medienpraxiskulturen im Generationenvergleich, Opladen: Leske+Budrich
- Schäffer, Burkhard (2015): Bildlichkeit und Organisation. Die mediale Selbstdarstellung der Piratenpartei als Ausdruck ihres organisationskulturellen Milieus, in: Bohnsack, Ralf/Michel, Burkard/Przyborski, Aglaja (Hrsg.): Dokumentarische Bildinterpretation. Methodologie und Forschungspraxis, Opladen: Budrich, S. 37–56
- Scholz, Sylka/Kusche, Michel/Scherber, Nicole/Scherber, Sandra/Stiller, David (2014): Das Potenzial von Filmanalysen für die (Familien-)Soziologie. Eine methodische Betrachtung anhand der Verfilmungen von „Das doppelte Lottchen“, in: Forum Qualitative Sozialforschung 15 (1), Art. 15, S. 1 –49 [Onlinedokument: dx.doi.org/10.17169/fqs-15.1.2026, aufgerufen am 02. Mai 2019]
- Schorb, Bernd (1995): Medienalltag und Handeln, Opladen: Leske+ Budrich

- Schorb, Bernd (2008): Handlungsorientierte Medienpädagogik, in: Sander, Uwe/von Gross, Friederike/Hugger, Kai-Uwe (Hrsg.): Handbuch Medienpädagogik, Wiesbaden: Springer VS, S. 75–86
- Schön, Donald A. (1983): The Reflective Practitioner. How Professionals Think in Action, New York: Basic Books
- Schütz, Alfred (1971): Gesammelte Aufsätze (Band 1). Das Problem der sozialen Wirklichkeit, Den Haag: Nijhoff, S. 237–298
- Thompson, Kristin (1995): Neoformalistische Filmanalyse – Ein Ansatz. Viele Methoden, in: montage AV 4 (1), S. 23–62
- Ulmer, Bernd/Bergmann, Jörg (1993): Medienrekonstruktionen als kommunikative Gattungen?, in: Holly, Werner/Püschel, Ulrich (Hrsg.): Medienrezeption als Aneignung. Methoden und Perspektiven qualitativer Medienforschung, Opladen: Westdeutscher Verlag, S. 81–102
- Vogelsang, Waldemar (1994): Jugend- und Medienkulturen. Ein Beitrag zur Ethnographie medienvermittelter Jugendwelten, in: Kölner Zeitschrift für Soziologie und Sozialpsychologie 46 (3), S. 464–491
- Welling, Stefan (2008): Computerpraxis Jugendlicher und medienpädagogisches Handeln, München: kopaed
- Winter, Rainer (1995): Der produktive Zuschauer. Medienaneignung als kultureller und ästhetischer Prozess, München: kopaed
- Winter, Rainer (1997a): Cultural Studies als kritische Medienanalyse. Vom „encoding/decoding"-Modell zur Diskursanalyse, in: Hepp, Andreas/Winter, Rainer (Hrsg.): Kultur – Medien – Macht. Cultural Studies und Medienanalyse, Opladen/Wiesbaden: Westdeutscher Verlag, S. 47–63
- Winter, Rainer (1997b): Reflexivität, Interpretation und Ethnografie. Zur kritischen Methodologie von Cultural Studies, in: Hepp, Andreas/Winter, Rainer (Hrsg.): Kultur – Medien – Macht. Cultural Studies und Medienanalyse, Opladen/Wiesbaden: Westdeutscher Verlag, S. 73–86
- Winter, Rainer (2003): Polysemie, Rezeption und Handlungsmöglichkeit. Zur Konstitution von Bedeutung im Rahmen der Cultural Studies, in: Jannidis, Fotis/Lauer, Gerhard/Martínez, Matías/Winko, Simone (Hrsg.): Regeln der Bedeutung. Zur Theorie der Bedeutung historischer Texte, Berlin/New York: De Gruyter, S. 431–453
- Winter, Rainer (2015): Kultur, Reflexivität und das Projekt einer kritischen Pädagogik, in: Mecheril, Paul/Witsch, Monika (Hrsg.): Cultural Studies und Pädagogik, Bielefeld: transcript, S. 21–50

- Wopfner, Gabriele (2012): Kindliche Vorstellungen von Geschlecht. Dokumentarische Interpretation von Kinderzeichnungen und Gruppendiskussionen, Opladen/Farmington Hills: Budrich
- Wopfner, Gabriele (2015): Zeichnungen und Gruppendiskussionen in Triangulation. Zum Potenzial der dokumentarischen Interpretation anhand einer Untersuchung zu Individuierungsprozessen 11/12-Jähriger, in: Bohnsack, Ralf/Michel, Burkard/Przyborski, Aglaja (Hrsg.): Dokumentarische Bildinterpretation. Methodologie und Forschungspraxis, Opladen/Berlin/Toronto: Budrich, S. 171–194
- Xaofei, Hao (2016): Motion Pictures and the Image of the City. A Documentary Interpretation, Wiesbaden: Springer VS

Lizenz

RALF VOLLBRECHT

Biografieforschung

Der Artikel skizziert die Wiederentdeckung der Biografieforschung *als Ansatz* rekonstruktiver Sozialforschung *in der sogenannten qualitativen Wende und ihre Entwicklung zu einer anerkannten Methode in den Erziehungswissenschaften und der Medienpädagogik. Ausgehend von einer Auseinandersetzung mit dem Konzept Biografie wird kurz die Geschichte der Biografieforschung skizziert, um anschließend zentrale Fragen, Probleme und Kontroversen der Biografieforschung zu diskutieren. Dies leitet über zur Spezialisierung eines medienbiografischen Ansatzes. Den Abschluss bildet ein kleiner didaktischer Ausblick auf die Verbindung von Forschung und Lehre. Dabei geht es um eine Verbindung von Theorie und Praxis im Rahmen einer* Narrativen Pädagogik, *die auf ein Lernen aus (Lebens-)Geschichten zielt.*

This article outlines the rediscovery of biography research *as a scholarly approach to* reconstructive social research *in the so-called qualitative turn and its evolution into a recognised method in Educational Science and Media Pedagogy. Starting with a discussion of biography as a concept, the article provides a brief history of biography research before moving on to address the central questions, problems and contentious issues in biography research. This then leads into a discussion of the media-biographical method as a specialist approach. The article then concludes by taking the perspective of teaching methodology to briefly look ahead to the way in which research and teaching can be combined. The focus here is on the connection between theory and practice as part of a* narrative approach to education, *the goal of which is to enable learning through (life-)stories.*

Schlagworte | Tags: Biografieforschung, Qualitative Methoden, medienbiografischer Ansatz, Lebenswelt, ganzheitlicher Ansatz, verstehende Soziologie, biografische Methode, Lebensstil, Symbolischer Interaktionismus, Interview, narratives Interview, leitfadengestütztes Interview, kollektives Gedächtnis, Narrative Pädagogik, Rekonstruktive Sozialforschung, Handlungswissenschaft, Theoretical Sampling

1. Biografien

Die Biografieforschung ist mit der *qualitativen Wende* und der Hinwendung zur *Lebenswelt* gegen Ende der siebziger und Anfang der achtziger Jahre des 20. Jahrhunderts wiederentdeckt worden und hat sich seither als Forschungsansatz (nicht nur) in den Erziehungswissenschaften und speziell auch in der Medienpädagogik bewährt.

Ein Anlass für die Revitalisierung der Biografieforschung und anderer qualitativer Methoden war ein weitverbreitetes Unbehagen an den oft zu hoch aggregierten und voreiligen Typisierungen und Klassifizierungen der quantitativen Sozialforschung. Gerade für die Erziehungswissenschaft – soweit sie sich auch als *Handlungswissenschaft* versteht –, die anders als etwa die Soziologie immer auch dem Einzelnen in besonderem Maße verpflichtet ist, führen für viele (nicht alle) Fragestellungen schlichte kategorische Unterscheidungen wie Mittel- oder Unterschicht, familien- oder subkulturzentrierte Jugendliche nicht weiter, weil sie von den lebensweltlichen Erfahrungen der Subjekte zu sehr abstrahieren.

Ähnliches lässt sich derzeit auch in der Medienforschung beobachten. Die Ausdifferenzierung der Medien und vor allem die neuen interaktiven Medien erschweren es, das Medienverhalten mit herkömmlichen Nutzungsabfragen zu erfassen. Beispielsweise ist die Nutzung des Smartphones einerseits durch dauernde Empfangsbereitschaft charakterisiert, andererseits ist die Nutzung in ganz unterschiedliche Funktionen ausdifferenziert, sodass bloße Zeitangaben im Unterschied zu den tradierten Medien nicht mehr viel aussagen können. So notwendig die KIM-, JIM- und andere Studien mit ihren Überblicksdarstellungen weiterhin sind, so gerät doch die gesellschaftliche Wirklichkeit der Mediennutzung, die immer komplexer, differenzierter, facettenreicher und auch widersprüchlicher ist als jede Typisierung, aus dem Blick. Es bedarf daher auch heute lebensweltlicher Ansätze und insbesondere der Biografieforschung, die dem damals von Dieter BAACKE und Theodor SCHULZE postulierten Interesse von Pädagogen, „aus Geschichten" (1979) zu lernen, gerecht wird. Mit dem Bezug auf eine lebensgeschichtliche Einbettung weitet sich auch die Perspektive auf die *Mediennutzung*, die in einer solchen narrativen Pädagogik nicht statisch betrachtet wird. Sie kann im Rahmen biografischer Forschung immer nur als „so geworden" und „in Veränderung" gesehen werden statt als bloße Momentaufnahme.

Der biografische Ansatz wird meist als *ganzheitlicher Ansatz* verstanden. Er soll einen methodischen Zugang zum sozialen Leben ermöglichen, der nicht reduktionistisch ist, die Eigenperspektive der handelnden Subjekte thematisiert und die historische Dimension berücksichtigt. Es bleibt zu zeigen, inwieweit Biografieforschung dieses Versprechen einlösen kann und welcher Preis – in Form neuer Probleme – dafür entrichtet werden muss. Freilich gibt es keinen einheitlichen biografischen Ansatz: Biografieforschung ist ein Etikett für eine Vielzahl von Ansätzen in unterschiedlichen wissenschaftlichen Disziplinen, denen das Interesse für Lebensgeschichten gemeinsam ist. Einer Definition Wolfram FISCHERs folgend, bezieht sich *Biografie* auf das

> „gegenwarts-perspektivische Ordnen von eigenen Lebenserfahrungen in vorwiegend narrativer Form durch Gesellschaftsmitglieder (‚autonome Konstitution') zur Erhaltung und Herstellung konsistenter Eigen- und Fremderwartungen angesichts kontingenter Ereignisse oder heteronom gegebener Abläufe aus Anlass spezifischer Infragestellungen des sozialen oder personalen Selbst; Zuordnung von institutionellen Ablaufmustern (‚careers') zu Individuen oder Gruppen (heteronome biographische Produktion) zur Sicherstellung institutioneller Ziele; Verknüpfung dieser autonomen und heteronomen Konstrukte zu Verlaufskurven (‚trajectories'), Lebensläufen und Lebensgeschichten (biographische Gesamtkonstruktion) als interaktive Leistung in pragmatisch variierenden Kommunikationskontexten" (Fischer 1982, S. 478).

Diese komplexe Definition von FISCHER will ich in vier Punkten kurz erläutern.

a) Die Gegenwartsperspektive

Die Verwendung biografischer Schemata im Alltag stellt ein sozial konstituiertes Mittel neben anderen dar, um den temporalen Charakter von Leben zu bewältigen und in eine Sinnstruktur einzubetten. Während etwa *Rolle* oder *Status* statische Konstrukte sind, thematisieren biografische Schemata den Einzelnen betreffende Veränderungen über Zeiträume hinweg als

„konsistente Verknüpfung von Kontingenzen" (Fischer 1982, S. 480), das heißt sie unterlegen kontingenten Ereignissen – also solchen, die sich immer auch anders hätten ereignen können – einen Sinnzusammenhang. Niklas LUHMANN bezeichnet Biografien daher auch als eine Sammlung von Zufällen (vgl. Luhmann 1985) – das Kontinuierliche besteht dann in der Sensibilität für Zufälle. Die Sinnzuschreibung geschieht nun stets von der *Gegenwartsschwelle* aus. Für die Zukunft, die im Sinne biografischer Erwartungen ja Teil einer Biografie ist, erscheint dies unmittelbar einleuchtend. Wir alle verfügen über die Erfahrung, wie sich unsere Zukunftspläne ändern. Auf den ersten Blick mag es aber verwunderlich erscheinen, dass auch die Vergangenheit eines Menschen an die Gegenwartsperspektive gebunden bleibt, also nicht endgültig feststehen soll. Soweit Vergangenheit den Ablauf geschehener Ereignisse meint, ist dieser Einwand natürlich berechtigt. In biografischer Perspektive meint *Vergangenheit* jedoch mehr als die bloße Abfolge von Ereignissen, wie sie beispielsweise in einem Lebenslauf dargestellt werden. Wesentlich ist vielmehr der *Erfahrungsaspekt*, der selektive Wahrnehmung, Erinnerung, bewertende Einschätzung et cetera umfasst. Neue Erfahrungen und Einschätzungen führen zu einer ständigen Neu- und Uminterpretation einzelner Aspekte der eigenen Lebensgeschichte, im Extremfall zur fast völligen Neukonstruktion der Biografie – ein nach 1945 vermutlich massenhaft aufgetretenes Phänomen. Halten wir fest: Wir haben nicht *eine* Biografie, sondern zu jedem Zeitpunkt eine andere. Das heißt aber nicht, dass Biografien völlig beliebig wären und damit wohl kaum Ausgangspunkt wissenschaftlichen Arbeitens sein könnten. Denn Biografien sichern lebensgeschichtliche Kontinuität, in ihnen drückt sich Identität aus, und es steht nicht in unserem Belieben, umstandslos von einer Haut in die andere zu schlüpfen.

b) Autonome Konstitution

Analytisch unterscheidet FISCHER in seiner Definition zwischen *autonomer Konstitution, heteronomer biografischer Produktion* und der *biografischen Gesamtkonstruktion*, der eigentlichen Lebensgeschichte. Diese Bereiche verschmelzen zwar in der sozialen Wirklichkeit, helfen uns jedoch bei der Reflexion auf den alltagsweltlichen Gebrauch von Biografien. Die Grundsituation autonomer Biografiekonstitution ist die Erzählung in einem Face-to-face-Kontext. In der Erzählsituation wird aufgrund einer Frage an die Erzählerin oder den Erzähler oder einer Infragestellung ihrer beziehungsweise seiner Identität ein deutungsbedürftiges Ereignis als Element der Lebensgeschichte des Erzählenden konstituiert. Zeitlogische und sozialräumliche Kontexte der Geschichte vergegenwärtigen die abgelaufene Ereignisfolge als Teil sozialer Wirklichkeit, evaluative Äußerungen repräsentieren und konstituieren die Gegenwartsperspektive und somit die sinnhafte Deutung der immer auch anders (kontingent) interpretierbaren Erfahrungen des Erzählenden. Diese Grundsituation wird in der pädagogischen Biografieforschung methodisch genutzt, indem versucht wird, alltagsähnliche, von der Forscherin oder vom Forscher nicht einseitig bestimmte, Erzählsituationen herzustellen und Erzählungen zu generieren, die den Anknüpfungspunkt für biografische Rekonstruktionsversuche bilden.

c) Heteronome biografische Produktion

Nun ist die oder der Einzelne in ihren beziehungsweise seinen Lebensvollzügen ja nicht so frei, wie das Konzept *autonomer Konstitution* nahelegen mag. Die zeitliche Organisation von Karrieren – seien es berufliche, künstlerische, familiäre oder auch deviante, kriminelle oder krankheitsbedingte – durch soziale Agenturen erscheinen dem Individuum als vorgegebene Verlaufsschemata. Ein Lebenslauf in einem Bewerbungsschreiben – etwas völlig anderes als eine Lebensgeschichte – ist eine typische Manifestation eines in heteronomer biografischer Produktion gebildeten Verlaufsschemas. Andere Beispiele sind etwa eine Stellenausschreibung, Patientenkarteien, Volljährigkeitsgesetze, ein Aufnahmegespräch beim Arzt. Für die biografische Forschung ist wesentlich, nicht bei der Analyse institutioneller Schemata stehenzubleiben, sondern die Frage zu stellen, wie die Gesellschaftsmitglieder diese Schemata erfahren, wie sie sie übernehmen, modifizieren und mit weiteren Ereignissen koordinieren.

d) Biografische Gesamtkonstruktion

Die biografische Gesamtkonstruktion stellt die Synthese von autonomer Konstitution (Ich-Perspektive) und heteronomer Produktion dar, die sich in Interaktionen im Laufe des Lebens ausbildet. Wenn wir von Biografien sprechen, meinen wir in der Regel diese biografische Gesamtkonstruktion, an der die verschiedenen wissenschaftlichen Disziplinen freilich unterschiedliche Interessen haben.

So begreift die „Soziologie des Lebenslaufs" (Kohli 1978) Biografien primär als Produkt sozialer Regelungen. Soziologen sprechen daher von *Nor-*

malbiografien: „Normalbiographien enthalten – im Unterschied zu anderen Normen-Vorstellungen – Annahmen über den Zeitpunkt, die richtige Lebensphase, der Aufnahme und der Aufgabe von Partizipation an bestimmten Bereichen und über die Sequenz, in der Ereignisse auftreten, Rollen übernommen werden und Verhaltensweisen gezeigt werden sollen" (Borkowsky 1981, S. 2). In der Shell-Studie *Jugend 81* (Shell 1981, S. 271) wurden zum Beispiel bestimmte Fixpunkte abgefragt, die zu den „normalen" Stationen einer Jugendbiografie gerechnet wurden, wenn sie von mindestens 95 Prozent der Befragten akzeptiert wurden. Normvorstellungen zu Sequenzen könnten zum Beispiel sein, zunächst die Berufsausbildung zu beenden beziehungsweise das Studium abzuschließen, bevor geheiratet wird.

Auch in anderen Disziplinen werden etwa zeitgleich biografische Ansätze entwickelt und fachspezifisch ausdifferenziert. Während die soziologische Biografieforschung versucht, die Folien aufzudecken, die eine Gesellschaft bereithält, um die Sozialbezogenheit einer Biografie zu durchleben, geht es der *Life-Span Developmental Psychology* um die entwicklungspsychologischen Voraussetzungen und deren Veränderungen im Laufe des Lebens. Die Geschichtswissenschaft sieht in der *Oral-History* eine Zugriffsmöglichkeit auf das Wissen über historische Zusammenhänge, das auf anderen (zum Beispiel schriftlichen) Dokumenten nicht oder ungenügend abgebildet ist. Hier spielen die subjektiven Perspektiven von Zeitzeugen eine besondere Rolle: Die Literaturwissenschaft hat ein Interesse an Biografien als Texten; die Pädagogik ist dagegen mehr an Handlungen und den biografisch verankerten Motiven interessiert. Im Unterschied zur Soziologie interessieren aus pädagogischer Perspektive „die Varianten mindestens ebenso wie der Regelfall" (Baacke 1985, S. 14), das heißt der jeweilige Jugendliche als Subjekt ebenso wie die gesellschaftliche Verfasstheit von Jugend. Pädagogen suchen Gründe für menschliches Handeln zu finden, wonach wenigstens subjektiv genau das zu tun war, was getan wurde. Daher ist Biografieforschung auch in der Sozialpädagogik und der Devianzforschung stark verankert. Der früher in den Vordergrund gestellte Aspekt der *Vorbildnachfolge* beziehungsweise „Beispielbefolgung" (Haase 1964, S. 16), bei dem es darum ging, mittels Biografien durch die dargestellten vorbildlichen Handlungen bedeutender Persönlichkeiten (zum Beispiel

Albert SCHWEITZER) Nachahmungseffekte auszulösen, spielt heute in der Biografieforschung keine Rolle mehr.

2. Geschichte der Biografieforschung

Die Geschichte der Biografie und Biografieforschung ist eng verknüpft mit der Herausbildung des bürgerlichen Subjekts. Mit der Erstarkung des Bürgertums und dem damit einhergehenden gesellschaftlichen Individualisierungsschub im Übergang von der ständisch-traditionalen zur bürgerlichen Gesellschaft setzt bekanntlich eine vehemente gattungsgeschichtliche Entwicklung der Autobiografie – zunächst ständisch typisierte Abenteuer- und Reisebiografien, Kriegserinnerungen, Künstler- und Gelehrtenbiografien – ein, mit der sich seit Mitte des 18. Jahrhunderts die Literaturwissenschaft, unter anderem Johann Gottfried HERDER, und die Historiografie beschäftigten (vgl. Niggl 1977). Es sei daran erinnert, dass Autobiografien auch den Beginn der empirischen Psychologie markieren: nämlich im *Magazin für Erfahrungsseelenkunde* (1783–1793), herausgegeben von Carl Philipp MORITZ, dessen eigene Biografie unter dem Namen *Anton Reiser* in der Literaturgeschichte als erster psychologischer Roman figuriert. Seit Johann Wolfgang GOETHES *Dichtung und Wahrheit* (Goethe 1815) ist das Werden der Persönlichkeit Thema des Entwicklungsromans, Anfang unseres Jahrhunderts – ohne auf diese kulturellen Selbstzeugnisse oder die Gründe ihrer Entstehung hier näher einzugehen – auch Thema der Psychiatrie, Anthropologie und Soziologie. Aus Psychologie und Psychiatrie stammt das Interesse an der Lebensgeschichte eines einzelnen Menschen, nunmehr nicht wegen seiner besonderen Bedeutung, die eine biografische Würdigung rechtfertigt, sondern weil „Störungen" und Abweichungen vom „Normalen" zum Arbeitsfeld dieser Disziplinen gehören. In den Sozialwissenschaften führt ein Interesse für die Lebenssituation der unteren Sozialschichten zu monografischen Zugängen (vgl. Fuchs 1984, S. 95).

Als eigentlicher Beginn der biografischen Forschung – von Herbert BLUMER in einer Forschungsrezension 1939 zum *Wendepunkt der Empirie* hochstilisiert – gilt die Studie von William Isaac THOMAS und Florian ZNANIECKI *The Polish Peasant in Europe and America* (1927 [1918–1920]) über die Veränderung der Mentalität polnischer Bauern und Landarbeiter im Verlauf der Auswanderung in die USA – also von einer ländlich-traditionalen in eine moderne Kultur – zu Beginn des 20. Jahrhunderts. Frühere biografische Arbeiten stellten meist nicht viel mehr als voluntaristisch angelegte Sammlungen von Äußerungen ohne allgemeinen Erkenntnisgewinn dar. William JAMES etwa fasst 1902 das Scheitern seiner Untersuchungen individueller religiöser Erfahrungen mit den Worten zusammen: „So many men, so many minds: I imagine that these experiences can be as infinitely varied as the idiosyncrasies of individuals" (James 1902). Im *Polish Peasant* wird neben dem Aufweis der Nützlichkeit persönlicher Dokumente[1] und der Bedeutung der Berücksichtigung subjektiver Interpretationen der gesellschaftlichen Wirklichkeit auch ein erster Ansatz zur systematischen Erforschung von lebensweltlichen Zusammenhängen geleistet. THOMAS und ZNANIECKI entwerfen eine sozialwissenschaftliche Forschungsperspektive, die ausdrücklich objektive (*Values*) und subjektive (*Attitudes*) Elemente des sozialen Lebens beinhaltet. Warum verschiedene Menschen auf ein gegebenes Phänomen eben nicht nach einem simplen *Stimulus-Response*-Modell, sondern höchst unterschiedlich reagieren, werde man ohne die Hereinnahme der Vorstellungswelt der einzelnen Menschen nicht erklären können. Dies ist der Kern des später so benannten THOMAS-Theorems: „Wenn Menschen eine Situation als real definieren, dann hat sie reale Konsequenzen."

Neben der Unterscheidung der aufeinander bezogenen Begriffe *Values* und *Attitudes* hat ein weiteres Konzept von THOMAS und ZNANIECKI eine brillante Karriere gemacht: die „Definition der Situation" (Thomas/Znaniecki 1927, S. 68), die den auf Werte und Einstellungen bezogenen Interpretationsprozess meint, der sich in der aktuellen Situation konkretisiert.

> „Every concrete activity is the solution of a situation. The situation involves three kinds of data: (1) The objective conditions [...]. (2) The preexistent attitudes [...]. (3) The definition of the situation, that is, the more or less clear conception of the conditions and consciousness of the attitudes. And the definition of the situation is a necessary preliminary to any act of the will, for in given conditions and with a given set of

[1] Analysiert wurden vor allem private Briefe, Briefe an polnische Emigranten-Schutzorganisationen, Leserbriefe an Zeitungen und eine mehr als 300-seitige Autobiografie eines jungen polnischen Emigranten – insgesamt werteten THOMAS und ZNANIECKI allein 15.000 Briefe aus.

> attitudes an indefinite plurality of actions is possible, and one definite action can appear only if these conditions are selected, interpreted, and combined in a determined way and if a certain systematization of these attitudes is reached […] usually there is a process of reflection after which either a ready social definition is applied or a new personal definition worked out" (Thomas/Znaniecki 1927, S. 68 f.).

Handlungen werden also nicht verstanden als ableitbar aus dem Zusammentreffen von bedeutungshaltigen Objekten und überdauernden individuellen Handlungstendenzen, sondern beides wird vom Individuum in einem interpretativen Prozess in der aktuellen Situation aufeinander bezogen. Deshalb erweist sich der Vorwurf des Subjektivismus als Missverständnis: Die ausführliche Darstellung und Rekonstruktion eines einzelnen Lebens bedeutet nicht, dass dieses Objekt der Analyse ist, sondern der Einzelne als Repräsentant einer Gruppe oder Kultur. „Der Zugang über die Sicht des Einzelnen ist deshalb erforderlich, weil soziale Organisation als Organisation von Handlungsproblemen zu konzeptualisieren ist. Individualität ist sowohl Ergebnis wie eine Voraussetzung sozialer Prozesse" (Kohli 1981, S. 277).

Die theoretischen Annahmen von THOMAS und ZNANIECKI bilden einen wichtigen Ausgangspunkt der sogenannten Chicagoer Schule der Soziologie, die zwanzig Jahre später als *Symbolischer Interaktionismus* bezeichnet wurde. Zu dieser Zeit – in den 1940er Jahren – verlor diese Theorierichtung ihre dominierende Stellung zugunsten des Strukturfunktionalismus PARSONSscher Prägung (vgl. Parsons 1951; Parsons/Shils/Naegele/Pitts 1961) im theoretischen, und der quantitativen Einstellungsforschung im empirischen Bereich, denen der veränderte gesellschaftliche Hintergrund (Wirtschaftskrise, Kriegsmobilisierung, Propagandaforschung) günstigere Entwicklungsbedingungen bot (vgl. Kohli 1981, S. 281). Allenfalls in der Devianzforschung, vor allem aber in der – durch Sprachbarrieren damals relativ abgekoppelten – polnischen Soziologie bestand in den folgenden Jahrzehnten eine kontinuierliche Tradition in der biografischen Methode – ein in der Geschichte der Sozialforschung einmaliger Fall einer nationalen Sonderentwicklung in der Entfaltung und Hegemonie einer methodischen Tradition.

Während in den USA die Entwicklung der biografischen Methode mit der Begründung der modernen empirischen Sozialforschung zusammenfiel, konnte letztere in Deutschland bereits auf eine längere Tradition zurückblicken. Obwohl Max WEBERS Konzeptionen einer Handlungstheorie und einer *verstehenden Soziologie* Anknüpfungspunkte für biografische Forschung geboten hätten und obwohl seit der Jahrhundertwende zahlreiche Arbeiterbiografien veröffentlicht wurden, die auch in der bürgerlichen Öffentlichkeit große Resonanz fanden, entwickelte sich keine eigenständige soziologisch-biografische Forschung, nur in der Psychologie durch Charlotte BÜHLER und in der Pädagogik durch Siegfried BERNFELD wurden vereinzelt biografische Materialien verwendet.

Spätere Anknüpfungsversuche an biografische Traditionen blieben weitgehend folgenlos, so noch 1962 der erst später viel beachtete Aufsatz von Jan Józef SZCZEPANSKI über *die biografische Methode*. Dies ändert sich erst Ende der 1970er Jahre, als in der neueren marxistisch orientierten Industriesoziologie und der Soziologie des Arbeiterbewusstseins gegenüber ökonomistischen, einseitig strukturorientierten Ansätzen die Bedeutung des subjektiven Faktors hervorgehoben wurde und gleichzeitig interpretative Ansätze aus der phänomenologischen und neueren wissenssoziologischen Tradition an Boden gewannen, deren theoretische Positionen belastbare Begründungen dafür lieferten, dass jedes Überspringen der Ebene der „subjektiven Interpretation" durch den Forscher „nur intellektuelle Kurzschrift" ist (Schütz 1971, S. 40), die viele Probleme nicht angemessen erfassen kann.

Ich kann an dieser Stelle nicht alle inner- und außerwissenschaftlichen Motive und Hintergründe aufzeigen, die an der sogenannten Wende zum Alltag, zu qualitativen Methoden und speziell zu biografischen Methoden beteiligt sind. Kurz erwähnen möchte ich an außerwissenschaftlichen Entwicklungen die zunehmende Rationalisierung, Bürokratisierung, Verwissenschaftlichung und Pädagogisierung des Alltags, die „Kolonisation von Lebenswelten" (Habermas 1979, S. 28 ff.; Habermas 1981, S. 489 ff.), die Kritiker in den sogenannten neuen sozialen Bewegungen, aber auch solche neokonservativer Couleur auf den Plan gerufen haben. Zu nennen ist hier jedoch der von Ulrich BECK diagnostizierte sogenannte sekundäre *Individualisierungsschub* moderner Gesellschaften (vgl. Beck 1984; Mooser 1983), der den Zerfall von ehemals kulturelle Lebensbereiche umfassenden und damit identitätsstiftenden Weltbildern und Deutungsmustern beinhaltet. Dieser Verlust von intersubjektiv verbindlichen Lebensentwürfen – positiv ausgedrückt eine „Pluralisierung von Lebenswelten" (Ferchhoff 1984) – weist den Individuen einerseits einen höheren Autonomiespielraum in ihrer Lebensgestaltung zu, andererseits wird ihnen der oft prekäre Balanceakt zugemutet, aus der Vielzahl „beliebig" gewordener Lebenswege biografische Identität sichernde Entscheidungen zu treffen.

> Im „Labyrinth der Selbstverunsicherung, Selbstbefragung und Selbstvergewisserung" entstehen „immer neue Antwort-Moden, die in vielfältiger Weise in Märkte für Experten, Industrien und Religionsbewegungen umgemünzt werden. In der Suche nach Selbsterfüllung reisen die Menschen nach Tourismuskatalog in alle Winkel der Erde. Sie zerbrechen die besten Ehen und gehen in rascher Folge immer neue Bindungen ein. Sie lassen sich umschulen. Sie fasten. Sie joggen. Sie wechseln von einer Therapiegruppe zur anderen und schwören auf jeweils ganz unterschiedliche Therapien und Therapeuten. Besessen von dem Ziel der Selbsterfüllung reißen sie sich selbst aus der Erde heraus, um nachzusehen, ob ihre eigenen Wurzeln noch wirklich gesund sind" (Beck 1984, S. 494).

In der Jugendforschung wird nun der *Statuspassage Jugend* das Konzept einer *individualisierten Jugendbiografie* gegenübergestellt (vgl. Fuchs 1983). Dabei verschiebt sich die Perspektive von der gesellschaftlichen Verfasstheit von Jugend auf die individuelle Ausfüllung dieses Rahmens.

Innerwissenschaftlich ist, nachdem die große Hoffnung sich nicht erfüllt, am „Strahle der Theorie zu blühen" (Luhmann/Schorr 1982, S. 12), ein „‚Zurücktasten' enttäuschter Pädagogen in den Bereich genuiner Unmittelbarkeit und Nähe zum Adressaten pädagogischer Bemühungen außerhalb rationalistischer Theoriegebäude" (Dewe/Ferchhoff 1985) zu konstatieren. Dazu kommt ein wachsendes Unbehagen an dem – lange dominierenden – realitätsausdünnenden, reduktionistischen und objektivistischen Trend zur Quantifizierung und zur vorschnellen Abtrennung von Klassifizierungen, Typisierungen und wissenschaftlichen Erklärungen und Konzepten von den Alltagswelten. Vor allem im Kontext des interpretativen Paradigmas wird das Subjekt wieder dort gesucht, wo es sich am ehesten auffinden lässt: in seinen lebensweltlichen Bezügen und seinen konkreten Handlungsspielräumen. Dafür spricht schon die Ambivalenz und Vielschichtigkeit sozialer Phänomene. Es gibt nur wenige Situationen, die sich kausal und linear deuten lassen, und insbesondere ein biografischer Zugang verspricht am ehesten, die Komplexität und Vielfalt sozialen Erlebens und Handelns aufzudecken.

In der (biografischen) Jugendforschung führt dies zu einer Abkehr von deduktiven Jugendtheorien: Jugendliche werden nicht länger nur unter dem „klinischen Blick“ mit dem Fokus auf defizitäre Persönlichkeitsmerkmale, dem „polizeilichen Blick“ mit dem Fokus auf Abweichung und Delinquenz, und unter dem „jugendschützerischen Blick“ als verführte oder manipulierte Opfer gesehen, sondern auch als „kulturelle Neuerer“ (Zinnecker 1981, S. 425 f.) wahrgenommen. Dabei darf jedoch nicht die Grenze übersehen und außer Acht gelassen werden, die die „Eigenmächtigkeit sozialer Strukturen“ (Liebel 1983, S. 361) zieht, will man nicht die Konstruktion von „Welt in einen rein interpretativen Zusammenhang“ (Bonß 1983, S. 219) auflösen.

3. Probleme und Kontroversen der Biografieforschung

Nach dieser selbstreflexiven Vergewisserung, die einem naiven Umgang mit Biografieforschung entgegengestellt werden soll, möchte ich ausgewählte Probleme und Kontroversen der Biografieforschung thematisieren, die noch immer mehr Forschungs*programm* als Forschungs*wirklichkeit* ist. Eine Anwendung biografischer Methoden erscheint dann angemessen und erfolgversprechend, wenn sich das Forschungsinteresse auf soziale Phänomene mit einer zeitlichen Erstreckung richtet und – das ist ganz wesentlich – der *Erfahrungsaspekt* relevant ist. Wie vielfältig das Interesse an der Verwendung biografischer Materialien sein kann, zeigt eine Auflistung von Werner FUCHS:

Biografische Forschung

- ermöglicht uns als Sozialwissenschaftlerinnen und Sozialwissenschaftlern mit zumeist mittelschichtsspezifischem Sozialisationshintergrund Einblicke in fremde Lebensmilieus, die unseren eigenen Verstehenshorizont erweitern und uns für fremde Lebensstile sensibilisieren;
- will als parteiliche Forschung durch Erhebung und Veröffentlichung von biografischem Material in die soziale und kulturelle Debatte über das

richtige Leben und die Zukunft der Gesellschaft eingreifen, indem sie beispielsweise durch die Veröffentlichung von Lebensgeschichten aus stigmatisierten Milieus um Verständnis für andere Lebensformen und Lebensentwürfe wirbt;

- leistet eine Deskription von Sozialwelten oder von sozialen Vorgängen, die direkter Beobachtung nicht zugänglich sind (Biografie als Ersatzmaterial);
- dient dazu, das Handlungsverständnis und das Handeln innerhalb beziehungsweise unterhalb der Regeln institutioneller Strukturen kennenzulernen (zum Beispiel in der Schule);
- kann die Prozesshaftigkeit des sozialen Lebens zugänglich und analysierbar machen. In Geschichten lassen sich Verläufe besser abbilden als etwa in punktuellen Befragungen. Zudem wird gerade die Ambiguität und Nichtlinearität der Lebensführung und Lebensgeschichte deutlich. Als Pädagoginnen und Pädagogen denken wir sofort an die Möglichkeit, eine Lebensgeschichte als Lerngeschichte zu deuten;
- verfolgt das Ziel, aus der lebensgeschichtlichen Erzählung auf grundlegende Persönlichkeitsstrukturen zu schließen, auf Tiefenstrukturen oder auf basale Deutungsmuster in der Lebenswelt. Ziel ist hier die Herausarbeitung der Spezifität des Einzelfalls, der besonderen Fallstruktur (auch im Vergleich mit anderen Fällen);
- ist gerichtet auf formale Regelmäßigkeiten in biografischen Erzählungen;
- verfolgt (in der Oral History) die Frage nach der persönlichen Rekonstruktion von Geschichte in der lebensgeschichtlichen Erzählung, um zum Beispiel spezifische Deutungsmuster oder mythische Denkweisen aufzudecken;
- liefert Material zur Anreicherung der laufenden Theoriearbeit, zur Generierung von Hypothesen analog zur explorativen Phase quantitativer Forschungsmethoden. Auf der anderen Seite dient eine einzelne Lebensgeschichte auch als Prüfstein für die Angemessenheit einer Theorie, die durch sie falsifiziert werden kann (vgl. Fuchs 1983, S. 135 ff.).

Abhängig von dem jeweiligen Forschungsinteresse und von weiteren theoretischen und gegenstandsspezifischen Vorannahmen sind methodische Entscheidungen zu treffen, ob etwa ein biografisches Interview als *offenes*, als *narratives* oder *leitfadengestütztes* Interview durchgeführt oder ob andere beziehungsweise weitere biografische Materialien (Autobiografie, Tagebücher, Briefe, Memoiren, Lebensläufe, Akten) sowie sozialstrukturelle Daten herangezogen werden sollen. Auf die damit im Einzelnen zusammenhängenden methodischen Probleme sowie auf die Debatten um das Problem des Fremdverstehens und um hermeneutische Verfahren kann ich an dieser Stelle nicht eingehen. Wichtiger und speziell auf biografische Methoden bezogen scheint mir eine andere Frage zu sein: Biografische Forschung befasst sich mit den erzählten Lebensgeschichten einzelner Menschen, deren Perspektiven sich nicht mit den gewohnten Perspektiven sozialwissenschaftlicher Forschung vertragen. Lebensgeschichten sind widerständig gegenüber sozialwissenschaftlicher Forschung; sie geben nicht unmittelbar Auskunft über soziale Verhältnisse und Handlungen, erst recht nicht aus unpersönlicher Sicht. Daher stellt Dieter BAACKE die rhetorische Frage: „Kann man also überhaupt aus Geschichten etwas lernen, das darüber hinausgeht, sie zu verstehen?" (Baacke 1979, S. 28).

Damit ist nicht nur die Frage nach dem Verhältnis von Einzelfall und Verallgemeinerung, also der *Repräsentativität von Biografien*, aufgeworfen. Diese beantwortet am konsequentesten Günther BITTNER: „Wenn es gelänge, einen einzigen menschlichen Lebenslauf in seinem ‚so und nicht anders' vollständig durchsichtig zu machen, wüssten wir zugleich alles Wissenswerte über alle erdenklichen Lebensläufe" (Bittner 1978, S. 33). Dieser provokativ geäußerte Anspruch, ein Leben in seiner Totalität zu rekonstruieren, dürfte allerdings wohl kaum einzulösen sein – glücklicherweise. Eine pragmatische Umgehung des Problems stellt eine Vorgehensweise dar, bei der zunächst in der Stichprobenauswahl in einem *Theoretical Sampling* weitestgehend sichergestellt wird, dass eine Unterschiedlichkeit der Fälle überhaupt existiert, an der sich eine strukturale Analyse abarbeiten kann. Die in den ersten Interpretationen aufgestellten Vermutungen können dann wie Paradigmen für das Verstehen eines Einzelfalls behandelt, als vorläufig gesetzt und mit neuen, nicht kongruenten Informationen überwunden werden. Jeder neue Fall erschließt also die Möglichkeit, die Paradigmen anzureichern – die Fälle konturieren sich im Vergleich – und aus der neu gewonnenen, revidierten Perspektive die vorangegangenen Interpretationen zu reformulieren und zu vervollständigen. Die gewonnenen strukturalen Aussagen stellen gleichsam die „geronnene" Abstraktion, die *strukturale Synchronizität* einer Kette von Fallinterpretationen dar.

Dieser Prozess einer ständigen Reformulierung, Revidierung und Erweiterung ist im Prinzip nie abgeschlossen, denn es können ständig neue Fälle auftreten, die mit den bislang gewonnenen Erkenntnissen nicht fassbar sind. Allerdings zeigt die Erfahrung, dass bei einer sehr intensiven Analyse der ersten Fälle die weiteren Fallanalysen immer aussagekräftiger und zeitsparender gelingen. Durch sie wird immer weniger Neues über eine spezifische Fragestellung herausgefunden, bis man schließlich dazu gelangt, mit den erarbeiteten allgemeinen Strukturbegriffen die weiteren Fälle interpretieren zu können. Ab diesem Punkt ist die erkenntnisgenerative Kraft einer Fallstudie voll entfaltet und weitere Fälle dienen lediglich der Validierung der bisher gewonnenen Einsichten – hier kann der prinzipiell nicht abzuschließende Prozess einzelfallanalytischer Erkenntnisgewinnung pragmatisch abgebrochen werden.

Ein weiterer Punkt betrifft den Charakter der Daten biografischer Forschung, also die Frage, ob *subjektive* Daten ausreichen oder durch *objektive* Daten ergänzt werden müssen. In der älteren Tradition der Autobiografieforschung wird auf die besondere Güte des subjektiven biografischen Materials verwiesen, auch wenn manche sachliche Information aufgrund von Erinnerungsproblemen falsch sein kann. Menschen können sich irren, die Erinnerung mag täuschen und das autobiografische Gedächtnis setzt erst mit dem vierten bis fünften Lebensjahr ein. Auch der Kontext, in dem etwas erinnert wird, kann eine Rolle spielen und zu widersprüchlichen Erinnerungen in ein und derselben Biografie oder biografischen Sequenz führen. Möglichst umfängliches Kontextwissen ist für die Interpretation von Biografien daher von elementarer Bedeutung.

Ob „der Mensch als Kind der Zeit unmittelbar" sich über „das Ganze seines Soseins" (Mahrholz 1919, S. 8) nicht irren kann, wird heute wohl nicht ganz so unschuldig gesehen. Dennoch spricht viel dafür, davon auszugehen, dass wie auch Wilfried DEPPE (vgl. Deppe 1982) und Harry HERRMANNS (vgl. Herrmanns 1981) vermuten, in Interviews weitgehend die (subjektive) Realität geschildert wird. Hier eine generelle Täuschungsabsicht der Befragten zu unterstellen, führt ebenso in die Irre wie bei Fragebogenuntersuchungen oder anderen Befragungsformen. Freilich gibt es das Phänomen der *sozialen Erwünschtheit*[2] auch hier. Fritz SCHÜTZE fordert als weiteres Kriterium biografischer Interviews, dass es sich um eine Stegreiferzählung mit stark narrativer Struktur handeln müsse (vgl. Schütze 1983). Andere Autoren sind skeptischer; sie fordern die Hinzuziehung objektiver Daten, so etwa John CLAUSEN (vgl. Clausen 1976) oder Friedhelm KRÖLL (vgl. Kröll 1981).

Eine andere Linie, zum Beispiel in der polnischen Soziologie, verwirft die Gegenüberstellung von subjektiv-objektiv, die einer überholten Wissenschaftskonzeption entspräche, die hinter die Position des *Symbolischen Interaktionismus*, ja noch hinter die von Karl MARX gesehene Vermitteltheit von Subjektivität und Objektivität zurückfalle. Auch die pragmatische Einsicht von Werner FUCHS, dass man oft keine gesicherteren als jene subjektiven Informationen bekommen könne, kann prinzipiell nicht befriedigen, wenngleich natürlich Studien, die die biografische Befragung zur Herausarbeitung der aktuellen Deutungsmuster und Situationsdefinitionen von Menschen verwenden, die also die subjektive Lebenswelt beschreiben wollen, nicht auf objektive Daten angewiesen sind (vgl. Fuchs 1984, S. 155).

Schwieriger noch ist die Frage nach dem Verhältnis von Text und Wirklichkeit, also von der Deskription „äußerer Abläufe" und der interaktiven Sinnkonstitution zu beantworten.

> „Inwiefern sind Biographien, die in Formen der Versprachlichung vorliegen, überhaupt geeignet, soziale Handlungen von Individuen (Einzelner oder als Gruppe) mit allen Innen- und Außensichten, Situationsdefinitionen, Motivationen, Triebeinschüben, Erwartungshaltungen und tatsächlichen inner- und außerpsychischen Resultaten abzubilden?" (Baacke 1985, S. 20).

Kann aus erzählten Texten, wenn auch nicht unbedingt auf der Oberfläche des von der oder dem Erzählenden gemeinten Sinns, etwas Gültiges abgelesen werden, weil sie in sich – wenngleich versprachlicht, eventuell verkürzt und sonst wie verändert – doch abbilden, was „tatsächlich" getan wurde? Dieter BAACKE fragt zurecht, ob Texte über Handlungen *Wirklichkeit* nicht immer im defizienten Modus enthalten. Umgekehrt gilt ebenfalls,

---

[2] Als *soziale Erwünschtheit* bezeichnet man in der Sozialforschung die Tendenz von Befragten, ihr Antwortverhalten an geltenden sozialen Normen oder den vermeintlichen Erwartungen ihres Gegenübers auszurichten. Dies kann zu systematischen Verzerrungen führen.

dass Sprach-Texte, entstanden aus Sprach-Handlungen immer mehr enthalten als die Handlung selbst, die ohne Sprache stumm bei sich bliebe, nicht einmal dem Handelnden deutbar (vgl. Baacke 1985, S. 20). Dennoch spricht vieles dafür, eine identische Textstruktur für Handlungen, Sprache und damit auch für Verstehensprozesse anzunehmen. Was wäre die Alternative?

Von Paul RICOEUR stammt der Vorschlag, das Textmodell auf die Sozialwissenschaften zu übertragen (vgl. Ricoeur 1971). Schon der Ausdruck *Interaktionskontext* weist darauf hin, dass möglicherweise die gleichen Gesetzmäßigkeiten unserem direkten Handeln und der Versprachlichung des Handelns in Texten zugrunde liegen: Texte können aufgefasst werden als *Modelle von Handlungen*, die, wenn sie funktionieren sollen, als solche nicht völlig blind sein können für die Handlungen, die sie doch abzubilden vorgeben. Die These lautet also, dass sozialen Handlungen eine Textstruktur unterlegt ist, Biografien und Handlungen gleiche Strukturen derart haben, dass sie sich auseinander ableiten und erklären lassen.

Dass Biografien strukturiert sind, habe ich bereits zu Beginn dargelegt. Es wurde auch schon gezeigt, dass Biografien keine Einzelschicksale darstellen, sondern dass jeder biografische Einzelfall über das Einzelschicksal hinaus für eine subjektive Aneignung der Realität steht, und dass diese Aneignung selbst wieder Bestandteil der objektiven Realität ist (vgl. Gstettner 1980, S. 375). Aufgabe der forschenden Interpretin oder des forschenden Interpreten ist es, im nicht hintergehbaren hermeneutischen Zirkel noch in der Begrenztheit der nicht das Ganze verstehenden Biografie die Elemente des Ganzen zu sichten. Diese Übersetzungsarbeit steht freilich vor einem weiteren Problem. Biografien als Texte sind Dokumente für etwas; es handelt sich um einen Authentizitätsverlust. Der ursprüngliche Kontext wird in einem neuen Kontext der Vermittlung re-konstruiert, und man kann nur unterstellen, dass dies so genau wie möglich geschieht. Die QUINEsche These von der Unbestimmtheit von Übersetzungen[3] besagt jedoch, dass exakte Übersetzungen prinzipiell unmöglich sind, da keine gültigen Wahrheitsbedingungen für korrekte Übersetzungen existieren.

[3] „The thesis is then this: manuals for translating one language into another can be set up in divergent ways, all compatible with the totality of speech dispositions, yet incompatible with one another" (Quine 1960, S. 27).

Aus dieser Einsicht resultiert wiederum QUINES Unbestimmtheitsthese der Referenz („inscrutability of reference"), derzufolge der Gegenstandsbezug eines einzelnen Wortes prinzipiell unbestimmt beziehungsweise unerforschlich ist (Quine 1961, S. 50). Wir können nie wissen, was der andere wirklich gemeint hat.

Jürgen HABERMAS behilft sich hier mit der Figur einer „rationalen Binnenstruktur verständigungsorientierten Handelns" (Habermas 1981a, S. 9). In seinem Begriff des *kommunikativen Handelns* unterstellt er drei Weltbezüge: 1) zur objektiven Welt als Gesamtheit aller Entitäten, über die wahre Aussagen möglich sind, 2) zur sozialen Welt als Gesamtheit aller legitim geregelter interpersoneller Beziehungen und 3) zur subjektiven Welt als Gesamtheit der privilegiert zugänglichen Erlebnisse des Sprechers (vgl. Habermas 1981a, S. 114–152). Verbunden damit sind die Geltungsansprüche der Wahrheit, der normativen Richtigkeit und der Wahrhaftigkeit. In Vertretung einer universalen Wissenschaftlergemeinschaft könne der Interpret diese Geltungsansprüche prinzipiell – auf der Basis einer noch zu entfaltenden Argumentationstheorie – überprüfen.

Auch bei Ludwig WITTGENSTEIN ist der Handlungscharakter sprachlicher Äußerungen und die Einbindung kommunikativer Handlungen in einen allgemeinen Handlungskontext zentral, denn „Die Bedeutung eines Wortes ist sein Gebrauch in der Sprache" (WITTGENSTEIN PU 43). In seinem Konzept der *Sprachspiele* (WITTGENSTEIN PU 7, vgl. auch PU 23) entwickelt er die Vorstellung von Welt als Kommunikationsgemeinschaft, die die Regeln konstruiert, die für sie gelten, mithin auf eine zugrundeliegende Grammatik von Lebensformen rekurriert, wobei Sprache primär als Kommunikations- und nicht als Zeichensystem aufgefasst wird, das auf Außersprachliches verweist. Texte und deren Konstituentien beziehen sich also nicht auf die Wirklichkeit, sondern auf Wirklichkeits*modelle*, die in einer Kommunikationsgemeinschaft akzeptiert sind. Das Handlungs- und Kommunikationssystem einer Gesellschaft ist das Bezugssystem – nicht die Wirklichkeit.

Die meisten biografischen Ansätze machen nur undeutliche Aussagen über das Verhältnis von sozialer Handlung und Textstruktur, wenngleich implizit meist ein Zusammenhang angenommen wird (vgl. u. a. Schütze 1976a; Schütze 1976b; Oevermann 1981). Problematisch erscheint diese Tendenz, „erzähltes Leben", vorliegend als Text, auf der Basis von Strukturen zu deuten, die der Text für das Leben angemessen repräsentiert, wenn das Argument einer strukturellen Entsprechung überfordert wird. Das kann dann der Fall sein, wenn man meint, durch die gründliche Analyse mehr oder weniger latenter Tiefenstrukturen schließlich alle wesentlichen Gesetzmäßigkeiten zu kennen, die Handlungen wie Erzählungen von Handlungen zugrunde liegen. Diesem Aufklärungsoptimismus gegenüber bleibt fraglich, ob es auf einer strukturalen Ebene Entsprechungen zwischen Handlungen und Erzählungen derart gibt, dass Gründe für Handlungen erklärt werden können und damit Prognosen möglich sind. Dahinter scheint der von Hybris nicht ganz freie Anspruch zu stehen, über die Strukturierung sozialer Handlungen und Texte die Genese, Funktion und Zukunft menschlicher Identität sozialwissenschaftlichem Verstehen und Erklären verfügbar zu machen (vgl. Baacke 1985, S. 24). Dagegen spricht die Differenz, die Hermann Lübbe mit der Unterscheidung von Referenz- und Handlungssubjekt charakterisiert:

> „Was aus Geschichten herauskommt, ist nicht das, was einer wollte, was natürlich nicht ausschließt, dass innerhalb von Geschichten Handelnde tun, was sie wollen. Evident ist diese Struktur bei Personen. Wer und was jeweils einer ist, ist er geworden, und dazu trug bei, was er tat oder unterließ. Aber niemand kann sich in seiner Identität als das Produkt seines Willens zur Produktion dieses Produkts denken. Wir sind Referenzsubjekt, aber nicht Handlungssubjekt unserer Lebensgeschichte" (Lübbe 1977, S. 81).

Identität ist unverfügbar – sie lässt sich aus erzählten Geschichten rekonstruieren, aber nicht lückenlos aufdecken und erklären. In seiner Besonderheit bleibt das Individuum – wie der Name schon sagt – das Unteilbare.

4. Biografische Medienforschung

Die Konsequenzen für medienpädagogische Fragestellungen sind evident. Um zu *verstehen*, wie Menschen die unterschiedlichsten Medien in ihren Alltag integrieren, wie sie sich Medien aneignen, wie sie Medien zur Ich- und Welt-Konstruktion nutzen, Anschlusshandlungen daran anknüpfen und wie sie sich in ihren situativen Deutungen auf Medien beziehen, benötigen wir möglichst viel Kontextwissen, und es ist offensichtlich von großem Vorteil, wenn dieses Wissen in biografischer Perspektive bereits geordnet, lebensweltlich verortet und von den Individuen gedeutet ist. Denn solche Deutungen und die dahinter liegenden Bildungsprozesse können wir als Forscherinnen und Forscher nicht leisten, sondern müssen sie aus dem Material rekonstruieren. Dies gilt insbesondere in Zeiten, in denen konventionelle Rollenidentitäten prekärer werden (oder so empfunden werden), Rollen austauschbarer und beliebiger erscheinen und je nach Situation unterschiedliche Identitätsaspekte aktualisiert werden müssen. Mit dem stärker ichzentrierten Weltbild korrespondiert eine biografische Selbst-Reflexion, bei der der Suche nach Selbstvergewisserung ein hoher Stellenwert zukommt (vgl. Hartung 2013). Ich-Findungsprozesse sind heute unter den Bedingungen von *Individualisierung* und *Mediatisierung* erschwert. Medien tragen offensichtlich zur Individualisierung bei, indem sie ihre sich gegenseitig nivellierenden Botschaften verbreiten und unterschiedlichste Orientierungsmuster nebeneinander anbieten und damit die Leerräume, die der Funktions- und Deutungsverlust ehemals kulturelle Lebensbereiche übergreifender und identitätsstiftender Weltbilder hinterlässt, mit neuen und alten Sinnangeboten füllen. Andererseits stützen sie – auch mit der Herausbildung sozialer virtueller Welten – die Ich-Konstruktionen, indem sie dem bedrohten Ich vielfältige Materialien für eine eigene Weltkonstruktion anbieten und ihm so helfen, „sich zu behaupten: Indem es vorhandene Weltbestände und eigene Vorstellungen und Entwürfe sich aneinander reiben lässt" (Baacke 1983, S. 469). Das setzt allerdings aktive und gelingende Aneignungsprozesse voraus.

Im Unterschied zu einer literarischen Biografie, die freilich auch Schwerpunkte setzt, zielt ein biografischer Forschungsansatz nicht unbedingt auf das gesamte Leben, sondern kann begrenzt sein, sowohl in der zeitlichen Ausdehnung als auch thematisch. Schon der Begriff *medienbiografischer Ansatz* impliziert eine solche thematische Begrenzung – nämlich auf *mediale* Aspekte. Die interdisziplinären Debatten über Biografieforschung sind in der Medienpädagogik in den 1980er Jahren aufgenommen worden (vgl. Vollbrecht 1993; Vollbrecht 2009). Im medienpädagogischen Themenfeld haben wir allerdings die Schwierigkeit, dass die biografische Selbstreflexion kulturell eingeschliffenen Mustern unterliegt, die vorgeben, was als biografierelevant gelten soll. Kulturelle Instanzen liefern also Selektionskriterien für die Ausformung von Biografien und stellen in diesem Sinne *Biografiegeneratoren* dar (vgl. Hahn 1988). Medien spielen dabei meist nur

Nebenrollen. Es gibt freilich Ausnahmen – beispielsweise den Roman im 19. Jahrhundert für die Verbreitung des romantischen Liebesideals, worauf STENDHAL in *Le Rouge et le Noir* (1830) hingewiesen hat. Ein neueres Beispiel wäre das Smartphone, das zum Zentralknoten des eigenen Beziehungsnetzes geworden ist und damit für das Beziehungsnetz-Management heute eine zentrale Rolle spielt.

Beim medienbiografischen Ansatz stellt sich die Frage, welchen Anteil und welche Relevanz Medien an der individuellen Konstruktion und Rekonstruktion einer Biografie haben, und wie sich Muster der Mediennutzung und Medienaneignung biografisch ausbilden und verändern. In einem weiteren Sinne, nämlich lebensweltlich-biografisch, untersucht der medienbiografische Ansatz auch die Auswirkungen von Medien auf die Gestalt des Alltags und des Tagesablaufs. Die Rhythmen und Strukturen des Lebenslaufs werden nicht so stark durch Medien (mit)bestimmt wie zum Beispiel durch strukturelle und normative Vorgaben verschiedener Altersphasen wie Schuleintritt, Beginn des Ruhestands oder durch persönliche Ereignisse wie Heirat, schwere Krankheit oder durch überindividuelle Ereignisse wie Kriege und Wirtschaftskrisen. Medien haben jedoch einen bedeutsamen Anteil an der Strukturierung mikrobiografischer Abläufe, also am Verlauf des Alltags (zu Alltags- und Lebenszeit von Jugendlichen vgl. u. a. Sander/ Vollbrecht 1985; Vollbrecht 2009).

Neben Medienbezügen in der *linearen* temporalen Struktur der Biografie, geht es also auch um die Rolle der Medien in der *zyklischen* Struktur der Alltagszeit. So wird beispielsweise das Fernsehen stark habitualisiert genutzt und die *Tagesschau* oder der Beginn des *Tatort* markiert noch immer für viele Menschen den Übergang zum Feierabend, während das Smartphone als Präsenzmedium für den jederzeitigen Anschluss an das persönliche Netzwerk steht. Das Smartphone ist das Gegenwartsmedium par excellence. In technischer Hinsicht – so die normative Erwartung – sollten Gerät und Anwendungen möglichst immer *up to date* sein, aber auch Kontaktlisten und Apps sind eng mit der jeweiligen gegenwärtigen Situation verbunden und werden meist zeitnah aktualisiert. So spiegeln Kontaktlisten den Bekannten- und Freundeskreis immer nahe der Gegenwartsschwelle und die installierten Apps ebenso die jeweiligen Nutzungsinteressen.

Ein Blick ins Bücherregal oder die Plattensammlung veranschaulichte auch eine Lesesozialisation beziehungsweise die Herausbildung eines musikalischen Geschmacks – der Blick ins Smartphone sagt vor allem etwas über die Gegenwart aus. Damit ist jedoch nicht nur die technische Aktualität gemeint. Es gibt auch ein soziales Aktualitätsbestreben: Die jeweils neuesten und entsprechend teuren Smartphones der angesagten Marken sind immer noch Statussymbole. Bei Apps wie Messengern dagegen gilt es, denjenigen auszuwählen, den auch die aktuellen Bezugsgruppen nutzen, und bei *Instagram* verwenden Jugendliche gerne die neuesten Filter, damit die Fotos auch *moody* genug sind. Anders als Urlaubsbilder, die schon für die künftige Rückerinnerung produziert werden, sind Smartphone-Fotos sehr oft gegenwartsbezogen und zeigen (anderen) zum Beispiel, wie man sich gerade fühlt, wo man ist, mit wem man dort ist oder was man gerade tut – man könnte auch diese Bilder später erinnernd betrachten, aber das ist nicht ihre primäre Funktion. Freilich gibt es auch bei der Smartphone-Nutzung lebensgeschichtlich bedeutsame Erinnerungsspuren[4], wenn man etwa an die *Timeline* bei Facebook oder persönliche Fotosammlungen denkt.

Auch zur Füllung der freien Zeit im Alltag sind medienbezogene Beschäftigungen bedeutsam. In welchem Umfang und in welcher Art die einzelnen Medien dazu genutzt werden, kann bislang nur bruchstückhaft aus den vorliegenden Daten der Mediennutzung unterschiedlicher Altersgruppen abgelesen werden. Diese Zahlen sagen jedoch wenig aus über die Strukturierung von Lebensabläufen durch Medien. Eine biografisch orientierte Medienforschung kann durch die Rekonstruktion von medienbiografischen Phasen der Biografie zu vertieften Erkenntnissen führen und zeigen, in welchem Zusammenhang Medien mit dem Alltag und dem Lebensablauf stehen und wie dieser Zusammenhang von den Individuen subjektiv gesehen und bewertet wird (vgl. Baetge 2018).

Ein grundsätzliches Problem des medienbiografischen Ansatzes besteht darin,

[4] Gar nicht zu reden von den Datenspuren, die wir ständig hinterlassen, und die viel über unser Leben verraten. Aus Sicht der Biografieforschung wäre dies sicherlich interessantes Material, das jedoch forschungsethisch mindestens problematisch ist.

> „dass Medien, die im realen Lebensvollzug allgegenwärtig sind, in biografischer Rekonstruktion nur eine marginale, wenig bewusste und wenig erinnerliche Rolle spielen. In medienbiografischen Interviews werden zudem häufig lediglich Medienrituale, Genrevorlieben und Medienpräferenzen wiedergegeben. Noch schwieriger dürfte es sein, das ja häufig nur kurzfristige Interesse an bestimmten Medien lebensgeschichtlich rückzubeziehen" (Sander/Vollbrecht 1989, S. 21 f.).

Zwar gibt es auch herausgehobene Medienereignisse, die gut erinnert werden, aber typisch für die Mediennutzung ist ihre Einbindung in die zyklische Zeitstruktur des Alltags mit ihren wiederkehrenden Routinen, deren lebenspraktische Relevanz eher in ihrer Existenz als in ihrer zeitlichen Verortung liegt.

Die oben erwähnten Möglichkeiten zur Verwendung biografischer Materialien von Fuchs (vgl. Fuchs 1984, S. 135 ff.) wandelte ich für die Medienforschung in einem Artikel zur Altersmedienforschung entsprechend ab (vgl. Vollbrecht 2015). Ohne diesen Altersaspekt ergibt sich folgende Auflistung:

Der *medienbiografische Ansatz*

- ermöglicht uns als Forscherinnen und Forscher mit zumeist mittelschichtsspezifischem sozialen Hintergrund Einblicke in fremde Lebensmilieus, die unseren eigenen Verstehenshorizont erweitern und uns sensibilisieren für fremde und alterstypische Lebensstile;
- kann im Sinne einer parteilichen Forschung durch Erhebung und Veröffentlichung von medienbiografischem Material in den sozialen und kulturellen Diskurs über Mediennutzung und Medienkontexte eingreifen, indem er beispielsweise populäre Fehleinschätzungen geraderückt oder auf spezifische Medienbedürfnisse bestimmter Altersgruppen hinweist;
- kann eine Deskription von Medienwelten oder von Medienaneignung leisten, die direkter Beobachtung und quantifizierenden Messungen so nicht zugänglich ist;
- kann die Habitualisierung der Mediennutzung im Kontext anderer Freizeitaktivitäten und der Lebensgestaltung in verschiedenen Altersgruppen und Milieus aufzeigen;

- kann sich mit der Frage der persönlichen Rekonstruktion von Medienereignissen, Medienkonventionen oder medialen Alltagsmythen befassen, um zum Beispiel spezifische Deutungsmuster oder mythische Denkweisen zu entschlüsseln;
- kann die Prozesshaftigkeit der Mediennutzung im Lebensverlauf zugänglich und analysierbar machen. Solche Verläufe lassen sich in Geschichten besser abbilden als in punktuellen Befragungen. Zudem werden auch Ambiguitäten und Nichtlinearität deutlich;
- kann dazu dienen, persönliche Themen von Mediennutzerinnen und Mediennutzern zu analysieren und sie bewusst (und damit bearbeitbar) zu machen;
- kann die symbolische Bedeutung medialer Inhalte und Figurationen erschließen und damit auch zum Verständnis zwischen den Generationen beitragen;
- kann es ermöglichen, auf basale medienbezogene Deutungsmuster in der Lebenswelt zu schließen. Ziel ist hier die Herausarbeitung der Spezifität des Einzelfalls (auch im Vergleich mit anderen Fällen);
- kann durch die Befragung von Zeitzeugen Material zur Mediengeschichte anliefern. Während mediale Produkte – soweit sie für die Öffentlichkeit bestimmt waren – zu einem erheblichen Teil in Archiven zugänglich oder zumindest vorhanden sind, ist die Medienrezeption früherer Zeiten anders als medienbiografisch ja kaum zugänglich. Dies kann auch ein Korrektiv sein gegen die dominanten Lesarten geschichtlicher Ereignisse in den Massenmedien;
- kann auch die privaten Medienproduktionen analytisch erschließen. In Fotoalben, auf Videokassetten, Tonträgern oder digitalen Speichern entstehen im Laufe des Lebens Privatarchive der eigenen Mediennutzung. Zum Verständnis dieses Materials bedarf es einer begleitenden medienbiografischen Einordnung und Kommentierung;
- kann die Bedeutung bestimmter Medienangebote und -produkte historisch und lebensgeschichtlich einordnen. Das meiste, was wir in Medien hören und sehen, vergessen wir sehr schnell. Was bleibt, ist entweder von großer persönlicher Relevanz[5] oder von so großer gesellschaftlicher

[5] Wie „unser Lied" oder überhaupt Musik, die mit bestimmten Personen oder Ereignissen verknüpft werden, Lieblingsfilme oder etwa ein Bild, das aufgrund eines persönlichen Themas stark beeindruckt hat.

Bedeutung, dass es ins kollektive Gedächtnis übernommen und noch nach Jahrzehnten erinnert wird;
- kann Erinnerungsarbeit leisten und zur Wiederentdeckung „verschütteter" Erfahrungen und Erlebnisse führen.

Solche medienbezogenen Ablagerungen und Aufschichtungen im kollektiven Gedächtnis sind bislang kaum untersucht. Aber auch die eigene Vergangenheit wird mit Medien neu konturiert. Bei jedem Technologiewechsel stellt sich die gleiche Frage wie bei einem Umzug: Was nehme ich mit, weil es mir noch etwas bedeutet? Und manches wird in solchen Entscheidungssituationen auch wieder neu entdeckt und als biografisch wertvoll erkannt. Deshalb haben viele Menschen ihre damalige Lieblingsmusik auf Schallplatte noch einmal auf CD gekauft und später möglicherweise noch einmal als Audiodatei archiviert. Die biografische Alltagsrelevanz von Medien wird hier sehr deutlich.

Auch die Massenmedien selbst machen ständig Erinnerungsangebote, nicht nur durch das Aufgreifen historischer Themen, sondern auch schlicht durch das Prinzip der Wiederholung, die uns in frühere (Rezeptions-)Zeiten zurückversetzt. Daraus entsteht auch ein methodisches Problem: Worauf bezieht sich eine medienbiografische Erinnerung? Ursprüngliche und spätere Rezeptionen lassen sich im Rückblick nur schwer (wenn überhaupt) auseinanderdividieren. Gerade bei lange zurückliegenden Ereignissen ist wohl generell davon auszugehen, dass Erinnerungen unbewusst „geglättet" oder kontextuell angepasst werden. Vor allem in der biografischen Altersmedienforschung ist dies zu bedenken. Erzählt wird nicht das Ereignis, wie es war, sondern wie es heute erinnert wird – und dies wird bei Ereignissen der Zeitgeschichte vor allem vom Fernsehen stark überformt.

Narrative Pädagogik – ein didaktischer Ausblick

Ein weiterer Aspekt des Themas geht über den bisherigen Kontext von Biografie und Medien als Forschungsansatz und -methode hinaus und betrifft den Zusammenhang von Forschung und Lehre im Rahmen einer *Narrativen Pädagogik*. Der Buchtitel *Aus Geschichten lernen* hatte für die Herausgeber Dieter BAACKE und Theodor SCHULZE nicht nur einen biografischen, sondern auch einen didaktischen Aspekt (vgl. Baacke/Schulze 1979). Pädagogische (und sozialwissenschaftliche) Theorie sollte nicht bloß anhand theoretischer Texte erlernt werden, sondern in den Zusammenhang *lebensweltlicher Erfahrungen* gestellt werden. Am Lernort Universität sind solche Erfahrungen schon aufgrund der unaufgebbaren Praxisdifferenz nicht unmittelbar gegeben, können jedoch als Geschichten in diese Lernorte hineingeholt werden – und diese Geschichten können durchaus fiktive Geschichten aus Medien sein, sofern in ihnen eine relevante pädagogische Thematik beziehungsweise ein entsprechendes pädagogisches Problem angesprochen wird.

So hat Dieter BAACKE in seinen Vorlesungen immer wieder Passagen aus Romanen (später auch Videoclips) eingeflochten, in denen das theoretische Thema den Lernenden in lebensweltlicher Form nahegebracht wurde. Einer solchen narrativen Pädagogik geht es nicht nur um Veranschaulichung, sondern um Arbeit am medialen Material und die Verbindung mit passenden Theorien – in der Absicht, Theoriewissen zu vermitteln, aber auch die Praxisaspekte in den Medienbeispielen durch dieses Theoriewissen reflektierter zu erfassen. Ein Beispiel dafür ist die Analyse des Films *Am Ende des Regenbogens* aus dem Jahr 1979, einem Klassiker des Jugendfilms, der in der Stricher- und Drogenszene Ende der 1970er Jahre in Berlin spielt. Entgegen der Vorzugslesart als Sozialdrama und Coming-of-Age-Geschichte in der Homosexuellen-Szene, lässt sich das Scheitern der Hauptfigur in Kenntnis von Alessandro CAVALLIS Typen der Zeiterfahrung von Jugendlichen vorzüglich biografietheoretisch ausdeuten (ausführlich in Vollbrecht 2014). Neuere Beispiele wären eine Analyse der Bilderbücher oder der darauf basierenden Kurzfilme *Die besten Beerdigungen der Welt* und *Ente, Tod und Tulpe* im Kontext der Auseinandersetzung mit Trauerarbeit bei jüngeren Kindern und ihren lebensaltersspezifischen Vorstellungen von Sterben und Tod (vgl. Quitzsch 2014).

Literaturverzeichnis

- Baacke, Dieter (1979): Ausschnitt und Ganzes – Theoretische und methodologische Probleme bei der Erschließung von Geschichten, in: Baacke, Dieter/Schulze, Theodor (Hrsg.): Aus Geschichten lernen, München: Juventa, S. 11–50
- Baacke, Dieter (1983): Ich-Neugier und Weltkonstruktion, in: Merkur 4, S. 468–473

- Baacke, Dieter (1985): Biographie – Soziale Handlung, Textstruktur und Geschichten über Identität. Zur Diskussion in der sozialwissenschaftlichen und pädagogischen Biographieforschung sowie ein Beitrag zu ihrer Weiterführung, in: Baacke, Dieter/Schulze, Theodor (Hrsg.): Pädagogische Biographieforschung. Orientierungen, Probleme, Beispiele, S. 3–28
- Baacke, Dieter/Schulze, Theodor (1979): Aus Geschichten lernen. Zur Einübung pädagogischen Verstehens, München: Juventa
- Baacke, Dieter/Schulze, Theodor (1985): Pädagogische Biographieforschung, Weinheim/Basel: Beltz
- Beck, Ulrich (1984): Jenseits von Stand und Klasse. Auf dem Weg in die individualisierte Arbeitnehmerschaft, in: Merkur 5, S. 485–497
- Baetge, Caroline (2018): Kreative medienbiografische Forschung, in: Knaus, Thomas (Hrsg.): Forschungswerkstatt Medienpädagogik. Projekt – Theorie – Methode [Band 2], München: kopaed, S. 601–639 [Onlinedokument: doi.org/10.25526/fw-mp.8, aufgerufen am 02. Mai 2019]
- Berger, Peter L./Luckmann, Thomas (1980 [1969]): Die gesellschaftliche Konstruktion der Wirklichkeit. Eine Theorie der Wissenssoziologie, Frankfurt am Main: Suhrkamp
- Bittner, Günther (1978): Zur psychoanalytischen Dimension biographischer Erzählungen, in: Neue Sammlung 18, S. 332–338
- Blumer, Herbert (1939): Critique of Research in Social Sciences. An Appraisal of Thomas' and Znaniecki's The Polish Peasant in Europe and America, in: Social Forces 18 (4), S. 580–583
- Bonß, Wolfgang (1983): Empirie und Dechiffrierung von Wirklichkeit. Zur Methodologie bei Adorno, in: von Friedeburg, Ludwig/Habermas, Jürgen (Hrsg.): Adorno-Konferenz 1983, Frankfurt am Main: Suhrkamp, S. 201–224
- Borkowsky, Anna (1981): Wiedereinstieg – neue Chancen oder alter Zwang? Zur Abhängigkeit der Erwerbsarbeit von Frauen von ihrer domestikalen Situation, vorgelegt bei der Fachtagung weiblicher Biographien an der Uni Bielefeld
- Cavalli, Alessandro (1988): Zeiterfahrungen von Jugendlichen – Versuch einer Typologie, in: Zoll, Rainer (Hrsg.): Zerstörung und Wiederaneignung von Zeit, Frankfurt am Main: Fischer, S. 387–404
- Clausen, John A. (1976): Die gesellschaftliche Konstruktion individueller Lebensläufe, in: Hurrelmann, Klaus (Hrsg.): Soziologie und Lebenslauf, Reinbek: Rowohlt, S. 203–220

- Deppe, Wilfried (1982): Drei Generationen Arbeiterleben. Eine soziobiographische Darstellung, Frankfurt am Main/New York: Campus
- Dewe, Bernd/Ferchhoff, Wilfried (1985): Die Lust am Schein – Postmodernistische Notizen über Trends, Geschmäcker und Redensarten unter Pädagogen, in: Baacke, Dieter/Frank, Andrea/Frese, Jürgen/Nonne, Friedhelm (Hrsg.): Am Ende – postmodern. Next Wave in der Pädagogik, Weinheim/München: Beltz, S. 42–70
- Ferchhoff, Wilfried (1984): Die Wiederverzauberung der Modernität? Krise der Arbeitsgesellschaft, Individualisierungsschübe bei Jugendlichen – Konsequenzen für die Jugendarbeit, in: Kübler, Hans-Dieter (Hrsg.): Jenseits von Orwell. Gesellschaft, Kultur und Medien. Jahrbuch zur Kultur- und Medienforschung (Band 1), Frankfurt am Main: Suhrkamp, S. 94–168
- Fischer, Wolfgang (1978): Struktur und Funktion erzählter Lebensgeschichten, in: Kohli, Martin (Hrsg.): Soziologie des Lebenslaufs, Darmstadt/Neuwied: Luchterhand, S. 311–339
- Fischer, Wolfgang (1982): Die biographische Methode, in: Haft, Henning/Kordes, Hagen (Hrsg.): Methoden der Erziehungsforschung. Europäische Enzyklopädie der Erziehungswissenschaft (Band 2), Stuttgart: Schöningh, S. 36–78
- Fuchs, Werner (1983): Jugendliche Statuspassage oder individualisierte Jugendbiographie?, in: Soziale Welt 3, S. 341–371
- Fuchs, Werner (1984): Biographische Forschung – Eine Einführung in Praxis und Methoden, Opladen: Westdeutscher Verlag
- Haase, Kurt (1964 [1927]): Das Wesen des Vorbilds und seine Bedeutung für die Erziehung, Darmstadt: WBG
- Habermas, Jürgen (1979): Einleitung, in: Habermas, Jürgen (Hrsg.): Stichworte zur „Geistigen Situation der Zeit", Frankfurt am Main: Suhrkamp, S. 7–35
- Habermas, Jürgen (1981a): Theorie des kommunikativen Handelns (Band 1). Handlungsrationalität und gesellschaftliche Rationalisierung, Frankfurt am Main: Suhrkamp
- Habermas, Jürgen (1981b): Theorie des kommunikativen Handelns (Band 2). Zur Kritik der funktionalistischen Vernunft, Frankfurt am Main: Suhrkamp

- Hahn, Alois (1988): Biographie und Lebenslauf, in: Brose, Hanns-Georg/ Hildenbrandt, Bruno (Hrsg.): Vom Ende des Individuums zur Individualität ohne Ende, Opladen: Leske+Budrich, S. 91–105
- Hartung, Anja (2013): Medienaneignung und Biografie. Die diachrone Perspektive auf Sinn- und Identitätsbildungsprozesse, in: Hartung, Anja/ Lauber, Achim/Reißmann, Wolfgang (Hrsg.): Das handelnde Subjekt und die Medienpädagogik, München: kopaed, S. 107–125
- Herrmanns, Harry (1981): Das narrative Interview in berufsbiographisch orientierten Untersuchungen, Kassel: Wissenschaftliches Zentrum für Berufs- und Hochschulforschung
- James, William (1902): The Varieties of Religious Experience: A Study in Human Nature, New York: Longmans, Green and Co.
- Kohli, Martin (1978): Soziologie des Lebenslaufs, Darmstadt: Luchterhand
- Kohli, Martin (1981): Wie es zur „biographischen Methode" kam und was daraus geworden ist. Ein Kapitel aus der Geschichte der Sozialforschung, in: ZfS 10, S. 273–293
- Kröll, Friedhelm (1981): Biographie. Ein Sozialforschungsweg? in: Das Argument 23 (126), S. 181–196
- Liebel, Manfred (1983): König Subjekt? Anmerkungen zu einer subjektorientierten Jugendforschung, in: deutsche jugend 8, S. 360–367
- Lübbe, Hermann (1977): Geschichtsbegriff und Geschichtsinteresse. Analytik und Pragmatik der Historie, Basel/Stuttgart: Schwabe
- Luhmann, Niklas/Schorr, Karl Eberhard (1982): Das Technologiedefizit der Erziehung und der Pädagogik, in: Luhmann, Niklas/Schorr, Karl Eberhard (Hrsg.): Zwischen Technologie und Selbstreferenz. Fragen an die Pädagogik, Frankfurt am Main: Suhrkamp, S. 11–40
- Mahrholz, Werner (1919): „Deutsche Selbstbekenntnisse" – Ein Beitrag zur Geschichte der Selbstbiographie von der Mystik bis zum Pietismus, Berlin: Furche
- Matthes, Joachim/Stosberg, Manfred (1981): Biographie in handlungswissenschaftlicher Perspektive, Nürnberg: Nürnberger Forschungsvereinigung
- Mooser, Josef (1983): Auflösung des proletarischen Milieus. Klassenbindung und Individualisierung der Arbeiterschaft vom Kaiserreich bis in die Bundesrepublik Deutschland, in: Soziale Welt 34, S. 270–306

- Niggl, Günter (1977): Geschichte der deutschen Autobiographie im 18. Jahrhundert, Stuttgart: Metzler
- Oevermann, Ulrich (1981): Fallrekonstruktionen und Strukturgeneralisierung als Beitrag der objektiven Hermeneutik zur soziologisch-strukturtheoretischen Analyse, Frankfurt, S. 56 [unveröffentlichtes Manuskript]
- Oevermann, Ulrich/Allert, Tilman/Konau, Elisabeth/Krambeck, Jürgen (1979): Die Methodologie einer „objektiven Hermeneutik" und ihre forschungslogische Bedeutung in den Sozialwissenschaften, in: Soeffner, Hans-Georg (Hrsg.): Interpretative Verfahren in den Sozial- und Textwissenschaften, Stuttgart: Metzler, S. 352–433
- Parsons, Talcott (1951): The Social System, New York: Free Press
- Parsons, Talcott/Shils, Edward/Naegele, Kaspar D./Pitts, Jesse R. (1961): Theories of Society. Foundations of Modern Sociological Theory, New York: Free Press
- Quitzsch, Ute (2014): Sterben und Tod in Kurzfilmen für Kinder. Eine Analyse der Bildbuchverfilmungen „Die besten Beerdigungen der Welt" und „Ente, Tod und Tulpe", in: Medienwelten 3, S. 120–207 [Onlinedokument: dx.doi.org/10.13141/zfm.2014-3.59.65, aufgerufen am 02. Mai 2019]
- Quine, Willard Van Orman (1960): Word and Object, Cambridge, Massachusetts: MIT Press
- Quine, Willard Van Orman (1961): The Problem of Meaning in Linguistics, in: Quine, Willard Van Orman (Hrsg.): From a Logical Point of View. Logico-philosophical Essays, New York: Harper & Row, S. 47–64
- Ricoeur, Paul (1971): The Model of the Text. Meaningful Action Considered as a Text, in: Social Research 38, S. 529–562
- Sander, Uwe/Vollbrecht, Ralf (1985): Zur wissenschaftlichen Rekonstruktion jugendlichen Zeitbewusstseins. Eine Interpretation biographischer Selbstthematisierungen, in: Baacke, Dieter/Schulze, Theodor (Hrsg.): Pädagogische Biographieforschung, Weinheim: Beltz, S. 141–170
- Sander, Uwe/Vollbrecht, Ralf (1989): Biographische Medienforschung, in: BIOS 1, S. 15–30
- Schütz, Alfred (1971): Gesammelte Aufsätze (Band 1). Das Problem der sozialen Wirklichkeit, Den Haag: Nijhoff

- Schütze, Fritz (1976a): Zur soziologischen und linguistischen Analyse von Erzählungen, in: Internationales Jahrbuch für Wissens- und Religionssoziologie (Band 10), Opladen: Westdeutscher Verlag, S. 7–42
- Schütze, Fritz (1976b): Zur Hervorlockung und Analyse von Erzählungen thematisch relevanter Geschichten im Rahmen soziologischer Forschung, in: Weymann, Ansgar (Hrsg.): Kommunikative Sozialforschung, München: Fink, S. 159–260
- Schütze, Fritz (1983): Kognitive Figuren des autobiographischen Stegreiferzählens, in: Kohli, Martin/Robert, Günther (Hrsg.): Biographie und soziale Wirklichkeit, Stuttgart: Metzler
- Shell – Jugendwerk der Deutschen Shell (1981): Jugend, 81. Lebensentwürfe, Alltagskulturen, Zukunftsbilder (Band 1), Hamburg
- Szczepanski, Jan Józef (1962): Die biographische Methode, in: König, René (Hrsg.): Handbuch der empirischen Sozialforschung (Band 4), Stuttgart: Enke, S. 226–252
- Thomas, William Isaac/Znaniecki, Florian (1927 [1918–1920]): The Polish Peasant in Europe and America, New York: Alfred A. Knopf
- Vollbrecht, Ralf (1986): Die biographische Methode in der erziehungswissenschaftlichen Forschung, in: Zeitschrift für erziehungs- und sozialwissenschaftliche Forschung 1, S. 87–106
- Vollbrecht, Ralf (2009): Der medienbiografische Ansatz in der Altersmedienforschung, in: Schorb, Bernd/Hartung, Anja/Reißmann, Wolfgang (Hrsg.): Medien und höheres Lebensalter. Theorie – Forschung – Praxis, Wiesbaden: Springer VS, S. 21–30
- Vollbrecht, Ralf (2014): Typen der Zeiterfahrung im Film „Das Ende des Regenbogens", in: Medienwelten 3, S. 208–217 [Onlinedokument: dx.doi.org/10.13141/zfm.2014-3.67, aufgerufen am 02. Mai 2019]
- Vollbrecht, Ralf (2015): Der medienbiografische Ansatz in der Altersmedienforschung, in: Medien & Alter(n) 6, München: kopaed, S. 6–18
- Wittgenstein, Ludwig (1967 [1953]): Philosophische Untersuchungen, Frankfurt: Suhrkamp
- Zinnecker, Jürgen (1981): Jugendliche Subkulturen. Ansichten einer künftigen Jugendforschung, in: ZfPäd 3, S. 421–440

Lizenz

MARION WEISE

Kindern eine Stimme geben!?
Methodischer Diskurs zu (Un)Möglichkeiten von Puppet Interviews mit Kindern im Alter von vier bis sechs Jahren

Der Beitrag knüpft an eine multimethodologische Untersuchung zum medialen Erleben und der medialen Praxis von Kindern im vorschulischen Alter an. Theoretischer Ausgangspunkt sind (noch) marginale empirische Befunde um mediale Lebenswelten der Kinder von vier bis sechs Jahren, welche explizit die Sichtweise der kindlichen Akteurinnen und Akteure einbindet und nicht über, *sondern* mit *Kindern forscht. Aufgrund des erschwerten methodischen Zugriffs bei dieser Altersgruppe setzte die Studie mit den* Puppet Interviews *eine spezifisch kindgerechte Methode ein, die in dem vorliegenden Beitrag in ihrer Umsetzung und Weiterführung kritisch beleuchtet und diskutiert wird.*

This article contributes to a larger multi-methodological study on the media experiences and media realities of pre-school children. The study's theoretical basis is provided by marginal empirical findings on the mediated playgrounds used by children aged four to six; the research process also systematically integrates the perspective of young children into the research process in contrast to many previous studies. Due to the methodological challenges posed by working with this age group, this study uses the puppet interview method, *in which a puppet is used to interview children. This article describes the* puppet interview method *in general and describes the ways in which it was modified and enhanced for this study.*

Schlagworte | Tags: Puppet Interview Method, Puppet Interview, Handpuppeninterview, Qualitative Forschung, leitfadengestütztes Interview, heuristische Sozialforschung, rekonstruktive Analyseverfahren, Dokumentarische Methode, Kindheitsforschung, subjektive Deutungsstrukturen, Interviews mit Kindern, Grounded Theory Methodology, GTM, Reflexion, Kindheitserfahrung, ethnografische Zugänge, Triangulation, Multiperspektivität, Paper-Pencil-Test, Likert-Skala, Berkeley Puppet Interview, BPI, Biografieforschung, Forschungstagebuch, aktives Zuhören

1. Ziel und Motivation

Die Veränderungen der Gesellschaft durch eine Mediatisierung auf allen Ebenen (vgl. Krotz 2007, S. 12 und S. 25–49) rückt die Frage nach der Medienkompetenz und der konkreten Medienaneignung der Subjekte (vgl. Theunert 2015, S. 146; Schorb 2011, S. 83–89) in den Fokus wissenschaftlicher Forschung: Medienliterate Kinder und Jugendliche sind grundlegende Bedingung für Chancengerechtigkeit, für eine demokratische Gesellschaft, aber auch für eine praktische Alltagsbewältigung. Ausgangspunkt der Untersuchung war die zu dem Zeitpunkt marginale empirische Datenlage um die medialen Lebenswelten der Kinder von vier bis sechs Jahren, welche explizit die Sichtweise der kindlichen Akteurinnen und Akteure einbindet (vgl. Theunert 2007, S. 114; Hoffman/Steiger 2012, S. 8; Paus-Haase 1998). Kindheitsforschung sowie Forschungspraxis plädieren für die Anerkennung des *produktiv realitätsverarbeitenden Subjekts* (Hurrelmann 1983, S. 91) und das damit einhergehende Desiderat des Einbezugs der Kinder in die Forschungspraxis (vgl. Honig 1999, S. 33–50; Honig/Lange/Leu 1999; Mey 2003). Aufgrund methodischer Herausforderungen bleibt dies allerdings oft ein Bekenntnis. Anzutreffen sind in diesem Altersbereich vielmehr ethnografische Zugänge oder der Weg über die Haupterzieherinnen und -erzieher, wenige Forscherinnen und Forscher nutzen bisher explizit die sprachliche Ebene mit dem Kind vor Schuleintritt (vgl. Nentwig-Gesemann 2007a; Paus-Hasebrink 2007).

Die Studie ging daher in erster Linie der Frage nach, wie Kinder dieser Altersgruppe *mediale Welten* erleben und wie sie ihre medialen Welten durch *Medienpraxen* herstellen. Dabei stellt sich weiterhin die Frage, ob es kindspezifische mediale Handlungs- und Aneignungsweisen gibt und ob es einen Zusammenhang zwischen der beschriebenen medialen Struktur- und Handlungsebene und der reflektierten realen Handlungsebene (der Spielpraxis) gibt.

Zur Beantwortung dieser Forschungsfragen kam unter anderem die Methode des *Puppet Interviews* zum Einsatz (vgl. u. a. Paus-Haase 1998; Weise 2008), die in den USA bereits häufig, aber primär in quantitativen Settings der Kinder- und Jugendpsychologie verwendet wird (vgl. Roth/Dadds/McAloon 2004; Kazura/Flanders 2007). Insgesamt wurden 21 Kinder in Deutschland und den USA nach der Methode des „schrittweisen Sampling“

bestimmt (Krotz 2006, S. 214) und im Rahmen eines *leitfadengestützten Puppet Interviews* befragt. Die qualitativen Daten wurden nach den Prämissen der *Heuristischen Sozialforschung* ausgewertet. Darüber hinaus wurde es im Verlauf der Analyse notwendig, die *Dokumentarische Methode* (vgl. Bohnsack 2010; Nohl 2012; Bohnsack/Nentwig-Gesemann/Nohl 2013 sowie Bohnsack/Geimer in diesem Band, S. 775–816) als ein rekonstruktives Analyseverfahren hinzuzuziehen.

Die befragten Kinder verweisen im Familienkontext auf eine vielfältige Mediennutzung. Das Fernsehen nimmt dabei einen hohen Stellenwert für die Kinder in diesem Alter ein, wobei die Rezeptionsgewohnheiten zur Strukturierung des kindlichen und familiären Alltags dienen. Kinder sind keineswegs fasziniert von der Technik als solcher, sondern von der Rezeptionssituation und den rezipierten Geschichten beziehungsweise Figuren als Bearbeitungsfolie für die eigenen Themen. Für die befragten Eltern als auch Pädagoginnen und Pädagogen scheinen Medien und eine aktive, kreative Medientätigkeit nach wie vor inkongruent; Kinder hingegen nehmen keine Zweiteilung in reale und mediale Erfahrungen vor, sondern gehen als aktive Rezipientinnen und Rezipienten konvergente Wege (vgl. Weise 2011, S. 50–69). In den Erzählungen der Kinder über persönlich bedeutsame Medieninhalte und -figuren sowie den reflektierten realen Erfahrungen lassen sich auf immanenter Ebene gemeinsame Sinnmuster herausarbeiten. Die befragten Kinder nutzen Medien, um sich mit ihren spezifischen Orientierungsthemen auseinanderzusetzen. In dieser Studie konnten vier typische Muster der Verknüpfung von medialen und erfahrungsweltlichen Themen von Kindern rekonstruiert werden: die *Helfer*, die *Experten*, die *Unabhängigen* und die *Risk-Taker* (vgl. Weise 2012, S. 301–328). Bedeutsame Medieninhalte und die Art der Auseinandersetzung des Kindes können folglich für begleitende Pädagoginnen und Pädagogen wichtige Rückschlüsse auf das aktuelle Orientierungsthema ermöglichen und damit pädagogische Anknüpfungspunkte bieten.

2. Theoretische Basis

Es besteht ein Forschungsinteresse, die Medienwelten von Kindern in der Alterskohorte vor Schuleintritt zu beforschen, allerdings liegen immer noch wenige empirische Studien vor, die diese Alterskohorte systematisch in den Forschungsprozess einbinden (vgl. Theunert 2007, S. 114; Hoffman/Steiger 2012, S. 8; Paus-Haase 1998). Der unzureichende Forschungsstand ist unter anderem auf den erschwerten methodischen Zugriff (vgl. MPFS 2014b, S. 3) sowie die noch recht junge Forschungstradition der Kindheitspädagogik (vgl. Rabe-Kleberg 2008, S. 238–241) zurückzuführen. Ein standardisiertes, lineares Vorgehen wie die theoriegeleitete Entwicklung von Hypothesen erschien daher als wenig geeignet, stattdessen wurde mit der *Heuristischen Sozialforschung* ein primär offenes Verfahren gewählt. Als ein *qualitatives* Verfahren geht diese davon aus, dass es nicht eine objektive Wirklichkeit gibt, sondern jedes Individuum auf der Basis von Sinn und Bedeutung seine Wirklichkeit selbst konstruiert (vgl. Krotz 2005, S. 82). Qualitative Forschung will soziales Handeln verstehen und sich den Deutungsstrukturen des Subjekts beziehungsweise bestimmter Gruppen verstehend und interpretierend nähern, um zu rekonstruieren, *wie* die Beforschten ihre Wirklichkeit herstellen (vgl. Bohnsack 2005, S. 63; Mruck/Mey 2005, S. 23; Bohnsack/Nentwig-Gesemann/Nohl 2013, S. 13). Es geht also darum, soziale Erscheinungen in ihrer Komplexität zu erfassen und sowohl das Gemeinsame als auch den Kontrast in der Gemeinsamkeit herauszuarbeiten (vgl. Kleining 1995, S. 237; Bohnsack 2013, S. 91).

Die Heuristische Sozialforschung ist angelehnt an das Verfahren der *Grounded Theory* (vgl. Corbin/Strauss 2010) und folgt im Forschungsprozess vier Regeln (vgl. Kleining 1995, S. 161; Kleining/Witt 2000). Die erste Regel setzt sich mit der Prämisse der Offenheit auseinander und fordert konkret, dass die Forschungsperson im gesamten Prozess offen bleibt und ihr Vorverständnis auf Grundlage der empirischen Befunde ändert. Diese Offenheit gilt ebenfalls für den Forschungsgegenstand, der – so Regel zwei – als vorläufig zu betrachten ist (vgl. Kleining/Witt 2000). Die dritte Regel beschäftigt sich mit der Datenerhebung und setzt hier die maximale Variation als Grundprinzip voraus. In Regel vier fordert das Verfahren dann als zentrales, leitendes Prinzip der Auswertung die Suche nach den Gemeinsamkeiten in den Daten.

In dem vorliegenden Beitrag steht die Datenerhebung mittels der Puppet Methode im Vordergrund, daher soll hier zur Transparenz die dritte Regel bezüglich der *maximalen Variation* in der Datenerhebung kurz ausgeführt werden:

Die maximale strukturelle Variation, die in der dritten Regel als Prinzip erhoben wird, fordert eine Variation idealiter aller Faktoren, die Einfluss auf das Ergebnis haben könnten (vgl. Kleining 1995, S. 234). Gerhard KLEINING (vgl. Kleining 1995) argumentiert wie auch Uwe FLICK (vgl. Flick 2008) mit dem Begriff der *Triangulation* für eine *multiperspektivische* Betrachtungsweise (Variation der Befragten) und ein *multimethodisches* Vorgehen (Variation der Methoden). Indem der Forschungsgegenstand aus möglichst vielen Perspektiven beleuchtet wird, lässt sich ein breites, tiefes und kaleidoskopartiges Bild erhalten (vgl. Flick 2008, S. 18; Treumann 2005, S. 209–211). In dem Forschungsprojekt wurden daher folgende Dimensionen variiert:

- Variation der Kulturen: Datenerhebungen in Deutschland und den USA[1];
- Variation der Perspektiven: aus Eltern-, Erzieherinnen- und Erzieher- sowie Kindersicht;
- Variation der Methoden: sowohl Erzieherinnen und Erzieher (Deutschland N = 14; USA N = 23) als auch Eltern (Deutschland N = 97; USA N = 170) wurden mittels *Paper-Pencil-Test* befragt; Kinder wurden mittels der speziellen Interviewtechnik des *Puppet Interviews* befragt.

Die methodologischen Überlegungen sind hier nur in aller Kürze angerissen; sie dienen vor allem dazu, eine Vorstellung vom Gesamtdesign zu erhalten und die Interviewmethode im Kontext zu verorten. Im Fokus dieses Beitrags steht die kindspezifische Methode des *Puppet Interviews*, welche in Deutschland und den USA zur Befragung der Kinder zum Einsatz kam und im Folgenden erläutert, diskutiert und in der praktischen Umsetzung skizziert wird.

---

[1] Darüber hinaus lagen folgende inhaltliche Begründungen für den Vergleich Deutschland und USA vor: Die Transkulturalität und Globalität der Kinder- und Jugendmedien (vgl. Rath/Möbius 2008) als auch die konvergente Nutzung „global angebotener Inhalte" (Marci-Boehncke/Rath 2007b, S. 242) machen eine international vergleichende Studie nachdrücklich erforderlich. Auch die noch ausstehenden Erfahrungen Deutschlands in Umsetzung und Konzeption von Curricula und deren Evaluation bezüglich Wirkungen und Wirksamkeit von Programmen und Konzepten sprechen für einen internationalen, vergleichenden methodischen Ansatz. Die USA schienen als Vergleich besonders geeignet, da sie über ähnliche gesellschaftliche Normen und Wertvorstellungen verfügen wie Deutschland, in medientechnologischer Hinsicht richtungsweisend sind und Medienangebote vor allem aus den USA nach Deutschland importiert werden.

3. Methodendiskussion

Die Studie geht konsequent von dem Kind als einem *handlungsfähigen Subjekt* aus (vgl. Hurrelmann 1983, S. 91), das sich auch virtuelle Räume in der tätigen Auseinandersetzung mit der Umwelt aktiv aneignet. Damit ist das Kind Experte seiner Lebenswirklichkeit (vgl. Mey 2003, S. 10; Paus-Hasebrink 2005, S. 222). Wie wertvoll dieser Zugang sein kann, ist der Fachwissenschaft bekannt und zeigt sich in der Etablierung der neuen Kindheitsforschung – die nicht mehr nur *über* Kinder aus Sicht der Erwachsenen forscht, sondern explizit nach der Perspektive der Kinder selbst fragt (vgl. Epstein/Stevens/McKeever/Baruchel/Jones 2008, S. 49–56; Mey 2003, S. 10; Honig 1999, S. 33–50). Die Annahme, dass Kinder die Welt anders sehen als Erwachsene, spricht für die Notwendigkeit und das Potential, sich dieser Sichtweise anzunähern. Um die Kinderperspektive rekonstruieren zu können, bedarf es vermehrter Informationen über die kindliche Sichtweise auf die Welt und die Dinge, die sich in der subjektiven Bearbeitung und dem Handeln von Kindern ausdrücken (vgl. Roux 2002, S. 79). In dieser Einzigartigkeit der Kindersicht und der kindlichen Ausdrucksweise liegt nicht nur Chance, sondern auch Problematik: Sie erschließt sich Erwachsenen nicht ohne weiteres. Sie begegnen der Kinderkultur als Fremde und müssen sich der kindeigenen Kultur annähern (vgl. Friebertshäuser/Krüger/Bohnsack 2002, S. 5). Es darf folglich nicht naiv angenommen werden, wie Günther Mey (vgl. Mey 2003) kritisch anmerkt, dass Forscherinnen und Forscher die Welt mit den Augen der Kinder betrachten. Kindheitsforschung ist immer eine über „Erwachsene vermittelte, (vor-)strukturierte und hergestellte Forschung" (Mey 2003, S. 22). Anstelle allerdings einer defizitorientierten erwachsenen Sichtweise, wie und was Kinder noch nicht leisten können, empfiehlt es sich, kindliche Ausdrucksformen und Konstruktionen als eigene spezifische Ausdrucksformen wahrzunehmen (vgl. Roux 2002, S. 102; Nentwig-Gesemann 2008) – damit die Chance auf die Rekonstruktion der kindlichen Deutungsmuster und der kindlichen Eigenlogik nicht vergeben wird (vgl. Mey 2003, S. 22).

Zusammenfassend lässt sich formulieren, dass Forschung mit Kindern sowohl für das Kind als auch für die erwachsene Forscherin beziehungsweise den erwachsenen Forscher als eine besondere methodische Herausforderung begriffen werden kann. Es gilt, möglichst geeignete Zugangsmöglichkeiten zu wählen, die auf die speziellen Bedürfnisse und Bedingungen der Kinder zugeschnittenen sind, denn die generelle Verwendbarkeit qualitativer Methoden bedeutet nicht, dass sie einfach in die Kindheitsforschung „importiert" werden können (vgl. Paus-Hasebrink 2005, S. 222–228; Mey 2003, S. 5). Spezifisch auf die Kinder und die jeweilige Situation muss die Methode angepasst werden und daher gilt es, besonders in der Erforschung der Aneignungsprozesse von Kindern, qualitative Methoden der Kindheitsforschung beständig weiterzuentwickeln.

Im Folgenden werden die Entwicklungen der Interviewmethode mittels Handpuppe kurz umrissen, um im Anschluss daran die Weiterentwicklungen der *kindspezifischen* Puppet Interviews in der zugrundeliegenden Studie und die Abgrenzung zu anderen Formen herauszuarbeiten. Darauf folgt im vierten Kapitel die methodisch-diskursive Auseinandersetzung mit der Umsetzung der Puppet Interviews, die, mit dem Fokus auf der Rolle der erwachsenen Interviewerin beziehungsweise des erwachsenen Interviewers, sich daraus ergebende konkrete methodische Problemstellungen beleuchtet.

3.1 Weiterentwicklung des Puppet-Interviews als kindspezifische Methode

Die Puppe stellt ein vertrautes Spielobjekt für Kindergartenkinder dar. Puppen haben für Kinder eine magische Ausstrahlung und sind laut Gudrun GAUDA (vgl. Gauda 2001, S. 10) ein Abbild des Menschen. Dies wird besonders deutlich, wenn man Kinder beim Spiel mit Puppen beobachtet. Ungeachtet der Herkunft und der Zeitperiode, instinktiv und ganz natürlich wird die Puppe zum *Gegenüber* für das Kind (vgl. Gauda 2001, S. 10). Aufgrund von Beobachtungen von Spiel und Rollenspiel von Kindern auf Spielplätzen entwickelte Jacob Levy MORENO das *Psychodrama*, das die Möglichkeit eröffnet, Gefühle, Empfindungen, Ängste auf der „äußeren Bühne" auszuspielen und damit laut zu machen (Gauda 2001, S. 10). Er konnte feststellen, dass es Kindern im direkten Gespräch schwer fällt, Gefühlen und Ängsten Ausdruck zu verleihen, nicht aber, wenn dies über die Puppe geschieht. Bereits seit den 20er Jahren wurden Puppen systematisch in der Therapie mit Kindern eingesetzt.

Die Handpuppe als Werkzeug der Forschung zu verwenden, um damit eine besonders geeignete und angemessene Zugangsweise zu Kindern zu finden, ist die logische Konsequenz durch den langjährigen Einsatz in der Kindertherapie und stellt dennoch eine neuere Entwicklung in der Methodologie dar.[2]

> „Although puppets have been employed by various disciplines in clinical and community (e. g. homes and schools) environments, little has been written about their use as a communication tool in research" (Epstein/Stevens/McKeever/Baruchel/Jones 2008, S. 49).

Im englischsprachigen Raum wird die Puppe vor allem in quantitativ orientierten Designs der Entwicklungspsychologie verwendet. Janet H. Roth, Mark R. Dadds und John McAloon (vgl. Roth/Dadds/McAloon 2004) suchten nach einer Möglichkeit, wie ein Fragebogen für Kinder unter sechs Jahren aussehen kann, die noch nicht in der Lage sind, ihre Position auf einer *Likert-Skala* per Paper-Pencil-Verfahren anzugeben. Die Kinder wurden mit zwei gegensatzpaarigen Aussagen konfrontiert, die durch zwei unterschiedliche Handpuppen, in diesem Fall Teddybären, vertreten wurden. Die Kinder sollten den Teddybär wählen, dem sie am ähnlichsten sind. Dieses so genannte „forced-choice"-Format ist darauf ausgerichtet, quantitative Ergebnisse zu erzielen (Roth/Dadds/McAloon 2004, S. 37–54). Das bekannteste Verfahren des Handpuppeneinsatzes stellt das *Berkeley Puppet Interview* (BPI) dar. Hierbei handelt es sich um einen semi-strukturierten Interviewtypus, der die Wahrnehmung von Kindern im Alter von vier bis siebeneinhalb Jahren zu ihrem Familienumfeld, zum schulischen Umfeld und das Verhältnis zu den Sozialinstanzen misst. Dabei werden zwei Hundepuppen eingesetzt (Iggy und Ziggy), die divergierende Meinungen ver-

[2] Im Vordergrund steht hierbei die Kontroverse um die sprachlichen und im weiten Sinne kognitiven Fähigkeiten des Kindes. Kritisch diskutiert wird die Kohärenz der Erzählungen von Kindern, der Erinnerungs- und Wiedergabefähigkeit aber auch die Gültigkeit beziehungsweise der „Wahrheitsgehalt" der Aussagen. Aus kindheitspädagogischer Perspektive ist dieser Betrachtung vor allem eine defizitäre Sicht aus Erwachsenenzentrierung vorzuwerfen. Daher wird dies nicht weiter fokussiert, sondern stattdessen auf ein tendenziell eher ausgeklammertes Thema der spezifischen Rolle der erwachsenen Interviewerin oder des erwachsenen Interviewers im Interview mit Kindern eingegangen.

treten, und das Kind muss wählen, welchem Statement es am ehesten zustimmt (vgl. Perren/Stadelmann/von Klitzing 2009, S. 18).

Die in der hier vorgestellten Arbeit verwendete Methode des Handpuppeninterviews oder Puppet Interviews muss von diesen beiden Ansätzen abgegrenzt werden. Die Puppe ist prädestiniert dafür, eine detaillierte Innenperspektive zu ermöglichen und damit den ganzheitlichen qualitativen Zugang zu den Kindern. Die bisher vorgestellten Möglichkeiten nutzen meines Erachtens die Stärke der Methodik nur zu einem Bruchteil. Die Studie war daher eher an die Grundlagenarbeit von Ingrid PAUS-HAASE (1998) angelehnt, die das Handpuppeninterview in medienpädagogischen Kontexten zur Generierung qualitativer Theorien verwendete.

In der von Marion WEISE (vgl. Weise 2008; Weise 2012) weiter modifizierten und in internationalen Settings erprobten Methode spricht die Interviewerin oder der Interviewer quasi *durch* die Puppe. Sie oder er nutzt diese als Medium zwischen sich und dem Kind. Die Kinder erkennen, dass die Interviewerin oder der Interviewer spricht, dennoch lassen sie sich gerne auf die vertraute Spielsituation, auf das *So-tun-als-ob*, ein. Die Puppe *auf Augenhöhe* reduziert in zweifacher Weise die hierarchische Asymmetrie zwischen Erwachsenem und Kind: Zum einen durch das vertraute Medium Puppe und das bekannte Spielszenario eines Rollenspiels. Zum anderen werden Erwachsene in Kindertageseinrichtungen von Kindern generell als weisungsbefugt und mit einer Deutungshoheit ausgestattet wahrgenommen. Auch Interviewende, die nicht als pädagogische Fachkräfte auftreten, haben diese Zuweisung und stehen damit immer in diesem strukturell-hierarchischen Ungleichgewicht. Das Zwischenschalten der Puppe und die *So-tun-als-ob*-Situation hebeln diese Wahrnehmung einer strukturellen Überlegenheit der Erwachsenen aus und stellen damit eine kindspezifische Möglichkeit dar, die symbolische Gewalt und damit die Assymetrien (vgl. Hülst 2012, S. 71) zwischen der oder dem Erwachsenen und dem Kind zu reduzieren. Ängste, Hemmungen und sozial erwartetes Antwortverhalten der Kinder können dadurch vermindert werden (vgl. Paus-Haase 1998, S. 156–158; Weise 2008).

Abbildung 1: Puppet Interviews im Kindergarten (Foto: Marion Weise)

4. Methodensetting und -beschreibung

In diesem Kapitel erfolgt eine theoretisch methodologische Auseinandersetzung mit den Herausforderungen in der Anwendung und Umsetzung der *Puppet-Interview-Methode*, die kritisch diskursiv dargestellt wird und aus der sich konkrete Handlungsempfehlungen ableiten lassen. Der Fokus liegt dabei auf der Rolle der erwachsenen Interviewerin beziehungsweise des erwachsenen Interviewers und den unterschiedlichen sich daraus ergebenden methodischen Problemstellungen wie die notwendige Reflexion eigener Kindheitserfahrungen, das Finden der Puppenrolle und daraus resultierende Herausforderungen sowie kritischer Positionen in der Durchführung, dem spezifischen Umgang mit Neutralität und empathisch-feinfühligem Interviewverhalten.

Bereits an dieser Stelle sei darauf verwiesen, dass es kein „Patentrezept" für qualitative Puppet Interviews gibt, sondern Modifikationen und methodenkritische Abwandlungen in Design, Durchführung und vor allem Analyse als Qualitätskriterium von Forschung begriffen werden müssen (vgl. Merkens 2003). Forschung – insbesondere Forschung *mit* Kindern – kann keinem sturen Regelwerk folgen, sondern muss sich situativ und individuell dem Kind, aber auch der Fragestellung und dem Gegenstand anpassen.[3]

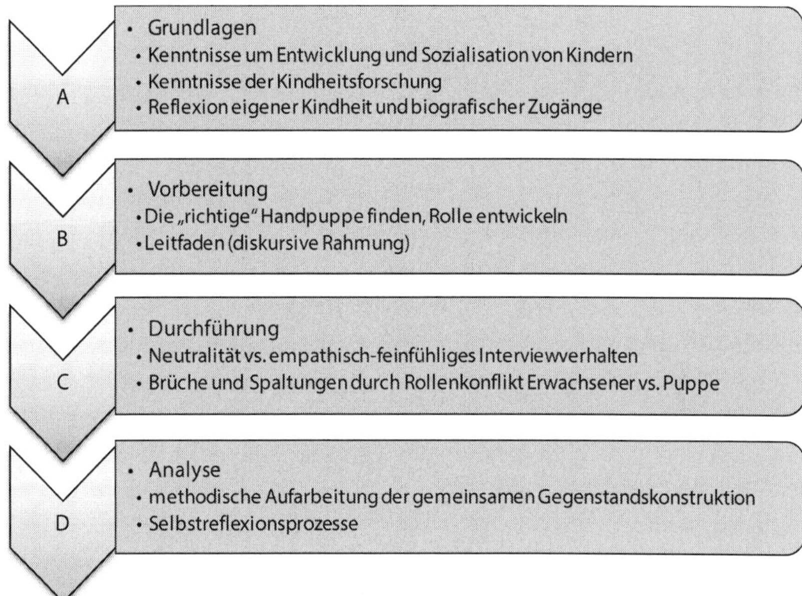

Abbildung 2: Schematische Darstellung des methodischen Ablaufs bei Puppet Interviews (eigene Darstellung)

4.1 Grundlagen

Reflexion der eigenen Kindheit und biografischer Zugänge zum Thema

Im Forschungsprozess mit Kindern ist der Argumentation zu folgen, dass es sich bei Kindheit zwar einerseits um eine rechtlich definierte eigene Lebensphase (Hornstein/Thole 2005, S. 533) handelt, dennoch ist sie keine festgefügte Kategorie, sondern ein soziales Konstrukt (vgl. Kränzl-Nagl/Mierendorff 2007, S. 8). Kindheit als Lebensphase ist entsprechend nie losgelöst von gesellschaftlichen, historischen und kontextuellen Faktoren

[3] Die Kenntnisse um Entwicklung und Sozialisation von Kindern sowie um theoretische Annahmen und historische Entwicklungen der Kindheitsforschung werden hier als Einarbeitung in den Prozess vorausgesetzt und daher nicht weiter ausgeführt.

zu betrachten (vgl. Kränzl-Nagl/Mierendorff 2007, S. 10). Erwachsene waren alle einmal Kinder und haben entsprechend Kindheit erlebt – jedoch unter ganz bestimmten Bedingungen und in einer bestimmten Zeit. Kinderkultur weist für die oder den Erwachsenen Differenzen in unterschiedlichen Dimensionen auf (vgl. Fuhs 2012, S. 82), denn trotz der eigenen biografischen Erfahrungen kann die oder der Erwachsene lediglich retroperspektivisch auf Kindheit blicken. Wenn wir uns also Kindern aus einer Forscherperspektive annähern, geschieht dies immer vor dem Hintergrund unseres Verständnisses von Kindheit und der eigenen hergestellten Kinderkultur. Der forschende Blick auf Kinder wird folglich immer unbewusst in Bezug zum eigenen Kindheitsverständnis und unseren eigenen Kindheitserinnerungen gesetzt (vgl. Mey 2003, S. 22). Hinzu kommen medial transportierte, politisch instrumentalisierte oder auch pädagogisch idealisierte Bilder von Kindern, die Vorstellungen von Kindheit(en) kristallisieren sowie als festgefügte Kategorien unter Umständen zementieren können (vgl. Hülst 2012, S. 56) und damit die Entwicklung des Leitfadens, aber auch die Analyse entscheidend beeinflussen können.

Nun ist allerdings gerade die Offenheit der Forschungsperson und die Offenheit gegenüber dem Subjekt (vgl. Krotz 2005, S. 125–130; Lamnek 2010, S. 20–22) ein zentrales Güte- und Qualitätskriterium qualitativer Forschung. Die Prämisse der Offenheit ist über eine intensive Selbstreflexion zu Kindheitsvorstellungen allgemein, aber auch zu eigenen Erlebnissen und Erinnerungen im Vorfeld einer Untersuchung mit Kindern einzulösen. Die Ausklammerung in der Annahme, dass wir ja alle Kinder waren und wir daher Kinder ganz selbstverständlich verstehen, kann jedoch nicht gelingen. Nur durch das Explizieren des Unbewussten wird es der Reflexion zugänglich. Damit kann ein Überstülpen der eigenen Vorstellungen von Kindheit auf die Daten und Subjekte minimiert werden. Im praktischen Prozess hat sich hier das Führen eines *Forschungstagebuchs* als hilfreich erwiesen, das kontinuierlich zur Reflexion herangezogen wird und eine zentrale Rolle auch für die Interpretation der Daten spielt. Gerade für die biografischen Zugänge empfiehlt es sich, auf Spurensuche zu gehen und auch beispielsweise eigene Fotos und Zeichnungen aus der Kindheit in den Reflexionsprozess einzubinden.

In dieser Untersuchung war zudem eine Reflexion der *eigenen Mediensozialisation* eine unbedingt erforderliche und offensichtliche Aufgabe, da gerade in diesem Bereich mit festen Vorannahmen operiert wird und damit ein Verlust an Offenheit einhergeht (vgl. Hülst 2012, S. 56). Durch die konstante Reflexion und Befremdung der eigenen Vorstellungen als auch Erfahrungen konnte bereits zu Beginn der Untersuchung der Gefahr, die eigene kindliche Medienerfahrung als idealtypisch anzunehmen, begegnet und damit überwunden werden. So bleibt die Interviewerin beziehungsweise der Interviewer offen für die Deutungszusammenhänge des Kindes.

Kulturell geprägte, eventuell auch tradierte Vorstellungen[4] von zum Beispiel Jungen und Mädchen sowie die jeweiligen Rollenzuschreibungen, die durch die eigene Sozialisation ebenfalls latent vorhanden sein können, werden meist erst in der Reflexion und Analyse der Interviews selbst offengelegt. Es handelt sich hierbei um tieferliegende Strukturen der Interviewerin beziehungsweise des Interviewers, die ihr oder ihm selbst nicht bewusst sind und sich erst durch die Interviewanalysen rekonstruieren lassen.

Problematisch erscheint folglich, dass zu Beginn nicht immer klar ist, in welche Richtungen Interviewerinnen oder Interviewer sich selbst und ihre Sichtweisen reflektieren sollten. Da jede und jeder Forschende selbst seinem Denken verhaftet ist (vgl. Nohl 2012, S. 8) und die Offenlegung der eigenen Denkweise nie vollständig erfolgen kann, erscheint es sinnvoll und notwendig, die oder den Forschenden in die Analyse miteinzubeziehen und beispielsweise eine kontinuierliche Reflexion im Forschungstagebuch vorzunehmen (vgl. Kapitel 4.4).

4.2 Vorbereitung

Das Finden der richtigen Puppe

Puppen haben nicht nur für die Kinder etwas Animistisches oder Magisches, sondern auch für Erwachsene. Die Auswahl einer Puppe und die vorbereitenden Arbeiten mit der Puppe stellen folglich einen zentralen Schritt des Arbeitsprozesses dar. Um im ersten Schritt die persönlich ge-

---

[4] Hierbei sind aber alle potentiellen Vorurteils- beziehungsweise Diskriminierungsdimensionen zu beachten (vgl. ausführlich Winker/Degele 2010).

eignete Puppe zu finden, sollte die Möglichkeit bestehen, mehrere auszuprobieren. Mittlerweile findet sich eine große Auswahl an Puppen, die in Kleidung, Mimik und Hautfarbe variieren und somit der Anerkennung von Vielfalt (vgl. Prengel 2008) gerecht werden. Zudem unterscheiden sich die großen Handpuppen unterschiedlicher Hersteller in den Materialien und damit Mundbewegungen. Hier muss unbedingt auf die Beweglichkeit der Mundpartie der Puppe geachtet und die Beanspruchung für Handgelenke und Muskeln der Interviewenden mitbedacht werden.

Für die Autorin stand zuerst die Überlegung im Raum, verschiedene Puppen mit einer Varianz im Geschlecht zu verwenden, um die Auswahl an die Kinder anzupassen. Diese Variante wurde in der Praxis erprobt, hat sich aber nicht bewährt: Zum einen konnten nicht mehrere authentisch-überzeugende Puppen mit entsprechendem Persönlichkeitsprofil entwickelt werden und zum anderen stellte es sich in den *Pretests* für die Kinder nicht als relevant heraus, ob es sich um eine beispielsweise gleich- oder andersgeschlechtliche Puppe handelte.

Entscheidend für ein gelingendes Puppet Interview ist die Natürlichkeit der Interviewerin oder des Interviewers im Umgang mit der Puppe, je sicherer und wohler sich diese oder dieser mit der Puppe fühlt, desto authentischer wirkt sie oder er. Dazu benötigt die Puppe eine eigene Identität und Persönlichkeit. Diese steckt implizit bereits in der Gestaltung der Puppe: Wir schauen eine Puppe an, probieren sie aus und haben ein Gefühl für ihren Charakter, ihre Art. Spricht die Puppe damit die Interviewerin beziehungsweise den Interviewer an, ist sie gut handhabbar, dann muss dieser Eindruck ausgebaut und mit einer konkreten biografischen Geschichte versehen werden (wie Alter, liebste Beschäftigungen, Eltern, Aufwachsen, Lebensumwelten). Dies verhindert auch eine künstliche, kindliche Sprechstimme der Puppe, sondern die Puppe bekommt eine *eigene* Stimme, die dann auch im Interview stimmlich durchzuhalten ist.

Leitfaden für Puppet Interviews

Das Puppet Interview in Form eines *semi-strukturierten Leitfadeninterviews* anzulegen, wird aufgrund seiner rahmengebenden Form für die Altersgruppe der Vier- bis Sechsjährigen empfohlen. Weitgehender Konsens besteht in der Kindheitsforschung, dass beispielsweise ein *Narratives Interview*, das nur den ersten Impuls setzt, eine Überforderung für die Zielgruppe darstellt (vgl. Mey 2003, S. 9; Vogl 2015, S. 17). Auch vermittelt das Leitfadeninterview der Interviewerin oder dem Interviewer selbst die benötigte Sicherheit durch eine leitende Struktur und Vergleichbarkeit. Allerdings kann sie leicht zu einem Abfragestil und einem starren Abarbeiten des Leitfadens führen, der das Zustandekommen flüssiger Gespräche behindert (vgl. Zorn 2009, S. 119; Vogl 2015, S. 83). Um einer Starrheit des Instrumentes entgegenzuwirken, erwies sich die Visualisierung des Leitfadens als *Mind-Map* als hilfreich: Dabei werden lediglich zentrale Begriffe oder Komplexe und dazu zwei leitende Fragen, die als erzählgenerierende Impulse formuliert sind, frei um den Forschungsgegenstand angeordnet. Dies ermöglicht bereits in der Grundstruktur eine gedankliche Freiheit und Flexibilität, um auf das Kind einzugehen. Eine „Leitfadenbürokratie" ist somit sicherlich zu vermeiden, dennoch ist davon auszugehen, dass sich narrative Passagen, aber eben auch „Stellen des Abfragens" mit engen Fragen der Interviewerin oder des Interviewers und dadurch knappe Antworten der Kinder wiederfinden lassen. Hier scheint der Autorin auch ein Wechsel für vier- bis sechsjährige Kinder sinnvoll, da engere Fragen einfacher zu beantworten sind und somit eine entlastende Funktion haben können.

Generell führen erzählgenerierende Fragen, die für die Themen der Kinder allseits offen bleiben, zu mehr Erkenntnisgewinn als eng-strukturierende. Im Rahmen der zentralen Blöcke sollten die Kinder die Freiheit haben, das Gespräch zu strukturieren und die ihnen bedeutsamen Sinngehalte ausführen zu können. Die Interviewerin beziehungsweise der Interviewer „geht" im Zweifelsfall immer mit den Kindern mit. Dabei zeigt sich, dass es ein hoher Anspruch ist, an die Fragen und Themen der Kinder anzuschließen und in einem Dialog zu bleiben (vgl. Alemzadeh 2014, S. 255). Nicht immer kann der Erwachsene an den Erfahrungsraum des Kindes anschließen, denn die kindspezifischen Deutungsmuster sind nicht oft unmittelbar zugänglich. Die Interpretation des Sinngehalts kann nur über die Rekonstruktion erschlossen werden. Es gilt daher, eine Balance zu finden zwischen offenen Fragen und Impulsen sowie zentralen vorformulierten Leitfragen, die strukturieren und den für Kinder und Interviewerin beziehungsweise Interviewer notwendigen Rahmen aufspannen.

4.3 Durchführung

Die Puppe als dritte Person – Brüche und Spaltungen
Dem Kind steht mit der Puppe eine weitere „Person" zur Verfügung, der es sich situationsbezogen zuwenden kann. Der Entfaltung eines eigenen Puppencharakters und der „Identitätsbildung" der Puppe wurde daher in der Vorbereitung eine hohe Bedeutung beigemessen, dennoch kann diese Trennung nicht während des gesamten Interviews aufrechterhalten werden. Es entstehen Brüche und die zwei „Personen" verschwimmen, indem beispielsweise das Puppenkind Fragen formuliert, die ein sechsjähriges Kind nicht stellen würde. Die erwachsene Interviewerin oder der erwachsene Interviewer kann immer nur versuchen, sich der Perspektive des Kindes anzunähern, kann sie aber nicht übernehmen und kann keine reale Peer-Interaktion und damit Ko-Konstruktion herstellen. Die Frage ist folglich: Ist die Trennung der Personen notwendig für das Gelingen der Methode?

Die Erfahrungen im Feld zeigen, dass Kinder durchaus realisieren, dass es sich um die Interviewerin beziehungsweise den Interviewer handelt, die oder der lediglich *so tut, als ob* sie oder er die Puppe, also ein Kind, ist. Dabei kommt es zu Brüchen, allerdings erkennen Kinder diese und versuchen in der *Puppen-Spiel-Ebene* zu bleiben, funktioniert dies nicht, zeigen sie sich sprachlich und kognitiv kompetent, die Ebenen zu wechseln. Entscheidend für den Erfolg ist vielmehr, ob sich das Kind generell auf dieses Spiel einlässt. Dies konnte in den Interviewsituationen bestätigt werden. Kinder nehmen direkten Blickkontakt mit der Puppe auf, so lassen sich auf den Videos und Fotos direkte Blickachsen zwischen Kindern und Handpuppe nachzeichnen. Zudem richten Kinder von sich aus Fragen oder Aufforderungen an die Puppe (zum Beispiel „Klara [Handpuppe], du musst mal wieder zum Frisör"; „Klara, wie heißt deine Mama?"). Die Puppe wird folglich von Kindern als das spielerische Gegenüber wahrgenommen und akzeptiert.

Der Interviewerin beziehungsweise dem Interviewer gelingt es mit der Puppe leichter, sich an die Welt des Kindes anzupassen. Der Sprachduktus passt sich dem Erzählmuster des Kindes an, zudem sind Handlungen auf der performativen Ebene über das Eintauchen in die Rolle des Puppenkindes möglich, die dem Erwachsenen eventuell nicht möglich sind. Das Puppen*kind* hat zudem den Vorteil, dass es in der Spielsituation bestimmte

Sachverhalte erfragen kann, von denen auszugehen ist, dass eine erwachsene Interviewerin oder ein erwachsener Interviewer die Antwort kennt.

Zwischen Anspruch und Realität – neutrale versus empathische Kommunikationstechnik

Die Interviewerin oder der Interviewer will sich den subjektiven Deutungsmustern der Kinder annähern, kann sich folglich nicht herausnehmen, denn indem sie oder er auf alltägliche Methoden wie das Gespräch zurückgreift, ist sie oder er „im Feld" und damit im direkten Kontakt mit den Kindern. Die Forscherin oder der Forscher bewegt sich zwischen den beiden Polen *Vertrautheit* und *Fremdheit* (vgl. Meuser 2013, S. 230; Hülst 2012, S. 72), in der kommunikativen Forschungssituation bedarf es der sozialen Nähe, während in der Analyse Distanz gefordert ist, um nicht Vorverständnisse den Daten überzustülpen und datengestützt vom Vorwissen zum Wissen zu gelangen (vgl. Kleining 1994, S. 25; Krotz 2005, S. 130).

Die notwendige Distanzierung zum Feld kann durch eine systematische Befremdung des eigenen Blicks erreicht werden, hier ist es hilfreich, die grundlegende Haltung nicht als gegeben hinzunehmen und den beständigen „Bruch mit dem Common-Sense" (Nentwig-Gesemann 2007a, S. 22) anzustreben und dies auch durch entsprechende Notizen festzuhalten und zu reflektieren. Das „methodisch kontrollierte Fremdverstehen" (Bohnsack 2005, S. 68) kann vor allem im Prozess der Analyse durch eine systematische Kontextuierung der Äußerungen der Beforschten erreicht werden. Denn Sinn und Bedeutung von Einzeläußerungen können nur verstanden werden, wenn die Kontexte und Handlungsbezüge berücksichtigt und miteinbezogen werden, in die die beforschten Personen ihr Handeln einbetten (vgl. Krotz 2005, S. 63).

Für die Durchführung der qualitativen Interviews selbst wird daher eine neutrale bis weiche Kommunikationstechnik angewandt (vgl. Lamnek 2010, S. 343). Im Zentrum steht die berechtigte Forderung einer oder eines nicht wertenden und damit das Gespräch zu stark verzerrenden Interviewerin oder Interviewers. In Interviews mit Kindern scheint das allerdings eine schwer erfüllbare Empfehlung. Kinder fordern die Positionierung ein, sie brauchen einen empathischen Zugang der Erwachsenen (vgl. Vogl 2015, S. 100), der auch eine Bestätigung und Begeisterung beeinhalten kann und somit sicherlich in seinen Aussagen auch Wertungen enthält, die es gilt, methodisch im Sinne des kontrolliert methodischen Fremdverstehens und der Rekonstruktion aufzuarbeiten (vgl. Kapitel 4.4). Fragefehler durch Propositionen und Suggestionen (vgl. Kapitel 4.1) lassen sich aufgrund der Komplexität des Verhältnisses zwischen Kindern und Erwachsenen sowie aufgrund des Gesprächsduktus folglich nie ganz vermeiden. Je jünger die Kinder, so zeigte es sich im Material, desto eher fordern sie eine aufmunternde Bestärkung zum Gespräch in Form von Hörerrückmeldungen der Interviewerin beziehungsweise des Interviewers ein.

Dies kann als Fehler, aber auch als Stärke beziehungsweise Eigenheit von Interviews mit Kindern begriffen werden. Victoria HEGNER formuliert provokativ eine andere Perspektive, sie fordert im Sinne einer „verwundbaren Beobachter_in" mehr Mut zur Nähe im Feld (Hegner 2013, S. 13). Der Begriff geht dabei über die Idee von Sympathie hinaus; sich mitfühlend und vulnerabel zu machen bedeutet, sich in die Vorstellungen der „Anderen" einzufühlen, ohne notwendig deren Gefühle und Gedankengänge zu übernehmen (Hegner 2013, S. 13).

Kindheitspädagoginnen und -pädagogen fordern für die Dialoge mit Kindern ein *aufmerksames Zuhören* (vgl. Remsperger 2010, S. 62), das sich durch Kriterien wie ein körperlich aktives Zugewandtsein, ein reales Interesse an dem Gegenüber und ein Zurücknehmen der eigenen Person auszeichnet. Techniken wie Paraphrase, Spiegeln oder Verbalisieren zeigen sich gerade für Interviews mit Kindern besonders sinnvoll. Bilanzierend kann formuliert werden, dass die Interviewführung eine empathische, leidenschaftlich-anteilnehmende Interviewerin beziehungsweise Interviewer benötigt, die oder der aktiv zuhört, sich aber auch traut, durch eigene Positionierungen und Hörerrückmeldungen das Gespräch mit dem Kind zu führen und aufrecht zu erhalten. Notwendig ist jedoch in Analyse und Auswertung, den Beitrag zur Deutungskonstruktion systematisch zu reflektieren, um so das Wechselverhältnis zwischen Nähe und Distanz differenziert auszuloten.

4.4 Analyse

Methodische Aufarbeitung der diskursiven Anteile der erwachsenen Interviewerin oder des erwachsenen Interviewers
Geht man davon aus, dass der Gegenstand im Gespräch und damit auch im Interview durch die Beforschten und die Forschenden gleichermaßen konstituiert wird (vgl. Helfferich 2011, S. 83), da Gespräche das Ergebnis eines gemeinsamen Prozesses der „Hervorbringung von Sinn und Bedeutung, an dem alle Beteiligten teilhaben" (Hausendorf/Quasthoff 2005, S. 588) sind, müssen die Redebeiträge der Forschenden im Allgemeinen reflektiert und in den Analyseprozess einbezogen werden.

Allerdings wird die Interviewerin oder der Interviewer in Gesprächen mit Erwachsenen durch den neutralen Fragestil und die bewusst wenig wertenden Hörerrückmeldungen sowie Nachfragen und damit ihr oder sein Beitrag zur gemeinsamen Bedeutungskonstituierung in der Analyse vernachlässigt. In Puppet Interviews mit Kindern ist die Puppe beziehungsweise die Interviewerin oder der Interviewer jedoch nicht als neutrale Gesprächspartnerin oder neutraler Gesprächspartner zu sehen, sondern durch den oben ausgeführten aktiv-empathischen Zuhörerstil nicht auszuklammern. Hier reicht es meines Erachtens nicht aus, reflexiv das Verhältnis der Interaktionspartnerinnen und Interaktionspartnern aufzuarbeiten. Vielmehr sollten die teils propositionalen, wertenden oder suggestiven Anteile der Interviewerin oder des Interviewers in der Analyse unbedingt berücksichtigt werden.

Verfahren wie die *Grounded Theory* nach Anselm L. STRAUSS und Juliet M. CORBIN (vgl. Strauss/Corbin 2010) oder die *Heuristische Analyse* zeichnen sich dadurch aus, dass sie Texte durch Codierungen auseinanderbrechen und neu zusammensetzen. Beide Verfahren gehen davon aus, dass sich Sinneinheiten zu einem Thema an unterschiedlichen Stellen in einem Text wiederfinden und nicht unbedingt in der Sequenz. Im Verlauf der vorliegenden Studie zeigten sich jedoch sequentielle Analyseverfahren wie beispielsweise die *Dokumentarische Methode* als fruchtbarer, da sie in der Analyse in der Sequenz verbleiben und eine Einordnung der Redebeiträge in die Diskursorganisation vornehmen (vgl. Bohnsack/Nentwig-Gesemann/Nohl 2013). Diese Differenzierung hilft dabei, die Sinneinheit so einzuordnen, dass die Interviewerin oder der Interviewer der Sinnzuschreibung des Subjekts – aber auch seiner eigenen – nicht aufsitzt und dennoch der Erfahrung der Akteurin oder des Akteurs Rechnung trägt (vgl. Bohnsack/ Nentwig-Gesemann/Nohl 2013, S. 12; Nohl 2012, S. 50). Ein Beispiel aus dieser Arbeit wäre die erste Einschätzung eines Interviewausschnitts, in dem das befragte Mädchen durch den Interviewer als „typisches Mädchen" wahrgenommen wurde. Bereits durch die Textsortendifferenzierung wurde ersichtlich, dass der Interviewer in Propositionen seine eigene Definition von „Gender" einbrachte und sich das befragte Mädchen in Form von Anschlusspropositionen daran abarbeitete. Um diese Stelle richtig zu interpretieren, erwies sich die Textsortendifferenzierung, aber auch die sequentielle Analyse, in die die Aussagen des Interviewenden miteinbezogen wurden, als hilfreich.

5. Reflexion

„Forschen lernt man nur, wenn man es tut" (Krotz 2005).

Es gibt sicherlich keine größere Herausforderung und gleichzeitig meines Erachtens kein spannenderes Ansinnen als sich den Deutungsmustern von Kindern zuzuwenden. Bilanzierend möchte ich folgende Punkte akzentuieren:

Innerer Diskurs und *Positionierung Kindheit*

Im Vorfeld ist eine intensive Auseinandersetzung mit den Methoden der Kindheitsforschung, aber vor allem mit den methodologischen theoretischen Auseinandersetzungen zur Perspektive der Kinder notwendig. Besonders relevant scheint mir eine Art *innerer Diskurs* zur Frage: Kann ich mich überhaupt verstehend den Kindern zuwenden – kann uns eine Annäherung an die Perspektive der Kinder überhaupt gelingen? Der Theorie folgend bezüglich der Asymmetrien und der kindspezifischen Eigenlogik sehe ich die Chance lediglich in der Rekonstruktion und auch da wohl gemerkt nur als Rekonstruktion zweiten Grades – nämlich als Rekonstruktion der Konstruktionen der Kinder. Dabei kann es meines Erachtens auch Datenmaterial von Kindern geben, bei dem uns Erwachsenen ein Zugang nicht gelingt. Diese Arbeit geht davon aus, dass es Differenzkritierien gibt, aber ein verstehender Zugang gelingen *kann* – aber eben nicht muss –, denn ansonsten würde auch eine pädagogische Arbeit mit Kindern nur schwer gelingen. Entscheidend ist der Prozess der *Kommunikation* und der gemeinsamen Gegenstandsentfaltung.

Beeinflussung der Kommunikationssituation durch biografische Erfahrungen und Vorstellungen von Kindern und Kindheiten

Ein Interview stellt eine Kommunikationssituation dar, in der auch die Person der Interviewerin oder des Interviewers nicht ausgeklammert werden kann. Sie oder er beeinflusst das Kommunikationsgeschehen und gemeinsam wird der Gegenstand entfaltet. In der Kommunikationssituation sind qualitative Forscherinnen und Forscher nah am Feld und nah am Subjekt, eine Ausklammerung der eigenen Subjektivität ist als eine Stärke der qualitativen Methoden weder gewünscht noch möglich. Gleichzeitig muss uns damit bewusst sein, dass unsere Interaktion und Kommunikation von Mustern, Vorstellungen und Bildern von Kindern und Kindheiten (auch unserer *eigenen* Kindheit) beeinflusst wird. Eine Reflexion im Vorfeld und im gesamten Prozessist erscheint notwendig, aber ebenso müssen die Einflussfaktoren durch die Interviewerin oder den Interviewer im Analyseverfahren sauber aufgearbeitet werden. Damit würde ich bei Interviews mit Kindern weiterhin sequentielle Verfahren einsetzen, um diesen Verlauf auch interpretativ aufarbeiten zu können.

Interviews mit Handpuppen

Auf Basis der hier gesammelten Erfahrungen würde ich der Argumentation für eine Handpuppe zur *Reduzierung von Asymmetrien* in jedem Fall zustimmen. Abbildung 1 zeigt sehr deutlich die Blickrichtung des Kindes, welche eindeutig auf die Puppe gerichtet ist. Die Interviewerin oder der Interviewer „verschwindet" dabei hinter der Puppe. Dadurch besteht die Möglichkeit, sich zurückzunehmen und sich gleichzeitig auf den kindlichen, spielerischen Diskurs einzulassen. Es bietet damit der oder dem Erwachsenen die Möglichkeiten ihr oder sein Verhaltensrepertoire zu erweitern, zwischen der Ebene Kind und – falls notwendig und vom Kind gewünscht – in die Ebene der oder des Erwachsenen zu wechseln. Kritisch wurde hier im Fachdiskurs angemerkt, dass das Kind es somit mit zwei „Personen" zu tun hat und sich daraus Irritationen ergeben können. Diese methodische Schwäche lässt sich auch nicht in der Analyse aufarbeiten, denn es sind faktisch keine zwei Personen, somit ist es nicht möglich, Interviewerin und Puppe beispielsweise im Transkript als zwei differente Personen auszuweisen. Jedoch überwiegen meines Erachtens die positiven Erfahrungen für Kind und Interviewerin oder Interviewer, daher empfehle ich diesen Zugang für die hier untersuchte Alterskohorte. Voraussetzung ist, dass die Forschungsperson einen Zugang zu den Puppen findet; sie oder er muss nicht schauspielern oder sich einer anderen Stimme bedienen (zum Beispiel einer vermeintlich „kindlichen" Stimme), aber die Puppe muss mit Leben gefüllt werden, sie benötigt eine „Biografie" und eine spezifische Charakteristik. Dabei kann wieder kritisch angemerkt werden, dass mit einer spezifischen Art oder einem Typus ein Kind in Konfrontation geht oder diese zumindest die Kommunikation beeinflussen. Das ist nicht auszuschließen und gilt auch für die Interviewerin oder den Interviewer als solches. Der vorliegende Beitrag argumentiert ebenfalls für die Zurücknahme der Interviewerin oder des Interviewers beziehungsweise hier der Handpuppe als Person, jedoch spricht sich der Beitrag auch dezidiert dafür aus, dass in Interviews mit Kindern Interviewerinnen oder Interviewer nicht vollständig neutral bleiben müssen, sondern einen empathischen, anteilnehmenden Stil verfolgen können (oder sogar müssen); in Analyse und Auswertung sollte dann der Beitrag der Forschungsperson zur Deutungskonstruktion systematisch reflektiert werden.

Abbildungsverzeichnis

Literaturverzeichnis

- Alemzadeh, Marjan (2014): Interaktionen im frühpädagogischen Feld. Ethnographische Bildungsforschung zu Interaktions- und Spielprozessen und deren Bedeutung für eine Didaktik der frühen Kindheit am Beispiel der Lernwerkstatt Natur, Köln: Universität zu Köln [Onlinedokument: kups.ub.uni-koeln.de/5744, aufgerufen am 02. April 2019]

- Andresen, Sabine/Hurrelmann, Klaus (2010): Kindheit, Weinheim: Beltz
- Andresen, Sabine/Hurrelmann, Klaus (2013): Wie gerecht ist unsere Welt. Kinder in Deutschland 2013 (3. World Vision Kinderstudie), Weinheim: Beltz
- Aufenanger, Stefan (2013): Digitale Medien im Leben von Kindern zwischen null und fünf Jahren, in: merz 57 (2), S. 8–14
- Bohnsack, Ralf (2005): Standards nicht-standardisierter Forschung in den Erziehungs- und Sozialwissenschaften, in: ZfE 8 (4), S. 63–81
- Bohnsack, Ralf (2010): Rekonstruktive Sozialforschung – Einführung in qualitative Methoden, Opladen/Farmington Hills: Budrich
- Bohnsack, Ralf (2011): Qualitative Bild- und Videointerpretation. Die dokumentarische Methode, Leverkusen: Budrich
- Bohnsack, Ralf (2013): Typenbildung, Generalisierung und komparative Analyse. Grundprinzipien der dokumentarischen Methode, in: Bohnsack, Ralf/Nentwig-Gesemann, Iris/Nohl, Arnd-Michael (Hrsg.): Die dokumentarische Methode und ihre Forschungspraxis. Grundlagen qualitativer Sozialforschung, Wiesbaden: Springer VS, S. 240–270
- Bohnsack, Ralf/Nentwig-Gesemann, Iris/Nohl, Arnd-Michael (2013): Die dokumentarische Methode und ihre Forschungspraxis. Grundlagen qualitativer Sozialforschung, Wiesbaden: Springer VS
- Bortz, Jürgen/Döring, Nicola (2006): Forschungsmethoden und Evaluation für Human- und Sozialwissenschaften, Berlin/Heidelberg: Springer VS
- Bründel, Heidrun/Hurrelmann, Klaus (2003): Einführung in die Kindheitsforschung, Weinheim/Basel/Berlin: Beltz
- Deckert-Peaceman, Heike/Dietrich, Cornelie/Stenger, Ursula (2010): Einführung in die Kindheitsforschung, Darmstadt: WBG
- Drotner, Kirsten/Livingston, Sonia (2008): The International Handbook of Children, Media and Culture, Thousand Oaks: Sage
- Epstein, Iris/Stevens, Bonnie/McKeever, Patricia/Baruchel, Sylvain/Jones, Heather (2008): Using Puppetry to Elicit Children's Talk for Research, in: Nursing inquiry 15 (1), S. 49–56
- Flick, Uwe (2005): Wissenschaftstheorie und das Verhältnis von qualitativer und quantitativer Forschung, in: Mikos, Lothar/Wegener, Claudia (Hrsg.): Qualitative Medienforschung – Ein Handbuch, S. 20–29
- Flick, Uwe (2007): Qualitative Sozialforschung – Eine Einführung, Reinbek bei Hamburg: Rowohlt
- Flick, Uwe (2008): Triangulation – Eine Einführung, Wiesbaden: Springer VS

- Friebertshäuser, Barbara/Krüger, Heinz-Hermann/Bohnsack, Ralf (2002): Kinder- und Jugendkultur in ethnographischer Perspektive – Einführung in den Themenschwerpunkt, in: ZBBS 1, S. 3–10
- Friebertshäuser, Barbara/Langer, Antje/Prengel, Annedore (2013): Handbuch Qualitative Forschungsmethoden in der Erziehungswissenschaft, Weinheim: Beltz
- Friebertshäuser, Barbara/Prengel, Annedore (1997): Handbuch Qualitative Forschungsmethoden in der Erziehungswissenschaft, Weinheim: Beltz
- Fuhs, Burkhard (2012): Kinder im qualitativen Interview – zur Erforschung subjektiver kindlicher Lebenswelten, in: Heinzel, Friederike (Hrsg.): Methoden der Kindheitsforschung, Weinheim: Beltz, S. 80–103
- Gauda, Gudrun (2001): Theorie und Praxis des therapeutischen Puppenspiels. Lebendige Psychologie C. G. Jungs, Dortmund: verlag modernes lernen
- Hausendorf, Heiko (2001): Was ist „altersgemäßes" Sprechen? Empirische Anmerkungen am Beispiel des Erzählens und Zuhörens zwischen Kindern und Erwachsenen, Osnabrücker Beiträge zur Sprachtheorie 62, S. 11–33
- Hausendorf, Heiko/Quasthoff, Uta M. (2005): Konversations-/Diskursanalyse – (Sprach)Entwicklung durch Interaktion, in: Mey, Günter (Hrsg.): Qualitative Forschung in der Entwicklungspsychologie, Kölner Studien Verlag, S. 585–618
- Hegner, Victoria (2013): Vom Feld verführt. Methodische Gratwanderungen in der Ethnografie, in: Forum Qualitative Sozialforschung 14 (3), Art. 19, S. 1–21 [Onlinedokument: qualitative-research.net/index.php/fqs/article/viewFile/1957/3597, aufgerufen am 02. April 2019]
- Helfferich, Cornelia (2011): Die Qualität qualitativer Daten. Manual für die Durchführung qualitativer Interviews, Wiesbaden: Springer VS
- Hoffmann, Katrin/Steiger, Sarah (2012): Ethnographische Methoden zur Erforschung der Medienaneignung in Kindertagesstätten, in: Journal für Psychologie 20 (1) [Onlinedokument: journal-fuer-psychologie.de/index.php/jfp/article/view/115, aufgerufen am 02. April 2019]
- Holloway, Donell/Green, Lelia/Livingstone, Sonia (2013): Zero to Eight. Young Children and their Internet Use, LSE, London: EU Kids Online [Onlinedokument: eprints.lse.ac.uk/52630/1/Zero_to_eight.pdf, aufgerufen am 02. April 2019]

- Honig, Michael-Sebastian (1988): Kindheitsforschung. Abkehr von der Pädagogisierung, in: Soziologische Revue 11 (2), S. 16–178
- Honig, Michael-Sebastian (1999): Forschung „vom Kinde aus"? Perspektivität in der Kindheitsforschung, in: Honig, Michael-Sebastian/Lange, Andreas/Leu, Hans R. (Hrsg.): Aus der Perspektive von Kindern? Zur Methodologie der Kindheitsforschung, Weinheim: Juventa, S. 33–50
- Hopf, Christel (2003): Qualitative Interviews – ein Überblick, in: Flick, Uwe/von Kardoff, Ernst/Steinke, Iris (Hrsg.): Qualitative Forschung – Ein Handbuch, Hamburg: Rowohlt, S. 349–360
- Hülst, Dirk (2012): Das wissenschaftliche Verstehen von Kindern, in: Heinzel, Friederike (Hrsg.): Methoden der Kindheitsforschung, Weinheim: Beltz, S. 52–79
- Hurrelmann, Klaus (1983): Das Modell des produktiv realitätsverarbeitenden Subjekts in der Sozialisationsforschung. Zeitschrift für Sozialisationsforschung und Erziehungssoziologie 3 (1), S. 91–103
- Jenni, Oskar (2013): Wie Kinder die Welt abbilden – und was man daraus folgern kann, in: Pädiatrie up2date 8 (3), S. 227–253 [Onlinedokument: thieme.de/statics/dokumente/thieme/final/de/dokumente/tw_paediatrie/Entwicklungsdiagnostik_Kinderzeichnungen.pdf, aufgerufen am 02. April 2019]
- Kazura, Kerry/Flanders, Rachel (2007): Preschool Children's Social Understanding. A Pilot Study of Goals and Strategies during Conflict Situations, in: Psychological Reports 101, S. 547–554
- Kleining, Gerhard (1995a): Lehrbuch entdeckende Sozialforschung. Von der Hermeneutik zur qualitativen Heuristik (Band 1), Weinheim: Beltz
- Kleining, Gerhard (1995b): Methodologie und Geschichte qualitativer Sozialforschung, in: Flick, Uwe/von Kardorff, Ernst/Keupp, Heiner/von Rosenstiel, Lutz/Wolff, Stephan (Hrsg.): Qualitative Forschung: Theorie, Methoden, Anwendung in Psychologie und Sozialwissenschaften, Reinbek bei Hamburg: Rowohlt, S. 11–22
- Kleining, Gerhard/Witt, Harald (2000): Qualitativ-heuristische Forschung als Entdeckungsmethodologie für Psychologie und Sozialwissenschaften. Die Wiederentdeckung der Methode der Introspektion als Beispiel, in: Forum Qualitative Sozialforschung 1 (1), Art. 13, S. 1–6 [Onlinedokument: qualitative-research.net/index.php/fqs/article/view/1123/2496, aufgerufen am 02. Mai 2019]

- König, Anke (2009): Interaktionsprozesse zwischen ErzieherInnen und Kindern. Eine Videostudie aus dem Kindergartenalltag, Wiesbaden: Springer VS
- Kränzl-Nagl, Renate/Mierendorff, Johanna (2007): Kindheit im Wandel. Annäherung an ein komplexes Phänomen, in: SWS Rundschau 47 (1), S. 3–25 [Onlinedokument: sws-rundschau.at/archiv/SWS_2007_1_kraenzl-nagl_mierendorff.pdf, aufgerufen am 02. April 2019]
- Krotz, Friedrich (2005): Neue Theorien entwickeln. Eine Einführung in die Grounded Theory, die Heuristische Sozialforschung und die Ethnographie anhand von Beispielen aus der Kommunikationsforschung, Köln: Herbert von Halem
- Krotz, Friedrich (2006): Konnektivität der Medien: Konzepte, Bedingungen und Konsequenzen, in: Hepp, Andreas/Krotz, Friedrich/Moores, Shaun/Winter, Carsten (Hrsg.): Konnektivität, Netzwerk und Fluss. Konzepte gegenwärtiger Medien-, Kommunikations- und Kulturtheorie, Wiesbaden: Springer VS, S. 21–42
- Krotz, Friedrich (2007): Mediatisierung. Fallstudien zum Wandel von Kommunikation, Wiesbaden: Springer VS
- Laewen, Hans-Joachim (2009): Funktionen der institutionellen Früherziehung. Bildung, Erziehung, Betreuung, Prävention, in: Fried, Lilian/Roux, Susanna (Hrsg.): Pädagogik der frühen Kindheit: Handbuch und Nachschlagewerk, Berlin/Düsseldorf: Cornelsen, S. 96–107
- Lamnek, Siegfried (2010): Qualitative Sozialforschung – Lehrbuch, Weinheim/Basel: Beltz
- Marci-Boehncke, Gudrun/Rath, Matthias (2014): Medienkompetenzwahrnehmung im Migrationskontext. Empirische Ergebnisse aus der Frühen Bildung bei türkischen und deutschen Kindern, in: Frühe Bildung. Mediennutzung in der KiTa 4, S. 203–213
- Merkens, Hans (2003): Immunisierung gegen Kritik durch Methodisierung der Kritik, in: Benner, Dietrich/Borrelli, Michele/Heyting, Frieda/Winch, Christopher (Hrsg.): Kritik in der Pädagogik (ZfPäd Beiheft 46), Weinheim: Beltz, S. 33–53

- Meuser, Michael (2013): Repräsentation sozialer Strukturen im Wissen. Dokumentarische Methode und Habitusrekonstruktion, in: Bohnsack, Ralf/Nentwig-Gesemann, Iris/Nohl, Arnd-Michael (2013): Die dokumentarische Methode und ihre Forschungspraxis. Grundlagen qualitativer Sozialforschung, Wiesbaden: Springer VS, S. 223–239
- Mey, Günter (2003): Zugänge zur kindlichen Perspektive. Methoden der Kindheitsforschung, in: Forschungsbericht aus der Abteilung Psychologie im Institut für Sozialwissenschaften der Technischen Universität Berlin, Nr. 2003-1 [Onlinedokument: ssoar.info/ssoar/handle/document/4955, aufgerufen am 02. April 2019]
- Mey, Günter/Mruck, Katja (2005): Qualitative Forschung. Zur Einführung in einen prosperierenden Wissenschaftszweig, in: Historical Social Research 30 (1), S. 5–27 [Onlinedokument: doi.org/10.12759/hsr.30.2005.1.5-27, aufgerufen am 02. April 2019]
- MPFS – Medienpädagogischer Forschungsverband Südwest (2014a): KIM Studie 2014. Kinder und Medien. Computer und Internet. Basisuntersuchung zum Medienumgang 6- bis 13-Jähriger in Deutschland, Stuttgart: MPFS
- MPFS – Medienpädagogischer Forschungsverband Südwest (2014b): MiniKIM 2014. Kleinkinder und Medien. Basisuntersuchung zum Medienumgang 2- bis 5-Jähriger, Stuttgart: MPFS
- Nentwig-Gesemann, Iris (2007a): Forschende Haltung. Professionelle Schlüsselkompetenz von FrühpädagogInnen, in: Sozial Extra. Praxis aktuell. Herausforderungen an die künftige Frühpädagogik, Wiesbaden: Springer VS, S. 20–22
- Nentwig-Gesemann, Iris (2007b): Die Typenbildung der dokumentarischen Methode, in: Bohnsack, Ralf/Nentwig-Gesemann, Iris/Nohl, Arnd-Michael (Hrsg.): Die dokumentarische Methode und ihre Forschungspraxis. Grundlagen qualitativer Sozialforschung, Wiesbaden: Springer VS, S. 277–302
- Nentwig-Gesemann, Iris (2008): Rekonstruktive Forschung in der Frühpädagogik, in: von Balluseck, Hilde (Hrsg.): Professionalisierung der Frühpädagogik. Perspektiven, Entwicklungen, Herausforderungen, Opladen/Farmington Hills: Budrich, S. 251–265

- Nohl, Arnd-Michael (2007): Komparative Analyse. Forschungspraxis und Methodologie dokumentarischer Interpretation, in: Bohnsack, Ralf/ Nentwig-Gesemann, Iris/Nohl, Arnd-Michael (Hrsg.): Die dokumentarische Methode und ihre Forschungspraxis. Grundlagen qualitativer Sozialforschung, Wiesbaden: Springer VS, S. 255–276
- Nohl, Arnd-Michael (2012): Interview und dokumentarische Methode. Anleitungen für die Forschungspraxis (Qualitative Sozialforschung), Wiesbaden: Springer VS
- Paus-Haase, Ingrid (1998): Heldenbilder im Fernsehen. Eine Untersuchung zur Symbolik von Serienfavoriten in Kindergarten, Peer-Group und Kinderfreundschaften (Habilitationsschrift), Opladen: Westdeutscher Verlag
- Paus-Haase, Ingrid/Schorb, Bernd (2000): Qualitative Kinder- und Jugendmedienforschung. Theorien und Methoden – ein Arbeitsbuch, München: kopaed
- Paus-Hasebrink, Ingrid (2005): Forschung mit Kindern und Jugendlichen, in: Mikos, Lothar/Wegener, Claudia (Hrsg.): Qualitative Medienforschung – Ein Handbuch, Konstanz: UTB, S. 222–231
- Paus-Hasebrink, Ingrid (2007): Kinder als Konstrukteure ihrer Alltagsbeziehungen. Zur Rolle von „Medienmarken" in Kinder-Peer-Groups, SWS-Rundschau 47 (1), S. 26–50
- Perren, Sonja/Stadelmann, Stephanie/von Klitzing, Kai (2009): Child and Family Characteristics as Risk Factors for Peer Victimization in Kindergarten, in: Schweizerische Zeitschrift für Bildungswissenschaften 31 (1), S. 13–32
- Perren, Sonja/von Klitzing, Kai (2008): Untersuchung von Kindergartenkindern mit einem Puppeninterview: Bedeutsamkeit und Anwendung, in: Kinder- und Jugendmedizin 8 (1), S. 25–30
- Prengel, Annedore (2010): Praxisforschung in professioneller Pädagogik, in: Friebertshäuser, Barbara/Langer, Antje/Prengel, Annedore (Hrsg.): Handbuch Qualitative Forschungsmethoden in der Erziehungswissenschaft, Weinheim/München: Juventa, S. 785–801
- Prengel, Annedore (2006): Pädagogik der Vielfalt: Verschiedenheit und Gleichberechtigung in Interkultureller, Feministischer und Integrativer Pädagogik, Wiesbaden: Springer VS

- Przyborski, Aglaja/Wohlrab-Sahr, Monika (2008): Qualitative Sozialforschung, München: Oldenbourg
- Rabe-Kleberg, Ursula (2008): Zum Verhältnis von Wissenschaft und Profession, in: von Balluseck, Hilde (Hrsg.): Professionalisierung der Frühpädagogik. Perspektiven, Entwicklungen, Herausforderungen, Opladen/Farmington Hills: Budrich, S. 237–251
- Remsperger, Regina (2010): Sensitive Responsivität – Zur Qualität pädagogischen Handelns im Kindergarten, Wiesbaden: Springer VS
- Remsperger, Regina (2013): Das Konzept der Sensitiven Responsivität. Ein Ansatz zur Analyse des pädagogischen Antwortverhaltens in der ErzieherInnen-Kind-Interaktion, in: Frühe Bildung 1, Göttingen: Hogrefe, S. 12–19
- Rinaldi, Carlina (2006): In Dialogue with Reggio Emilia. Listening, Researching and Learning, London/New York: Routledge
- Roth, Janet H./Dadds, Mark R./McAloon, John (2004): Evaluation of a Puppet Interview to Measure Young Children's Self-Reports of Temperament, in: Behaviour Change 21 (1), S. 37–56
- Roux, Susanna (2002): Wie sehen Kinder ihren Kindergarten? Theoretische und empirische Befunde zur Qualität von Kindertagesstätten, Weinheim: Beltz
- Schäfer, Gerd E. (1999): Fallstudien in der frühpädagogischen Bildungsforschung, in: Honig, Michael-Sebastian/Lange, Andreas/Leu, Hans R. (Hrsg.): Aus der Perspektive von Kindern? Zur Methodologie der Kindheitsforschung, Weinheim/München: Beltz, S. 113–132
- Schorb, Bernd (2011). Zur Theorie der Medienpädagogik, in: Medien Paedagogik 20, S. 81–94 [Onlinedokument: medienpaed.com/article/viewFile/396/398, aufgerufen am 02. April 2019]
- Strauss, Anselm/Corbin, Juliet (2010): Grundlagen Qualitativer Sozialforschung, Weinheim: Beltz
- Theunert, Helga (2007): Medienkinder von Geburt an. Medienaneignung in den ersten sechs Lebensjahren, München: kopaed
- Theunert, Helga (2015): Medienaneignung und Medienkompetenz in der frühen Kindheit, in: von Gross, Friederike/Meister, Dorothee M./Sander, Uwe (Hrsg.): Medienpädagogik – ein Überblick, Weinheim: Beltz, S. 136–164

- Tillmann, Angela/Fleischer, Sandra/Hugger, Kai-Uwe (2013): Handbuch Kinder und Medien, Wiesbaden: Springer VS
- Trautmann, Thomas (2009): Interviews mit Kindern. Grundlagen, Techniken, Besonderheiten, Beispiele, Wiesbaden: Springer VS
- Treumann, Klaus P. (2005): Triangulation, in: Mikos, Lothar/Wegener, Claudia (Hrsg.): Qualitative Medienforschung – Ein Handbuch, Konstanz: UTB, S. 209–221
- Vogl, Susanne (2015): Interviews mit Kindern führen. Eine praxisorientierte Einführung, Weinheim: Beltz
- Weise, Marion (2008): Der Kindergarten wird zum „Forschungsort" – Das Puppet Interview als Forschungsmethode für die Frühe Bildung, in: Ludwigsburger Beiträge zur Medienpädagogik (11) [Onlinedokument: ph-ludwigsburg.de/fileadmin/subsites/1b-mpxx-t-01/user_files/Online-Magazin/Ausgabe11/Weise11.pdf, aufgerufen am 02. April 2019]
- Weise, Marion (2011): Kids konvergent! Wie Kinder zwischen 4 und 6 Jahren Medien (für sich) nutzen, in: Marci-Boehncke, Gudrun/Rath, Matthias (Hrsg.): Medienkonvergenz im Deutschunterricht. Jahrbuch Medien im Deutschunterricht 2011, München: kopaed, S. 43–64
- Weise, Marion (2012): Kinderstimmen. Eine methodologische Untersuchung zum multiperspektivischen Erfassen kindlichen Mediennutzungsverhaltens und Medienerlebens. Ein Beitrag zur frühkindlichen Medienbildungsforschung (Dissertation), Technische Universität Dortmund [Onlinedokument: eldorado.tu-dortmund.de, aufgerufen am 04. Januar 2018]
- Winker, Gabriele/Degele, Nina (2010): Intersektionalität – Zur Analyse sozialer Ungleichheiten, Bielefeld: transcript
- Zorn, Isabel (2012): Konstruktionstätigkeit mit Digitalen Medien. Eine qualitative Studie als Beitrag zur Medienbildung, Glückstadt: Hülsbusch

(Methoden-)Literatur zum Weiterlesen

- Deckert-Peaceman, Heike/Dietrich, Cornelie/Stenger, Ursula (2010): Einführung in die Kindheitsforschung, Darmstadt: WBG
- Friebertshäuser, Barbara/Langer, Antje/Prengel, Annedore (2013): Handbuch Qualitative Forschungsmethoden in der Erziehungswissenschaft, Weinheim: Beltz
- Grunert, Cathleen/Krüger, Heinz-Herrmann (2006): Kindheit und Kindheitsforschung in Deutschland. Forschungszugänge und Lebenslagen, Opladen: Budrich
- Heinzel, Friederike (2012): Methoden der Kindheitsforschung, Weinheim: Beltz
- Przyborski, Aglaja/Wohlrab-Sahr, Monika (2008): Qualitative Sozialforschung, München: Oldenbourgh
- Trautmann, Thomas (2009): Interviews mit Kindern. Grundlagen, Techniken, Besonderheiten, Beispiele, Wiesbaden: Springer VS
- Vogl, Susanne (2015): Interviews mit Kindern führen. Eine praxisorientierte Einführung, Weinheim: Beltz

Lizenz

JOACHIM BETZ, JAN-RENÉ SCHLUCHTER

Gemeinsames Forschen von Menschen mit und ohne Behinderung – Überlegungen zu Formen Partizipativer Forschung in der Medienpädagogik

Den Entwicklungs- und Traditionslinien von Aktions- und Handlungsforschung *folgend haben sich Formen* Partizipativer Forschung *in den letzten Dekaden als Ankerpunkt des gemeinsamen Forschens von Menschen mit und ohne Behinderung etabliert. Ziel dieses Forschungsstils ist es, soziale Wirklichkeit in dialogischer Weise zu erarbeiten, zu verstehen und zu verändern. Partizipative Forschung zielt auf Wissensgenerierung und Interventionen im sozialen Feld der Forschung. Da Formen Partizipativer Forschung von Menschen mit und ohne Behinderung innerhalb der Medienpädagogik bislang nicht entwickelt wurden, unternimmt das im Folgenden dargelegte Forschungsvorhaben einen ersten Versuch, den Forschungsstil* Partizipative Forschung *von Menschen mit und ohne Behinderung für die Medienpädagogik anschlussfähig zu machen.*

Action research *has paved the way for forms of* participatory research *to become established in recent decades as the foundation upon which combined research of people with and without disabilities has been conducted. This research strategy seeks to explore, to understand and to change social reality in a dialogical way. Participatory research seeks to generate knowledge and enable interventions in the social realm. Since forms of participatory research of people with and without disabilities have yet to be developed in Media Pedagogy, this research project marks a first attempt to present* participatory research *on people with and without disabilities as a viable research strategy for Media Pedagogy.*

Schlagworte | Tags: Qualitative Forschung, Aktionsforschung, Handlungsforschung, Action Research, Partizipative Forschung, partizipative Aktions- und Handlungsforschung, Participatory Action Research, soziale Wirklichkeit, Empowerment, medienpädagogische Empowermentpraxis, Aktive Medienarbeit, Grounded Theory Methodology, GTM, Gruppengespräche,

Gruppendiskussion, Fokusgruppen, Ethnodrama, PhotoVoice, VideoVoice, Photo-Elicitation, Video-Elicitation, teilnehmende Beobachtung, Beobachtende Teilnahme, Mapping-Verfahren, Group Participatory Data Analysis

1. Ziel und Motivation

Die Ausgangspunkte des im Folgenden dargelegten Forschungsvorhabens markieren zum einen die Feststellung, dass Forschung bislang Menschen mit Behinderung[1] nur in Ansätzen 1) als Befragte, 2) als Expertinnen und Experten in eigener Sache oder 3) als (Mit-)Akteurinnen und Akteure in Forschungsvorhaben involvierte (vgl. u. a. Buchner/Koenig 2008; Goeke/Kubanski 2012, Absatz 2) und zum anderen eigene Vorarbeiten im Bereich von Medienbildung und Empowerment in Bezug auf Menschen mit Behinderung (vgl. Schluchter 2010). Beide Perspektiven vereinen sich im Forschungsstil der *Partizipativen Forschung*, der Forschung gleichermaßen als Moment der kooperativen Wissens- oder Theoriegenerierung sowie der (Wieder-)Aneignung von sozialer und politischer Handlungsfähigkeit – dem *Empowerment* – gesellschaftlicher Akteurinnen und Akteure begreift. Hierbei versteht sich Partizipative Forschung als Projekt, das darauf zielt, soziale Wirklichkeit in dialogischer Weise zu verstehen und gemeinsam zu verändern.

In forschungsmethodologischer oder -methodischer Literatur wird der Forschungsstil der Partizipativen Forschung kontrovers diskutiert (vgl. Bergold/Thomas 2012, Absatz 34–110; von Unger 2014, S. 85–102).

Innerhalb der Medienpädagogik besteht eine Nähe des Forschungsstils der Partizipativen Forschung zu Formen (medienpädagogischer) *Aktions- oder Handlungsforschung*, respektive *Praxisforschung* (vgl. Moser 1995; Moser 2014; Niesyto 2014). Medienpädagogische Forschungsvorhaben, welche eine gemeinsame Forschungspraxis mit Menschen mit Behinderung etablieren, liegen bislang nicht vor.

[1] Zur Operationalisierung der Begriffe und Bezeichnungen „Menschen mit Behinderung“ und „Behinderung“ vgl. weiterführend SCHLUCHTER (Schluchter 2010, S. 20–35).

Vor diesem Hintergrund fokussiert das im Folgenden skizzierte Projekt auf der Ebene der Forschungsmethodologie beziehungsweise der Forschungsmethoden eine Auseinandersetzung mit dem Forschungsstil der Partizipativen Forschung. In der Form, dass der Forschungsstil der Partizipativen Forschung einerseits auf seine Potentiale, aber auch Begrenzungen, für die Etablierung einer gemeinsamen Forschungspraxis von Menschen mit und ohne Behinderung im Kontext medienpädagogischer Forschung sowie andererseits im Kontext *medienpädagogischer Empowermentpraxis* überprüft wird.

Ausgangspunkt des dargelegten Forschungsvorhabens ist die Frage nach der Bedeutung von Medienangeboten, -inhalten und -umgangsformen sowie von medienbildnerischen Angeboten für das Empowerment von Menschen mit Behinderung. Dem Selbstverständnis Partizipativer Forschung folgend, stellen diese beiden Perspektiven das wissenschaftliche Erkenntnisinteresse, respektive die das Forschungsvorhaben initiierende Rahmung dar, welche im Zuge der Etablierung einer gemeinsamen Forschungspraxis jedoch zugunsten der subjektiven Perspektiven der beteiligten Akteurinnen und Akteure – hier: Menschen mit Behinderung – zur Disposition steht.

2. Theoretische Basis

Das hier skizzierte Forschungsvorhaben entwickelte sich im Rahmen der medienpädagogischen Praxis der Autoren, in denen Menschen mit Behinderung und Menschen ohne Behinderung zusammenarbeiteten. Den Autoren stellte sich die Frage, ob die systematische Aufarbeitung dieser Aktivitäten nicht auch gemeinsam mit den involvierten Personen – ob mit oder ohne Behinderung – vollzogen werden könnte, um so

1) gemeinsam den Prozessen wissenschaftlicher Daten- und Erkenntnisgewinnung neue Perspektiven hinzuzufügen und
2) marginalisierten Personen und Gruppen (mehr) Gehör in diesem Bereich des gesellschaftlichen Diskurses zu verschaffen.

Die Dynamik dieser Überlegungen lassen sich zum einen aus der Logik einer aktuellen wissenschaftlichen Forschung heraus begründen: Inwieweit kann eine zeitgemäße Wissenschaft im Rahmen ihres eigenen Selbstverständnisses es sich leisten, aufgrund möglicher dogmatisierter Wissenschaftsstrukturen unter anderem in den Bereichen Objektivität, Reliabilität und Validität, auf eventuell entscheidende Daten zu verzichten (vgl. Bergold 2013, S. 1)? Zum anderen verlangen gegenwärtige gesellschaftliche Entwicklungen – wie etwa verbunden mit aktuellen Diskursen um Inklusion –, dass marginalisierte Personen und Gruppen innerhalb wissenschaftlicher Datenerhebungs- und -analyseverfahren auch als Subjekte und Forschende aktiv mit in die wissenschaftlichen Prozesse selbst eingebunden werden müssen, um den politischen, sozialen und kulturellen Herausforderungen in pluralistisch-demokratischen Kontexten gerecht werden zu können (vgl. Krause 2015; Koenig o. J.).

Die theoretische Basis dieses Forschungsvorhabens lässt sich damit zum einen im Umfeld der Aktions- und Handlungsforschung sowie zum anderen im Sinne des Konzepts des *Beginner's Minds* im Rahmen partizipativ-reflexiver Forschungssettings (vgl. Gösch/Klinger/Thiesen 2012, S. 20) lokalisieren. Zum anderen setzt das im folgenden dargelegte Forschungsvorhaben an empirischen und theoretisch-konzeptionellen Vorarbeiten zum Thema Medien, Bildung und Empowerment – mitunter in Verbindung mit Inklusion – an (vgl. u. a. Schluchter 2010; Schluchter 2012; Schluchter 2015). In einem Teil der Vorarbeiten stehen Formen der Medienbildung mit Menschen mit Behinderung im Fokus (vgl. Schluchter 2010, S. 167–172).

Im Fokus einer *Empowermentpraxis* steht die (Wieder-)Aneignung von sozialer Handlungsfähigkeit von gesellschaftlichen Akteurinnen und Akteuren (vgl. Herriger 1997, S. 73). In dieser Perspektive setzt Empowerment an Formen sozialer Benachteiligung(en), Diskriminierung und/oder Ausgrenzung und deren Niederschlag in den Lebensbedingungen und -zusammenhängen gesellschaftlicher Akteurinnen und Akteure an. Prozesse der Ungleichverteilung von politischer Macht und der Möglichkeit zur Gestaltung von Gesellschaft sind hierbei genauso berücksichtigt wie Prozesse der Individualisierung von Gesellschaft und deren Folgen (vgl. Herriger 1997, S. 16). Ausgehend von diesen Momenten der Benachteiligung, Diskriminierung und/oder Ausgrenzung wird nach Interventionsbedarfen und -möglichkeiten gesucht, um in einem ersten Schritt Gestaltungs- und Bewältigungsstrategien für die eigene Lebenssituation zu entdecken, zu entfalten und zu nutzen sowie in einem zweiten Schritt Ursachen und Katalysatoren der Benachteiligung, Diskriminierung und/oder Ausgrenzung zu bearbeiten. Hierbei ist Empowerment in zweierlei Perspektiven zu denken: Einerseits als professionelle Intervention (zum Beispiel durch pädagogische Fachkräfte) und andererseits als selbst-initiierte und -gesteuerte Praxis gesellschaftlicher Akteurinnen und Akteure zum Beispiel in Form von Selbsthilfegruppen und/oder von Interessenvertretungen (vgl. Herriger 1997, S. 16).[2]

Medienangebote und -inhalte sowie Angebote der Medienbildung können Bestandteil und Ausgangspunkt von Empowermentpraxen sein. Im Besonderen können Formen *Aktiver Medienarbeit* als Methode (medien-)pädagogischer Empowermentpraxis angesehen werden (vgl. Schluchter 2010, S. 167–172). Im Fokus Aktiver Medienarbeit stehen der Erwerb und die Umsetzung von sozialer und politischer Handlungsfähigkeit, verbunden mit dem Ziel, gesellschaftliche Teilhabe zu ermöglichen (vgl. Demmler/Rösch 2012, S. 19–20). In einer mediatisierten Gesellschaft, in der Medien in beinahe alle Alltags- und Lebensbereiche hineinwirken, deren Strukturen mitgestalten sowie das Denken und Handeln der Menschen beeinflussen, ist Teilhabe und Mitgestaltung von Gesellschaft eng an Medien gebunden (vgl. Theunert 2010, S. 8–10). In dieser Perspektive verfolgen Formen Aktiver Medienarbeit einerseits das Ziel, die Menschen zu einem selbstbestimmten, kritisch-(selbst)reflexiven sowie (selbst)verantwortlichen Umgang mit Medienangeboten und -inhalten zu befähigen. Für Menschen mit Behinderung erwächst in diesem Zusammenhang (immer noch) die Frage nach den Zugangs- und Umgangsmöglichkeiten zu beziehungsweise mit Medien, da Aspekte der Barrierefreiheit wie Aufbereitung und Darstellung von Medienangeboten und -inhalten in leichter oder einfacher Sprache, in Gebärdensprache, in Text, in Bild, in Ton, in Form von Texterkennung und Sprachausgabe nicht weit genug ausgebaut sind. Andererseits kann die Eigenproduktion von Medienangeboten und -inhalten als Möglichkeit des kulturellen Selbstausdrucks, der sozialen Kommunikation, der Erweiterung individueller Erfahrungs-, Handlungs- und Kommunikationsräume sowie der Teilnahme an öffentlichen Kommunikationsprozessen angesehen werden (vgl. für Menschen mit Behinderung Schluchter 2010, S. 119–165;

---

2 Für eine differenzierte Betrachtung und Kritik des Konzepts des Empowerments vgl. unter anderem Ulrich Bröckling (Bröckling 2003).

vgl. für inklusive Settings Schluchter 2015, S. 17–26). So ermöglichen Formen Aktiver Medienarbeit zum Beispiel den Aufbau einer gemeinsamen Handlungs- und Erfahrungspraxis für Menschen mit und ohne Behinderung, welche über die Kontaktaufnahme und den Austausch in der medialen Eigenproduktion eine Auseinandersetzung mit den jeweiligen Selbst- und Fremdwahrnehmungen ermöglicht. Hierbei können neue Sichtweisen auf die eigene Person (zum Beispiel Entdecken eigener Handlungsfähigkeit, Wissensbestände, Fähigkeiten und Fertigkeiten, Interessen) und auf die Welt (zum Beispiel Erfahren veränderter sozialer Reaktionen, Anerkennung erfahren, Kennenlernen anderer Sichtweisen auf Welt) von Bedeutung werden (vgl. Schluchter 2015, S. 21).

Dabei werden drei Brennpunkte eines Empowerments über Aktive Medienarbeit deutlich (vgl. Schluchter 2016, S. 30):

- auf der Ebene sozialer Kommunikation und Interaktion: die Artikulation eigener Themen, Bedürfnisse und Anliegen über Medienangebote und -inhalte, verbunden mit dem Ziel, andere Menschen für die eigenen Belange zu sensibilisieren und Einfluss auf politische Entscheidungen zu nehmen;
- auf der Ebene sozialer Beziehungsgeflechte und -verstrickungen: die Ausgestaltung einer gemeinsamen Handlungspraxis, um eine Annäherung zwischen allen Menschen unabhängig etwa von ihrer sozialen und/oder kulturellen Herkunft, ihrem Geschlecht oder ihrer Behinderung zu ermöglichen, verbunden mit dem Ziel, Erfahrungen zu teilen sowie gemeinsame (Sozial-)Räume und soziale Netzwerke aufzubauen;
- auf der Ebene individuellen Selbstentdeckens und -erlebens: die Eröffnung neuer Sichtweisen auf das (eigene) Selbst, dessen Wissen, Fähigkeiten und Fertigkeiten zu entdecken und für die Gestaltung der eigenen Lebenszusammenhänge zu entfalten und zu nutzen.

Darüber hinaus stellen selbstproduzierte Medienangebote und -inhalte auch in Formen selbst-initiierter Empowermentpraxen eine zentrale Möglichkeit zur sozialen und politischen Teilhabe dar, beispielsweise in Form von Blogs von Selbsthilfegruppen oder Interessensvertretungen, welche auf Themen, Interessen und Bedürfnisse von gesellschaftlichen Akteurinnen und Akteuren aufmerksam machen und diese auch vernetzen können (vgl. Schluchter 2015, S. 143–144).

3. Methodendiskussion

Den Rahmen der Studie bildet der Forschungsstil „an Orientation to Inquiry" der Partizipativen Forschung (Reason/Bradbury 2008, S. 1). Partizipative Forschung umschließt verschiedene Forschungsansätze und -methoden, die *soziale Wirklichkeit* in dialogischer Weise durch verschiedene gesellschaftliche Akteurinnen und Akteure als Forscherinnen und Forscher zu erarbeiten und zu verändern suchen (vgl. von Unger 2014, S. 1).[3] Die Konzeption und Durchführung des Forschungsvorhabens erfolgt – aus Sicht der Wissenschaftlerinnen und Wissenschaftler – gemeinsam mit denjenigen gesellschaftlichen Akteurinnen und Akteuren, deren soziale Wirklichkeit im Rahmen des Forschungsvorhabens untersucht wird (vgl. Bergold/Thomas 2012, Absatz 1). Unterschieden werden können Formen Partizipativer Forschung in groben Zügen entlang

1) der beteiligten gesellschaftlichen Akteurinnen und Akteure,
2) den Graden der Beteiligung gesellschaftlicher Akteurinnen und Akteure,
3) ihrer ontologischen und epistemologischen Grundannahmen sowie
4) ihrer normativen Ausrichtung.

Partizipative Forschung ist Traditions- und Entwicklungslinien der *Aktions- und Handlungsforschung* (Action Research) folgend (vgl. Reason/Bradbury 2008, S. 4) insoweit als normatives Projekt zu verstehen, als die (Wieder-) Aneignung von sozialer und politischer Handlungsfähigkeit der beteiligten gesellschaftlichen Akteurinnen und Akteure im Fokus steht (vgl. von Unger 2014, S. 1). Partizipative Forschung kann entsprechend sowohl als selbstinitiierte als auch professionell-intervenierende *Empowermentpraxis* ver-

[3] Ansätze Partizipativer Forschung sind beispielsweise Aktions- und Handlungsforschung/Action Research, Praxisforschung, Partizipative Evaluation, Community-basierte partizipative Forschung (vgl. von Unger 2014, S. 13–34). Für Forschung im Kontext von Behinderung systematisiert Petra FLIEGER (vgl. Flieger 2009, S. 161–168) drei wesentliche Traditions- und Entwicklungslinien an Ansätzen Partizipativer Forschung: 1) Emancipatory Research, 2) Participatory Research und 3) Inclusive Research.

standen werden. Partizipative Forschung setzt hierbei an den jeweiligen Wissensbeständen sowie Fähigkeiten und Fertigkeiten der beteiligten Akteurinnen und Akteure an und begründet deren Lernen beziehungsweise deren gegenseitiges Voneinander-Lernen mit dem Ziel durch „Reflexion und die Generierung von neuem Wissen, Handlungsansätze und Handlungsalternativen (für das Handeln in den jeweiligen Kontexten) zu erschließen" (von Unger 2014, S. 46).

Darüber hinaus wird eine Distanzierungsfähigkeit der Akteurinnen und Akteure zu ihren alltags- und lebensweltlichen Handlungs-, Kommunikations- und Interaktionsroutinen und -formen sowie hiermit einhergehender Machtkonstellationen zu entwickeln versucht, sodass alltags- und lebensweltliche Handlungspraxis neu denk- und gestaltbar wird (vgl. Bergold/Thomas 2012, Absatz 1). Die Generierung von Wissen, aber auch von Fähigkeiten und Fertigkeiten bezieht sich bei Partizipativer Forschung zum einen auf die unmittelbare, konkrete Verfügbarkeit im Forschungsprozess sowie zum anderen auf die Übertragbarkeit und Anwendung in der alltags- und lebensweltlichen Praxis der beteiligten Akteurinnen und Akteure – kurz *Knowledge for Action*. In diesem Zusammenhang ist eine gegenseitige Wertschätzung der jeweiligen Wissensbestände sowie Fähigkeiten und Fertigkeiten ein dem Forschungsdesign konstitutives und inhärentes Element (vgl. von Unger 2014, S. 44).

Partizipative Forschung folgt in dieser Perspektive einer gesellschafts- und herrschaftskritischen Traditions- und Entwicklungslinie von Forschungsansätzen, die ihren Fokus auf die Situation gesellschaftlich marginalisierter Menschen richtet. Die Herstellung von Chancengleichheit und die Bearbeitung von Strukturen und Mechanismen sozialer Benachteiligung stellen hierbei zentrale Orientierungen und (Leit-)Perspektiven dar (vgl. Bergold/Thomas 2012, Absatz 19). In diesem Zusammenhang folgt Partizipative Forschung den Überlegungen der *Action Research* (respektive der *Participatory Action Research*), der (partizipativen) Aktions- und Handlungsforschung (vgl. zur Übersicht Reason/Bradbury 2008; Bergold/Thomas 2012, Absatz 19).[4]

---

[4] An dieser Stelle sei im Sinne einer Trennlinie von Aktions- und Handlungsforschung und Partizipativer Forschung darauf hingewiesen, dass nicht jede Form von Aktions- oder Handlungsforschung auf Kollaboration ausgelegt ist (vgl. Bergold/Thomas 2012, Absatz 8).

Partizipative Forschung folgt in ihrer politisch und sozial engagierten Ausrichtung einer in den letzten Dekaden vermehrt stattfindenden Hinwendung zu „Social Justice Methodologies" (Denzin/Lincoln 2011, S. ix).[5]

> „A critical framework is central to this project. [...] It speaks for and with those who are on the margins. As a liberationist philosophy it is committed to examining the consequences of racism, poverty, and sexism on the lives of interacting individuals. [...] There is a pressing need to show how the practices of qualitative research can help change the world in positive ways. It is necessary to continue to engage the pedagogical theoretical and practical promise of qualitative research as a form of radical democratic practice" (Denzin/Lincoln 2011, S. ix–x).

Auf dem Weg der kooperativen Wissensgenerierung versucht Partizipative Forschung die Lücke zwischen Theorie und Praxis zu minimieren beziehungsweise Anschlüsse zwischen Theorie und (professioneller sowie Alltags- und Lebens-)Praxis herzustellen und die Grenzen dieser beiden Bereiche durchlässiger zu gestalten (vgl. Bergold/Thomas 2012, Absatz 1).[6] Begründet ist diese Position in der epistemologischen Annahme, dass das Verhältnis von Wissendem und Gewusstem sehr eng ist, so Egon G. Guba und Yvonna S. Lincoln (vgl. Guba/Lincoln 2005):

> „Wenn nämlich Wissen über die soziale Welt sich in Mechanismen der Bedeutungsherstellung der sozialen, mentalen und sprachlichen Welten, welche Menschen bewohnen, befinde, dann könne das Wissen von den Wissenden nicht einfach losgelöst erforscht werden" (Guba/Lincoln 2005, S. 202, zitiert nach Moser 2014, S. 68).

---

[5] Beispielsweise in Bezug auf Menschen mit geistiger Behinderung konstatieren Frauke Janz und Karin Terfloth, dass in den letzten Dekaden ein Wandel dahingehend stattgefunden hat, dass Forschung im Kontext von Behinderung inzwischen für, mit und von Menschen mit Behinderung stattfindet (vgl. Janz/Terfloth 2009, S. 13).

[6] Hier lassen sich auch Bezüge zur (medienpädagogischen) Praxisforschung herstellen (vgl. Moser 1995; Niesyto 2014), wobei dieser Ansatz seinen Fokus auf der Zusammenarbeit von Wissenschaftlerinnen und Wissenschaftlern mit Praktikerinnen und Praktikern mit Blick auf die (medien)pädagogische Praxis hat und nicht auf der Zusammenarbeit mit marginalisierten Menschen oder Gruppen, deren Perspektiven und Stimmen gesellschaftlich kaum berücksichtigt werden (vgl. Niesyto 2014, S. 174; auch Bergold/Thomas 2012, Absatz 18).

Vor diesem Hintergrund ist Partizipative Forschung als Grenzarbeit zwischen Wissenschaft und Nicht-Wissenschaft anzusehen. Hier stellt sich in hohem Maße die Frage nach dem Selbstverständnis von Wissenschaft beziehungsweise wissenschaftlichen Kulturen insofern, als grundsätzlich die Frage zu klären ist, ob oder inwieweit die Logiken und Funktionsweisen der jeweiligen Bezugssysteme wie Wissenschaft, professionelle Praxis sowie alltags- und lebensweltliche Praxis miteinander zu vereinbaren sind, kurz: *Wann ist Wissenschaft? Und wann nicht?* (vgl. von Unger 2014, S. 85–87). Ansätze Partizipativer Forschung betonen die Anschlüsse und Schnittstellen verschiedener sozialer Systeme (vgl. Moser 2008, S. 63) sowie die Veränderungsmöglichkeiten und -räume im Verhältnis von Struktur und Akteurinnen und Akteuren (vgl. Bradbury/Reason 2001, S. 449). Des Weiteren sind für Partizipative Forschung die *Stimmen* der beteiligten gesellschaftlichen Akteurinnen und Akteure aus Wissenschaft, professioneller Praxis sowie Alltags- und Lebenspraxis und die dadurch gegebene Mehrperspektivität auf soziale Wirklichkeit von großer Bedeutung (vgl. von Unger 2014, S. 56–57).

Partizipative Forschung fordert epistemologische Prinzipien, wie etwa bei der Frage nach der Verschränkung und Relativierung der Subjekt-Objekt-Relation (zwischen Forschenden und Beforschtem), heraus. Auch sie bedürfen einer Klärung im Rahmen des Forschungsvorhabens (vgl. Bergold/Thomas 2012, Absatz 81 f.). Reinhard MARKOWETZ plädiert in diesem Zusammenhang dafür, das jeweilige Verständnis von Forschung, welches einem Forschungsvorhaben zugrunde liegt, zu explizieren, um die Nachvollziehbarkeit und die Anschlussfähigkeit an wissenschaftliche Diskurse zu ermöglichen (vgl. Markowetz 2009, S. 279).

Grundsätzlich lässt sich eine Nähe Partizipativer Forschung zu Formen *Qualitativer Forschung* herstellen, da beide in ihren Grundzügen dialogisch und interaktiv angelegt sind. Des Weiteren sucht auch Qualitative Forschung die subjektive Perspektive gesellschaftlicher Akteurinnen und Akteure, die Komplexität sozialer Zusammenhänge sowie die Besonderheiten des Einzelfalls zu berücksichtigten und abzubilden. Diese Nähe bedeutet jedoch nicht, dass Forschung nicht auch auf *Mixed-Method-Designs* beruhen kann (vgl. von Unger 2014, S. 58).

Darüber hinaus birgt die Verstrickung der Forscherinnen und Forscher als alltags- und lebensweltliche Akteurinnen und Akteure im Feld ebenso forschungsethische Dilemmata wie zum Beispiel der Schutz von forschenden und befragten Personen in ihrer Community, Einrichtung oder ihren Alltags- und Lebenszusammenhängen. Gleichzeitig aber liegt die Stärke des Ansatzes darin, dass forschungsethische Überlegungen nicht nur entwickelt werden, sondern die Forscherinnen und Forscher sich diesen im Forschungsprozess selber stellen und diese klären müssen (vgl. von Unger 2014, S. 88–94).

Aufgrund der Beteiligung verschiedener gesellschaftlicher Akteurinnen und Akteure und deren Subjektivität zeichnet sich Partizipative Forschung durch ein hohes Maß an Kontextualität und Flexibilität aus (vgl. von Unger 2014, S. 1). Entsprechend beruht Partizipative Forschung auf keiner zu vereinheitlichenden Methodologie sowie keinem einheitlichen methodischen Vorgehen. Prinzipien Qualitativer Forschung wie *Gegenstandsangemessenheit* und *Prozessorientierung*, aber auch *Subjektorientierung* (in Bezug auf die beteiligten Akteurinnen und Akteure) sind von großer Bedeutung für Partizipative Forschung (vgl. Bergold/Thomas 2012, Absatz 2–3; von Unger 2014, S. 56).

Grundlegend verfolgt Partizipative Forschung eine offene und flexible Annäherung an das Forschungsfeld (vgl. von Unger 2014, S. 56 f.); in dieser Perspektive lassen sich, auch beim Prozess der Datenerhebung und -auswertung, eine Vielzahl an Schnittstellen mit der *Grounded Theory Methodology* beobachten (vgl. von Unger 2014, S. 63).

Ausgangspunkt

Die Entwicklung des Forschungsdesigns erfolgt zunächst skizzenhaft durch die Wissenschaftlerinnen und Wissenschaftler; so werden Erkenntnisinteresse, Forschungsfragen sowie das forschungsmethodische Vorgehen theoretisch fundiert entwickelt. Diese Skizze des Forschungsdesigns stellt Grundlage und Orientierung für die Suche nach gesellschaftlichen Akteurinnen und Akteuren aus Wissenschaft, professioneller Praxis oder Alltags- und Lebenspraxis dar, welche zur gemeinsamen (Weiter-)Entwicklung und Durchführung des Forschungsvorhabens eingeladen werden (vgl. von Unger 2014, S. 35). In Bezug auf die Suche von Mitforschenden erweist sich ein „Schneeballverfahren", analog zum theoretischen Sampling der Grounded Theory Methodology, als zielführend (vgl. Bergold/Thomas 2012, Absatz 25–26). Dem Selbstverständnis Partizipativer Forschung folgend ist ein Austausch aller am Forschungsvorhaben beteiligten Akteurinnen und Akteure zur Konzeption des Forschungsdesigns zentrale Grundlage der Forschung. Die von den Wissenschaftlerinnen und Wissenschaftlern vorgelegte Skizze des Forschungsdesigns steht somit zur Disposition. Beispielsweise kann es zu einer Veränderung des Themas, des Erkenntnisinteresses und der Praxisziele des Vorhabens kommen (vgl. von Unger 2014, S. 51). Hierbei steht die Möglichkeit zur Mitgestaltung und Mitsprache aller am Forschungsvorhaben beteiligten Akteurinnen und Akteure im Fokus; gegebenenfalls sind Spannungen aufgrund unterschiedlicher Erwartungen an das gemeinsame Forschungsvorhaben im Dialog aufzulösen. Im Fokus Partizipativer Forschung stehen die Themen, Anliegen und Bedürfnisse der Akteurinnen und Akteure, welche in deren Alltags- und Lebenswelten für sie von Bedeutung sind und von ihnen mit Handlungsbedarf versehen werden. In Bezug auf Traditions- und Entwicklungslinien der Aktions- und Handlungsforschung (Action Research) fokussieren Projekte Partizipativer Forschung gesellschaftliche Akteurinnen und Akteure aus den im Projekt untersuchten alltags- und lebensweltlichen Zusammenhängen beziehungsweise solche, die als Teil einer marginalisierten sozialen Gruppe bezeichnet werden können (vgl. von Unger 2014, S. 56). In dieser Perspektive ermöglicht Partizipative Forschung einen mehrperspektivischen Blick auf soziale Wirklichkeit(en) und durch die Zusammenarbeit verschiedener gesellschaftlicher Akteurinnen und Akteure auch ein Korrektiv für eine konstatierte „Mittelschichtslastigkeit" medienpädagogischer Forschung (Swertz/Mildner 2015, S. 6). Unterschiedliche Sozialisationserfahrungen und -verläufe der beteiligten gesellschaftlichen Akteurinnen und Akteure werden im Kontext Partizipativer Forschung als bedeutsame Ressource für den Forschungsprozess angesehen (vgl. Bergold/Thomas 2012, Absatz 42).

Für die Etablierung eines Rahmens für das gemeinsame Forschen ist ein sicherer Raum von Bedeutung, der alle Akteurinnen und Akteure dabei unterstützt, sich in das Forschungsvorhaben einzubringen – hier gilt, dass zum Beispiel alle Forschenden sich gegenseitig ernstnehmen, andere Sichtweisen versuchen zu verstehen und auch akzeptieren können sowie strukturelle und dynamische Machtasymmetrien aufarbeiten und idealerweise auflösen (vgl. Bergold/Thomas 2012, Absatz 12–16). Partizipative Forschung lässt sich somit auch als stetige Beziehungsarbeit zwischen den beteiligten Akteurinnen und Akteuren verstehen, indem gegenseitiges

Kennen- und Voneinanderlernen, aber auch die Auseinandersetzung mit Rollenselbst- und -fremdzuschreibungen sowie deren dynamischem Wandel im Laufe des Forschungsprozesses das gemeinsame Forschen begleitet (vgl. Bergold/Thomas 2012, Absatz 42–60). Kommunikation und Offenheit stellen somit wesentliche Eckpfeiler Partizipativer Forschung dar (vgl. Bergold/Thomas 2012, Absatz 12–16; Wagner-Willi 2011, S. 68).

Ein wesentlicher Bestandteil des Voneinanderlernens ist die Heranführung und Sensibilisierung von beteiligten Nicht-Wissenschaftlerinnen und Nicht-Wissenschaftlern an Grundlagen – Logiken und Funktionsweisen, Sprache sowie Inhalte – von Wissenschaft (vgl. Bergold/Thomas 2012, Absatz 50). Gleichermaßen ist ein gegenseitiger Informations- und Erfahrungsaustausch aller beteiligten Akteurinnen und Akteure ein wesentliches Merkmal Partizipativer Forschung.

In diesem Zusammenhang ist unter anderem die Unterscheidung zwischen der Standortgebundenheit der Wissenschaftlerin beziehungsweise des Wissenschaftlers und der oder des Mitforschenden von Bedeutung; so kann vor dem Hintergrund der jeweiligen Sozialisation von einer Fremdheit der Wissenschaftlerinnen und Wissenschaftler zur sozialen Wirklichkeit von bestimmten Mitforschenden ausgegangen werden, weshalb die forschungsbezogene Auseinandersetzung mit diesen sozialen Wirklichkeiten immer ein Fremdverstehen der Wissenschaftlerinnen und Wissenschaftler bedeutet. Partizipative Forschung ermöglicht in ihrer Anlage hier eine Mehrperspektivität auf das Forschungsfeld. Grundsätzlich muss die Standortgebundenheit einer Akteurin oder eines Akteurs jedoch immer vor dem Hintergrund ihrer oder seiner Sozialisation betrachtet werden, weshalb gemeinsame Forschung je nach Ausrichtung des Forschungsvorhabens für die beteiligten Akteurinnen und Akteure ein subjektives Mehr oder ein subjektives Weniger an Nähe zu einem bestimmten Forschungsfeld mit sich bringt (vgl. Wagner-Willi 2011, S. 66–67).

Beteiligungsformen

Auch bei Partizipativer Forschung müssen die Beteiligungsgrade und -formen der Akteurinnen und Akteure im Forschungsprozess nicht immer gleichwertig beziehungsweise gleichschrittig sein, so kann der Forschungsprozess als „zig-zag pathway with greater or less participation at different stages" (Cornwall/Jewkes 1995, S. 1668, zitiert nach von Unger 2014, S. 38) beschrieben werden. Wissensbestände, Fähigkeiten und Fertigkeiten, die Anforderungen der alltäglichen Lebensbedingungen, aber auch subjektive Erwartungen an das Projekt der an der Forschung beteiligten Akteurinnen und Akteure bilden den Ausgangspunkt und gleichzeitig die Reflexionsfolie des gesamten Forschungsvorhabens. Fragen von Macht und Deutungshoheiten sind während des gesamten Forschungsprozesses zu reflektieren (vgl. Bergold/Thomas 2012, Absatz 29–33). Eine möglichst detaillierte Dokumentation über die Beteiligung (*Wer hat wann an welcher Stelle und in welchem Umfang den Forschungsprozess mitgestaltet?*) der einzelnen Akteurinnen und Akteure könnte hier als Reflexionsgrundlage dienen.

Forschungsmethoden
Die Wahl der Forschungsmethoden ist bei Partizipativer Forschung nicht nur nach deren Angemessenheit in Bezug auf den Forschungsgegenstand, sondern auch für die beteiligten Akteurinnen und Akteure auszurichten (vgl. von Unger 2014, S. 56; Bergold/Thomas 2012, Absatz 61). Hierbei sind ebenso die Wissensbestände sowie Fähigkeiten der beteiligten Akteurinnen und Akteure zu berücksichtigen. Zu klären wäre dabei, welche davon genutzt werden, welche weiterentwickelt werden können, aber auch welche von Nutzen für das Forschungsvorhaben sind. Infolgedessen erwächst die Relevanz der Frage, welche Ausdrucks-, aber auch Kommunikationsformen bei den am Projekt beteiligten Akteurinnen und Akteuren anzutreffen und möglich sind – zum Beispiel mündliche, schriftliche, visuelle oder performative (vgl. von Unger 2014, S. 56). Die Erhebungsmethoden sollen daher an den Alltagserfahrungen und Vorerfahrungen der beteiligten alltags- und lebensweltlichen Akteurinnen und Akteuren ansetzen (vgl. Bergold/Thomas 2012, Absatz 63). Beispielhaft sind Methoden wie *teilnehmende Beobachtung*, *Gruppengespräche*, *Fokusgruppen*, aber auch interaktive, visuelle, performative und allgemein kreative Methoden (zum Beispiel *Ethnodrama*, *PhotoVoice*, *Mapping-Verfahren*) und darüber hinaus die Entwicklung eigener Methoden oder die projektbezogene Adaption von Methoden in Abhängigkeit von den beteiligten Akteurinnen und Akteuren und/oder dem Forschungsfeld (vgl. von Unger 2014, S. 57).

In Bezug auf das gemeinsame Forschen mit Menschen mit Behinderung als am Forschungsvorhaben beteiligte Akteurinnen und Akteure sowie in Bezug auf die Auseinandersetzung mit der Frage nach der Bedeutung von

Medienangeboten, -inhalten und -umgangsformen sowie von medienbildnerischen Angeboten für das Empowerment von Menschen mit Behinderung gilt es, die jeweils individuellen Ausdrucks- und Kommunikationsformen beziehungsweise Kommunikationsmöglichkeiten zu berücksichtigen. So sind zum Beispiel Gebärdensprache, Ausdruck via Piktogramm, leichte Sprache, pantomimischer Ausdruck, Fotos, Videos oder auch Stellvertreterdeutungen Bestandteil von Kommunikation zwischen den am Forschungsvorhaben Beteiligten sowie im Rahmen der Wahl und Entwicklung der Forschungsmethoden zu beachten.

4. Methodensetting und -beschreibung

Forschungsmethodisches Vorgehen

Die Vorgehensweise im Forschungsprozess Partizipativer Forschung lässt sich grob als zyklisches Vorgehen von *Planung*, *Aktion* und *Fact Finding* (Einblicken in die Lebenspraxis) oder kurz als „Zyklen von Aktion und Reflexion" beschreiben (von Unger 2014, S. 59 f.). Hierzu zählen Forschungshandlungen, aber auch Interventionen im Forschungs- oder Handlungsfeld (vgl. auch Moser 2014). Alle Aktionen, Forschungshandlungen sowie Interventionen im Feld (unter anderem Empowermentmaßnahmen), werden schriftlich, auditiv oder (audio)visuell dokumentiert und als Daten in den Forschungsprozess eingebunden (vgl. auch Moser 2014). Ziel ist es, dass

> „durch die zyklische Abfolge von Datenerhebung und Auswertung, von Aktion und Reflexion, […] sukzessive ein neues vertieftes Verständnis der Zusammenhänge erreicht [wird] und neue Handlungsansätze generiert [werden]" (von Unger 2014, S. 60).

Hierzu ist ein hoher Grad an (Selbst-)Reflexivität im Forschungsprozess notwendig. Jarg Bergold und Stefan Thomas schlagen folgende Bereiche als Gegenstand von Reflexion vor: 1) Die Reflexion der personalen, lebensgeschichtlichen Voraussetzungen der beteiligten Akteurinnen und Akteure, 2) die Reflexion der sozialen Beziehungen unter den Forschungspartnerinnen und -partnern, 3) die strukturelle Reflexion des sozialen Feldes der Forschung sowie 4) die Reflexion des Forschungsprozesses (vgl. Bergold/Thomas 2012, Absatz 52–60). Erweiternd und präzisierend kann in diesem

Zusammenhang noch die Reflexion der eigenen Positionierung zum und im Forschungsfeld, die subjektive Einflussnahme auf das Forschungsfeld und den Forschungsprozess angeführt werden (vgl. von Unger 2014, S. 88).

Stationen einer partizipativen Studie sind (vgl. von Unger 2014, S. 52):
1) Partnerinnen und Partner finden, Themen eingrenzen, Bedarf bestimmen, Recherchen;
2) gemeinsame Ziele setzen;
3) Schulung der beteiligten Akteurinnen und Akteure/Studien-Design/Beteiligung ermöglichen;
4) zirkulärer Prozess aus Datenerhebung und -auswertung: Aktion (Daten erheben) und Reflexion (Daten auswerten);
5) Bericht und Präsentation;
6) Nutzung und Umsetzung.

Forschungsmethoden

Die im Folgenden beschriebenen Methoden spiegeln die in den vorangegangenen Kapiteln dargestellten Überlegungen exemplarisch wider: Zum einen ermöglichen sie in ihrer Gesamtheit bei der Datengewinnung je unterschiedliche Kommunikations- beziehungsweise Artikulationsformen und generieren damit unterschiedliche Datentypen. Zum anderen evozieren sie im Rahmen der Datenanalyse durch ihre Kontingenz unterschiedliche Perspektiven des Verstehens. Die Auswahl repräsentiert somit Methodensettings, die erst in der andauernden Interdependenz von Aktion und Reflexion ihre Potentiale und Wirksamkeiten entfalten und abschließenden Erkenntnissen misstrauen, ohne sich jedoch einer Fokussierung im Forschungsprozess völlig zu entziehen.

Das faktische Alltagshandeln der Beteiligten und die wissenschaftliche Bemächtigung und Systematisierung dieser Aktivitäten über die Methoden bleiben aufeinander bezogen, indem auch Daten in den Erkenntnisgewinnungsprozess eingebunden werden, die jenseits der klaren, nachvollziehbaren methodischen Eruierung liegen, wie zum Beispiel informelle Gesprächsfragmente oder subjektive, singuläre Ereignisse in den „fuzzy boundaries" (Cox/Drew/Guillemin/Howell/Warr/Waycott 2014, S. 15).

Zentrale Methoden des dargelegten Forschungsvorhabens sind:

Photo- und Video-Elicitation
Bei dieser Forschungsstrategie werden verbale Äußerungen in Interviews nicht nur durch Fragen, sondern auch durch Fotos oder Bilder angeregt. Foto- und Videoprodukte stellen für alle Beteiligten attraktive, gängige und zeitgemäße Medienformate dar, sind direkt nutzbar und minimieren mögliche Machthierarchien[7] (vgl. Niesyto/Holzwarth/Maurer 2007, S. 45).

In den genutzten Bildern oder Videos werden unter anderem Situationen wiedergegeben, die im Rahmen des Forschungsprozesses entstanden sind. Dies setzt voraus, dass die beteiligten Akteurinnen und Akteure vorab ihre Bereitschaft erklären,

- die Aktivitäten im Rahmen des Forschungsvorhabens auch visuell (Bilder) beziehungsweise visuell-auditiv (Video) zu dokumentieren und
- sich an der Produktion dieser Daten aktiv (in systematischer oder subjektiver/willkürlicher Weise) zu beteiligen.

Das visuelle Datenmaterial bildet schließlich den Ausgangspunkt für Gespräche (oder performative Artikulationsformate), in denen unter anderem der Prozessverlauf, die Ergebnisse, Befindlichkeiten und Stimmungen thematisiert und reflektiert werden.

Diese Diskurse wiederum werden ebenfalls – in videografischer Form – gesichert. So lassen sich zum einen (für den Erkenntnisgewinnungsprozess prägnante) Gesprächssituationen rekonstruieren; zum anderen können auditiv nur schwer zu erfassende Daten (wie zum Beispiel Emotionalität, Mimik und Gestik) abgebildet und in den Analyseprozess miteingebunden werden. Photo- und Video-Elicitation kann so einen Beitrag zu vertiefenden Einblicken in die individuelle Erlebnis- und Erfahrungsantizipation der am Forschungsprozess Beteiligten liefern.

---

[7] In der Interviewsituation ermöglicht der Einbezug von Fotos und/oder Videos eine Veränderung der Face-to-Face-Kommunikation zwischen Interviewendem und der oder dem Interviewten insofern, als über die mögliche Orientierung an konkretem Foto- und/oder Videomaterial Gefühle der Unsicherheit der oder des Interviewten minimiert werden können, dass auch Augenkontakt nicht immer gehalten werden muss und dass Stille während der Betrachtung des Foto- und/oder Videomaterials beziehungsweise in der Interviewsituation in Ordnung ist. Gleichermaßen sind Foto- und/oder Videomaterial Ausgangspunkt für niedrigschwellige Redeanlässe (vgl. Niesyto/Holzwarth/Maurer 2007, S. 45).

In Verbindung mit Photo- und Video-Elicitation ist auch der Ansatz des *PhotoVoice* oder *VideoVoice* (vgl. Wang/Burris 1997) für das dargelegte Forschungsvorhaben von Bedeutung. Über die Produktion eigener Medien (inhalte) verfolgt Photo- beziehungsweise Video-Voice die Ziele 1) Stärken, Probleme, Themen, Anliegen und Bedürfnisse der individuellen, aber auch alltags- und lebensweltlichen Gemeinschaft via Fotografie oder Videografie abzubilden und zu reflektieren, 2) einen kritisch-reflexiven Dialog und Erkenntnisse zu relevanten forschungsbezogenen Erkenntniszielen oder Praxiszielen (unter anderem in Gruppendiskussionen) zu generieren sowie 3) Fotografien oder Videos als Dokumentation und Ausdruck der eigenen Themen, Anliegen und Bedürfnisse mit dem Ziel gesellschaftlicher Einflussnahme zu erstellen (vgl. von Unger 2014, S. 69–78).[8] Durch diese Methode wird ein forschungsbezogener Ansatz durch eine Perspektive gesellschaftlicher Einflussnahme erweitert.

Gruppendiskussion

Während in der Photo- und Video-Elicitation vorrangig die selbstproduzierten Bild- und Filmergebnisse den Bezugsrahmen für einen offenen Diskurs stellen, fokussiert die Gruppendiskussion in diesem Forschungsdesign eher konkrete, ausgewählte Themen, die sich im Laufe des Forschungsprozesses entwickelten.

Im Unterschied zur erstgenannten Methode repräsentiert die Gruppendiskussion einen Kommunikations- und Interaktionsverlauf, der sich eng im Rahmen des vorab gesetzten Themas bewegt. Ziel dieser Methode ist es, Daten innerhalb eines spezifischen und festgelegten Themas zu erlangen. Neben der sachbezogenen Systematik ist es der gruppenbezogene inhaltliche Fokus, der die Methode im Rahmen dieses Forschungsdesigns legitimiert, da „[…] Sinn- und Bedeutungszuschreibungen, Lebensorientierungen und so weiter primär sozial konstituierten, gemeinsamen Erfahrungsräumen entstammen und sich im Miteinander von Menschen mit gleichen oder ähnlichen Erfahrungen zeigen“ (Bohnsack 2000, S. 370).

[8] Die Analyse medialer Eigenproduktionen findet sich auch im Forschungsansatz *Eigenproduktion mit Medien* (vgl. Niesyto 2007); hier werden die produzierten medialen Inhalte zum Gegenstand der Analyse und Betrachtung entlang forschungsbezogener Erkenntnisinteressen und Fragestellungen.

Beobachtende Teilnahme

Die dritte Methode repräsentiert im Unterschied zu den beiden vorrangegangenen ein Verfahren, das es den Forschenden ermöglicht, durch das aktive Betreten „fremder" Kommunikations- und Interaktionsräume an den Aktivitäts- und Erfahrungswelten anderer unmittelbar zu partizipieren.

Die *Beobachtende Teilnahme* stellt eine Erweiterung der *teilnehmenden Beobachtung* dar, indem sie versucht „[...] in das soziale Feld, das untersucht wird, *intensiv* hineinzugehen und – bis hinein in sprachliche und habituelle Besonderheiten – [...] den Menschen, mit denen man dann symptomatischer Weise zu tun hat, möglichst ähnlich zu werden" (Hitzler/Grothe 2012, S. 11). Die Chance dieser Methode liegt vor allem darin, dass die Forschenden sich kognitiv und emotional einer dichteren Involviertheit unterziehen als in der teilnehmenden Beobachtung. Außerdem schafft sie die Möglichkeit, der zu beforschenden Situation Respekt entgegenzubringen und somit eventuell tiefere Einblicke in die „inneren Bereiche ihres Feldes" (Reichertz 2012, S. 4) zu bekommen.

Videografisch bezogene Daten sollen auch im Rahmen dieser Methode herangezogen werden. Sie könnten dazu beitragen, die gewonnenen subjektiven und erfahrungsbezogenen Wissensbestände zu ergänzen, zu relativieren und zu vertiefen.

Auswertung

In Bezug auf die Auswertung der erhobenen Daten verfolgt Partizipative Forschung ebenfalls keine stringente Durchführung eines vorgegebenen Verfahrens, sondern versucht über die *detaillierte Rekonstruktion* und *Reflexion* der Daten sowie der Datenerhebung den Auswertungsprozess nachvollziehbar zu machen. In der Partizipativen Forschung wird Datenauswertung als gemeinsamer Prozess verstanden, welcher nicht primär und/oder ausschließlich die Analyse der erhobenen Daten im Blick hat, sondern vorrangig nach den Partizipations- und Gestaltungsmöglichkeiten der verschiedenen Akteurinnen und Akteure im Auswertungsprozess fragt (vgl. von Unger 2014, S. 61).[9] Ein entsprechendes und weit verbreitetes Verfah-

[9] Melanie NIND (vgl. Nind 2011) unterscheidet verschiedene Formen der Auswertung, die in Vorhaben Partizipativer Forschung zum Tragen kommen können: formale und weniger formale, strukturierte und unstrukturierte, trained und untrained (in Bezug auf Co-Akteurinnen und Akteure), explizite und implizite Ansätze (vgl. Nind 2011, S. 359, zitiert nach von Unger 2014, S. 61).

ren bildet beispielsweise die *Group Participatory Data Analysis* (vgl. Jackson 2008). Geht man von einer Nähe der im Forschungsvorhaben beteiligten alltags- und lebensweltlicher Akteurinnen und Akteure zum Forschungsfeld aus, so ermöglicht diese Nähe aufgrund geteilter Erfahrungen und Erfahrungsräume die Generierung von *Natural Codes* (für Menschen mit Behinderung vgl. Goeke/Kubanski 2012, Absatz 62).

Veröffentlichung und Distribution der Ergebnisse

Bezüglich der Veröffentlichung der Forschungsergebnisse lässt sich mit David Parry, Jon Salsberg und Ann Macaulay (2009) zwischen *Integrated Knowledge Translation*, der Nutzung von generiertem Wissen während des Forschungsprozesses, und *End of Grant Knowledge Translation*, der Nutzung von generiertem Wissen nach Abschluss des Forschungsprozesses, unterscheiden (vgl. Parry/Salsberg/Macaulay 2009, o. S.). Des Weiteren orientiert sich die Veröffentlichung der Ergebnisse in hohem Maße am Praxisziel des Vorhabens sowie an Logiken des Forschungsfeldes. Hierbei stellt die wissenschaftliche Community nicht den Kern der Adressatinnen und Adressaten für die Veröffentlichung der Forschungsergebnisse dar (vgl. Bergold/Thomas 2012, Absatz 74). Des Weiteren ist die Theoriegenerierung nicht zentraler Fokus des Vorhabens.[10]

Auch ist die Veröffentlichung und Distribution der Forschungsergebnisse beziehungsweise der erreichten Praxisziele an den Ausdrucks- und Kommunikationsformen des Forschungsfeldes zu orientieren, das heißt, dass gegebenenfalls neben Texten auch Filme, Theaterstücke, Spoken-Word-Performances zum Medium der Veröffentlichung werden können (vgl. Bergold/Thomas 2012, Absatz 75 f.; Moser 2014, S. 63).

Qualität und Güte der Forschung

Bei der Konzeption eines Forschungsvorhabens Partizipativer Forschung ist die Frage zu klären, wie Qualität und Güte des Forschungsvorhabens definiert und umgesetzt werden (vgl. von Unger 2014, S. 59). Mit Joseph Maxwell ist die *Validität* von Forschungsergebnissen im Bereich Qualitati-

[10] Hier grenzen sich Ansätze Partizipativer Forschung, die eher einer Perspektive des Empowerments von alltags- und lebensweltlichen Akteurinnen und Akteuren folgen, beispielsweise von Ansätzen wie dem Design-Based Research (vgl. Reinmann 2005) ab.

ver Forschung zu verstehen als „die Korrektheit und Glaubwürdigkeit einer Beschreibung, Schlussfolgerung, Erklärung oder Interpretation" (Maxwell 2005, S. 106). Infolgedessen ist Validität nicht an das stringente Verfolgen eines bestimmten Prozedere festgemacht, sondern an der konsequenten Auseinandersetzung mit der Frage *Wie könnte ich falsch liegen?* in jeder Phase und bei jedem Schritt des Forschungsprozesses (vgl. Maxwell 2005, S. 106).

Im Bereich Partizipativer Forschung ist darüber hinaus der Anspruch des Empowerments alltags- und lebensweltlicher Akteurinnen und Akteure zu berücksichtigen, der oft im Widerspruch zu rein wissenschaftlich orientierten Ansätzen steht (vgl. von Unger 2014, S. 59). Der Diskurs um Fragen der Güte und Qualität Qualitativer Forschung ruht auf unterschiedlichen bis hin zu kontroversen Positionen (vgl. u. a. Reichertz 2000; Steinke 2004). Aufgrund der Heterogenität von Ansätzen und Vorgehensweisen Partizipativer Forschung ist nicht davon auszugehen, dass allgemeingültige Güte- oder Qualitätskriterien für Partizipative Forschung entwickelt werden können.

Folgende Güte- und Qualitätskriterien liegen beispielsweise für den Ansatz der Praxisforschung vor: Transparenz, Stimmigkeit, Adäquatheit, Intersubjektivität und Anschlussfähigkeit (vgl. Moser 1995, S. 118–119). Darüber hinaus verweist unter anderem Hella von Unger darauf, dass die Qualität und Güte eines partizipativen Forschungsvorhabens immer projektbezogen ausgehandelt und bestimmt werden muss (vgl. von Unger 2014, S. 59), während Uwe Flick in diesem Zusammenhang für eine Kontextabhängigkeit von Gütekriterien in der Qualitativen Forschung plädiert (vgl. Flick 2010, S. 403).

5. Reflexion

Da das Forschungsvorhaben bei Einreichung dieses Beitrags im Rahmen der *Forschungswerkstatt Medienpädagogik* im Jahr 2016 noch am Anfang stand, folgt in einem ersten Schritt eine Reflexion der bis zu jenem Zeitpunkt gemachten Erfahrungen im Projekt. In einem zweiten Schritt werden diese vor dem Hintergrund der Veröffentlichung dieses Beitrags im Jahr 2019 durch die in den Folgejahren im Projekt gesammelten Erfahrungen ergänzt.

Reflexion im Jahr 2016
In Anbetracht der Tatsache, dass es sich bei dem vorgestellten Forschungsvorhaben um ein noch nicht abgeschlossenes Projekt handelt, können im Folgenden lediglich Antizipationen beziehungsweise Überlegungen zur Durchführung des Projekts angeführt werden. Da im Zuge der Darlegung des Forschungsvorhabens bereits verschiedene Überlegungen zu den Potentialen, aber auch Hürden Partizipativer Forschung angeführt wurden, werden im Folgenden in additiver Weise weitere Antizipationen der Autoren zur Gestaltung eines Forschungsvorhabens Partizipativer Forschung angeführt:

- Die Ausführungen des vorliegenden Werkstattbeitrags könnten den Eindruck erwecken, dass Partizipative Forschung „für alle Beteiligten voraussetzungsvoll und aufwendig" (Bargold 2013, S. 6) sei. Wenn bei der Initiierung des Projekts dieser Eindruck entsteht, besteht die Gefahr, dass sich Menschen (mit und ohne Behinderung) schon vorab nicht auf ein solches Unternehmen einlassen. Deshalb sind die Ausführungen in diesem Beitrag als Konstrukte zu verstehen, in denen mögliche Szenarien des gemeinsamen Forschens erdacht werden. Sie dienen dazu, die Erfahrungen anderer in diesem Themenfeld in theoretischer Form zu sichten und das eigene Vorhaben in Bezug auf seine originären Desiderate zu explorieren, einzuordnen und einem fachwissenschaftlich-theoretisch interessierten Fachpublikum zu präsentieren. Das tatsächliche Gestalten unterliegt den Systematiken, Regeln und Strukturen, die sich im gemeinsamen Agieren der Beteiligten vor Ort generieren. Diese können von den Ausführungen in diesem Text abweichen.

- Es ist den Autoren bewusst, dass dieser Beitrag das Vorhaben in einer wissenschaftlichen Formatierung ausführt, die gerade *nicht* als geeignet erscheint, diesen Menschen, mit denen zusammengearbeitet und geforscht werden soll, Partizipative Forschung näher zu bringen. Deshalb müsste dieser Text durch Formen der Darstellung ergänzt, erweitert oder ersetzt werden, die es erlauben, sich den Inhalten des Unterfangens auch in alternativer Form nähern zu können (wie zum Beispiel Verfahren, die in Kapitel 4 im Rahmen der Forschungsmethoden beschrieben werden). Es stellt sich also für die Zukunft die Frage, wie in der Partizipativen Forschung durch die Erweiterung literaler Konzepte veränderte Präsentations- und Publikationsformate generiert werden können, die allen Aktanten (im Sinne der *Akteur-Netzwerk Theorie*) die für sie gewünschte Partizipation ermöglichen.

- Die Autoren machen im Rahmen ihrer beruflichen Tätigkeit in den Begegnungen mit Menschen mit Behinderungen die Erfahrung, dass alltägliche, unspektakuläre und nicht (im Sinne des Forschungsdesigns) „gelabelte" medienbezogene Aktivitäten mit Menschen mit Behinderung ein erstes Eintreten in das Forschungsfeld darstellen könnten. Vor allem Situationen gelungener oder gescheiterter Interaktionen können gemeinsam reflektiert und Forschung mittels der in diesem Beitrag genannten Methoden angeboten und gemeinschaftlich betrieben werden.

- Indem Forscherinnen und Forscher den Anspruch erheben, ein Forschungsvorhaben partizipativ auszulegen, erwächst die Notwendigkeit, sich dem Forschungsfeld beziehungsweise dem Forschungsgegenstand mit der Bewusstheit zu nähern, dass ihre (begriffs-)theoretischen Kategorisierungen, wie zum Beispiel „Menschen mit Behinderung", prägend und verfestigend auf soziale Wahrnehmungen von Menschen und deren sozialer Realität sein können. So fasst der Begriff *Behinderung* beziehungsweise *Menschen mit Behinderung* eine Vielzahl an Individuen mit einer Vielzahl an Erfahrungen, Selbstwahrnehmungen und Lebenszusammenhängen und -bedingungen zusammen. Diesem Spagat zwischen Bezugnahme auf wissenschaftliche Theorien und Arbeitsformen und Würdigung der Individualität von Menschen ist in entsprechender Weise in Partizipativen Forschungsvorhaben gerecht zu werden.

Reflexion im Jahr 2019

Auch aktuell ist das vorgelegte Forschungsvorhaben noch nicht abgeschlossen, jedoch ließen sich in den vergangenen zwei Jahren eine Vielzahl an Erfahrungen zum Ansatz Partizipativer Forschung machen, die Grund dafür sind, dass die in diesem Beitrag angestellten Überlegungen zur Partizipativen Forschung immer noch nicht in ein entsprechendes, aktiv „gelebtes" Forschungsvorhaben überführt wurden. In den vergangenen zwei Jahren ergaben sich Begegnungen mit Menschen mit Behinderung, in denen die dem Vorhaben Partizipativer Forschung zugrundeliegenden Ideen zum Tragen gekommen sind. Auch wenn die dabei gemachten Erfahrungen nicht in systematischer Form – entsprechend der Überlegungen zur methodischen Vorgehensweise Partizipativer Forschung – dokumentiert wurden, lassen sich dennoch zentrale Beobachtungen beziehungsweise zentrale Aussagen zu Formen Partizipativer Forschung generieren, die eine teilweise Relativierung der oder zumindest ein weiteres Nachdenken über die in diesem Beitrag dargelegten konzeptionellen Überlegungen einfordern. Im Folgenden sollen exemplarisch einige dieser Erfahrungen dargelegt werden, welche zwar theoretisch-konzeptionell bereits reflektiert sind, in Bezug auf die Praxis der Planung und Durchführung eines Forschungsvorhabens jedoch aus Sicht der Autoren Ausgangspunkt zum weiteren Nachdenken über Partizipative Forschung sind:

- Für die Autoren stellt die Frage nach einer adäquaten Verhandlung der geplanten methodischen Vorgehensweise (vgl. Kapitel 3 und 4) und dem angemessenen Handeln in der „realen" Situation ein ungelöstes Phänomen dar. In gewisser Weise entstehen „Laborsituationen" im Feld, in der die Beteiligten – vor allem die alltags- und lebensweltlichen Akteurinnen und Akteure – in der Bewusstheit ihrer Doppelrolle (als Forschende und Beforschte) sich in eine „Wirklichkeit" begeben, in der sie zwischen einer simulierten und tatsächlichen Situation changieren. Hieraus ergeben sich Herausforderungen – vor allem für die alltags- und lebensweltlichen Akteurinnen und Akteure – für das Gestalten von und Handeln in beiden „Welten".

- In Abhängigkeit vom Kontext kann Partizipative Forschung höchst artifiziell sein, in der Form, dass die Kontaktaufnahme, das Zusammenfinden sowie das Anbahnen eines gemeinsamen Forschungsprojektes eher einer Idee – der Idee einzelner Akteurinnen und Akteure (insbesondere die von Wissenschaftlerinnen und Wissenschaftlern) – geschuldet ist, als dass sich aus einem (geteilten) sozialen Raum heraus eine gemeinsame Idee für ein Vorhaben Partizipativer Forschung entwickelt.

- Die Entwicklung eines gemeinsamen Verständnisses des möglichen Erkenntnisinteresses des Forschungsvorhabens, aber auch die Frage nach der Sinnhaftigkeit des Forschungsvorhabens – vor dem Hintergrund der jeweiligen Lebenssituation der Wissenschaftlerinnen und Wissenschaftler sowie der alltags- und lebensweltlichen Akteurinnen und Akteure – stellt eine Herausforderung Partizipativer Forschung dar. In diesem Zusammenhang zeigte sich, dass auch die Entwicklung von geteilten Formen der Kommunikation – vor dem Hintergrund individueller Kommunikationsfähigkeiten und -präferenzen – eine wesentliche Aufgabe im Kontext Partizipativer Forschung ist, um Sinnhaftigkeit mehrperspektivisch auszuhandeln.

Es soll an dieser Stelle nicht der Eindruck entstehen, dass Begegnungen im Rahmen des Forschungsvorhabens von ausschließlich „herausfordernden, schwierigen oder problematischen Situationen" geprägt waren. Das Gegenteil war der Fall. Alle Begegnungen wirkten belebend, weil sie verändernd auf die grundgelegten theoretisch-konzeptionellen Überlegungen zu einem partizipativen Forschungsvorhaben Einfluss genommen haben. Sie wirken sowohl als Kontrastmittel als auch als Korrektiv für theoretisch-konzeptionelle Überlegungen zu Partizipativer Forschung, da sie die kognitive und emotional-affektive Komplexität der gemeinsamen Forschung von Menschen mit und ohne Behinderung aufzeigen.

Literaturverzeichnis

- Bergold, Jarg (2013): Partizipative Forschung und Forschungsstrategien, in: eNewsletter Wegweiser Bürgergesellschaft 8 [Onlinedokument: buerger gesellschaft.de/fileadmin/pdf/gastbeitrag_bergold_130510.pdf, aufgerufen am 02. April 2019]
- Bergold, Jarg/Thomas, Stefan (2012): Partizipative Forschungsmethoden – Ein methodischer Ansatz in Bewegung, in: Forum Qualitative Sozialforschung 13 (14), Art. 30, S. 1–33 [Onlinedokument: doi.org/10.17169/fqs-13.1.1801, aufgerufen am 02. April 2019]
- Bohnsack, Ralf (2000): Gruppendiskussion, in: Flick, Uwe/von Kardorff, Ernst/Steinke, Ines (Hrsg.): Qualitative Forschung – Ein Handbuch, Reinbek bei Hamburg: Rowohlt
- Bröckling, Ulrich (2003): You are not Responsible for Being Down, but you are Responsible for Getting Up. Über Empowerment, in: Leviathan 31, S. 323–344
- Buchner, Tobias/Koenig, Oliver (2008): Methoden und eingenommene Blickwinkel in der sonder- und heilpädagogischen Forschung von 1996 bis 2006 – eine Zeitschriftenanalyse, in: Heilpädagogische Forschung 34, S. 15–34
- Cox, Susan/Drew, Sarah/Guillemin, Marilys/Howell, Catherine/Warr, Deborah/Waycott, Jenny (2014): Guidelines for Ethical Visual Research Methods [Onlinedokument: artshealthnetwork.ca/ahnc/ethical_visual_research_methods-web.pdf, aufgerufen am 02. April 2019]
- Demmler, Kathrin/Rösch, Eike (2012): Aktive Medienarbeit in Zeiten der Digitalisierung. Kontinuitäten und Entwicklungen, in: Rösch, Eike/Demmler, Kathrin/Jäcklein-Kreis, Elisabeth/Albers-Heinemann, Tobias (Hrsg.): Medienpädagogik Praxis Handbuch. Grundlagen, Anregungen und Konzepte für Aktive Medienarbeit, München: kopaed, S. 19–26
- Denzin, Norman K./Lincoln, Yvonna S. (2011): Introduction – The Discipline and Practice of Qualitative Research, in: Denzin, Norman K./Lincoln, Yvonna S. (Hrsg.): The Sage Handbook of Qualitative Research, Thousand Oaks: Sage, S. 1–20
- Flick, Uwe (2010): Gütekriterien qualitativer Forschung, in: Mey, Günter/Mruck, Katja (Hrsg.): Handbuch qualitative Forschung in der Psychologie, Wiesbaden: Springer VS, S. 395–407

- Flieger, Petra (2009): Partizipatorische Forschung. Wege zur Entgrenzung der Rollen von ForscherInnen und Beforschten, in: Jerg, Jo/Merz-Atalik, Kerstin/Thümmler, Ramona/Tiemann, Heike (Hrsg.): Perspektiven auf Entgrenzung. Erfahrungen und Entwicklungsprozesse im Kontext von Inklusion und Integration, Bad Heilbrunn: Klinkhardt, S. 159–171
- Goeke, Stephanie/Kubanski, Dagmar (2012): Menschen mit Behinderungen als GrenzgängerInnen im akademischen Raum. Chancen partizipatorischer Forschung, in: Forum Qualitative Sozialforschung 13 (1), Art. 6, S. 1–29 [Onlinedokument: dx.doi.org/10.17169/fqs-13.1.1782, aufgerufen am 02. April 2019]
- Götsch, Monika/Klinger, Sabine/Thiesen, Andreas (2012): „Stars in der Manege?" – Demokratietheoretische Überlegungen zur Dynamik partizipativer Forschung, in: Forum Qualitative Sozialforschung 13 (1), Art. 4, S. 1–24 [Onlinedokument: doi.org/10.17169/fqs-13.1.1780, aufgerufen am 02. April 2019]
- Herriger, Norbert (1997): Empowerment in der Sozialen Arbeit – Eine Einführung, Stuttgart: Kohlhammer
- Hitzler, Ronald/Gothe, Miriam (2012): Methodologisch-methodische Aspekte ethnographischer Forschungsprojekte [Onlinedokument: hitzler-soziologie.de/pdf/Publikationen_Ronald/Sammelbaende/3-158.PDF, aufgerufen am 02. April 2019]
- Jackson, Suzanne F. (2008): A Participatory Group Process to Analyze Qualitative Data, in: Progress in Community Health Partnerships. Research, Education and Action 2, S. 161–170
- Janz, Frauke/Terfloth, Karin (2009): Empirische Forschung im Kontext geistiger Behinderung, Heidelberg: Winter
- Krause, Ulrike (2015): Flüchtlinge als „Gegenstand" in der Feldforschung? [Onlinedokument: fluechtlingsforschung.net/fluchtlinge-als-gegenstand-in-der-feldforschung, aufgerufen am 02. April 2019]
- Koenig, Oliver (o. J.): Inklusive Forschung mit Menschen mit Lernschwierigkeiten am Beispiel eines inklusiven Seminars an der Universität Wien [Onlinedokument: academia.edu/920292/Inklusive_Forschung_mit_Menschen_mit_Lernschwierigkeiten_am_Beispiel_eines_inklusiven_Seminars_an_der_Universität_Wien, aufgerufen am 02. April 2019]

- Markowetz, Reinhard (2009): Handlungsforschung als komplexe Methode und qualitatives Design zur Lösung sozialer Probleme von Menschen mit geistiger Behinderung, in: Janz, Frauke/Terfloth, Karin (Hrsg.): Empirische Forschung im Kontext geistiger Behinderung, Heidelberg: Winter, S. 279–303
- Maxwell, Joseph A. (2005): Validity – How might You be Wrong? in: Maxwell, Joseph A. (Hrsg.): Qualitative Research Design. An Interactive Approach, Thousand Oaks: Sage, S. 105–116
- Moser, Heinz (1995): Grundlagen der Praxisforschung, Freiburg im Breisgau: Lambertus
- Moser, Heinz (2008): Aktionsforschung unter dem Dach der Praxisforschung. Methodologische Herausforderungen und Lösungsansätze, in: von Unger, Hella/Wright, Michael T. (Hrsg.): An der Schnittstelle von Wissenschaft und Praxis. Dokumentation einer Tagung zu partizipativer Forschung in Public Health (Discussion Paper SPI 2007-307), Berlin: WZB – Wissenschaftszentrum Berlin für Sozialforschung, S. 58–66
- Moser, Heinz (2014): Die Krise der Repräsentation und ihre Folgen für die medienpädagogische Forschung, in: Hartung, Anja/Schorb, Bernd/Niesyto, Horst/Moser, Heinz/Grell, Petra (Hrsg.): Methodologie und Methoden medienpädagogischer Forschung (Jahrbuch Medienpädagogik 10), Wiesbaden: Springer VS, S. 55–73
- Niesyto, Horst (2007): Eigenproduktion mit Medien als Gegenstand medienpädagogischer Praxisforschung, in: Sesink, Werner/Kerres, Michael/Moser, Heinz (Hrsg.): Medienpädagogik – Standortbestimmung einer erziehungswissenschaftlichen Disziplin (Jahrbuch Medienpädagogik 6), Wiesbaden: Springer VS, S. 222–245
- Niesyto, Horst (2014): Medienpädagogische Praxisforschung, in: Hartung, Anja/Schorb, Bernd/Niesyto, Horst/Moser, Heinz/Grell, Petra (Hrsg.): Methodologie und Methoden medienpädagogischer Forschung (Jahrbuch Medienpädagogik 10), Wiesbaden: Springer VS, S. 173–191
- Niesyto, Horst/Holzwarth, Peter/Maurer, Björn (2007): Interkulturelle Kommunikation mit Foto und Video, München: kopaed
- Parry, David/Salsberg, Jon/Macaulay, Ann (2009): A Guide to Researcher and Knowledge-User Collaboration in Health Research, in: CIHR – Canadian Institute of Health Research [Onlinedokument: cihr-irsc.gc.ca/e/44954.html, aufgerufen am 02. April 2019]

- Reason, Peter/Bradbury, Hillary (2001): Introduction: Inquiry and Participation in Search of a World Worthy of Human Aspiration, in: Reason, Peter/ Bradbury, Hillary (Hrsg.): Handbook of Action Research, London: Sage, S. 1–14
- Reason, Peter/Bradbury, Hillary (2008): Introduction, in: Reason, Peter/ Bradbury, Hillary (Hrsg.): The Sage Handbook of Action Research, Los Angeles: Sage, S. 1–10
- Reichertz, Jo (2000): Zur Gültigkeit qualitativer Sozialforschung, in: Forum Qualitative Sozialforschung 1 (2), Art. 32, S. 1–25 [Onlinedokument: dx.doi.org/10.17169/fqs-1.2.1101, aufgerufen am 02. April 2019]
- Reichertz, Jo (2012): Die lebensweltliche Ethnografie von Anne Honer. Zum Tode einer Freundin und Kollegin, in: Forum Qualitative Sozialforschung 13 (2), S. 1–8 [Onlinedokument: dx.doi.org/10.17169/fqs-13.2.1822, aufgerufen am 02. April 2019]
- Reinmann, Gabi (2005): Innovation ohne Forschung? Ein Plädoyer für den Design-Based-Research-Ansatz in der Lehr-Lernforschung, in: Unterrichtswissenschaft 33, S. 52–69
- Schluchter, Jan-René (2010): Medienbildung mit Menschen mit Behinderung, München: kopaed
- Schluchter, Jan-René (2012): Medienbildung als Perspektive für Inklusion, in: merz 56 (1), S. 16–21
- Schluchter, Jan-René (2015): Medienbildung als Perspektive für Inklusion. Modelle und Reflexionen für die pädagogische Praxis, München: kopaed, S. 11–26
- Schluchter, Jan-René (2016): Medien, Medienbildung, Empowerment, in: merz 60 (3), S. 24–30
- Steinke, Ines (2004): Gütekriterien qualitativer Forschung, in: Flick, Uwe/ von Kardoff, Ernst/Steinke, Ines (Hrsg.): Qualitative Forschung, Reinbek: Rowohlt, S. 319–331
- Swertz, Christian/Mildner, Katharina (2015): Partizipative medienpädagogische Aktionsforschung. Methodologische Überlegungen anlässlich einer Untersuchung der Medienkompetenz von und durch SchülerInnen an Neuen Mittelschulen in Wien aus Sicht des Theorie-Praxis-Problems, in: Medienimpulse 4, S. 1–19 [Onlinedokument: medienimpulse.at/ articles/view/864, aufgerufen am 02. April 2019]

- Theunert, Helga (2010): Medien, Bildung, Soziale Ungleichheit (Vorwort), in: Theunert, Helga (Hrsg.): Medien, Bildung, Soziale Ungleichheit. Differenzen und Ressourcen im Mediengebrauch Jugendlicher, München: kopaed, S. 7–14
- von Unger, Hella (2014): Partizipative Forschung. Einführung in die Forschungspraxis, Wiesbaden: Springer VS
- Wagner-Willi, Monika (2011): Standortverbundenheit und Fremdverstehen, in: Teilhabe 02, S. 66–68
- Wang, Caroline/Burris, Mary Ann (1997): PhotoVoice – Concept, Methodology, and Use for Participatory Needs Assessment, in: Health Education & Behavior 3, S. 369–387

Lizenz

STEPHAN MÜNTE-GOUSSAR, NINA GRÜNBERGER

Medienbildung und die Kultur der Schule – Praxistheoretische Zugänge zur Erforschung von Schule in einer mediatisierten Gesellschaft

Gegenwärtig wird einerseits ein Umbruch sozio-kultureller Bedingungen diagnostiziert und andererseits – sowie damit verbunden – eine grundlegende mediale Präfigurierung aller Lebensbereiche unter dem Schlagwort Mediatisierung *diskutiert. Von diesen Umwälzungen bleibt auch Schule nicht unberührt. Das Forschungs- und Entwicklungsprojekt* MediaMatters! *versucht Transformationsprozesse von Schule hinsichtlich der Mediatisierung zu begleiten und die Veränderungen auf Ebene der Schul- und Lernkultur nachzuzeichnen. Dabei fußt das Projekt auf den kulturtheoretischen Ansätzen der Medienbildung und Schulkultur. Zur Beforschung ausgewählter Schulen wird eine* praxistheoretische Perspektive *eingenommen und der Transformationsprozess mit einem Methodenspektrum von* Interviews, Beobachtungen *und* Dokumentenanalysen *erhoben. Der Fokus wird dabei auf die Frage nach Veränderungen sozialer Praktiken auf Ebene von* Doing School Culture *(Schulkultur) und* Doing Learning Culture *(Lernkultur) gelegt.*

At present, society is witnessing fundamental sociocultural changes which are closely intertwined with a process of mediatization. *Mediatization itself encompasses not only the increased presence of digital media in people's everyday lives, but also a broader mediatic influence on all aspects of life. These sociocultural changes imply far reaching consequences for education in general and for schools in particular. The project* MediaMatters! *aims on the one hand to help a select group of schools in their mediatization process while examining the impact of mediatization on the schools from a holistic perspective. On the other hand, the project explores and traces the course of these transformational processes. Based on the* theory of social practices, *media education discourse, research in the field of school development and a given set of methods (e. g.* interviews, observations *and* document analysis*), this project focuses on potential changes in* doing school culture *and* doing learning culture.

Schlagworte | Tags: Strukturale Medienbildung, Schulentwicklung, Schulkultur, Doing School Culture, Lernkultur, Doing Learning Culture, Praxeologie, Praxistheorie, Theorie der Praxis, Ethnografie, Cultural Studies, Actor-Network Theory, ANT, interpretativ-rekonstruktive Analytik, Interview, Beobachtung, Dokumentenanalyse, Performanz, performative Praktiken, Partizipative Forschung, Raum, Zeit, soziale Praktiken, kommunikative Validierung, Netzwerkgesellschaft

1. Ziel und Motivation

> „Die Menschheit ist dabei, einmal mehr ihre Organisationsweisen und Lebenszustände grundlegend zu verändern" (Faßler 2009, S. 13).

Der epochale Wandel des Menschseins und menschlicher Sozialitäten, den der Medienanthropologe Manfred Faßler im einführenden Zitat auf den Punkt bringt, wird von einigen Autorinnen und Autoren diskutiert und meist auf zwei ko-evolutionären Entwicklungslinien begründet.

Dies ist erstens eine grundsätzliche Veränderung gesellschaftlicher Strukturen, die unterschiedlich benannt, aber nur graduell anders gefasst wird: Jean-François Lyotard (vgl. Lyotard 1979) beschreibt eine Zuspitzung der Moderne zur *Postmoderne*. Ulrich Beck (vgl. Beck 1986) diagnostiziert eine Selbstgefährdung der Moderne, die er als *Zweite Moderne* bezeichnet. Zygmunt Bauman (vgl. Bauman 2003a; 2003b) spricht von nie dagewesenen Umbrüchen hin zu einer *Flüchtigen Moderne*. Gilles Deleuze (vgl. Deleuze 1993) sieht mit dem Ausgang der Disziplinargesellschaft eine *Kontrollgesellschaft* am Horizont aufziehen. Allgemein ist von einem Übergang von der *Industrie-* zur *Wissensgesellschaft* und gegenwärtig hin zur *Netzwerkgesellschaft* etwa im Sinne Manuel Castells' (vgl. Castells 2004) die Rede.

Die zweite Entwicklungslinie ist die im Zuge dessen sich vollziehende und häufig auch in diesem Kontext diskutierte Herausforderung einer grundlegenden und umfänglichen Mediatisierung der Lebenswelt. Mit dem Mediatisierungsbegriff wird nicht bloß die steigende Integration digitaler Medien in den Lebensvollzug benannt, sondern er umfasst eine unhintergehbare mediale Präfigurierung jeglicher sozialen Praxis und Lebensbereiche.[1]

Die sozio-kulturellen Implikationen der gesellschaftlichen Transformation und die voranschreitende Mediatisierung interessieren erziehungswissenschaftlich, insbesondere medienpädagogisch und bildungstheoretisch. Sie betreffen aber ebenso die Praktiken der Schule. Bedenkt man dabei die weitreichenden Auswirkungen einer grundlegend von (digitalen) Medien durchdrungenen Gesellschaft, wird deutlich, dass es – salopp formuliert – nicht damit getan ist, eLearning-Plattformen bereitzustellen, Computerräume auszubauen, über die Etablierung von Informatikunterricht (als singuläre Maßnahme) zu diskutieren oder eine eher funktionalistische Medienkompetenzdebatte mit Fokussierung auf Medien*anwendungs*kompetenzen zu führen. Die Radikalität der Umwälzungen impliziert vielmehr die Notwendigkeit, Bildung grundlegend *neu zu denken*, wie auch Schule grundlegend zu verändern.

Schule unterliegt einer sozio-kulturellen Transformation, die eine fundamentale Veränderung von Schule im Sinne einer Re-Formulierung struktureller Ordnungsschemata und Sinnhorizonte – im Spannungsbogen von Unterrichtsentwicklung, Schulorganisation und Bildungspolitik – evoziert. Ein solch umfassendes Verständnis von Mediatisierung und Bildung wird – wenn auch mit unterschiedlichen Akzenten – im Diskurs der Medienbildung verhandelt. Im engeren Sinne einer *strukturalistisch* gedachten *Medienbildung* präzisiert sich dies in der kulturtheoretisch und zeitdiagnostisch perspektivierten „Frage nach den Potentialen komplexer medialer Architekturen im Hinblick auf Subjektivierungs- und Bildungsprozesse" (Jörissen 2011, S. 230). Diese Frage stellt sich auch bezüglich der Subjektivierungs- und Bildungsprozesse in beziehungsweise als Effekt der Schule, die ihrerseits struktural-kulturtheoretisch im Sinne von *Schulkultur*, das heißt als soziale Ordnung mit pädagogischem Sinn, gelesen werden kann.

[1] Bei Friedrich KROTZ (vgl. Krotz 2001) kann ein Ausgangspunkt der Mediatisierungsdebatte gefunden werden. Nähere Beschreibungen des Mediatisierungsverständnisses finden sich u. a. bei Benjamin JÖRISSEN (vgl. Jörissen 2016, S. 233) sowie Stefan ISKE (vgl. Iske 2016, S. 259). Häufig synonym oder mit marginaler Bedeutungsverschiebung wird der Begriff der *Medialisierung* verwendet (vgl. u. a. Hug 2014). Eine systematische Ausdifferenzierung der Begriffsverwendung ist innerhalb der Medienpädagogik noch nicht erfolgt, aber angezeigt.

Das vom Ministerium für Soziales, Gesundheit, Wissenschaft und Gleichstellung des Landes Schleswig-Holstein zunächst von 2015 bis 2018 finanzierte Forschungs- und Entwicklungsprojekt *MediaMatters!*[2] stellt die Frage nach grundlegenden schulischen Strukturen hinsichtlich einer mediatisierten Welt, das heißt nach der medien-kulturellen Verfassung von Schule und deren gegenwärtiger Transformation. Es folgt dabei dem Projekttitel entsprechend zwei Ansprüchen: Im Rahmen des *Entwicklungs*anspruchs begleitet *MediaMatters!* Schulen in Schleswig-Holstein auf ihrem Weg der Schulentwicklung im Kontext einer allgemeinen Mediatisierung. Es bestärkt die jeweiligen Eigendynamiken der Schulen und bringt zugleich neue Entwicklungsimpulse ein. Hinsichtlich des *Forschungs*anspruchs verfolgt *MediaMatters!* das Ziel, Veränderungen der Schulkultur im Zuge einer solchen Entwicklung mit Hilfe einer empirischen Untersuchung von der organisationslogischen Makro- bis zur unterrichtlichen Mikro-Ebene zu beschreiben. In der Verknüpfung dieser beiden Zielsetzungen verfolgt das Projekt einen situiert-partizipativen Anspruch.

Dieser Beitrag konzentriert sich, dem Konzept der vorliegenden Publikationsreihe entsprechend, auf die Frage des *Forschungsdesigns* des Forschungs- und Entwicklungsprojektes *MediaMatters!* des Seminars für Medienbildung der Europa-Universität Flensburg; das heißt auf den *theoretischen* und *methodologischen* Rahmen, *methodische Entscheidungen* sowie *forschungspraktische Besonderheiten und Herausforderungen.* Durch die enge Verknüpfung des Entwicklungsanspruchs mit dem Forschungsanspruch kann und soll der eine aber nicht ohne den anderen vorgestellt werden.

In einem ersten Schritt werden die zentralen theoretischen Bezüge, auf denen das Projekt fußt, expliziert. Besprochen wird hier der dem Projekt zugrundeliegende *Medienbildungs*begriff sowie das *Schulkultur-* respektive *Lernkultur*verständnis. Diese Ansätze verbindend wird die hier eingenommene *praxistheoretische* Perspektive beschrieben, die eine Abwendung von einer Subjektorientierung impliziert. Die praxistheoretische Perspektive wird des Weiteren in eine analytische Heuristik überführt, die der empirischen Studie zu Grunde liegt. Dies alles mündet in der Explikation des

---

[2] Vgl. mediamatters-sh.de (Webseite des Projekts *MediaMatters!*), aufgerufen am 18. Dezember 2018.

Methoden-Spektrums der Datenerhebung und -auswertung sowie in der knappen Formulierung erster forschungspraktischer Erfahrungen.[3]

2. Theoretische Basis

Wie bereits gezeigt, fußt das Forschungs- und Entwicklungsprojekt *MediaMatters!* auf zwei Säulen, deren gemeinsame Basis als *praxistheoretisch* bezeichnet werden kann: Zum Ersten ist dies eine *struktural* gedachte *Medienbildung* als ein seit einigen Jahren diskutierter Ansatz des medienpädagogischen Diskurses. Zum Zweiten ist dies die theoretische Fassung von Schule, die sich am Diskurs um *Schulkultur* (vgl. u. a. Helsper 2008; Helsper 2010) und – dem Entwicklungsanspruch von *MediaMatters!* entsprechend – *Schulentwicklung* orientiert. Diese theoretischen Säulen sind sowohl von ihrem eigenen Anspruch her als auch in der Lesart von *MediaMatters!* stets in eine zeitdiagnostische Berücksichtigung gegenwärtiger Lebensbedingungen eingebettet.

2.1 Medienbildung und Schulkultur

Ausgehend von einer Mediatisierung als erfahr- und beobachtbare „Mediendurchdringung" der Lebenswelt und der – nicht immer vordergründig erkennbaren – „Unhintergehbarkeit medialisierter Welten und deren Funktion als Ausgangspunkt für unsere Erkenntnisbestrebungen" (Hug 2007, S. 18) kann die Frage nach darin möglichen Lern- und Bildungsprozessen gestellt werden. Dies erfolgt im Medienbildungsdiskurs durch die Betonung der Eigenständigkeit der Begriffsteile *Medien* und *Bildung* sowie der Besonderheit ihrer Verbindung zu *Medienbildung*. Der Medienbildungsdiskurs hat sich in den letzten Jahren intensiviert (vgl. u. a. Iske 2015, S. 252) und die Begriffsbestimmung an Kontur gewonnen – nicht zuletzt in der Differenz zu anderen medienpädagogischen Konzepten, vornehmlich je-

---

[3] Weiterführende Informationen finden sich bei Stephan MÜNTE-GOUSSAR (vgl. Münte-Goussar 2016), Nina GRÜNBERGER und MÜNTE-GOUSSAR (vgl. Grünberger/Münte-Goussar 2017a; Grünberger/Münte-Goussar 2017b) sowie GRÜNBERGER, Claudia KUTTNER und Helge LAMM (vgl. Grünberger/Kuttner/Lamm 2016).

nem um Medienkompetenz(en) (vgl. u. a. Moser/Grell/Niesyto 2011). Als theoretisch und empirisch ausführlich entwickelter (und durch eine Vielzahl von Autorinnen und Autoren weiterentwickelter) „zentraler Referenzpunkt“ in der Medienpädagogik (Iske 2015, S. 266) gilt die *Strukturale Medienbildung* nach Benjamin Jörissen und Winfried Marotzki (vgl. Jörissen/Marotzki 2009).

Auf Basis eines „gesellschaftstheoretischen und zeitdiagnostischen Rahmen[s]“ von Bildung, fokussiert die *Strukturale Medienbildung* vorrangig die Prozesshaftigkeit und Offenheit von Bildung sowie „historisch und kulturell veränderlich[e]“ Subjektivierungsprozesse an Stelle eines „vorgängig bereits vorhandenen [...] Subjekts“ (Fromme/Jörissen 2010, S. 50 f.). Ausgangspunkt ist dabei ein Verständnis von Bildung im Sinne von *Subjektivation* statt Aus- oder Selbstbildung, das heißt als Transformation von Selbst- und Weltverhältnissen statt selbstbestimmter Selbstermächtigung (vgl. Verständig/Holze/Biermann 2016, S. 3). Jörissen und Marotzki beziehen sich auf die conditia postmoderna und einer damit einhergehenden „Orientierungskrise“ (Jörissen/Marotzki 2009, S. 10). Vor diesem Hintergrund grenzen sie sich gleichermaßen von einem kanon-orientierten Bildungsverständnis wie einem humanistischen, selbstreferenziellen Subjektverständnis ab. Die Pluralisierung von Orientierungsschemata und die Erhöhung von Kontingenzerfahrungen machen vielmehr eine Sensibilisierung für die Relativität und Vorläufigkeit der eigenen Weltsicht notwendig. Bildung kann „nicht mehr (länger) als Überführung von Unbestimmtheit in Bestimmtheit gedacht werden“ (Jörissen/Marotzki 2009, S. 20).

Die stetig sich verschiebenden Selbst- und Weltbezüge sind dabei „prinzipiell medial vermittelt“ (Jörissen/Marotzki 2009, S. 15). Jörissen und Marotzki beziehen sich dabei nicht vordergründig auf gegenständliche Medien, sondern auf das „Phänomen der ‚Medialität‘, die von Medienerscheinungen und Medientypen abstrahiert und übergreifende Form- und Strukturaspekte fokussiert“ (Iske 2015, S. 249). Medienbildung wird hier strukturtheoretisch als eine durch spezifische Diskurse und soziale Praktiken erwirkte Subjektivierung vor dem Hintergrund einer „unhintergehbar medial durchdrungenen Gesellschaft“ (Verständig/Holze/Biermann 2016, S. 4 f.) interpretiert. Damit unterläuft dieses Medienbildungsverständnis die Dichotomisierung von Medium und Subjekt. Subjektivierungen zeigen sich als „mediale Artikulationen“ innerhalb differenzierter medialer Architekturen (Jörissen/Marotzki 2009, S. 39).

Ähnlich wird im *strukturgenetischen* Ansatz der *Schulkulturtheorie* auch Schule als symbolische Ordnung von Diskursen, Praktiken und Artefakten mit pädagogischem Sinn verstanden (vgl. Helsper 2008). Ausgangspunkt ist hierbei die Einzelschule in Auseinandersetzung mit den Bedeutungsgefügen höherer Ordnung – etwa der Bildungspolitik, pädagogischer Forschung oder den Ansprüchen an Schule als ein gesellschaftliches Subsystem. Dabei können folgende bevorzugte Aushandlungsorte von Schulkultur benannt werden, die zugleich einer Formbestimmung von Schule dienen: die Leistungskultur einer Schule, die Formierung des zu tradierenden Wissensbestandes und die Auswahl der Unterrichtsinhalte, die grundlegenden pädagogischen Orientierungen und Organisationsformen sowie die Partizipationsmöglichkeiten und Anerkennungsverhältnisse bezüglich dieser Aushandlungsfelder seitens der schulischen Akteurinnen und Akteure (vgl. Idel/Stelmaszyk 2015, S. 58).

Schulkultur ist in dem hier vertretenen Verständnis das dynamische Ergebnis einer bestimmten gesellschaftlichen Praxis. Schulkultur als Praxis ist aber unabhängig von den Absichten der Akteurinnen und Akteure. Sie ist nicht Ausdruck intentional handelnder, vorgängig bereits vorhandener, autonomer Subjekte innerhalb bestimmbarer Interaktionsverhältnisse. Die schulischen Akteurinnen und Akteure sind vielmehr wechselhaft an spezifischen Subjektpositionen innerhalb gegebener, historisch entstandener und wandelbarer Strukturen platziert. Die Akteurinnen und Akteure führen die damit struktural vorgezeichneten Praktiken und Artikulationsmöglichkeiten aus beziehungsweise auf und (an-)erkennen sich selbst in deren Vollzug als Subjekte. Im gleichen Maße wie das Soziale in Praktiken hervorgebracht wird, bringen sich darin auch Subjekte hervor (vgl. Reh/Fritzsche/Idel/Rabenstein 2015, S. 304).

Diese Perspektive bewegt sich jenseits des Dualismus von determinierter Struktur und willentlicher Handlung: Die pädagogische Ordnung der Schule ist weder allein handlungstheoretisch über die Koordination intentionaler Akte noch über die Reproduktion vorgängiger Systeme oder Strukturen erklärbar (vgl. Reh/Fritzsche/Idel/Rabenstein 2015, S. 301). Mit diesem Verständnis von Schulkultur ist ein methodologischer Ansatz verbunden, der darum bemüht ist, „die schultheoretisch relevante Analyseebene […] der basalen Grammatik des Schulehaltens" (Idel/Stelmaszyk 2015, S. 61) und zugleich die an deren Oberfläche sich abspielenden Performanzen der Akteurinnen und Akteure empirisch zu heben. Schulkultur kann dabei nicht nur sozio-kulturell, sondern auch *medien*-kulturell nachgezeichnet werden. Es gibt immer eine mediale Tiefenstruktur der Schule, auf der der Einsatz oder der Gebrauch von Medien in der Schule aufsitzt (vgl. Böhme 2015). Die – nicht zuletzt mediale – Schulkultur und ihre Veränderung kann im *Tun* der Akteurinnen und Akteure – wie im Folgenden detaillierter expliziert – *interpretativ rekonstruiert* und *analysiert* werden.

Beide Ansätze – die Strukturale Medienbildung sowie die Schulkulturtheorie – haben gemein, dass sie aus einer kulturtheoretischen Perspektive auf relationale Bedeutungsgefüge fokussieren. Sowohl die medialen Architekturen, die Bildungsprozesse ermöglichen, als auch die Grammatik der Schule werden dabei weder als Interaktionsverhältnisse noch als „fixe Strukturen" gedacht, sondern als *soziale Praktiken*, innerhalb derer Subjekte sich allererst bilden wiewohl diese Praktiken von den Subjekten getragen und in wiederholten Aufführungen stabilisiert oder verändert werden. Aus einer solchen Perspektive kann die Verwobenheit medialer, schulischer und subjektivierender Strukturen in den Blick genommen werden. Auf dieser Ebene werden die Spannungen, Grenzverschiebungen und Veränderungsnotwendigkeiten denk- und sichtbar, die entlang der Mediatisierung von Schule entstehen. Diese Perspektive liegt dem Entwicklungs- und Forschungsprojekt *MediaMatters!* zu Grunde.

2.2 Praxistheorie

Das Forschungsinteresse von *MediaMatters!* sowie dessen theoretische Verortung legen – dem bisher Erläuterten folgend – eine *praxistheoretische Perspektive* nahe, die Fragen der konkreten Ausgestaltung des Forschungsprojektes eröffnet und zugleich mögliche Antworten impliziert. In Anlehnung an unterschiedliche methodische Kontexte – wie etwa die *Ethnografie*, die *Cultural Studies* und die *Actor-Network Theory* (vgl. Reckwitz 2003, S. 282 f.) – bieten für *MediaMatters!* praxeologische Zugänge die Grundlage. Praxistheorie versteht sich selbst als eine Theorie des Sozialen und zugleich als forschungsprogrammatische Rahmung für empirische Studien (vgl. Reckwitz 2003, S. 284). Dies findet in *MediaMatters!* gleichermaßen Berücksichtigung: Zum einen bieten die theoretischen Grundannahmen der Praxistheorie für den methodologischen Rahmen des Forschungsprojekts eine produktive Basis. Zum anderen wird die forschungspragmatische Rahmung der Praxeologie im methodischen Setting aufgegriffen.

Praxistheorie fußt auf zwei Leitthesen: Die erste besagt, dass es eine „Materialität des Sozialen/Kulturellen" gibt und sich diese materielle Ebene empirisch erheben und nachzeichnen lässt. Die zweite konstatiert, dass in der Materialität eine „implizite, ‚informelle' Logik des sozialen Lebens" figuriert (Reckwitz 2003, S. 290). Die Praxeologie betont dabei die Wandelbarkeit und historische Genese sozialer Strukturen auf Basis sich wiederholender *performativer Praktiken*.

Soziale Praktiken sind „Praktiken der Verhandlung", des „Umgangs" mit einem Artefakt, einer anderen Akteurin beziehungsweise einem anderen Akteur oder auch dem Selbst, beispielsweise dem eigenen Körper, die in ihrer Ausübung, etwa in Form von routinisierten Bewegungen, beobachtbar sind (Reckwitz 2003, S. 290).[4] Die Betonung liegt dabei auf der Frage des Tuns, also der konkreten Handlung beziehungsweise der gelebten Praktiken, die sich in ihrer Gesamtheit als eine soziale Praxis, ein Gefüge struktureller Verhältnisse darstellen. Diese soziale Ordnung ist den Praktiken aber nicht vorgängig, sondern wird *in actu* allererst hervorgebracht und immer wieder neu aufgeführt. Soziale Ordnungen sind deshalb nicht notwendig, sondern tatsächlich soziale *Tat-Sachen* (vgl. Rabinow 1993). Es geht um die Frage des *Doing Culture* angesichts einer bestimmten Historizität. Das *Doing Culture* wird geregelt durch „kollektive Wissensordnungen", die nicht als kognitiv übermitteltes und getragenes „Knowing That" oder als rein implizite Regeln beziehungsweise Codes verstanden werden dürfen, sondern als „praktisches Wissen, ein Können, ein know-how, ein Konglomerat von Alltagstechniken, ein praktisches Verstehen im Sinne eines ‚Sich auf etwas verstehen'" (Reckwitz 2003, S. 289).

[4] Neue soziale Praktiken können sich im *Doing Culture* bei notwendigen Wiederholungen, widerstreitenden Situationen und „organisationelle[n] Konflikten" (Reckwitz 2003, S. 284 f.) und im subversiv-künstlerischen Umgang mit tradierten Praktiken entwickeln (vgl. Reckwitz 2003, S. 282). Indem jede Praktik eine im Moment von einer Akteurin oder einem Akteur neu hervorgebrachte, also gelebte Praxis ist, ist die tatsächliche Umsetzung tradierter Praktiken von der jeweiligen Historizität und den situativen Bedingungen abhängig. Indem das Subjekt durch das Performen einer Praktik sowohl auf die Historizität antwortet, als auch auf tradierte Praktiken zurückgreift, ergibt sich die potentielle Möglichkeit einer „Sinnverschiebung" (Reckwitz 2003, S. 295).

Praxeologische Zugänge unterscheiden sich von traditionellen Handlungstheorien, indem das, was „‚Handeln' – und damit auch, was der ‚Akteur' oder das ‚Subjekt' – ist" (Reckwitz 2003, S. 282) anders gedacht wird: insbesondere nicht in der Dichotomie von Subjekt und Objekt oder dem Austausch von Subjekt und anderem Subjekt. Praxis meint eben nicht – und genau dies ist auch die Kernaussage der Strukturalen Medienbildung und des Schulkulturansatzes – die Interaktion von autonom vorgestellten Subjekten, die bestimmte Praktiken willentlich vollführen oder Techniken gebrauchen. Soziale Ordnung fußt nicht auf der Koordination intersubjektiver, intentionaler Handlungen. Praktiken sind diesen Handlungen vielmehr bereits unterlegt und sorgen dafür, dass subjektive Akteurinnen und Akteure sich als solche anerkennen, die Welt als geordnet wahrnehmen und somit darin handlungsfähig sind.

Auch hinsichtlich der Frage des Mitdenkens medialer Vergegenständlichungen – etwa in Form von digitalen Geräten oder manifesten Netzwerken – bieten praxeologische Zugänge hilfreiche Orientierungen. Denn mit der Fokussierung des *Doings*, also der gelebten Praxis, kommt auch die Frage nach der „Verwendung technischer und medialer Artefakte" in den Blick (Reckwitz 2003, S. 282). Mediale Artefakte sowie komplexe mediale Architekturen sind weder rein materiell, noch kommt ihnen allein ein kulturell-symbolischer Stellenwert zu. Artefakte evozieren durch ihre Materialität zwar einen bestimmten Gebrauch; dieser Gebrauch ist aber ebenso von kulturell vorgegebenen Handlungsmöglichkeiten – *Know-how* – determiniert, der eben keinen beliebigen Gebrauch der Artefakte ermöglicht. Artefakte sind als „ständige, kreativ zu beantwortende irritative Herausforderungen" zu verstehen (Reckwitz 2003, S. 285). Damit ist das Verhältnis von Subjekt und Medien nicht (mehr) dichotom gedacht: Das medienverwendende Subjekt ist weder bloßes Objekt medialer Strukturen noch souveräne Anwenderin oder souveräner Anwender der Medien. Das Verhältnis von Medien und Subjekt wird vielmehr als ein Ensemble von Praktiken des Mediengebrauchs im Sinne von „Techniken des Selbst" verstanden (vgl. Foucault 2005; Reckwitz 2003, S. 285 f.). Das Subjekt ist deren Effekt und bleibt Subjekt nur durch Wiederholung und Reartikulation jener Praktiken. Diese Iterabilität wird aber zugleich zum Nicht-Ort der Subversion, einer möglichen Resignifizierung, das heißt „zur Möglichkeit einer Neuverkörperung der Subjektivationsnorm, die die Richtung ihrer Normativität ändern kann" (Butler 2001, S. 95).

3. Methodendiskussion

Vor diesem Hintergrund wird in *MediaMatters!* – der Formulierung *Doing Culture* entsprechend – der Fokus auf *Doing School Culture* (Schulkultur) und *Doing Learning Culture* (Lernkultur) gelegt. Das Forschungsinteresse von *MediaMatters!* gilt entsprechend *sozialen Praktiken* im Schulkontext sowie deren möglichen Veränderungen angesichts einer medialen Präfigurierung der Lebenswelt. Konkreter: Im Projekt werden soziale Praktiken von Schulen, die in Hinblick auf Fragen der Mediatisierung nach Antworten suchen, fokussiert. Damit verbunden ist – schon durch den Entwicklungsanspruch von *MediaMatters!* – ein Entwicklungs- und damit Verlaufsvektor. *MediaMatters!* fixiert keine Momentaufnahme, sondern sucht ein dynamisches, veränderliches Feld nachzuvollziehen. Der Entwicklungs- und Verlaufsvektor spiegelt sich in der Ausgestaltung des Forschungsdesigns wider: Ausgewählte Schulen werden über einen Zeitraum von zwei Jahren forschend und entwickelnd begleitet sowie zur Partizipation an der Forschungspraxis angeregt. Schulentwicklung wird dabei nicht angeleitet, sondern höchstens auf Zuruf durch die schulischen Partner unterstützt.

Fragt man danach, wie sich Schule im Hinblick auf eine grundlegende Mediatisierung konstituiert respektive konstituieren kann und soll, rückt Schule in einem umfassenden und grundlegenden Sinn in den Fokus. Im Zentrum steht dann – mit Werner HELSPER gesprochen – eine „Analyse des Verhältnisses von Schule und Gesellschaft bzw. der Schule zu anderen Teilsystemen der Gesellschaft", eingedenk der damit verbundenen Eingebundenheit von Schule in einen „Gesamtzusammenhang des Bildungssystems" (Helsper 2006, S. 416).

Dies spannt sich in zwei Perspektiven auf: Die erste betrifft Schule als Institution und Organisation und zwar sowohl im Hinblick auf die Einzelschule als auch in der Zusammenschau unterschiedlicher Schulen. In der zweiten Perspektive ist der Fokus auf Unterrichtsprozesse und damit auf die Mikropraktiken der jeweiligen schulischen Lehr-/Lernkultur gelegt, innerhalb derer vornehmlich Lehrerinnen und Lehrer mit Schülerinnen und Schülern sowie mit (medialen) Artefakten innerhalb eines raum-zeitlichen

Arrangements in ein praktisches Verhältnis zueinander treten. Schulkulturforschung[5] nimmt Schule in diesem Spannungsfeld in den Fokus.

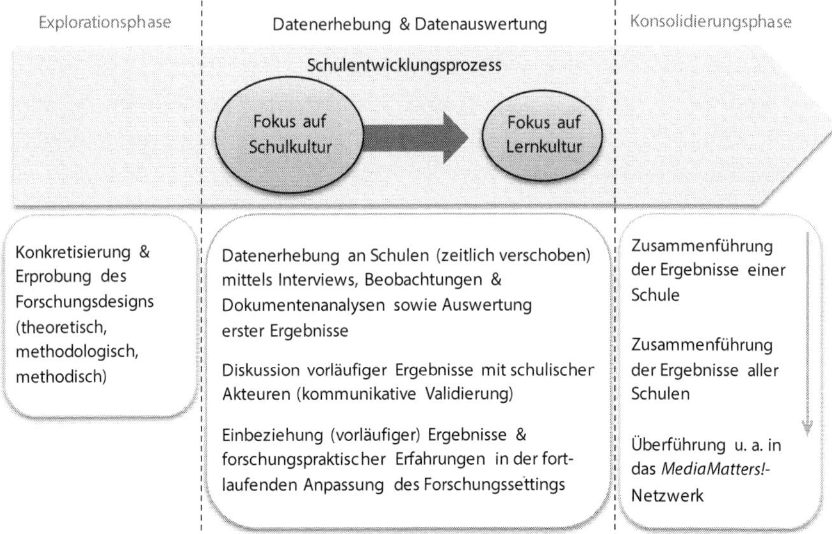

Abbildung 1: Forschungsprozess von *MediaMatters!* nach Phasen (eigene Darstellung)

Der Forschungsprozess von *MediaMatters!* ist vor diesem Hintergrund in Phasen untergliedert (vgl. Abbildung 1). Die Phasen dienen dazu, sich sukzessive einer Schule anzunähern, diese mit Fokus auf die umfängliche Schulkultur zu fassen zu suchen, um sodann auf der Mikroebene die Lernkultur zu fokussieren.

Die *Datenerhebungs- und Datenauswertungsphasen* erfolgen einerseits an den jeweiligen Schulen zeitlich verschoben und andererseits iterativ und zyklisch, um Erfahrungen und (vorläufige) Ergebnisse in nachkommenden Datenerhebungen und -auswertungen berücksichtigen zu können. Der iterativen Datenerhebung und -auswertung ist eine *Explorations-*

[5] In der bisherigen Schul(kultur)forschung wird der Zusammenhang um Medien(bildung) und Schule beziehungsweise Schulkultur zwar durchaus als zentrale Zukunftsperspektive und Forschungsdesiderat angeführt, aber bisher kaum systematisch berücksichtigt. Von daher erscheint eine Zusammenarbeit von Schulpädagogik und Medienpädagogik hier wünschenswert, wenn nicht sogar notwendig (vgl. u. a. Helsper 2006, S. 421; Melzer/Sandfuchs 2006, S. 426; Böhme 2015).

phase vorangestellt, die der Entwicklung und Erprobung des Methodensettings dient. In der *Konsolidierungsphase* werden die Forschungsergebnisse aller Schulen auf Mikro- und Makro-Ebene zusammengeführt und – dem Entwicklungs- und Partizipationsanspruch entsprechend – unter anderem dem *MediaMatters!*-Netzwerk vor- und bereitgestellt.

Auf Ebene der schulischen Lernkultur und bezugnehmend auf die Frage nach den „Architekturen [im weitesten Sinne] im Hinblick auf Subjektivierungs- und Bildungsprozesse" (Jörissen 2011, S. 230), ist anzunehmen, dass diese durch eine umfängliche Mediatisierung zwar herausgefordert werden und in Bewegung geraten, aber ebenso hartnäckig in ihrer über Jahrhunderte tradierten Form verharren. Die Struktur der pädagogischen Ordnung sowie die ihrer möglichen Veränderung können empirisch nur im Prozess der Ordnungsbildung erfasst werden. Sie zeigen sich immer als ein Konkretes, sind also gebunden an bestimmte Orte, Zeiten und Materialitäten.

Zu ihrer Erschließung wendet das Forschungs- und Entwicklungsprojekt *MediaMatters!* eine vierteilige Heuristik an. Die Orientierung an dieser Heuristik soll ermöglichen, die pädagogischen Organisationsformen einerseits als routinisierte soziale Praktiken zu beobachten, bei denen andererseits aber abzusehen ist, dass es im Zuge einer Mediatisierung von Schule genau im Vollzug dieser Praktiken zu Spannungen, Brüchen, Reibungen und schließlich zu Veränderung von Schule kommen kann oder schon gekommen ist. Im Zuge der Forschung werden diese Reibungen und Brüche gehoben und danach gefragt, wie und mit welchen Hilfestellungen und Ressourcen Schule damit gegebenenfalls umgehen kann.

Die Heuristik basiert auf einer bestimmten Vorstellung von schulischer Organisation, die als grundlegend für die pädagogische Praxis von Schule angesehen werden kann und die die Lernkultur, vornehmlich die unterrichtliche Situation, aber auch die Schulkultur, im Sinne der gesamten Organisation von Schule präfiguriert. Es wird davon ausgegangen, dass Schule in ihrer Tiefenstruktur *disziplinär* verfasst ist.[6] Diese so unterstellte Tiefenstruktur wird in der Heuristik entlang von vier Feldern gefasst: Die grundlegende pädagogische Ordnung von Schule zeigt sich demnach erstens in der *zeitlichen Rhythmisierung* und – eng damit verbunden – zwei-

[6] Die disziplinäre Verfasstheit von Schule meint hier keine organisationale Strukturierung von Schule in Fächerbündel respektive „Disziplinen", wie dies missverstanden werden könnte.

tens in der *räumlichen Gestaltung*. Im Medienbildungsdiskurs werden im Bezug dazu etwa die Parallelität von Aktivitäten oder die zeitliche Ubiquität digitaler Medien im Sinne eines *Always-On* diskutiert. Diese medienkulturellen Praktiken treffen nun auf eine ausgeprägte schulische Zeit-Tradition, die sich etwa in klar begrenzten Unterrichtseinheiten, Jahrgangsklassen und der Organisation individueller Bildungsverläufe zeigt. Damit verbunden ist eine ebenso lange Tradition der Gestaltung von Schulraum im Spannungsbogen von Schularchitektur bis hin zur Reglementierung der Bewegung der Individuen im Raum. Neue Medien erschaffen neue Räume und evozieren andere Bewegungen im Raum. Offensichtlich wird die Erweiterung und Verflüssigung der Raum-Zeitlichkeit durch mobile Geräte und virtuelle Lernräume, etwa in Form von Online-Lernplattformen, in denen asynchrone und körperlose Begegnungen möglich sind. Drittens wird der Umgang mit, der Transfer und die Vermittlung sowie die Legitimationsbewertung von *Wissen* durch digitale Medien herausgefordert. Im Zuge dessen stellt sich etwa die Frage, welchen Platz das schulische Leitmedium Buch erhalten soll angesichts der zunehmenden Nutzung von *Open Educational Resources* (OER) und digitaler Schulbücher. Und viertens schließt die Heuristik *soziale Praktiken* in dem engen Sinne ein, wie sie sich in Lehr-Lern-Szenarien in der Kommunikation von Lehrenden und Lernenden, in dem (Nicht-)Ermöglichen von Kooperationen, bei Fragen der Erreichbarkeit von Ressourcen oder auch der Leitungsbewertung zeigen (vgl. dazu ausführlicher Jörissen/Münte-Goussar 2015).

Die so unterstellte pädagogische Ordnung der Schule muss sich nun dem praxistheoretischen Zugang entsprechend im konkreten Tun zeigen – und zwar in ihrer Stabilität wie auch in ihrer Veränderung. Die Praktiken, die damit verwobenen Diskurse sowie die in Artefakten materialisierten Praktiken, die die angenommene raum-zeitliche, wissensbezogene und pädagogische Struktur hervorbringen, müssen beobachtbar, in Aussagen und Programmen auffindbar und etwa in Gestalt von Lerntechniken, IT-Infrastrukturen oder räumlichen Arrangements sichtbar sein. Die Methoden zur Datenerhebung müssen also so angelegt sein, dass sie die anvisierte strukturelle Ebene in der Performanz der schulischen Alltags- und Lernkultur zu fassen bekommen. Dabei bedient sich das Projekt klassischer Methoden der Sozialwissenschaft: *Interview*, *Beobachtung* und *Dokumentenanalyse*.

Entscheidend sind die bei der Erhebung eingenommene Perspektive und der Status, den man den so erhobenen Daten zuweist. Von Interesse sind die darin zu findenden Wiederholungen und Redundanzen, aber insbesondere die sich vor diesem Hintergrund abzeichnenden signifikanten Abweichungen von eben diesen. Diese Abweichungen von routinisierten Praktiken werden dann als Ausgangspunkt für den Entwicklungsanspruch des Projektes herangezogen.

Im Folgenden werden die eingesetzten Methoden im Einzelnen, aber zunächst im Kontext des gesamten Forschungssettings und insbesondere mit Fokus auf den Forschungs- *und* Entwicklungsanspruch von *MediaMatters!* beschrieben.

4. Methodensetting und -beschreibung

Im Rahmen des dargelegten Erkenntnisinteresses und der theoretischen Bezüge sowie methodologischen Implikationen verfolgt das Projekt *MediaMatters!* einen doppelten Anspruch: *Forschung* und *Entwicklung*. Dieser bildet sich in der Ausgestaltung des Forschungssettings ab, insofern dieses durch eine generelle Offenheit und Prozesshaftigkeit gekennzeichnet ist und fortlaufend entlang forschungspraktischer und -gegenständlicher Erfahrungen angepasst wird. Durch diese Offenheit soll auch eine Teilhabe der schulischen Akteurinnen und Akteure am Forschungsprozess im Sinne *Partizipativer Forschung* ermöglicht werden.[7]

Das Forschungs- und Entwicklungssetting von *MediaMatters!* folgt dabei drei Leitprämissen, die durch die Begriffe *situiert*, *adaptiv* und *partizipativ* umschrieben werden. Im Sinne der Situativität fokussieren die Forschungsaktivitäten spezifische Situationsbedingungen von Einzelschulen und führen die Erhebung zur Schulentwicklung in einer Gesamtschau zusammen. Das *MediaMatters!*-Team begleitet die Schulen im Prozess ihrer je besonderen Entwicklung hin zu einer Schule im Kontext der Mediatisierung. Die Adaptivität bezieht sich auf (mögliche) Veränderungen der Schul-

[7] Insofern sich das Projekt *MediaMatters!* aktuell in der Datenerhebungsphase befindet, können hier einige methodische Entscheidungen nur als vorläufig und prozessbedingt veränderlich vorgestellt werden.

und Lernkultur, deren Wahrscheinlichkeit durch die wissenschaftliche Begleitung erhöht wird. Der *Partizipationsanspruch* impliziert dem Wortursprung nach einerseits die Ermöglichung einer potentiellen Anteilnahme und andererseits die Übernahme dieser Möglichkeit durch Dritte.[8] Damit folgt das Projekt dem Anspruch, alle schulischen Akteurinnen und Akteure in den Entwicklungs- und Forschungsprozess miteinzubeziehen und eröffnet durch unterschiedliche Maßnahmen eine Anteilnahme dieser. Es wird versucht, allen Akteurinnen und Akteuren im Prozess auf Augenhöhe zu begegnen. Dies bedeutet zum einen, dass sich die Forschungs- und Entwicklungsbemühungen an „den Bedarfen, Denkhorizonten und Handlungsvollzügen der schulischen Partner" orientieren, die damit den „Möglichkeitsraum für Veränderungen, Forschungsfragen und methodische Zugänge rahmen" (Grünberger/Kuttner/Lamm 2016). Das bedeutet zum anderen, dass die Bemühungen zugleich darauf zielen, eben diesen Rahmen zu überschreiten und bisher ungedachte Handlungsspielräume zu eröffnen.[9]

Die Erweiterung bisheriger Denk- und Handlungsmöglichkeiten kann nur in *gemeinsamen* Entwicklungsprozessen erfolgen. Gemeinsam und kollaborativ meint hier einerseits gemeinsam als Schule, aber auch gemeinsam als Schul*en* und gemeinsam im Verbund aller im Kontext Eingebundenen etwa aus Politik, pädagogischer Forschung und insbesondere der schulischen Praxis. Zur Unterstützung dessen befördert *MediaMatters!* ein Netzwerk zum freien Austausch der Akteurinnen und Akteure im Kontext Medienbildung. Hierzu finden etwa quartalsweise Netzwerktreffen und einmal im Jahr die *Flensburg Winter School* statt, bei der neben zahlreichen explizit schulischen Akteurinnen und Akteuren stets auch Expertinnen und Experten aus Forschung und Praxis sowie weitere Interessierte aktiv teilnehmen. Die *MediaMatters!*-Website dient nicht nur der Präsentation des Projektes, sondern insbesondere der Kommunikation, dem Aus-

[8] Der Begriff *partizipativ* gründet sich aus dem lateinischen *pars (partis)* für *Teil* und *capere* für *nehmen und ergreifen*, woraus sich *particeps(-cipis)* für *Anteil haben* und *beteiligt sein* bildet (vgl. Kluge 2011, S. 686).

[9] Der Artikel *Situiert. Partizipativ. Adaptiv. Kollaboration in pädagogischer Forschung und Praxis im Projekt MediaMatters!* (vgl. Grünberger/Kuttner/Lamm 2016) bezieht sich schwerpunktmäßig auf die Frage der Einlösbarkeit des Anspruchs von Forschung und Entwicklung auf Augenhöhe. Dort wird die Gestaltung, Entwicklung und der Ausbau des *MediaMatters!*-Netzwerks etwas detailreicher als vorliegend beschrieben.

tausch und damit der Manifestierung des Netzwerkes im virtuellen Raum. In Summe ist das Ent- und Bestehen dieses Netzwerks möglich, weil mit den dargelegten Maßnahmen ein Raum zur Artikulation des eigenen Standpunkts, zur Reflexion der eigenen Position – auch oder gerade in der Differenz zu anderen Positionen – offeriert wird. Obgleich diese Maßnahmen zur Entwicklung und Stabilisierung eines lebendigen Netzwerks vergleichsweise trivial wirken, impliziert ihre partizipative Ausgestaltung und der Anspruch der Augenhöhe die Notwendigkeit einer vertrauensvollen Basis und weitreichende Herausforderungen für die Entwicklungs- und Forschungsziele.

Der *Forschungs*anspruch von *MediaMatters!* bezieht sich auf die Hebung und Beschreibung der potentiellen Veränderungen von schulischen Praktiken im Spannungsfeld von Schul- und Lernkultur und im Hinblick auf grundlegende Mediatisierungsprozesse. Dazu wird ein in sich verbundenes Methodenset zur Datenerhebung und -auswertung eingesetzt, das im Folgenden – in aller Vorläufigkeit – vorgestellt wird.

4.1 Methoden und Vorgehen in der Datenerhebung

Zur Daten*erhebung* werden zunächst drei unterschiedliche, aber miteinander in Verbindung stehende zentrale Methoden angewandt, die im Folgenden ausführlicher dargestellt werden. Dem Anspruch der Offenheit und Veränderlichkeit des Forschungsprozesses wird durch die wiederholte Datenerhebung und -auswertung sowie durch deren Einbeziehung in den weiteren Forschungsverlauf Rechnung getragen, was zu einer Erweiterung des hier skizzierten Methodenspektrums führen kann.

Interviews mit schulischen Akteurinnen und Akteuren

Zum Ersten werden Interviews mit schulischen Akteurinnen und Akteuren, also mit Lehrerinnen und Lehrern, der Schulleitung, gegebenenfalls dem Verwaltungspersonal (beispielsweise IT-Beauftragte) und Schülerinnen und Schülern sowie Eltern geführt. An den Schulen der ersten Forschungsphase waren dies vier bis sechs Interviews. Weitere Interviews werden in den darauffolgenden Phasen geführt, wobei hierin spezifische Aspekte, die sich als besonders relevant erwiesen haben, fokussiert werden. Dabei ist auch eine Erweiterung des Personenkreises anlassbezogen denkbar – etwa hinsichtlich Vertreterinnen und Vertretern aus dem weiteren Schulkontext, des Schulträgers oder der Schulverwaltung.

Die circa 30 bis 60 Minuten dauernden Interviews werden entlang eines relativ offenen, auf die Personengruppen abgestimmten Leitfadens geführt. Dieser orientiert sich an der im dritten Kapitel beschriebenen Heuristik. Die in den Interviews getroffenen Aussagen der schulischen Akteurinnen und Akteure sind Artikulationen – letztlich diskursive Praktiken – der pädagogischen Ordnung der jeweiligen Schule und zugleich selbst Element eben dieser Ordnung. Bei der Interviewführung und insbesondere bei der nachfolgenden Auseinandersetzung mit dem Interviewmaterial liegt der Fokus der Forscherinnen und Forscher auf den genannten routinisierten sozialen Praktiken respektive auf möglichen Spannungen dieser.

Die auditiv aufgezeichneten Interviews werden transkribiert und für die weitere Auseinandersetzung mit dem Datenmaterial aufbereitet.

Beobachtungen von Lehr-Lern-Arrangements

Zum Zweiten werden Beobachtungen von Lehr-Lern-Arrangements entlang eines Beobachtungsrasters durchgeführt. Dabei handelt es sich schwerpunktmäßig um Unterrichtsbeobachtungen einer oder mehrerer Unterrichtseinheiten. Zusätzlich wird auf weitere schulische Situationen (etwa Elternabende, Schulkonferenzen, künstlerische Schulprojekte und ähnliche) zurückgegriffen, wenn diese einen Bezug zu Medienfragen aufweisen und sich im Forschungsverlauf als relevant erweisen.

In den bisherigen Schulen wurden – analog zu den Interviews – vier bis sechs Beobachtungen durchgeführt (weitere Beobachtungen folgen in den kommenden Forschungsphasen). Dabei waren Mitarbeiterinnen beziehungsweise Mitarbeiter des *MediaMatters!*-Teams, nach Absprachen mit der Schule und der jeweiligen Lehrperson, in den Lernräumen anwesend. Der Beobachtung ging in der Regel ein Treffen mit der Lehrperson unmittelbar vor der Beobachtungseinheit voraus. Der Grad der Involviertheit der beobachtenden Person variierte je nach Unterrichtssituation und Schulstufe und war unter anderem davon abhängig, ob beziehungsweise wie sehr die Lehrperson die Beobachterin beziehungsweise den Beobachter eingebunden hat. Es galt jedoch grundsätzlich der Anspruch einer *nicht-teilnehmenden* Beobachtung.

Die Protokollierung der Beobachtungssituation erfolgte vor dem Hintergrund eines relativ offen gehaltenen Beobachtungsrasters und beinhaltete stets eine Skizze der Räumlichkeiten und eine an die beobachtete Situation anschließende Reflexion der beobachtenden Person. Auch dieses Beobachtungsraster orientiert sich an der genannten Heuristik. Dies dient dem Zweck, sich in der beobachteten Situation nicht in der Vielfalt des Beobachteten zu verlieren, aber dennoch hinsichtlich der Heuristik möglichst alle Auffälligkeiten zu protokollieren. In der Beobachtung fokussieren die Forscherinnen und Forscher also die vier Dimensionen der Heuristik und mögliche, sich wiederholende Praktiken, erkennbare Routinen oder vergegenständlichte Strukturen und versuchen gleichzeitig, für Auffälligkeiten der Situation abseits dieser Foki offen zu sein.

Insofern sowohl der Interviewleitfaden als auch das Beobachtungsraster auf die theoretischen Vorüberlegungen und konkret auf die Heuristik – Raum, Zeit, Wissen und soziale Praktiken – abgestellt sind, sind sie aufeinander abgestimmt. Tatsächlich sind beide Instrumente absichtlich möglichst offen und im Einsatz praktikabel gestaltet. Die Handhabbarkeit und Güte des Interviewleitfadens sowie des Beobachtungsrasters wurde in der Explorationsphase (vgl. Abbildung 1) von mehreren *MediaMatters!*-Mitarbeiterinnen und -Mitarbeitern erprobt und entlang der Erfahrungen gemeinsam weiterentwickelt. Die kategoriale Strukturierung soll Erkenntnisse nicht ausschließen, sondern Strukturen zuallererst sicht- und sagbar machen. In diesem Sinne und entsprechend des genannten Entwicklungs- und Verlaufsvektors werden die Erhebungsinstrumente vor dem Hintergrund der bereits durchgeführten Gespräche und Beobachtungen auch weiterhin ständig überprüft und für eine Überarbeitung offengehalten. Sollten sich Aussagen oder Beobachtungen finden, die durch die Heuristik nicht erfasst werden können, werden beide Erhebungsinstrumente (wiederholt) angepasst.

Dokumentenanalyse

Zum Dritten werden Analysen von schulischen Dokumenten durchgeführt. Hierbei handelt es sich vornehmlich um Text-, aber auch Bilddokumente, die schulische Vertreterinnen und Vertreter nach einer entsprechenden Anfrage zur Verfügung stellen. Der Aufruf der Forscherinnen und Forscher erfolgt mit dem Hinweis, dass jene Dokumente interessieren, die in irgendeiner Form Medienfragen der Schule betreffen (etwa Schulprogramme, Medienkonzepte, Beschreibung der IT-Ausstattung, Berichte, Elternbriefe und ähnliche). Auch diese Dokumente werden als Manifestierung und Materialisierung symbolisch-imaginärer, schulischer Praktiken gelesen.

Die drei Daten*erhebungs*methoden zielen darauf ab, die schulische Praxis und die darin eingewobenen medialen Architekturen auf unterschiedlichen Ebenen zu fassen. Das Datenmaterial der drei Erhebungsformen wird in der Auseinandersetzung mit dem Datenmaterial aufeinander bezogen und soll ermöglichen, die pädagogische Ordnung der jeweiligen Schule – beziehungsweise schulübergreifend – in ihrer Komplexität zu erfassen.

Die unterschiedlichen Zugänge können sich dabei gegenseitig stützen, erläutern oder aber auch widersprechen: So eröffnen Interviews subjektive Bezüge der Interviewpartnerinnen und -partner zur Schulsituation, Schulentwicklung und zum Unterrichtsgeschehen in Form sprachlicher Veräußerungen. In den Interviews werden die schulischen Praktiken als diskursive Praktiken der Repräsentation aufgeführt. Sie müssen also nicht als Aussagen *über*, sondern als Manifestation *der* schulkulturellen Praktiken gelesen werden.

Beobachtungen von Lehr-Lern-Begegnungen erlauben Einsichten in das *Tun* schulischer Akteurinnen und Akteure bezogen auf das Agieren mit- und untereinander im Raum, zur Zeit, zu beziehungsweise mit materiellen Artefakten und zu sich selbst. Es kann hier die Performanz schulischer Praxis nachgezeichnet werden, also etwa die Art und Weise wie Akteurinnen und Akteure die Praktiken aus- und aufführen oder wie diese Praktiken sich in räumlichen Konstellationen, zeitlichen Strukturierungen oder im Umgang mit bestimmten Materialien manifestieren. Zudem ermöglichen Beobachtungen eine Erhebung der in der Schule vorhandenen und verwendeten (digitalen) Medien und Lerntechniken.

Mittels der Dokumentenanalyse können explizite und implizite (pädagogische) Setzungen der Schule aufgespürt werden. Darüber hinaus kann die unterschiedliche Gewichtung der schulischen Akteurinnen und Akteure – verstanden als Subjektpositionen – im Schulentwicklungsprozess, im Verhältnis zu Kooperationspartnern oder Verwaltungsinstanzen ersichtlich werden. Die Dokumentenanalyse gibt zusätzlich zu den Ergebnissen der Beobachtungen weiter Aufschluss über die IT-Ausstattung. In den Dokumenten finden sich die schulischen Praktiken – in absichtsvoller, systematischer oder in impliziter, verdeckter Weise – dargestellt. Sie können somit als programmatische Artikulation der pädagogischen Ordnung der jeweiligen Schule gelesen werden.

Dieses Methodenspektrum soll noch erweitert werden. Notwendig wird dies etwa dann, wenn auch Online-Lernumgebungen, in denen sich die jeweiligen schulischen Akteurinnen und Akteure bewegen, untersucht werden und dieser Zugang mit den genannten Methoden zusammengeführt werden soll.

Durch die iterativ-zyklische Datenerhebung und -auswertung über einen längeren Zeitraum an den Schulen wird es möglich, die Entwicklungsprozesse der Schulen in einer Verlaufskurve nachzuzeichnen und etwaige Hürden oder Motivatoren herauszuarbeiten. Durch die fortlaufenden, begleitenden Ergebnisdiskussionen im *MediaMatters!*-Forschungsteam und durch die Ermöglichung der *kommunikativen Validierung* mit den Schulen im Rahmen von Gesprächsrunden zu vorläufigen Ergebnissen gewinnen die Spezifika einer Schule im Entwicklungsverlauf zur Mediatisierung nach und nach an Kontur. Auch vor diesem Hintergrund wird sich noch zeigen, ob und wodurch das Methodenspektrum erweitert werden kann.

4.2 Auswahl und Sample der Schulen

Alle im Forschungs- und Entwicklungsprojekt *MediaMatters!* begleiteten und beforschten Schulen befinden sich im Bundesland Schleswig-Holstein. Bei der Auswahl wurde auf eine regionale und schultypenbezogene Streuung geachtet. Gemein haben alle beforschten Schulen, dass sie sich durch ihre Aktivitäten um den Einsatz von Medien in der Schule auszeichnen und dadurch in Erscheinung treten. Wie weit der Schulentwicklungsprozess vor dem Hintergrund der Mediatisierung vorangeschritten ist, ist je Schule unterschiedlich. Auch hier wird eine Streuung angestrebt. Analog zum Verlaufsvektor erfolgt die Beforschung der Schulen stufenweise, beginnend mit fünf Schulen im Jahr 2015 und einer Erweiterung des Schulsamples in den Jahren 2016, 2017 und 2018 um jeweils eine beziehungsweise zwei weitere Schulen.

4.3 Methoden und Vorgehen in der Datenauswertung

Im Prozess der Daten*auswertung* ist die dem Forschungs- und Entwicklungsprojekt eingeschriebene Prozesshaftigkeit in zweierlei Hinsicht erneut erkennbar: Zum einen erfolgt sowohl die Datenerhebung als auch Datenauswertung an den jeweiligen Schulen zeitlich versetzt statt *en bloc* sowie in sich wiederholenden Zyklen. Erfahrungen und (vorläufige) Ergebnisse werden in weiteren Forschungsschritten berücksichtigt. Gerade für die Nachzeichnung von Veränderungen im *Doing School Culture* und *Doing Learning Culture* über einen längeren Zeitraum erlaubt das zyklische Vorgehen, den jeweiligen Fokus zu schärfen und den Verlaufsvektor zu dokumentieren.

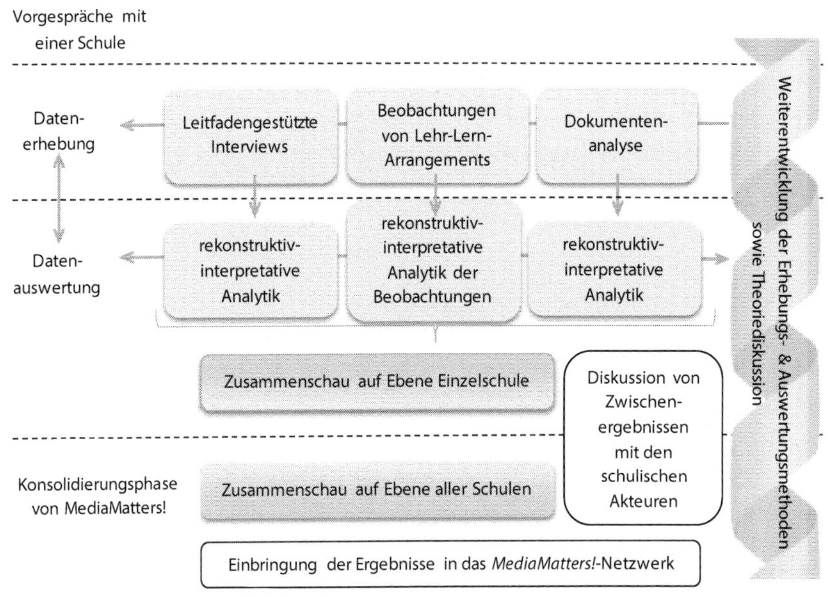

Abbildung 2: Datenerhebung und -auswertung im Verlauf (eigene Darstellung)

Die Datenauswertung erfolgt – wie auch die Datenerhebung – über den Projektverlauf zunehmend aufbauend auf und in Verschränkung mit bereits vorliegenden Erfahrungen und vorläufigen Ergebnissen. Zum anderen findet die Datenauswertung stufenweise, in einer behutsamen Zusammenschau und unter Berücksichtigung der jeweils spezifischen Potentiale der

Datenerhebungsmethoden statt. In Abbildung 2 wird ersichtlich, dass die Datenauswertung in einem ersten Schritt zunächst nur für die Daten *einer* Erhebungsform erfolgt. Erst in einem zweiten Schritt werden diese – auf eine Schule bezogen – zusammengeführt, um sie dann in der Konsolidierungsphase des Projektes alle Schulen umspannend zusammenzudenken.

Schließlich liegt ein mittels Interviews, Beobachtungen und Dokumentenanalyse erhobener und entlang der kategorialen Unterscheidungen systematisierter Datenkorpus vor. Dieser ist damit einer *rekonstruktiv-interpretativen Analytik* zugänglich. Das vorliegende Ensemble aus individuellen sowie programmatischen Aussagen, protokollierten und in Artefakten manifesten Praktiken, dokumentierten pädagogischen und institutionellen Entscheidungen, architektonischen und informationstechnischen Infrastrukturen et cetera zeigt in seiner Gesamtheit die mediale Verfasstheit der Einzelschule beziehungsweise von Schule in ihrer allgemeinen Formbestimmung. Insbesondere aber der Zusammenhang, der zwischen den verschiedenen Elementen rekonstruiert werden kann, gibt Auskunft über die Art und Weise, wie sich diese mediale Schul- und Lernkultur reproduziert oder verändert oder dass sie sich potentiell verändern könnte.

Dabei stehen die sich wiederholenden, auch über die Vielzahl der Schulen hinweg wenig variablen Strukturmomente dieses Ensembles für das, was die Schulkultur stabilisiert beziehungsweise sich darin bereits – auch im Hinblick auf die Mediatisierung – stabilisiert hat. Die besondere Aufmerksamkeit gilt vor dieser Folie den widersprüchlichen, nur vereinzelt oder gar singulär auftretenden sowie denjenigen Elementen, die sich kaum oder nur schwer in einen Zusammenhang stellen lassen, das heißt aus einer bisherigen Ordnung heraustreten – also letztlich dem *Außer-Ordentlichen*. Es sind genau diese Momente, die auf jene Spannungen, Brüche und unzureichenden Lösungen zwischen tradierter Schul- und Lernkultur und den Herausforderungen einer mediatisierten Gesellschaft verweisen.

5. Würdigung durch Claudia Kuttner

Selbst Teil des *MediaMatters!*-Teams steht es mir zu, uns ebenso wertschätzend wie (selbst-)kritisch als „einen Haufen ambitionierter Irrer" zu bezeichnen, die es sich zum Ziel gesetzt haben, Schulentwicklungsprozesse im Kontext der Medienbildung nachzuzeichnen – im besten Fall Schulkultur im Verhältnis zu digital und netzwerktechnologisch präfigurierten Transformationsprozessen zu rekonstruieren – und überdies an Einzelschulen sowie innerhalb eines Netzwerkes schulischer Akteurinnen und Akteure kontinuierlich entwicklungsleitende Impulse zu setzen, die ihrerseits einmal mehr Teil des Forschungsprozesses werden.

Spannungsgeladen gestalten sich unsere Diskussionen um das methodische Vorgehen allein schon durch die unterschiedlichen im Team vertretenden Disziplinen, Forschungserfahrungen und spezifischen Erkenntnisinteressen. Eine weitere wesentliche Herausforderung ist mit der Entwicklung eines Untersuchungsdesigns benannt, das explizit an den dargelegten theoretischen Vorüberlegungen anknüpft, ohne in methodischen Eklektizismus zu verfallen, mit dem es gelingt, Schulkultur als vielschichtiges Phänomen tatsächlich „sicht- und kommunizierbar zu machen" (Raggl/Schratz 2006, S. 153), mit dem wir *Neues im Bekannten* entdecken und schließlich: das den spezifischen Ansprüchen des Projektes Rechnung trägt.

Eine dieser zentralen Prämissen – die inhaltlich-konzeptionelle Ausrichtung von *MediaMatters!*, Entwicklungs- *und* Forschungsprojekt zugleich zu sein – wurde im Beitrag bereits benannt, soll jedoch – ob ihrer forschungspraktischen Relevanz – hinsichtlich der mit ihr verknüpften Herausforderungen nachstehend expliziert werden.

Die wissenschaftliche Rekonstruktion sozialer Ordnung einerseits und eine aktive „Transformation des Sozialen" (Fritzsche/Idel/Rabenstein 2010, S. 99) im Rahmen gestaltender Impulse andererseits sind mit Anforderungen verknüpft, die sich weder forschungsanalytisch noch -praktisch konsequent trennen lassen: Wenn wir im Feld als Forschende auftreten, ergeben sich immer wieder auch Situationen, in denen wir als potentiell unterstützend Eingreifende oder Beratende angesprochen werden. Unlösbar bleibt dieser Konflikt nicht, insofern sich verschiedene Strategien anbieten, diesbezüglich mit dem eigenen Forschungsalltag in ein reflexives Verhältnis zu treten und dadurch Distanz zur *Ad-hoc*-Unterstützungspraxis zu gewinnen (die so – methodisch kontrolliert – wiederum Teil des Forschungsprozesses werden kann).

Mit dem Spannungsverhältnis zwischen Forscher- und Entwicklerrolle eng verknüpft ist allerdings das weit schwierigere, in der schulpädagogischen

Forschung hinreichend bekannte *Normativitätsproblem*, das uns gleich auf unterschiedlichen Ebenen begegnet und insbesondere auch am postulierten Anspruch der *partizipativen Forschung* auf *Augenhöhe* kratzt: Da sind zum einen normative Erwartungen der schulischen Akteurinnen und Akteure, durch die Zusammenarbeit und die Ergebnisse der Forschungsarbeit schulinterne Entwicklungsprozesse (möglichst unmittelbar) optimieren zu können. Zum anderen besteht die Herausforderung, als Forschende einen möglichst offenen, indifferenten Blick auf Schulkultur zu haben, sich in einer „Haltung normativer Enthaltsamkeit" (Fritzsche/Idel/Rabenstein 2010, S. 99) zu üben, indem etwa der Rede von schulischer Lernkultur *nicht* die Forderung nach einer neuen, ganz anderen Lernkultur implizit ist (vgl. Kolbe/Reh/Fritzsche/Idel/Rabenstein 2008, S. 127), sondern die Frage, wie sich Schulkultur – insbesondere schulische Lernkultur – vor dem Hintergrund gesellschaftlicher Transformationsprozesse *darstellt*. Auch wenn es gelingt, entsprechende Normen nicht in das Forschungsfeld hineinzutragen, werden wir spätestens im Rahmen der *Entwicklungsarbeit* dann doch wieder mit dem normativen Gehalt pädagogischen Denkens konfrontiert. Den in diesem Rahmen gesetzten Impulsen liegt schließlich durchaus eine Vorstellung davon zugrunde, wie sich Schule entwickeln *kann*, was *möglich* ist, was *funktioniert* – nicht zuletzt vor dem Hintergrund der wissenschaftlichen Auseinandersetzung mit Erfahrungen von Schulen, die in den vergangenen Jahren einen deutlich anderen Weg eingeschlagen haben, um sich der Herausforderung Medienbildung zu stellen. Sich davon gänzlich zu distanzieren, wäre gerade der gestaltungsorientierten Netzwerkarbeit nicht zuträglich; die Kunst besteht vielmehr im Vermeiden von „normativen Verengungen" (Fritzsche/Idel/Rabenstein 2010, S. 97) sowie – einmal mehr – in der Reflexion der *de facto* vorhandenen theoretisch geformten Vorstellungen.

Vor diesem Hintergrund und mit Blick auf einschlägige Publikationen zu partizipativen Forschungsstrategien (vgl. u. a. Bergold/Thomas 2012; von Unger 2014) muss sich die *MediaMatters!*-Forschung derzeit noch – und voraussichtlich auch zukünftig – von partizipativer Forschung als *tatsächlich* partnerschaftlicher Forschung abgrenzen. Es gelingt zwar größtenteils, die schulischen Akteurinnen und Akteure möglichst umfassend zu informieren und in die Planung des *forschungspraktischen* Vorgehens einzubeziehen (vor allem hinsichtlich zeitlicher Abläufe und inhaltlicher Schwerpunkte einzelner Erhebungsphasen sowie der Auswahl involvierter Personen). Die anspruchsvolle Prämisse jedoch, dass diese auch „als Partner/innen mit Entscheidungsmacht an allen Phasen des Forschungs- und Entwicklungsprozesses beteiligt sind: von der Zielsetzung über Studiendesign, Umsetzung, Datenerhebung und Evaluation bis zur Verwertung" (von Unger 2014, S. 41), findet sich nicht eingelöst. Nicht zuletzt vor dem Hintergrund der Differenzen zwischen dem spezifischen, theoretisch angeleiteten Erkenntnisinteresse des (universitären) Forschungsteams und den teilweise diffusen und vor allem alltagspraktisch motivierten individuellen Interessen der schulischen Akteurinnen und Akteure, wird es wohl auch bei einem Forschungsdesign mit unterschiedlichem Grad an Gleichberechtigung in der Zusammenarbeit bleiben: Wesentliche Entscheidungen treffen wir als (dafür bezahlte) Forschende. Von dieser Tatsache unberührt ist der Anspruch, den Forschungsprozess (auch wenn dieser nur in einzelnen Phasen partizipativ angelegt ist) so zu gestalten, dass er sich für alle Beteiligten als möglichst gewinnbringend herausstellt. Damit bleiben verschiedene Komponenten, die für die partizipative Forschung im engeren Sinne als konstitutiv zu betrachten sind, auch im Rahmen der *MediaMatters!*-Forschung unerlässlich, darunter etwa die kontinuierliche „dialogische Reflexion" (Bergold/Thomas 2012, Abs. 51), die aktuell ihre Umsetzung insbesondere in den Diskussionen von Zwischenergebnissen mit schulischen Akteurinnen und Akteuren respektive der gemeinsamen Auseinandersetzung mit ausgewähltem Datenmaterial findet.

In einem derart komplexen Forschungssetting wird zudem der Punkt erreicht, an dem „nach der Produktivität, aber auch nach den erkenntnislimitierenden Folgen und blinden Flecken, die mit der Form der Datenerzeugung einhergehen" (Meseth 2010, S. 22), zu fragen ist. „Als verkörperte, materiell vermittelte Anordnungen menschlicher Tätigkeiten" werden soziale Praktiken „von einem geteilten praktischen Wissen (‚practical understanding') organisiert" (Fritzsche/Idel/Rabenstein 2010, S. 101), das den Praktiken implizit ist, damit häufig im Status des Präreflexiven verweilt und sich somit nicht ohne weiteres verbalisieren lässt. Einzelinterviews eignen sich entsprechend nur bedingt für die wissenschaftliche Rekonstruktion. Ein höherer Stellenwert als bisher wird zukünftig daher der (ethnografischen) Beobachtung zukommen sowie methodischen Zugängen, mit denen noch stärker die Annäherung an „kollektive Orientierungen" (Schäffer 2005, S. 305) möglich ist. Hierzu zählen insbesondere arrangierte Gruppendiskussionen – insbesondere „in Realgruppen, also in Gruppen, die auch jenseits der Gruppendiskussion über eine gemeinsame Praxis verfügen" (Schäffer 2005, S. 306). Zudem erweist sich die Auseinandersetzung mit schulischen Akteurinnen und Akteuren über Bildmaterial aus Beobachtungssituationen als vielversprechend. Dieser gleichsam auf eine dialogische Auseinandersetzung angelegte Zugang geht einher mit einer „Übertragung von Definitionsmacht" (Raggl/Schratz 2006, S. 153) auf die schulischen Akteurinnen und Akteure samt ihrer Relevanzsysteme mit Blick auf soziale Praktiken innerhalb der betrachteten symbolischen Ordnung.

Überdies sollen zukünftige Erhebungen deutlich zielgerichteter als bisher erfolgen. In der Regel wird in der ethnografischen Schul- und Unterrichtsforschung zwar „auf gegenstandstheoretische Vorüberlegungen zur Konstitution und Spezifik des Pädagogischen in schulisch-unterrichtlichen Situationen [...] bewusst verzichtet, um präskriptive normative Setzungen zu vermeiden" (Fritzsche/Idel/Rabenstein 2010, S. 97). Wir möchten den genannten Autorinnen und Autoren jedoch in deren „waghalsige[m] Unterfangen" (Fritzsche/Idel/Rabenstein 2010, S. 98) folgen, und „den ethnografischen Zugang zu Unterricht und Schule mit einer relativ schweren Theorielast" (Fritzsche/Idel/Rabenstein 2010, S. 98) belegen: Dies tun wir durch die wissenschaftliche Fokussierung bestimmter Bereiche – nämlich jener, von denen wir davon ausgehen, dass sich aus ihnen „ein Potential für überraschende Verschiebungen, Modifizierungen und Eigensinnigkeiten" (Reckwitz 2016, S. 35) ergibt. Das passiert unseres Erachtens genau dort, wo neue (medien-)kulturelle Formationen bereits deutlich in die Schule dringen und sich (etwa inhaltliche, soziale oder raum-zeitliche) *Grenzen verschieben* beziehungsweise *Kontexte diffundieren* (vgl. Aßmann/Herzig 2009, S. 61).

Das Aufeinandertreffen schulischer und zunehmend *eigensinnig* werdender außerschulischer Lehr-Lern-Kultur evoziert an dieser Stelle eine offenkundig irritationsstiftende, mitunter konfliktbeladene Diskrepanz, die – so der Zwischenstand unserer bisherigen Erhebungen – *Momente des Nicht-Alltäglichen* innerhalb der sozialen Ordnung hervorrufen. Eben diese gilt es, in *MediaMatters!* zukünftig schärfer zu stellen.

Abbildungsverzeichnis

Literaturverzeichnis

- Aßmann, Sandra/Herzig, Bardo (2009): Verortungsprobleme von Schule in einer Netzwerkgesellschaft, in: Böhme, Jeanette (Hrsg.): Schularchitektur im interdisziplinären Diskurs, Wiesbaden: Springer VS, S. 58–72
- Bauman, Zygmunt (2003a): Flüchtige Moderne, Frankfurt am Main: Suhrkamp
- Bauman, Zygmunt (2003b): Educational Challenges of the Liquid-Modern Era, in: Diogenes 50 (1), S. 15–26
- Beck, Ulrich (1986): Risikogesellschaft auf dem Weg in eine andere Moderne, Frankfurt am Main: Suhrkamp
- Bergold, Jarg/Thomas, Stefan (2012): Partizipative Forschungsmethoden – Ein methodischer Ansatz in Bewegung, in: Forum Qualitative Sozialforschung 13 (1), Art. 30, S. 1–33 [Onlinedokument: dx.doi.org/10.17169/fqs-13.1.1801, aufgerufen am 02. Mai 2019]
- Böhme, Jeanette (2015): Schulkulturen im Medienwandel. Erweiterung der strukturtheoretischen Grundannahmen der Schulkulturtheorie und zugleich Skizze einer medienkulturellen Theorie der Schule, in: Böhme, Jeanette/Hummrich, Merle/Kramer, Rolf-Torsten (Hrsg.): Schulkultur – Theoriebildung im Diskurs, Wiesbaden: Springer VS, S. 401–427
- Butler, Judith (2001): Psyche der Macht – Das Subjekt der Unterwerfung, Frankfurt am Main: Suhrkamp
- Castells, Manuell (2004): Der Aufstieg der Netzwerkgesellschaft (Das Informationszeitalter Teil I), Opladen: Leske+Budrich
- Deleuze, Gilles (1993): Postskriptum über die Kontrollgesellschaften, in: Deleuze, Gilles: Unterhandlungen (1972–1990), Frankfurt am Main: Suhrkamp, S. 254–262

- Faßler, Manfred (2009): Nach der Gesellschaft. Infogene Welten, anthropologische Zukünfte, München: Wilhelm Fink
- Foucault, Michel (2005): Technologien des Selbst, in: Foucault, Michel: Schriften in vier Bänden, Dits et Ecrits (Band IV: 1980–1988), Frankfurt am Main: Suhrkamp, Nr. 363, S. 966–999
- Fritzsche, Bettina/Idel, Till-Sebastian/Rabenstein, Kerstin (2010): Pädagogische Ordnungen. Praxistheoretisch betrachtet, in: Neumann, Sascha (Hrsg.): Beobachtungen des Pädagogischen. Programm – Methodologie – Empirie, Universität Luxemburg, S. 97–116
- Fromme, Johannes/Jörissen, Benjamin (2010): Medienbildung und Medienkompetenz. Berührungspunkte und Differenzen nicht ineinander überführbarer Konzepte, in: merz 54 (5), S. 46–54
- Grünberger, Nina/Kuttner, Claudia/Lamm, Helge (2016): Situiert. Partizipativ. Adaptiv – Kollaboration in pädagogischer Forschung und Praxis im Projekt MediaMatters!, in: Ebner, Martin/Gröblinger, Ortrun/Kopp, Michael/Bratengeyer, Erwin/Steinbacher, Hans-Peter/Freisleben-Teutscher, Christia/Kapper, Christine (Hrsg.): Digitale Medien – Zusammenarbeit in der Bildung, Münster/New York: Waxmann, S. 75–84
- Grünberger, Nina/Münte-Goussar, Stephan (2017a): „Medienbildung in der Schule" oder „Schule im Medium"?, in: MedienPaedagogik 27, S. 121–132 [Onlinedokument: dx.doi.org/10.21240/mpaed/27/2017.04.05.X, aufgerufen am 02. Mai 2019]
- Grünberger, Nina/Münte-Goussar, Stephan (2017b): Medienbildung und Schulkultur, in: MedienPaedagogik 29, S. 41–55 [Onlinedokument: dx.doi.org/10.21240/mpaed/29/2017.08.09.X, aufgerufen am 02. Mai 2019]
- Helsper, Werner (2006): Schulforschung, in: Krüger, Heinz-Hermann/Grunert, Cathleen (Hrsg.): Wörterbuch Erziehungswissenschaft, Opladen: Budrich, S. 416–422
- Helsper, Werner (2008): Schulkulturen – die Schule als symbolische Sinnordnung, in: ZfPäd 54 (1), S. 63–80
- Helsper, Werner (2010): Der kulturtheoretische Ansatz. Entwicklung der Schulkultur, in: Bohl, Thorsten/Helsper, Werner/Holtappels, Heinz Günter/Schelle, Carla (Hrsg.): Handbuch Schulentwicklung. Theorie – Forschungsbefunde – Entwicklungsprozesse – Methodenrepertoire, Bad Heilbrunn: Klinkhardt, S. 106–112

- Hug, Theo (2007): Medienpädagogik unter den Auspizien des mediatic turn – eine explorative Skizze in programmatischer Absicht, in: Sesink, Werner/Kerres, Michael/Moser, Heinz (Hrsg.): Medienpädagogik – Standortbestimmung einer erziehungswissenschaftlichen Disziplin (Jahrbuch Medienpädagogik 6), Wiesbaden: Springer VS, S. 10–32
- Hug, Theo (2014): Unbestimmtheitsrelationen in der Bildungsforschung. Kritische Anmerkungen zum begrifflichen Bestimmungsversuch von Krassimir Stojanov, in: Benseler, Frank/Blanck, Bettina/Keil, Reinhard/Loh, Werner (Hrsg.): EWE – Erwägen Wissen Ethik. Forum für Erwägungskultur (Band 2), Stuttgart: Lucius&Lucius, S. 261–264
- Idel, Till-Sebastian/Stelmaszyk, Bernhard (2015): „Cultural turn" in der Schultheorie? Zum schultheoretischen Beitrag des Schulkulturansatzes, in: Böhme, Jeanette/Hummrich, Merle/Kramer, Rolf-Torsten (Hrsg.): Schulkultur. Theoriebildung im Diskurs, Wiesbaden: Springer VS, S. 51–69
- Iske, Stefan (2015): Medienbildung, in: von Gross, Friederike/Meister, Dorothee M./Sander, Uwe (Hrsg.): Medienpädagogik – ein Überblick, Weinheim: Beltz, S. 247–273
- Iske, Stefan (2016): Medienbildung im Kontext digitaler Personenprofile, in: Verständig, Dan/Holze, Jens/Biermann, Ralf (Hrsg.): Von der Bildung zur Medienbildung, Wiesbaden: Springer VS, S. 256–280
- Jörissen, Benjamin (2011): Medienbildung. Begriffsverständnisse und Reichweiten, in: Moser, Heinz/Grell, Petra/Niesyto, Horst (Hrsg.): Medienbildung und Medienkompetenz. Beiträge zu Schlüsselbegriffen der Medienpädagogik. München: kopaed 2011, S. 211–235
- Jörissen, Benjamin (2016): Zur bildungstheoretischen Relevanz netzwerktheoretischer Diskurse, in: Verständig, Dan/Holze, Jan/Biermann, Ralf (Hrsg.): Von der Bildung zur Medienbildung, Wiesbaden: Springer VS, S. 231–255
- Jörissen, Benjamin/Marotzki, Winfried (2009): Medienbildung – Eine Einführung, Bad Heilbrunn: UTB
- Jörissen, Benjamin/Münte-Goussar, Stephan (2015): Medienbildung als Schulentwicklung. Oder: Wie man ein Trojanisches Pferd zähmt, Computer+Unterricht 25 (99), S. 4–9
- Kluge, Friedrich (2011): Etymologisches Wörterbuch der deutschen Sprache, Berlin: De Gruyter

- Kolbe, Fritz-Ulrich/Reh, Sabine/Fritzsche, Bettina/Idel, Till-Sebastian/Rabenstein, Kerstin (2008): Lernkultur – Überlegungen zu einer kulturwissenschaftlichen Grundlegung qualitativer Unterrichtsforschung, in: ZfE 11 (1), S. 125–143 [Onlinedokument: doi.org/10.1007/s11618-008-0007-5, aufgerufen am 02. Mai 2019]
- Krotz, Friedrich (2001): Die Mediatisierung kommunikativen Handelns. Der Wandel von Alltag und sozialen Beziehungen, Kultur und Gesellschaft durch die Medien, Wiesbaden: Westdeutscher Verlag
- Lyotard, Jean-François (2012[1979]): Das postmoderne Wissen – Ein Bericht, Wien: Passagen
- Melzer, Wolfgang/Sandfuchs, Uwe (2006): Schulpädagogik, in: Krüger, Heinz-Hermann/Grunert, Cathleen (Hrsg.): Wörterbuch Erziehungswissenschaft, Opladen: Budrich, S. 410–415
- Meseth, Wolfgang (2010): Aufbruch zu neuen Ufern empirischer Bildungsforschung. Disziplinäre Verortung, Fragestellung und Forschungsprogramm der Netzwerkinitiative „Methodologien einer Empirie pädagogischer Ordnungen", in: Neumann, Sascha (Hrsg.): Beobachtungen des Pädagogischen. Programm – Methodologie – Empirie, Luxemburg: Universität Luxemburg, S. 15–26
- Moser, Heinz/Grell, Petra/Niesyto, Horst (2011): Medienbildung und Medienkompetenz – Beiträge zu Schlüsselbegriffen der Medienpädagogik, München: kopaed
- Münte-Goussar, Stephan (2016): Medienbildung, Schulkultur und Subjektivierung, in: Hug, Theo/Kohn, Tanja/Missomelius, Petra (Hrsg.): Medien – Wissen – Bildung. Medienbildung wozu?, Innsbruck: University Press, S. 73–93
- Rabinow, Paul (1993): Repräsentationen sind soziale Tatsachen. Moderne und Postmoderne in der Anthropologie, in: Berg, Eberhard/Fuchs, Martin (Hrsg.): Kultur, Soziale Praxis, Text. Die Krise der ethnographischen Repräsentation, Frankfurt am Main: Suhrkamp, S. 158–199
- Raggl, Andrea/Schratz, Michael (2006): Visuelle Zugänge zur Welt der Lernenden, in: Rahm, Sibylle/Mammes, Ingelore/Schratz, Michael (Hrsg.): Schulpädagogische Forschung. Unterrichtsforschung. Perspektiven innovativer Ansätze, Innsbruck/Wien/Bozen: StudienVerlag, S. 153–166
- Reckwitz, Andreas (2003): Grundelemente einer Theorie sozialer Praktiken, in: ZfS 4 (32), S. 282–301

- Reckwitz, Andreas (2016): Kreativität und soziale Praxis. Studien zur Sozial- und Gesellschaftstheorie, Bielefeld: transcript
- Reh, Sabine/Fritzsche, Bettina/Idel, Till-Sebastian/Rabenstein, Kerstin (2015): Lernkulturen. Rekonstruktion pädagogischer Praktiken an Ganztagsschulen, Wiesbaden: Springer VS
- Schäffer, Burkhard (2005): Gruppendiskussion, in: Mikos, Lothar/Wegener, Claudia (Hrsg.): Qualitative Medienforschung – Ein Handbuch, Konstanz: UVK, S. 304–314
- Verständig, Dan/Holze, Jens/Biermann, Ralf (2016): Einleitung, in: Verständig, Dan/Holze, Jens/Biermann, Ralf (Hrsg.): Von der Bildung zur Medienbildung, Wiesbaden: Springer VS, S. 1–14
- von Unger, Hella (2014): Partizipative Forschung. Einführung in die Forschungspraxis, Wiesbaden: Springer VS
- Wolff, Stephan (2007): Wege ins Feld und ihre Varianten, in: Flick, Uwe/von Kardorff, Ernst/Steinke, Ines (Hrsg.): Qualitative Forschung – Ein Handbuch, Reinbek bei Hamburg: Rowohlt, S. 334–349

(Methoden-)Literatur zum Weiterlesen

- Böhme, Jeanette/Hummrich, Merle/Kramer, Rolf-Torsten (2015): Schulkultur – Theoriebildung im Diskurs, Wiesbaden: Springer VS
- Schatzki, Theodore R. (1996): Social Practices. A Wittgensteinian Approach to Human Activity and the Social, Cambridge: University Press
- Verständig, Dan/Holze, Jens/Biermann, Ralf (2016): Von der Bildung zur Medienbildung, Wiesbaden: Springer VS

Lizenz

CHRISTINE DALLMANN

Medienpädagogische Deutungsmuster von Lehrerinnen und Lehrern – Problemzentriertes Interview im Rahmen eines Grounded-Theory-Ansatzes

Lehrerinnen und Lehrer sind die *zentralen Akteurinnen und Akteure schulischer Medienpädagogik. Vor diesem Hintergrund wird im hier in Ausschnitten vorgestellten Forschungsvorhaben nach* medienpädagogischen Deutungsmustern *von Lehrerinnen und Lehrern gefragt, die als ausschlaggebend für deren* medienpädagogisches Handeln *angenommen werden können und über als nötig erachtete (und verhältnismäßig häufig thematisierte) Qualifizierungen hinausgehen. Dem Forschungsvorhaben liegt ein* Grounded-Theory-Ansatz *mit seinen methodologischen Prämissen zu Grunde. Der Beitrag stellt den theoretischen Kontext und die Ziele des Forschungsvorhabens sowie die Methodologie der* Grounded Theory *vor, um daran anschließend Erfahrungen mit der Forschungsmethode* problemzentrierter Interviews *im Zusammenhang mit der methodologischen Einbettung in einen solchen Ansatz sowie dessen methodische Verfahren zur Auswertung berichten und vor dem Hintergrund des theoretischen und methodologischen Ansatzes reflektieren zu können.*

Teachers carry the primary responsibility for meeting the objectives of media education in schools. With this premise in mind, the research project presented in this article examines the patterns of interpretation *(Deutungsmuster) common to school teachers working in media education. These patterns are considered highly relevant for the way in which teachers engage in media education and represent more than mere qualifications. The research project is based on* Grounded Theory Methodology. *Besides pointing out the aims of the research project, this article also examines the methodology of* Grounded Theory *and the instruments it uses to analyze qualitative data. This article also reports on the experience gathered in using the* problem centered interviews *embedded in this method, and takes these findings as a basis for discussing this particular theoretical and methodological approach.*

Schlagworte | Tags: medienpädagogisches Handeln, medienpädagogische Sichtweisen, medienpädagogische Deutungsmuster, Deutungsmusteransatz, medienpädagogisches Selbstverständnis, Grounded Theory Methodology, GTM, theoriegenerierende Verfahren, Sequenzanalyse, problemzentriertes Interview, episodisches Interview, diskursives Interview, Sampling, MAXQDA, Kodieren, Auswertung, Theorieentwicklung

1. Ziel und Motivation

Das im Folgenden vorgestellte Forschungsprojekt, bei dem es sich um das laufende Promotionsprojekt der Autorin handelt, widmet sich der Frage nach *medienpädagogischen Deutungsmustern* von Lehrerinnen und Lehrern. Aus diesem sollen in diesem Beitrag methodische Aspekte vorgestellt und reflektiert werden.

Medienpädagogische Ziele in der Schule zu realisieren, wird seitens Wissenschaft und Bildungspolitik gleichermaßen gefordert. Neben strukturellen Bedingungen auf allen Ebenen sind damit auch Lehrerinnen und Lehrer selbst mittelbar und unmittelbar adressiert. Im Rahmen empirischer Studien zur Situation *medienpädagogischen Handelns* in Schulen, mit denen überwiegend Diagnosen von Defiziten einhergehen, werden Lehrerinnen und Lehrer gleichsam als „Rahmenfaktoren“ – ähnlich einer nötigen Ausstattung und erforderlicher Unterstützungsstrukturen – gehandelt, die bestimmte Voraussetzungen zu erfüllen hätten, um medienpädagogische Ziele in der Schule anspruchsvoll und angemessen realisieren zu können. Thematisiert und analysiert werden dabei sowohl die Ausbildung als auch Fort- und Weiterbildungsangebote.

Zu wenig ernsthafte Aufmerksamkeit erfahren dabei bislang die Lehrerinnen und Lehrer *selbst*. Angesichts der Tatsache, dass medienpädagogische Ziele bundesweit sehr heterogen und kaum konkret ausformuliert und verankert sind (vgl. dazu ausführlicher Dallmann 2017) und gleichzeitig medienpädagogische Themen in öffentlichen Diskursen präsent sind, ist anzunehmen, dass sich pädagogische Haltungen und Handlungskonzepte wesentlich auch unabhängig von Aus-, Fort- und Weiterbildung und vor allem individuell überaus unterschiedlich herausbilden, etablieren und auch verändern.

Medienpädagogische Themen finden nicht nur über Verankerungen in den Lehrplänen in den Schulalltag, sondern spielen gerade auch außerhalb curricularer Festschreibungen eine zentrale Rolle: Wird die Nutzung von Smartphones durch Schülerinnen und Schüler in der Hausordnung der Schule pauschal geregelt oder gar untersagt? Wie realisieren die Lehrerinnen und Lehrer dann die Einhaltung dieser Regelung? Wie reagiert die Lehrerin, wenn ihr ein Schüler die Funktionsweise des neuen interaktiven Whiteboards erklärt? Kann der einzelne Lehrer die Schulleitung und Eltern überzeugen, private Tablets im Rahmen eines Medienprojekts zu nutzen oder schuleigene Geräte anzuschaffen? Wie geht der Referendar, der seit der Klassenfahrt mit Schülerinnen und Schülern in einer *WhatsApp*-Gruppe Kontakt hält, damit um, dass diese ihm in den Ferien in dieser Gruppe Fragen zur Abiturvorbereitung stellen? Wie reagiert die Deutschlehrerin, wenn sich im Unterricht zum Thema Literaturverfilmungen eine lebhafte Diskussion um einen der *Avengers*-Filme entspinnt, sie aber weder mit den Figuren vertraut ist noch den Film gesehen hat? Dies sind Fragen und Phänomene, die die vorhandene Vielfalt hier nur beispielhaft andeuten können. In jedem Fall sind Lehrerinnen und Lehrer hier als *Pädagoginnen* und *Pädagogen* herausgefordert und können kaum auf solide fachliche und fachdidaktische Sicherheiten bauen.

Auch wenn an dieser Stelle auf professionstheoretische Zusammenhänge nicht weiter eingegangen werden kann, ist deutlich geworden, dass die Frage nach der medienpädagogischen Ausbildung und auch einschlägigen Fort- und Weiterbildungen zu kurz greift, wenn es darum geht, wie Lehrerinnen und Lehrer medienpädagogisch handeln und worauf dieses Handeln fußt. Als theoretischer Zugang dient hier der Ansatz *sozialer Deutungsmuster*, worauf im zweiten Kapitel näher eingegangen wird.

Für die Frage nach explizit *medienpädagogischen* Deutungsmustern ist eine weitere Beobachtung ausschlaggebend: Wird empirisch oder bildungspolitisch nach schulischer Medienpädagogik gefragt, so stehen Fragen nach der Integration von Medien – und das heißt in diesen Kontexten oft *digitaler* Medien – in den Schulen im Vordergrund. Leitend ist dabei die Überlegung, dass Schule sich nicht von der lebensweltlichen Realität der Schülerinnen und Schüler, in der Internet und mobile Endgeräte selbstverständlich sind, abwenden dürfe, sondern diese pädagogisch aufgreifen müsse. So nachvollziehbar dieses Argument ist, führt es jedoch zu Einengungen, die nicht zwingend sind, aber in diesem Kontext implizit mitgeführt werden. Zum einen rücken neuere technische Entwicklungen in den Fokus, wenn es darum geht, dass Schule „den Anschluss nicht verpassen" dürfe. Medienpädagogische Fragen beziehen sich jedoch bei Weitem nicht nur auf die jeweils neuen technischen Entwicklungen. Sie sind vielmehr umfassend und ganzheitlich angelegt, schließen beispielsweise das traditionelle Fernsehen oder Bücher ein, wobei erst dann Zusammenhänge mit neueren Entwicklungen (wie zum Beispiel mobiler Zugänglichkeit und Zusatzfunktionen, wie Übersetzungen bei eBooks oder Second Screening, Binge Watching, YouTube-Stars und vielen mehr) angemessen in den Blick genommen werden können.

Zum anderen dominieren mediendidaktische Perspektiven, wenn danach gefragt wird, wie (digitale) Medien das Lehren und Lernen zeitgemäß unterstützen und verbessern können. Auch wenn – wie in den angesprochenen Beispielen deutlich wurde – mediendidaktische und medienpädagogische Ziele handlungspraktisch oft zusammenlaufen, ist eine analytische Unterscheidung nötig, um beide Perspektiven und jeweilige pädagogische Ziele sowie daran anschließende Handlungsalternativen erkennen und reflektieren zu können.

Mit der Frage nach medienpädagogischen Deutungsmustern von Lehrerinnen und Lehrern soll vor dem beschriebenen Hintergrund ein Beitrag dazu geleistet werden, *medienpädagogisches Handeln* von Lehrerinnen und Lehrern als nicht nur von formalen Qualifikationen abhängige und von diesen zu beeinflussende Rahmengröße zu betrachten, sondern Lehrerinnen und Lehrer als zentrale Akteurinnen und Akteure in *ihrer* Realität wahrnehmen zu können. Daran anschließend könnten alternative Konzepte entwickelt werden, um Lehrerinnen und Lehrer über die bloße Bereitstellung von Fort- und Weiterbildungsangeboten hinaus im Sinne der Ziele schulischer Medienpädagogik angemessen und nachhaltig unterstützen zu können.

2. Theoretische Basis

Die Frage nach *medienpädagogischen Deutungsmustern* von Lehrerinnen und Lehrern lässt sich je nach theoretischem und disziplinärem Zugang unterschiedlich fassen. So ließe sich etwa nach Überzeugungen, Einstellungen, Beliefs oder subjektiven Theorien fragen – Begriffe, die überwiegend mit *psychologischen* Ansätzen verbunden sind. In stärker *pädagogischer* Ausrichtung ließe sich nach Wissen oder Kompetenzen fragen. Trotz seiner begrifflichen Vielfalt würde der *Wissensbegriff* hier eine Engführung mit sich bringen. Dagegen bestehen verschiedene Kompetenzbegriffe, wobei aktuell ein Kompetenzverständnis überwiegt, das in den Trend von Kompetenzmodellierungen und -erfassungen im Rahmen von (quantitativ angelegten) Qualitätsdiskussionen eingebettet ist, sodass auch damit erhebliche Engführungen verbunden wären, die dem oben beschriebenen Forschungsinteresse nicht gerecht werden würden.

Im Kontext des hier betrachteten Forschungsprojekts dient zunächst der Begriff des *medienpädagogischen Selbstverständnisses* als Arbeitsgrundlage, da er theoretisch bislang nicht besetzt ist. Darunter sollen zum einen *medienpädagogische Sichtweisen* (als ebenfalls nicht besetzter, eher alltagssprachlicher Begriff) von Lehrerinnen und Lehrern gefasst werden. Zum anderen schließt das medienpädagogische Selbstverständnis die Wahrnehmung der eigenen medienpädagogischen Rolle ein. Das heißt, es geht zum einen um die Frage, welche Sicht Lehrerinnen und Lehrer auf medienpädagogische Fragen haben, wie sie diese vor dem Hintergrund ihrer eigenen (pädagogischen) Werte, Überzeugungen und Wissensressourcen für sich einordnen. Zum anderen geht es um die Frage, inwiefern sie sich selbst in der Verantwortung als aktiv pädagogisch Handelnde sehen und inwiefern sich diese Wahrnehmung beispielsweise in Beziehung zu äußeren Zuschreibungen und Anforderungen konstituiert. Um den Aspekt medienpädagogischer Sichtweisen theoretisch zu fassen, wird hier der *Deutungsmusteransatz* gewählt, da sich dieser im Rahmen der Anlage des Forschungsvorhabens als theoretisch geeignet und vielversprechend zeigt.

Da der Begriff der Deutungsmuster jedoch uneinheitlich verwendet wird, eine mehrere Jahrzehnte überdauernde und andauernde theoretische und methodologische Debatte bewegt und damit verschiedene Ansätze bestehen, sei hier auf die gewählte Perspektive eingegangen, wobei die theoretische Debatte zum Zwecke der Einordnung zwar anzusprechen ist, hier jedoch nur kurz umrissen werden kann.

Seinen Ursprung findet der Deutungsmusteransatz im Rahmen des *interpretativen Paradigmas* (vgl. Lüders/Meuser 1997, S. 74) im Zusammenhang mit der soziologischen Debatte zum Verhältnis von Handlung und Struktur. Ulrich OEVERMANN konkretisiert seinen Ansatz sozialer Deutungsmuster 1973 in einem Aufsatz, der zunächst als graue Literatur kursierte, dennoch gebührende Beachtung fand und erst 2001 offen zugänglich publiziert wurde (vgl. Oevermann 2001a). Damit ging eine Aktualisierung durch OEVERMANN selbst (vgl. Oevermann 2001b) und eine theoretische Diskussion (vgl. Plaß/Schetsche 2001; Oevermann 2001c) einher.

Gleichzeitig bereicherten Überlegungen zur theoretischen Ausrichtung eines Deutungsmusteransatzes die Diskussion, sodass Christian LÜDERS und Michael MEUSER von Varianten innerhalb des Deutungsmusteransatzes (vgl. Lüders/Meuser 1997, S. 58) sprechen, die für Michael MEUSER und Reinhold SACKMANN (vgl. Meuser/Sackmann 1992, S. 19) jedoch einen gemeinsamen Kern aufweisen. So sind Deutungsmuster nicht auf subjektive Deutungen bezogen, sondern auf übergeordneter, kollektiver Ebene angesiedelt, das heißt kollektiv geteilt. Sie sind subjektiv nicht bewusst zugänglich und insofern latent. Außerdem sind Deutungsmuster relativ autonom, sie „konstituieren so eine eigene Dimension sozialer Wirklichkeit" (Meuser/Sackmann 1992, S. 19). Zudem weisen Deutungsmuster in ihrem funktionalen Bezug auf objektive Handlungsprobleme einen normativen Charakter auf, dessen Reichweite innerhalb der Gesellschaft unterschiedlich ausgestaltet sein kann (vgl. Meuser/Sackmann 1992, S. 19).

Nach OEVERMANN sind Deutungsmuster im Rahmen eines starken Strukturverständnisses als Regelstrukturen angelegt, die sozialem Handeln zu Grunde liegen. Zusammenfassend ist OEVERMANNS Ausführungen zu entnehmen, dass „soziale Wirklichkeit bzw. menschliches Handeln als im strikten Sinne regelgeleitet durch ein eigenlogisches System von Strukturen gedacht wird" (Lüders/Meuser 1997, S. 62). An dieser Stelle setzen stärker interaktionistisch ausgerichtete Verständnisse des Deutungsmusterbegriffs an, in denen Subjekten eine stärker aktiv gestaltende Rolle zugestanden wird (vgl. Lüders/Meuser 1997, S. 62) – ein Subjektverständnis, das in der Medienpädagogik leitend ist. Entscheidend ist hier, dass Deutungsmuster nicht unmittelbar auf individueller Ebene vorliegen, sondern dort ihre Ausprägungen finden, welche OEVERMANN als Derivate oder Konkretionen (vgl. Oevermann 2001a, S. 27 f.) und Carsten ULLRICH daran ansetzend als Derivationen im Sinne „individuell-situativer Adaptionen der Deutungsmuster" (Ullrich 1999, S. 5) bezeichnet.

Der theoretischen Ausrichtung des Deutungsmusteransatzes schließen sich, bei aller Varianz, methodische Schlussfolgerungen an. Die Anlage von

Deutungsmustern als nicht bewusst zugänglich erfordert rekonstruktive Verfahren der Sozialforschung. Der empirische Ansatz erfolgt hier an jenen individuellen Ausprägungen der Deutungsmuster (vgl. Oevermann 2001a, S. 27–29), sodass die „Ent-Äußerungen der Akteure" (Meuser 2011, S. 32) als Zugang zu den ihnen zugrundeliegenden Deutungsmustern dienen (vgl. Meuser 2011, S. 32). Dass Deutungsmuster insbesondere im Rahmen von Umbrüchen Veränderungen unterliegen, neu verhandelt werden und so zumindest teilweise an die Oberfläche gelangen, bedeutet methodisch eine relativ bessere Zugänglichkeit in solchen Umbruchphasen (vgl. Meuser/Sackmann 1992, S. 20).

Für die Frage nach medienpädagogischen Deutungsmustern schließt sich hier die Vermutung einer solchen besonderen empirischen Zugänglichkeit an, da medienpädagogische Fragen aktuell bildungspolitisch zur Diskussion stehen und einer verhältnismäßig neuen und aktuellen Auseinandersetzung von Lehrerinnen und Lehrern bedürfen, ohne dass übergreifend etablierte Überzeugungen und Regelungen zu Umgangsweisen in den Schulen bestehen, auf die seit Langem zurückgegriffen werden könnte. Eine Einschätzung von Christian Lüders und Michael Meuser, die auch angesichts der fortgeschrittenen theoretischen Entwicklungen an Aktualität nichts einbüßte, ist auch hier leitend:

> „Rekonstruktive Sozialforschung ist verwiesen auf die Reflexion des wechselseitigen Verhältnisses von Gegenstand, Methode und Theorie, was auch bedeutet, daß die eigene Auslegung des Deutungsmusterbegriffes sinnvollerweise immer nur im Kontext konkreter Forschungsfragestellungen erfolgen kann" (Lüders/Meuser 1997, S. 64).

Damit liegt hier ein Verständnis von Deutungsmustern zu Grunde, das den oben umrissenen Kern des Ansatzes mitführt und im Rahmen des Forschungsprojektes theoretisch zu integrieren ist.

3. Methodendiskussion

Für den empirischen Zugang zu *medienpädagogischen Deutungsmustern* schließen sich Fragen nach Daten*erhebung* und Daten*auswertung* an. Im Rahmen der oben erwähnten Diskussionen um die Anlage des Deutungsmusteransatzes wird die Frage nach der empirischen Zugänglichkeit stets mitgeführt. Unter dem Begriff der Deutungsmusteranalyse werden verschiedene methodische Fragestellungen und Ansätze diskutiert. Da eine starke Linie des Deutungsmusteransatzes bei Ulrich Oevermann zu finden ist, der das Verfahren der *Objektiven Hermeneutik* entwickelte, wird hier eine methodologische Integrität von theoretischem Ansatz und empirischem Vorgehen impliziert. Nach Michael Meuser würde ein solcher Automatismus jedoch eine Engführung bedeuten, die nicht zwingend sei (vgl. Meuser 2011, S. 33; vgl. auch Meuser/Sackmann 1992, S. 15). Gerade in der oben beschriebenen Abkehr von einem starken Struktur- und Regelverständnis im Rahmen des Deutungsmusteransatzes eröffnen sich methodologisch und methodisch Alternativen. Die methodologische und methodische Anlage des hier betrachteten Forschungsprojektes soll im Folgenden vorgestellt werden.

Zunächst schließen sich an einen gewählten theoretischen Zugang zu einem Gegenstandsbereich nicht unmittelbar methodische Verfahren an, sondern es ist eine gewisse „Passung" zwischen theoretischer Ebene und entsprechend zu wählenden konkreten methodischen Verfahren zu erzielen. Diese Passung wird im Rahmen methodologischer Überlegungen herzustellen versucht.

Ausgehend vom Stand der theoretischen Annahmen zur Anlage medienpädagogischer Deutungsmuster bei Lehrerinnen und Lehrern ist hier ein *qualitativer Forschungsansatz*, konkret ein *Grounded-Theory*-Ansatz[1] leitend. Dieser Ansatz hat seinen Ursprung in Anselm L. Strauss' und Barney G. Glasers *The Discovery of Grounded Theory* (vgl. Strauss/Glaser 1967). Der Titel zielt mehrdeutig nicht nur auf die „Entdeckung" eines neuen Forschungsstils an sich, sondern auch auf dessen Bedeutung als *theoriegenerierendes Verfahren* und ist damit auch im Kontext der Tendenzen jener Zeit zu verstehen, in der innerhalb der Sozialforschung zunehmend Abgrenzungen zu theorie- und hypothesentestenden Herange-

---

[1] Unter dem Begriff *Grounded Theory* werden methodologische Prämissen und konkrete methodische Verfahren zusammengefasst, gleichzeitig bezeichnet der Begriff die im Rahmen eines so geleiteten Forschungsvorhabens entstehende Theorie, sodass (mindestens) eine Doppeldeutigkeit des Begriffs entsteht. Im Folgenden ist daher von einem Grounded-Theory-Ansatz die Rede.

hensweisen gefordert und laut wurden (vgl. Strübing 2013, S. 16). Der Forschungsstil der Grounded Theory Methodology (GTM) wurde seitdem fortwährend weiterentwickelt, wobei sich verschiedene Richtungen herauskristallisierten, die zum einen im Auseinanderdriften der Positionen von GLASER und STRAUSS liegen (vgl. Strübing 2011; vgl. systematisierend Denzin 2007, zitiert nach Strübing 2014, S. 7 und S. 97). Zum anderen werden neuere Richtungen mit bestimmten Akzentuierungen fortwährend weiterentwickelt, insbesondere bei Kathy CHARMAZ und Adele CLARKE[2] (vgl. Strübing 2014, S. 97–111). Entscheidend und leitend sind hier Grundgedanken des ursprünglichen Grounded-Theory-Ansatzes, wie sie von Anselm L. STRAUSS (vgl. Strauss 1991) und später STRAUSS und Juliet CORBIN (vgl. Strauss/Corbin 1996) weiterentwickelt wurden.

Grundlegend ist ein Verständnis des Forschungsprozesses als *iterativ* (im Gegensatz zu linear), wobei in Abhängigkeit vom Forschungsstand immer wieder Übergänge zwischen den Phasen der Datenerhebung, Datenanalyse und Theoriebildung vorgenommen werden (vgl. Strauss 1991, S. 46).[3] Die Forschenden reflektieren ihr Vorgehen als kreativen und stets auch subjektiven Prozess, in den Vorwissen systematisch – im Sinne theoretischer Sensitivität (vgl. Glaser/Strauss 2008, S. 54 f.; Strauss 1991, S. 36) – einbezogen wird. Ausgehend von diesem Verständnis des Forschens und der empirisch geleiteten beziehungsweise angebundenen („grounded") Theoriebildung, sieht der Grounded-Theory-Ansatz konkrete Verfahren vor (vgl. Kapitel 4).

Die Daten*erhebung* und ihre Verfahren sind hingegen eher offen angelegt – prinzipiell ist eine Vielfalt an Datenquellen und Material denkbar. Entsprechend sind Datenquellen und Erhebungsmethoden nicht festgelegt, auch wenn der Schwerpunkt auf qualitativen Erhebungsverfahren liegt (vgl. Glaser/Strauss 2008, S. 67; Strauss 1991, S. 26 f.). Für das Sampling, das heißt die Aufnahme von Fällen (in einem weiten Fall-Verständnis) in die Analyse, sieht der Ansatz das *theoretische Sampling* vor. Die Auswahl von Fällen beziehungsweise Daten erfolgt im Rahmen des iterativ-zyklischen Forschungsprozesses demnach fortlaufend und orientiert sich an

---

[2] Diese Neuentwicklungen wurden laut Bruno HILDENBRAND von STRAUSS selbst eher kritisch gesehen (vgl. Hildenbrand 2005, S. 56).

[3] Vgl. zu entsprechenden Ursprüngen bei John DEWEY (Dewey 2002 [1938], zitiert nach Strübing 2014, S. 41–45).

der Theorieentwicklung, das heißt, dass in Abhängigkeit vom Auswertungsstand Schlussfolgerungen für die Hinzuziehung weiterer Daten gezogen werden und entsprechend die Datenerhebung beziehungsweise die Hinzuziehung von Quellen fortgesetzt wird (vgl. Glaser/Strauss 2008, S. 53–57). Das Kriterium der *theoretischen Sättigung* dient der Steuerung dieses Prozesses (vgl. Glaser/Strauss 2008, S. 68 f.). Wenn das Hinzuziehen weiterer Daten auch mittels der Suche nach maximalen Unterschieden (mithilfe des Prinzips des ständigen Vergleichens, vgl. Kapitel 4) nicht zu neuen Phänomenen beziehungsweise deren Eigenschaften führt, ist eine theoretische Sättigung anzunehmen. Entscheidend ist hier, dass es nicht um quantitative Repräsentativität geht, sondern in Bezug auf die jeweilige theoretische Perspektive *konzeptuelle Repräsentativität* herzustellen versucht wird (vgl. Glaser/Strauss 2008, S. 68 f.).

Einen zentralen Aspekt des Grounded-Theory-Ansatzes stellt das *Auswertungsverfahren* dar. Dabei wird das Datenmaterial kodiert, um sukzessive theoretische Konzepte und Kategorien mittels vergleichender Analysen zu entwickeln (vgl. Glaser/Strauss 2008, S. 111–113). Dabei unterscheidet STRAUSS später verschiedene Vorgehensweisen beim Kodieren (vgl. Strauss 1991, S. 91; für eine Demonstration an Beispielen vgl. Strauss 1991, S. 94–115). Während das *offene Kodieren* einen Zugang zum Datenmaterial ermöglicht, indem einzelne Phänomene und ihre Eigenschaften als solche kenntlich gemacht werden, werden beim *axialen Kodieren* Zusammenhänge zwischen Konzepten herausgearbeitet und vergleichend stetig überprüft. Beim *selektiven Kodieren* werden zuvor herausgearbeitete im Hinblick auf die entstehende Theorie zentrale Konzepte in Beziehung zu theoretischen Kernkategorien gesetzt, wobei Rekodierungen stattfinden können. Ein Arbeitsprinzip beim Kodieren und der sukzessiven Theorieentwicklung ist das *ständige Vergleichen*, das auf verschiedenen Ebenen angesiedelt ist – verglichen werden verschiedene Datenquellen, bestimmte Vorkommnisse oder Eigenschaften von Phänomenen und entstandene Konzepte (vgl. Glaser/Strauss 2008, S. 111–113). Das so genannte *Kodierparadigma* wurde ebenfalls durch STRAUSS eingeführt (vgl. Strauss 1991, S. 56 f.) und dient der Analyse von Konzepten, indem bestimmte Fragen an diese herangetragen werden – nach dem Phänomen selbst, seinen Bedingungen, seinen Ursachen, seinem Kontext, relevanten Interaktionen sowie seinen Konsequenzen (vgl. Strauss 1991, S. 56 f.; Strübing 2014, S. 24 f.).

In den konkreten Prinzipien und Verfahrensweisen der Auswertung liegen Ähnlichkeiten zum Auswertungsvorgehen im Rahmen des von und um Ulrich OEVERMANN (vgl. Oevermann/Allert/Konau/Krambeck 1979) entwickelten methodologischen Ansatzes der *Objektiven Hermeneutik*. In beiden Fällen besteht das Vorgehen in einer kleinschrittigen „Zeile-für-Zeile-Analyse" (Strauss 1991, S. 61) beziehungsweise *Sequenzanalyse* (vgl. Kleemann/Krähnke/Matuschek 2013, S. 125 f.), mit denen eine ständige Überprüfung anhand von Vergleichen (Lesarten in der Objektiven Hermeneutik) einhergeht (vgl. Strübing 2013, S. 143).[4]

Da Datenerhebung und Art der Daten im Rahmen eines Grounded-Theory-Ansatzes offen gehalten sind, stellt sich hier die Frage nach der Forschungsfrage angemessenen Erhebungsverfahren. Für den Zugang zu medienpädagogischen Deutungsmustern sind zunächst allgemein *qualitative Interviews* mit Lehrerinnen und Lehrern eine geeignete Form, da in dieser offenen Methode die *Wirklichkeitsdefinitionen* der Befragten im Vordergrund stehen (vgl. Lamnek 2010, S. 317 f.). Als Zugang dienen hier *Einzelinterviews* in Abgrenzung zu Gruppeninterviews beziehungsweise -diskussionen, da die Unterschiede von Einzelinterviews gegenüber Gruppeninterviews in der hier gefassten Fragestellung und theoretischen Perspektive als entscheidend und vorteilhaft anzunehmen sind (vgl. Lamnek 2010, S. 428 f.). Wesentlich ist dabei, dass Gruppeninterviews nicht die Summe der Einzelnen bündeln, sondern theoretisch von einem Untersuchungsgegenstand ausgegangen wird, der als kollektiv angelegt angenommen wird, das heißt, dass die Interaktionen und bereits bestehenden Wissensbestände der Gruppe im Mittelpunkt stehen (vgl. Przyborski/Wohlrab-Sahr 2014, S. 90) und so beispielsweise kollektive Orientierungsmuster[5] als innerhalb von Milieus angesiedelte und geteilte, nicht bewusst zugängliche Muster (vgl. Bohnsack 1997; Bohnsack 2011) zugänglich werden (vgl. Lamnek 2010, S. 392). Entscheidend für die Wahl von Einzelinterviews ist hier die Annahme, dass es sich zwar in Teilen um kollektiv geteilte

---

[4] Vgl. zum Verhältnis von *Objektiver Hermeneutik* und *Grounded Theory* STRÜBING (Strübing 2006), HILDENBRAND (Hildenbrand 2006), weitere methodische Vergleiche unter anderem bei KLEEMANN, KRÄHNKE und MATUSCHEK (Kleemann/Krähnke/Matuschek 2013, S. 198–206).

[5] Vgl. zu Orientierungsmustern von Lehrerinnen und Lehrern bezüglich digitaler Medien in mediendidaktischer und -pädagogischer Hinsicht BRÜGGEMANN (Brüggemann 2013).

Wissensbestände handelt, jedoch zum einen gerade eine Heterogenität hinsichtlich medienpädagogischer Deutungsmuster in der untersuchten Gruppe der Lehrerinnen und Lehrer anzunehmen ist (und damit nicht Orientierungsmuster, die innerhalb einer Gruppe kollektiv geteilt sind) und zum anderen Gedanken zu medienpädagogischen Fragen zumindest teilweise erst in der Interviewsituation entwickelt und reflektiert werden. Während Gruppendiskussionen es ermöglichen, die Kontextspezifität zu berücksichtigen (vgl. Lamnek 2010, S. 382), geht es hier gerade darum, einen Zugang zu medienpädagogischen Deutungsmustern als auf einer subjektiven Ebene in Form individueller Ausprägungen (vgl. Oevermann 2001a, S. 27 f.; Meuser 2011, S. 32) zugänglich und kontextunabhängig zu ermöglichen. Dem gewähren Einzelinterviews mehr Raum als Gruppeninterviews, sodass in dieser Hinsicht eine angemessenere empirische Zugänglichkeit in der Form des Einzelinterviews anzunehmen ist. Gleichwohl ist durch die Person der Interviewerin oder des Interviewers (wie auch bei Gruppeninterviews durch die Gruppe insgesamt) eine gewisse Abhängigkeit beziehungsweise Determiniertheit (vor allem im Sinne *sozialer Erwünschtheit*) der Antworten anzunehmen und im Rahmen der Auswertung zu reflektieren.

Qualitative Interviews zeichnen sich vor allem durch ihre Eigenschaft der Offenheit aus, wobei eine insgesamt möglichst geringe Einflussnahme durch die interviewende Person entscheidend ist. Jedoch bestehen wesentliche Unterschiede zwischen verschiedenen Formen qualitativer Interviews. Diese Formen lassen sich je nach als relevant erachteten Kriterien unterschiedlich kategorisieren, sodass insgesamt kein trennscharfes Set an Interviewformen besteht, sondern verschiedene Formen hinsichtlich verschiedener Kriterien Gemeinsamkeiten und Unterschiede aufweisen (Gegenüberstellungen und Kategorisierung u. a. bei Lamnek 2010, S. 307–309 und S. 349 f.). So kann beispielsweise kaum die Rede von *dem* Leitfadeninterview sein, da verschiedene qualitative Interviewformen leitfadengestützt sind. Umgekehrt können jedoch verschiedene Interviewformen unter dem Begriff *Leitfadeninterview* zusammengefasst werden, wenn auf diese gemeinsame Eigenschaft bei allen sonstigen Unterschieden abgehoben werden soll. Dass verschiedene Eigenschaften in verschiedenen Interviewformen ähnlich wiederzufinden sind und die Formen so nicht trennscharf sind, ist dem Umstand geschuldet, dass die Interviewformen im Rahmen methodologischer Ansätze, oft auch konkreter Forschungsprojekte, als eigenständige Form entwickelt wurden und so Gemeinsamkeiten aufweisen (vgl. Übersichten u. a. bei Hopf 2008; Lamnek 2010, S. 326–350).

Für die angelegte Frage nach medienpädagogischen Deutungsmustern von Lehrerinnen und Lehrern ist vor diesem Hintergrund eine Interviewform nötig, die zwar offen die Bedeutungssetzungen der Befragten in den Vordergrund stellt, jedoch auch Nachfragen und Steuerungen orientiert am theoretischen Vorwissen beziehungsweise sich sukzessive entwickelnden theoretischen Konzepten (im Sinne des iterativ-zyklischen Forschungsprozesses) ermöglicht und so gleichzeitig Reflexionen anregt. Ein solcher Ansatz liegt dem *problemzentrierten Interview* (vgl. Witzel 1982, 2000) zugrunde, das hier als Ausgangspunkt dient. Diese Interviewform wurde von Andreas Witzel ursprünglich unter Bezugnahme auf den Grounded-Theory-Ansatz entwickelt (vgl. Witzel 1982). Ziel ist es, das theoretische Vorwissen im Forschungsprozess zu reflektieren und die Interviews zwar im Ansatz als *narrativ* anzulegen, dann jedoch durch Nachfragen und Anregungen thematisch an theoretischen Konzepten zu orientieren.

Die Fokussierung eines bestimmten Problembereichs ist wesentliche Eigenschaft dieser Interviewform. Mit einer erzählgenerierenden Einstiegsfrage wird diese thematische Fokussierung bei gleichzeitiger Offenheit, die auf Relevanzsetzungen durch die Befragten abzielt, vorgenommen. Das Interview ist leitfadengestützt, wobei der Leitfaden der interviewenden Person als thematische Orientierung dient, um nicht die durch die befragte Person von selbst angesprochenen Themenbereiche, die aufgrund der (vorläufigen) theoretischen Konzepte jedoch als relevant erachtet werden, in Nachfragen zu thematisieren (vgl. Witzel 2000, Absatz 8).

Im Ablauf des Interviews nach der Einstiegsphase sind dazu bestimmte Formen von Nachfragen vorgesehen. Dazu werden zunächst Aspekte der Erzählsequenzen aufgegriffen, um weitere Narrationen anzuregen und „den roten Faden weiterzuspinnen" (Witzel 2000, Absatz 14). An diese narrative Phase schließen sich verständnisgenerierende Strategien an, bei denen Witzel Zurückspiegelungen, Verständnisfragen und Konfrontationen unterscheidet (vgl. Witzel 2000, Absatz 16).

In diesen genannten Grundprinzipien weist das *problemzentrierte Interview* Ähnlichkeiten zu anderen Interviewformen auf, die ebenfalls mit Leitfäden arbeiten und methodologisch reflektierte Nachfragen systematisch integrieren und insofern im Kontrast zu narrativen und biografischen Interviews stehen, soweit diese jedwede Beeinflussung der Befragten zu vermeiden suchen und damit Nachfragen erst im Anschluss an die durch die befragte Personen abgeschlossene Erzählphase vorsehen (vgl. Lamnek 2010, S. 328). So sind im *episodischen Interview* ebenfalls narrative Phasen und Formen von Nachfragen und stets neuen Erzählgenerierungen kombiniert (vgl. Flick 2011, S. 275). Dem zugrunde liegt die Unterscheidung von episodisch-narrativem Wissen, das in Narrationen seinen Ausdruck findet, und semantischem Wissen, dessen Hervorbringung die Nachfragen dienen (vgl. Flick 2011, S. 273 f.). Auch im *diskursiven Interview*, das Carsten G. ULLRICH (vgl. Ullrich 1999) speziell für die Analyse von Deutungsmustern entwickelte, sind Nachfragen explizit inbegriffen. Ausgehend von der Annahme, dass Deutungsmuster nicht direkt, sondern nur in ihren individuellen Derivationen empirisch zugänglich sind (vgl. Ullrich 1999, S. 5 f.), lehnt sich diese Interviewform an das enge Verständnis des Deutungsmusterbegriffs bei OEVERMANN an. Die Formen von Nachfragen sind vielfältig und konkret kategorisiert sowie ausführlich erläutert (vgl. Ullrich 1999, S. 15–20). Sie werden von ULLRICH selbst als recht „aggressiv" eingeschätzt (vgl. Ullrich 1999, S. 21). Die Rolle von Formen von Nachfragen wird im Zusammenhang mit den Darlegungen zum Auswertungsprozess aufgegriffen.

4. Methodensetting und -beschreibung

Im Folgenden werden Erfahrungen zum methodischen Vorgehen aus dem Forschungsprojekt berichtet, wobei Schwerpunkte auf das Sampling, die Interviewform und den Auswertungsprozess gelegt werden.

Das *Sampling* gemäß eines Grounded-Theory-Ansatzes theoretisch zu fundieren, heißt im ersten Schritt ausgehend vom Stand des theoretischen Vorwissens eine Auswahl über zunächst einzubeziehende Fälle, das heißt hier einzelne Lehrerinnen und Lehrer, zu treffen. Wenngleich eine gewisse Streuung – also Unterschiedlichkeit der als relevant erachteten Eigenschaften – der zunächst interviewten Personen naheliegend ist, läuft man hier leicht Gefahr, sich einer quantitativen Logik etwa mit der Frage nach soziodemografischen Daten wie Alter und Geschlecht und weiteren Eigenschaften wie Schulform und unterrichtete Fächer anzuschließen. Ein solcher

Ansatz, der auch die Kombination entsprechender Merkmale einschließen würde, scheitert bereits an einer realistischerweise einzubeziehenden Anzahl an Interviews im Rahmen eines Qualifikationsvorhabens[6] und entspräche gerade *nicht* dem Grundgedanken des Grounded-Theory-Ansatzes (vgl. Strauss 1991, S. 70 f.). Insofern können hier zu Beginn sehr offen Lehrerinnen und Lehrer unterschiedlichen Alters einbezogen werden, da das Alter im Hinblick auf die Fragestellung als bedeutsam angenommen werden kann. Zugleich ist damit ein Ausgangspunkt gesetzt, von dem aus das weitere Sampling erfolgen kann, das im Zuge der Auswertung auch Eingrenzungen nach sich zieht (vgl. Truschkat/Kaiser-Belz/Volkmann 2011, S. 366–372).

Dabei ist stets die Frage leitend, welche Fälle als nächstes einbezogen werden sollen (vgl. Glaser/Strauss 2008, S. 55). Als praktikabel erwies sich dabei das recht pragmatische Vorgehen, nicht persönlich, aber „über Ecken" bekannte Personen für ein Interview anzufragen. Dieses Vorgehen ist nicht nur aufgrund eines gewissen Vertrauensvorschusses in der Interviewsituation (aufgrund einer oder mehrerer „Mittelspersonen") bei einer gleichzeitig nicht vorhandenen (möglicherweise beeinflussenden) persönlichen Beziehung von Vorteil, sondern auch für die hier interessierende Frage nach medienpädagogischen Deutungsmustern, da so Personen für Interviews gewonnen werden konnten, die sich nicht aufgrund der Ankündigung eines Medienbezugs im Forschungsvorhaben für die Teilnahme entschieden, und so eine für die Forschungsfrage relevante Selektion vermieden werden konnte.

Auf diese Weise konnten vier Personen für die ersten Interviews gewonnen werden, die in ihrer pädagogischen Arbeit medienpädagogischen Themen keine besondere Aufmerksamkeit widmen oder gar gezielt medienpädagogisch arbeiten. Im Sinne des theoretischen Samplings waren dann entsprechend Personen zu suchen, die bereits Bezüge zu medienpädagogischen Themen aufweisen. So gelang es beispielsweise, eine Lehrerin als Interviewpartnerin zu gewinnen, die die Forscherin für eine medien-

[6] Wenn zu interviewende Personen aus den Eigenschaften von zum Beispiel zwei Geschlechtern, drei Schulformen und (nur) drei Altersgruppen in jeder möglichen Kombination der Ausprägungen der Merkmale einbezogen werden sollen, wären dies bereits 18 Personen, ohne dass hier deren unterrichtete Fächer berücksichtigt wären und Vergleiche von Personen mit gleichen Ausprägungen dieser Merkmale vorgenommen werden könnten.

pädagogische Weiterbildung angefragt hatte. Die Idee des theoretischen Samplings bezieht sich jedoch nicht nur auf die Auswahl von Fällen, in diesem Fall Personen. Vielmehr ist im Zuge der Analyse, und damit dem Prinzip des ständigen Vergleichens und der theoretischen Fortentwicklung folgend, nach weiteren beziehungsweise anders ausgeprägten Beispielen für Phänomene und Ausprägungen von deren Eigenschaften zu suchen (vgl. Strauss 1991, S. 43 f.). Dies charakterisiert das iterativ-zyklische Vorgehen mit der ständigen Rückkehr zu bereits kodiertem Datenmaterial (vgl. Strauss 1991, S. 45 f.). Auf dieses Vorgehen ist unten im Zusammenhang mit dem Auswertungsprozess zurückzukommen.

Das Vorgehen, das *problemzentrierte Interview* als Ausgangspunkt zu wählen und dabei Eigenschaften ähnlich angelegter Interviewformen (diskursives und episodisches Interview) mit zu berücksichtigen, lässt sich erst im Nachhinein als solches beschreiben. Zu Beginn des Forschungsprojektes steht zwar eine Entscheidung für ein bestimmtes Vorgehen (hier: das problemzentrierte Interview), das jedoch als *offen* – das heißt schon im nächsten Interview aufgrund gemachter Erfahrungen als modifizierbar – einzuschätzen ist.

Den ersten Schritt bildet die *Entwicklung eines Leitfadens*, der aufgrund des theoretischen Vorwissens im Zuge der Literaturrecherche und aufgrund professioneller Expertise, aber auch als eher persönlich einzuschätzender Erfahrungen entwickelt wird. Dieser entsteht nicht „aus einem Guss", sondern wird sukzessive auch während des Erhebungsprozesses verändert, etwa wenn sich bestimmte Aspekte beziehungsweise Konzepte im Sinne des Grounded-Theory-Ansatzes erst während des Auswertungsprozesses als theoretisch relevant herausstellen. Der Leitfaden hält den erzählgenerierenden Stimulus fest, stellt dann jedoch keine Reihenfolge an Fragen dar, sondern eher eine „Hintergrundfolie" (Witzel 2000, Absatz 8), an der während der Interviews die bereits angesprochenen Themen und Aspekte abgeglichen werden, um gezielt Nachfragen zu noch nicht thematisierten Bereichen zu stellen (vgl. Witzel 2000, Absatz 8). Erst nachdem bereits erste Interviews geführt und teilweise ausgewertet wurden, kristallisierten sich Ähnlichkeiten zu Prinzipien des episodischen Interviews heraus. Hier erweist es sich als vorteilhaft, vor Beginn des Erhebungsprozesses intensiv methodologische und methodische Literatur durchzuarbeiten, um das eigene Vorgehen stets einordnen, reflektieren und methodische Alternativen und Modifikationsmöglichkeiten erkennen zu können.

Entscheidend für den Forschungsprozess war hier die Erkenntnis, dass sich Grundgedanken und Verfahrensweisen Uwe FLICKS zum *episodischen Interview* mit Vorgehensweisen WITZELS im *problemzentrierten Interview* perspektivisch ergänzen: Während FLICK die oben angesprochene Unterscheidung von Wissensformen zugrunde legt und aufgrund dessen die Kombination von Erzählungen und Nachfragen, jedoch ohne konkretere Ausführungen zu Reihenfolge und Formen der Nachfragen, vorsieht (vgl. Flick 2011), stehen bei WITZEL die Unterscheidung und Reihenfolge bestimmter Interviewphasen (allgemeine und spezifische Sondierung) und Nachfrageformen (Zurückspiegelungen, Verständnisfragen, Konfrontationen, direkte Fragen) im Vordergrund (vgl. Witzel 2000).

Trotz Bewusstmachung verschiedener Frageformen und im besten Falle auch vorheriger Übung der Interviewführung (vgl. Flick 2011, S. 275), stellt jedes Interview eine einzigartige Situation dar, die ihren eigenen Verlauf nimmt und vor allem *Ad-hoc*-Reaktionen und Entscheidungen der Interviewerin beziehungsweise des Interviewers erfordert. Dabei ist die Aufmerksamkeit auf den inhaltlichen Verlauf des Interviews (mit Hilfestellung durch den Leitfaden), die zwischenmenschliche Ebene und die ständige Einschätzung auf Metaebene zugleich gerichtet, vor deren Hintergrund Ad-hoc-Abwägungen vorgenommen und Entscheidungen zu Anschlussfragen getroffen werden müssen, die methodisch angemessen sind und gleichzeitig authentisch in die kommunikative Situation passen. Hier kommt die Ähnlichkeit qualitativer Interviews zur Alltagskommunikation zum Tragen, die im Sinne des interpretativen Paradigmas als förderlich zu betrachten ist (vgl. Lamnek 2010, S. 322). Damit sind oftmals deutliche Abstriche von der idealen „Lehrbuchform" von Interviews zu machen. Das heißt hier, dass sich die Angemessenheit des Zeitpunkts und der Form einer Nachfrage möglicherweise im Nachhinein, oder auch schon im Moment ihrer Äußerung, anders einschätzen lässt. Insbesondere die sehr detailliert unterschiedenen Nachfrageformen in ULLRICHS Vorschlag zum diskursiven Interview (vgl. Ullrich 1999, S. 15–20) ließen sich nicht anspruchsvoll und methodisch sicher in dieser Exaktheit realisieren, erwiesen sich – wie später noch ausgeführt – analytisch jedoch im Auswertungsprozess als nützlich.

Insgesamt erwies es sich als weiterführend, Pausen bewusst auszuhalten, was einen größeren Unterschied zur Alltagskommunikation bedeutet, jedoch zum einen das Potential des eigenen Sortierens und Abwägens im oben genannten Sinne birgt. Zum anderen erfolgen im Falle von (auch unfreiwillig) eingelegten Pausen immer wieder überraschende Anschlüsse der interviewten Personen, sodass in der Folge die Aufmerksamkeit stärker auf das bewusste Aushalten von Pausen, gegebenenfalls mit Unterstützung durch verbale und nonverbale Zuhörsignale, gelegt werden konnte.

Entscheidend ist zusätzlich, zu akzeptieren, dass es auch in einem idealerweise sehr geübten und reflektierten Vorgehen kein „richtig" oder „falsch" gibt. Als hilfreich erwies sich hier in jedem Fall das *Postscript*, das WITZEL vorsieht, um Aspekte der Situation und Auffälligkeiten etwa zum nonverbalen Verhalten der interviewten Person sowie erste Interpretationsideen festzuhalten (vgl. Witzel 2000, Absatz 9), auch auf die Ebene der Interviewführung auszudehnen. Das heißt, auch Gedanken zum eigenen Verhalten als Interviewerin und etwa auffälligen Situationen, in denen sich zum Beispiel Nachfragen als besonders ergiebig oder eben ungeeignet erwiesen, festzuhalten und anhand dessen das methodische Vorgehen im Interview zu reflektieren. Insofern bietet jede Interviewsituation aufs Neue Übungspotential.

Die *Auswertung* der vollständig transkribierten Interviews beginnt – dem Grounded-Theory-Ansatz folgend –, sobald diese vorliegen und möglichst zeitnah. Hier diente MAXQDA als eines der etablierten Programme der qualitativen Datenanalyse[7] zur Realisierung des Kodiervorganges.

In der ersten Phase des Kodierens (*offenes Kodieren*) werden Kodes angelegt, die sich eher an der Oberfläche auf enthaltene Themen beziehen und damit die Daten vorstrukturieren, indem Passagen zu gleichen Themen denselben Kodes zugewiesen werden. Dabei sind die Vorannahmen zu relevanten Themenbereichen, die sich auch im Leitfaden widerspiegeln, sehr präsent. Gleichzeitig zeigen sich bereits jetzt Unterscheidungen vorkommender Phänomene, die Differenzierungen erfordern und zur Benennung von Kategorien und Subkategorien (vgl. Strauss 1991, S. 99) führen,

[7] Eine gängige Alternative ist beispielsweise *ATLAS.ti*; vgl. auch eine Liste von Programmen mit Detailinformationen und Links unter sosciso.de/de/software/datenanalyse/qualitativ, aufgerufen am 09. Januar 2019.

womit der Übergang in die Phase des *axialen Kodierens* gekennzeichnet ist. Beispielsweise mag es mehrere Stellen im Interview geben, in denen die Lehrerin auf die Rolle des Elternhauses zu sprechen kommt, was zunächst als Kategorie dient. Dabei werden einerseits vermutete oder explizit geäußerte Erwartungen von Elternseite an die Schule oder sie als Lehrerin berichtet, andererseits Annahmen der Lehrerin über Zusammenhänge der Mediennutzung eines Schülers mit gegebenen Bedingungen in der Familie geäußert. Mit diesem Beispiel sind mehrere Prozesse beziehungsweise Arbeitsschritte angesprochen, die hier zur Anwendung kommen. Zunächst zeigt sich hier bereits das Prinzip des ständigen Vergleichens (vgl. Glaser/ Strauss 2008, S. 111 f.; Strübing 2014, S. 14 f.), indem (vorerst innerhalb eines Interviews, dann auch in Bezug zu anderen Interviews) Kategorien und deren Vorkommnisse verglichen werden, sodass weitere Differenzierungen entstehen. Dazu haben Strauss und Corbin den Begriff des *Dimensionalisierens* eingeführt, der das Herausarbeiten von Eigenschaften eines Phänomens in ihren Ausprägungen bezeichnet (vgl. Strauss/Corbin 1996, S. 43; Strübing 2014, S. 22 f.). Darüber hinaus wird hier die Rolle des bereits vorhandenen Fachwissens deutlich. Zum einen dient es dazu, im Sinne der theoretischen Sensitivität Kategorien herauszubilden und einer gewissen forschenden Kreativität Vorschub zu leisten, zum anderen geht es darum, dieses Fachwissen und damit vorhandene theoretische Konzepte den Daten nicht einfach „überzustülpen" (Strübing 2014, S. 58).

Die Systematisierung des Kodierprozesses mithilfe dieser Arbeitsprinzipien dient insofern auch der Kontrolle dieses Prozesses (vgl. Strübing 2014, S. 15 und S. 19). Dies sei – das oben genannte Beispiel aufgreifend – kurz illustriert: Im vorliegenden Fall berichtete eine Lehrerin von einem Jungen im Alter von zehn Jahren, der bei einer Klassenfahrt Spiele für eine tragbare Spielekonsole bei sich hatte, welche mit einer Altersfreigabe für ab Sechzehnjährige versehen waren. Sie berichtete in diesem Kontext von den familiären Hintergründen des Schülers und schlussfolgerte unter Verwendung der Bezeichnung „Schicht"[8] eine starke Determiniertheit durch das Elternhaus.

[8] „Schicht" stellt eine weitere Kategorie dar, die hier zunächst als In-vivo-Code (wörtlich vorgekommene Formulierung, die so bezeichnend ist, dass sie selbst als Kode aufgenommen wurde, vgl. Strauss 1991, S. 64) und innerhalb dieses Falles auch im Kontext anderer Kategorien bedeutsam ist.

Das hier betrachtete Phänomen, welches im Auswertungsprozess – neben anderen Phänomenen auch aus anderen Interviews – unter der entwickelten Kategorie einer „Abhängigkeit vom Elternhaus" gefasst wurde, ist mithilfe des Kodierparadigmas mit Fragen zu konfrontieren, die eine tiefere Analyse erlauben und gleichzeitig Gemeinsamkeiten und Unterschiede zu ebenfalls unter dieser Kategorie zusammengefassten Phänomenen (auch aus anderen Interviewsituationen) aufdecken. Fragen, die sich hier beispielsweise im Hinblick auf Interaktionen zwischen den Akteurinnen und Akteuren stellen (vgl. Strauss 1991, S. 57), sind die, wie die Lehrerin mit ihrer Feststellung und Einschätzung umgeht, ob sie beispielsweise die Mutter gezielt anspricht, ihr bestimmte Ratschläge gibt oder bestimmte Forderungen stellt oder auch mit dem Jungen selbst, mit Kolleginnen und Kollegen über ihre Erfahrung spricht. Dieses Vorgehen – das Dimensionalisieren und Entwickeln vorläufiger Hypothesen im Zuge des Vergleichens mithilfe des Kodierparadigmas – charakterisiert die Phase des axialen Kodierens, wobei einzelne Kategorien, die jeweils eine „Achse" darstellen, intensiver betrachtet werden (vgl. Strauss 1991, S. 101). Dabei werden gleichzeitig stärker Zusammenhänge herausgearbeitet und Hierarchisierungen im Hinblick auf die Forschungsfrage vorgenommen, sodass jeweils als relevant erachtete Kategorien in die systematischen Vergleiche und tieferen Analysen aufgenommen werden (vgl. Strübing 2014, S. 17).

Im Zuge des *selektiven Kodierens* konnte dann anhand der Vergleiche herausgearbeiteter Kategorien ausgemacht werden, dass eine Defizitorientierung in verschiedenen Kategorien prägend ist, welche damit als (vorläufige) Schlüsselkategorie dient. Mit der Fokussierung einer Schlüsselkategorie (von möglicherweise mehreren) erfolgt eine stärkere theorieentwickelnde Abstrahierung, die auch Rekodierungen nach sich zieht (vgl. Strauss 1991, S. 63 f.; Strauss und Corbin sprechen von Kernkategorien – Core Categories, vgl. Strauss/Corbin 1996, S. 94). Veränderungen bereits erfolgter Kodierungen vorzunehmen, die auch zu früheren Zeitpunkten im Kodierprozess nötig werden, geht oft mit dem Gefühl der Unsicherheit einher. Hier empfiehlt es sich, mehrere Backups der Projektdatei in MAXQDA zu speichern und zum Beispiel jeweils mit Datum zu versehen, um stets frühere Versionen einsehen zu können. Alternativ lassen sich parallele Kodierungen vornehmen, die gleichsam über die bereits bestehenden gelegt werden, was bei gleichzeitiger Einblendung aller Kodierungen jedoch zu zunehmender Unübersichtlichkeit führt. Entscheidend ist die Wahl einer Vorgehensweise, mit der die Forscherin oder der Forscher selbst am besten zurechtkommt. In diesem Zusammenhang sei auf ein überaus hilfreiches Mittel hingewiesen, das im Rahmen eines Grounded-Theory-Ansatzes explizit vorgesehen ist und besonderen Stellenwert in der Theorieentwicklung besitzt: das Verfassen *theoretischer Memos* (vgl. Glaser/Strauss 2008, S. 113 f.; Strauss 1991, S. 151–153 und S. 197 f.).

Die hier beispielhaft ausgewählte Schlüsselkategorie zeigt sich nicht nur im Hinblick auf die oben als Beispiel betrachtete Rolle des Elternhauses, in der eine starke Abhängigkeit angenommen wird, die jedoch in Negativbeispielen Erwähnung findet und von den Lehrerinnen und Lehrern insofern als ursächlich für den als negativ beziehungsweise defizitär bewerteten Medienumgang der Kinder erachtet wird. Sie zeigt sich auch in Kategorien, die sich unmittelbar auf Mediennutzungsweisen der Kinder (mit und ohne schulischen Bezug) beziehen. So ist beispielsweise eine Kategorie die des „Spiel- beziehungsweise Unterhaltungscharakters" der Mediennutzung der Kinder beziehungsweise Jugendlichen, die von Lehrerinnen und Lehrern nicht als positiv wahrgenommen, sondern in dem Sinne als defizitär bewertet wird, dass damit eine ebenfalls explizierte mangelnde Reflexion des eigenen Medienhandelns unmittelbar zusammenhinge. Im Zuge des Vergleichens ist zu konstatieren, dass das Spiel durchaus als positiv aufgefasst werden könnte, etwa in dem Sinne, dass jegliches Lernen spielerische Züge hat und Spielen auch Lernen bedeutet oder dass Unterhaltung ein berechtigtes Interesse auch und gerade von Kindern ist, das mit ganz unterschiedlichen individuellen Bedürfnissen situativ eingebettet ist.

An dieser Stelle sei noch der oben bereits angesprochene Rückbezug im Auswertungsprozess auf die *Interviewmethode* aufgegriffen: Während es bei den obigen Ausführungen zum methodischen Vorgehen im Zuge des Interviews darum geht, den weiteren Verlauf durch bestimmte Nachfragen zu steuern, beispielsweise zu neuen Narrationen anzuregen, ist der Fokus im Auswertungsprozess ein anderer: Hier liegt das Material unveränderlich vor und es geht um einen analytischen Zugang, bei dem zunächst Nachfragen kategorisiert und beispielsweise als Verständnisfragen erkannt werden können. Ziel dabei ist es, das Gesagte der befragten Person nicht nur für sich genommen, sondern auch vor dem Hintergrund der vorangegangenen Frage zu analysieren.

Darüber hinaus gilt es auch, den gesamten Interviewverlauf bei der Auswertung im Blick zu haben, das heißt dass eine vorgenommene Äußerung immer auch vor dem Hintergrund des bereits erfolgten Gesprächsverlaufs (inhaltlich aber auch beispielsweise in Bezug auf die Gestaltung der Beziehungsebene) zu betrachten ist. So ist – um im oben genannten Beispiel zu bleiben – die fragend intonierte Aussage der Interviewerin „also die Eltern aus dem Hintergrund die haben dann sowas vielleicht schon im Blick," vor dem Hintergrund des bereits Gesagten als Zurückspiegelung zu verstehen, die insofern einer kommunikativen Validierung dient (vgl. Witzel 2000, Absatz 16). Darauf folgt die Bestätigung der interviewten Lehrerin („ja, genau [...] auf jeden Fall").

Gleichermaßen ist der Fortgang der Ausführungen der Lehrerin auch vor dem Hintergrund dieser Nachfrage einzuschätzen. Während zuvor die Rede davon ist, dass „aus den Elternhäusern wo gehobene Schicht ist", eine auf die berufliche Zukunft des Kindes orientierte Aufmerksamkeit darauf gerichtet wird, dass in der Schule der bedienende Umgang mit Computern geübt wird, schließt die Lehrerin nun kontrastierend an und berichtet von Familien, in denen die Eltern selbst „zocken" (gemeint sind Computerspiele) und in denen jene Aufmerksamkeit auf die berufliche Zukunft nicht gegeben sei, sondern der Umgang mit Computern seitens der Eltern schlicht als „cool" wahrgenommen wird. Diese Kontrastierung kann also gerade durch die bilanzierend (und auf kommunikativer Ebene appellierend) wirkende Nachfrage evoziert worden sein. Dies müsste nicht als Kontrast eingeordnet werden, die Lehrerin setzt damit jedoch an bereits erfolgte Ausführungen zu einer Familie an, in der sie den oben angesprochenen Zusammenhang zwischen Schichtzugehörigkeit und Mediennutzung am Beispiel des „Zockens" herstellte.

Hier zeigt sich, dass auch der Gesamtgesprächsverlauf bei der Analyse als bedeutsam einzubeziehen ist, da bereits Gesagtes bei weiteren Äußerungen egal welcher Art im Raum steht und sowohl bei expliziten Bezugnahmen als auch Äußerungen ohne expliziten Rückbezug zum Tragen kommt. Den Gesamtgesprächsverlauf zu betrachten und Nachfragen einzuordnen, hilft im Zuge der Analyse also, die Anschlüsse der befragten Personen (Erzählungen, Begründungen, Rechtfertigungen et cetera) auch vor diesem Hintergrund einzuordnen. Dabei kann das Postscript hinzugezogen werden, das beispielsweise auffällige nonverbale Reaktionen bei bestimmten Fragen oder Zeitpunkten im Gespräch festhält.

Im Zusammenhang mit dem Auswertungsverfahren durch die Forscherin stellt sich die Frage nach *Gütekriterien*. In diesem Zusammenhang wird idealerweise die Zusammenarbeit in Teams gefordert, auf die im fünften Kapitel einzugehen ist. Erfreulicherweise gewinnt die Diskussion zu Gütekriterien in der qualitativen Forschung insgesamt (vgl. u. a. Steineke 2008) sowie im Rahmen der Grounded-Theory-Methodologie im Speziellen (vgl. Strübing 2014, S. 79–95) zunehmend an Bedeutung. Sie kann hier jedoch nicht in angemessener Tiefe wiedergegeben werden, sodass es an dieser Stelle bei dem Verweis auf den Zusammenhang zum nötigen Pragmatismus im Rahmen von Qualifikationsarbeiten (vgl. Kapitel 5) bleiben muss.

Im Hinblick auf die Ausgangsfrage nach medienpädagogischen Deutungsmustern können diese im Zuge der in den angesprochenen Beispielen genannten Kategorien unterschiedlicher Ebenen (Defizitorientierung, überwiegender Spiel- beziehungsweise Unterhaltungscharakter der kindlichen beziehungsweise jugendlichen Mediennutzung, starke Abhängigkeit vom Elternhaus) theoretisch anschlussfähig gemacht werden, indem sie selbst als vorläufig zu betrachtende Deutungsmuster aufgefasst werden.

Die Herausarbeitung einer vorläufigen Schlüsselkategorie „Defizitorientierung" weist auf *Anschlüsse* zu den Ergebnissen der von Sven Kommer (vgl. Kommer 2010) durchgeführten Studie zum *medialen Habitus* von Lehramtsstudierenden hin. Ausgehend vom Habituskonzept Pierre Bourdieus nimmt er die Existenz eines medialen Habitus' an und untersucht diesen mittels Leitfadeninterviews bei Lehramtsstudierenden. Ohne den theoretischen Ansatz, das methodische Vorgehen und die Ergebnisse dieser Studie hier näher ausführen zu können, sei auf ein zentrales Ergebnis hingewiesen, das eine besondere Anschlussfähigkeit zum hier beschriebenen Forschungsprojekt und seinen vorläufigen Ergebnissen aufweist: Der mediale Habitus von Lehramtsstudierenden lässt sich in drei Typen unterscheiden, wobei die „ambivalenten Bürgerlichen" überwiegen (Kommer 2010, S. 305; für eine differenziertere Darstellung vgl. Kommer 2010, S. 303–379; vgl. auch Biermann 2009). Entscheidend ist dabei, dass die Schülerschaft unterschiedlichen Milieus entstammt und insbesondere die populär-kulturell geprägte Mediennutzung von Jugendlichen, gerade aufgrund der Milieuunterschiede durch die Lehrerinnen und Lehrer dieses Habitustyps, als Ansatzpunkt der Distinktion dient und abgelehnt wird (vgl. Kommer 2010,

S. 335). Hier wäre die Frage nach einer Defizitorientierung möglicherweise anschlussfähig.

Zudem ließen sich Anschlüsse der Ergebnisse übergeordnet auch in der Milieuforschung suchen, die solche Unterschiede und in diesem Zusammenhang insgesamt eine Defizitperspektive in kultureller Hinsicht von Lehrerinnen und Lehrern ausmacht (vgl. Lange-Vester 2015). Einordnungen und Bezugnahmen zu angrenzenden theoretischen Ansätzen und empirischen Ergebnissen vorzunehmen, bedeutet auch im Anschluss an den Auswertungsprozess wiederum einen Rückbezug zum theoretischen Vorwissen herzustellen.

5. Reflexion

Das eigene Vorgehen kritisch zu reflektieren, begleitet den gesamten Forschungsprozess. Gerade Forschungsprojekte, die wie im vorliegenden Fall im Rahmen von Qualifikationsvorhaben *eigenständig* durchgeführt werden, sind stets von Unsicherheiten begleitet. Entscheidend ist es, das kontinuierliche Hinterfragen in einem konstruktiven Umgang positiv zu wenden. Im Idealfall stehen die Betreuerin oder – wie in meinem Fall – der Betreuer stets für große und kleine Fragen und Diskussionen zur Verfügung. Hilfreich ist auch der Austausch mit Kolleginnen und Kollegen. Dieser konnte für mich erkenntnisbringend im Rahmen eines Doktorandenkolloquiums erfolgen, wobei insbesondere der abweichende fachliche Bezug anderer Doktorandinnen und Doktoranden von Vorteil ist. Gerade in Bezug auf methodische Fragen erweist es sich immer wieder als fruchtbar, auch mit Forscherinnen und Forschern außerhalb der Medienpädagogik und damit relativ unabhängig vom Gegenstand diskutieren zu können. Schließlich erwiesen sich die *theoretischen Memos* ebenfalls als hilfreiches Mittel, sich bewusst des Standes vergewissern zu können, auch spontane Gedanken festzuhalten und so gleichsam Halt gebende Anker zu setzen.

Eine zentrale Frage im vorgestellten Forschungsvorhaben stellt die *Interviewform* dar, bei der ähnliche Ansätze und Elemente verschiedener Interviewformen integriert wurden. Dahinter steht ein Prozess, der von Suche und ständigen Abwägungen geprägt ist. Damit ging eine sehr breite Beschäftigung mit methodologischer und methodischer Literatur und somit verschiedenen Ansätzen und Vorschlägen einher, die sich im Nachhinein als besonders fruchtbar erwies. Sie birgt zwar die Gefahr zunehmender Verunsicherung und weit über ein notwendiges Maß hinausgehender Einarbeitungen, die prinzipiell nie abgeschlossen sind und beispielsweise in zeitlich enger limitierten Vorhaben kaum umzusetzen sind. So galt es auch hier, erst mit zunehmendem Zeitdruck ein vorläufiges Ende zu finden. Im Nachhinein erweist sich jedoch eine umfassende Kenntnis methodologischer und methodischer Ansätze als Vorteil.

Letztlich geht es darum, in Kenntnis verschiedener Strömungen und methodologischer Hintergründe auf verschiedenen Ebenen eine Passung zu eigenen Zielen des Forschungsvorhabens vornehmen zu können. Gleichermaßen schärfen sich diese eigenen Ziele erst in Auseinandersetzung mit theoretischen (vgl. die Ausführungen zum Deutungsmusteransatz in Kapitel 4) und methodologischen sowie methodischen Ansätzen. Erst dann ist es zunehmend möglich, den Mut zu kreativen, aber reflektierten Vorgehensweisen und Ansätzen aufzubringen.

Mit Qualifikationsarbeiten als Form eigenständiger Forschungsprojekte gehen einige Spezifika einher: Mit der angesprochenen zeitlichen Limitierung stellt sich auch die Frage nach einem nötigen, aber methodologisch verträglichen Maß an Pragmatismus, etwa bei der Beendigung des Samplingprozesses in Abwägung des Kriteriums der theoretischen Sättigung im Hinblick auf die Reichweite der materialen Theorie (vgl. Truschkat/Kaiser-Belz/Volkmann 2011, S. 374 f.).

Darüber hinaus arbeiten Forscherinnen und Forscher im Rahmen von Qualifikationsarbeiten in der Regel allein, während im Rahmen der Grounded-Theory-Methodologie (wie auch anderer Ansätze) gerade die Zusammenarbeit in Teams explizit positiv einbezogen ist (vgl. Glaser/Strauss 2008, S. 114). Hier können alternative Vorgehensweisen eine Annäherung ermöglichen, etwa wenn regelmäßig Auswertungen von Interviewsequenzen im Rahmen von Kolloquien vorgestellt beziehungsweise diskutiert werden können. Als zielführend erwies es sich hier, unabhängig von Kolloquien eigenständig den Kontakt zu Nachwuchswissenschaftlerinnen und Nachwuchswissenschaftlern zu suchen und zufällig entstandene Kontakte zu nutzen, sodass eigenständig organisierte Treffen mit dem Ziel gemeinsamer Auswertungssitzungen stattfinden konnten.

In ständigen Möglichkeiten der Diskussion und Übung kommt die Sichtweise auf den Auswertungsprozess als „Kunstlehre" zum Tragen (vgl. Strübing 2014, S. 19) – das *reflektierte Tun* ist der Weg, diese zu erlernen. Insofern ist es entscheidend, aufbauend auf Literaturstudium und praktischer Erfahrung und somit zunehmender Sicherheit, den Weg und Prozess des Forschens auch als nie abgeschlossenen Prozess des Lernens zu begreifen.

Literaturverzeichnis

- Biermann, Ralf (2009): Der mediale Habitus von Lehramtsstudierenden. Eine quantitative Studie zum Medienhandeln angehender Lehrpersonen, Wiesbaden: Springer VS
- Bohnsack, Ralf (1997): Gruppendiskussionsverfahren und Milieuforschung, in: Friebertshäuser, Barbara/Prengel, Annedore (Hrsg.): Handbuch Qualitative Forschungsmethoden in der Erziehungswissenschaft, Weinheim/München: Juventa, S. 492–502
- Bohnsack, Ralf (2011): Orientierungsmuster, in: Bohnsack, Ralf (Hrsg.): Hauptbegriffe qualitativer Sozialforschung, Opladen: Budrich, S. 132–133
- Brüggemann, Marion (2013): Digitale Medien im Schulalltag. Eine qualitativ rekonstruktive Studie zum Medienhandeln und berufsbezogenen Orientierungen von Lehrkräften, München: kopaed
- Dallmann, Christine (2017): Schule, in: Schorb, Bernd/Hartung-Griemberg, Anja/Dallmann, Christine (Hrsg.): Grundbegriffe Medienpädagogik, München: kopaed, S. 367–374
- Denzin, Norman K. (2007): Grounded Theory and the Politics of Interpretation, in: Bryant, Antony/Charmaz, Kathy (Hrsg.): The Sage Handbook of Grounded Theory, London: Sage, S. 454–471
- Dewey, John (2002 [1938]): Logik – Die Theorie der Forschung, Frankfurt am Main: Suhrkamp
- Flick, Uwe (2011): Das Episodische Interview, in: Oelerich, Gertrud/Otto, Hans-Uwe (Hrsg.): Empirische Forschung und Soziale Arbeit – Ein Studienbuch, Wiesbaden: Springer VS, S. 273–280
- Glaser, Barney G./Strauss, Anselm L. (2008 [1967]): Grounded Theory – Strategien qualitativer Forschung, Bern: Huber

- Hildenbrand, Bruno (2005): Rezension zu Jörg Strübing, Grounded Theory. Zur sozialtheoretischen und epistemologischen Fundierung des Verfahrens der empirisch begründeten Theoriebildung, in: Sozialer Sinn 6 (1), S. 155–157
- Hildenbrand, Bruno (2006): Wider die Sippenhaft. Eine Antwort auf Jörg Strübing, in: Sozialer Sinn 1, S. 159–167
- Hopf, Christel (2008): Qualitative Interviews, in: Flick, Uwe/von Kardorff, Ernst/Steinke, Ines (Hrsg.): Qualitative Forschung – Ein Handbuch, Reinbek bei Hamburg: Rowohlt, S. 349–360
- Kleemann, Frank/Krähnke, Uwe/Matuschek, Ingo (2013): Interpretative Sozialforschung – Eine Einführung in die Praxis des Interpretierens, Wiesbaden: Springer VS
- Kommer, Sven (2010): Kompetenter Medienumgang – Eine qualitative Untersuchung zum medialen Habitus und zur Medienkompetenz von SchülerInnen und Lehramtsstudierenden, Opladen/Farmington Hills: Budrich UniPress
- Lamnek, Siegfried (2010): Qualitative Sozialforschung, Weinheim/Basel: Beltz
- Lange-Vester, Andrea (2015): Habitusmuster von Lehrpersonen – auf Distanz zur Kultur der unteren sozialen Klassen, in: ZSE 35 (4), S. 360–376
- Lüders, Christian/Meuser, Michael (1997): Deutungsmusteranalyse, in: Hitzler, Ronald/Honer, Anne (Hrsg.): Sozialwissenschaftliche Hermeneutik, Opladen: Leske+Budrich, S. 57–79
- Meuser, Michael (2011): Deutungsmusteranalyse, in: Bohnsack, Ralf (Hrsg.): Hauptbegriffe qualitativer Sozialforschung, Opladen: Budrich, S. 31–33
- Meuser, Michael/Sackmann, Reinhold (1992): Zur Einführung. Deutungsmusteransatz und empirische Wissenssoziologie, in: Meuser, Michael/Sackmann, Reinhold (Hrsg.): Analyse sozialer Deutungsmuster, Pfaffenweiler: Centaurus, S. 9–37
- Oevermann, Ulrich (2001a [1973]): Zur Analyse der Struktur von sozialen Deutungsmustern, in: Sozialer Sinn 1, S. 3–33
- Oevermann, Ulrich (2001b): Die Struktur sozialer Deutungsmuster. Versuch einer Aktualisierung, in: Sozialer Sinn 1, S. 35–81

- Oevermann, Ulrich (2001c): Kommentar zu Christine Plaß und Michael Schetsche. Grundzüge einer wissenssoziologischen Theorie sozialer Deutungsmuster, in: Sozialer Sinn 3, S. 537–546
- Oevermann, Ulrich/Allert, Tilman/Konau, Elisabeth/Krambeck, Jürgen (1979): Die Methodologie einer „objektiven Hermeneutik" und ihre allgemeine forschungslogische Bedeutung in den Sozialwissenschaften, in: Soeffner, Hans-Georg (Hrsg.): Interpretative Verfahren in den Sozial- und Textwissenschaften, Stuttgart: Metzler, S. 352–433
- Plaß, Christine/Schetsche, Michael (2001): Grundzüge einer wissenssoziologischen Theorie sozialer Deutungsmuster, in: Sozialer Sinn 3, S. 511–536
- Przyborski, Aglaja/Wohlrab-Sahr, Monika (2014): Qualitative Sozialforschung – Ein Arbeitsbuch, München: Oldenbourg
- Steineke, Ines (2008): Gütekriterien qualitativer Forschung, in: Flick, Uwe/von Kardorff, Ernst/Steinke, Ines (Hrsg.): Qualitative Forschung – Ein Handbuch, Reinbek bei Hamburg: Rowohlt, S. 319–331
- Strauss, Anselm L. (1991 [1987]): Grundlagen qualitativer Sozialforschung. Datenanalyse und Theoriebildung in der empirischen soziologischen Forschung, München: Fink
- Strübing, Jörg (2006): Wider die Zwangsverheiratung von Grounded Theory und Objektiver Hermeneutik. Eine Replik auf Bruno Hildenbrand, in: Sozialer Sinn 1, S. 147–157
- Strübing, Jörg (2011): Zwei Varianten von Grounded Theory? Zu den methodologischen und methodischen Differenzen zwischen Barney Glaser und Anselm Strauss, in: Mey, Günter/Mruck, Katja (Hrsg.): Grounded Theory Reader, Wiesbaden: Springer VS, S. 261–277
- Strübing, Jörg (2013): Qualitative Sozialforschung – Eine komprimierte Einführung für Studierende, München: Oldenbourg
- Strübing, Jörg (2014): Grounded Theory – Zur sozialtheoretischen und epistemologischen Fundierung eines pragmatistischen Forschungsstils, Wiesbaden: Springer VS
- Strauss, Anselm/Corbin, Juliet (1996 [1990]): Grounded Theory – Grundlagen Qualitativer Sozialforschung, Weinheim: Beltz

- Truschkat, Inga/Manuela, Kaiser-Belz/Volkmann, Vera (2011): Theoretisches Sampling in Qualifikationsarbeiten. Die Grounded-Theory-Methodologie zwischen Programmatik und Forschungspraxis, in: Mey, Günter/Mruck, Katja (Hrsg.): Grounded Theory Reader, Wiesbaden: Springer VS, S. 353–379
- Ullrich, Carsten G. (1999): Deutungsmusteranalyse und diskursives Interview, in: ZfS 28 (6), S. 429–447
- Witzel, Andreas (1982): Verfahren der qualitativen Sozialforschung – Überblick und Alternativen, Frankfurt am Main/New York: Campus
- Witzel, Andreas (2000): Das problemzentrierte Interview, in: Forum Qualitative Sozialforschung 1 (1), Art. 22 [Onlinedokument: dx.doi.org/10.17169/fqs-1.1.1132, aufgerufen am 02. Mai 2019]

(Methoden-)Literatur zum Weiterlesen

- Bohnsack, Ralf (2011): Hauptbegriffe qualitativer Sozialforschung, Opladen: Budrich
- Flick, Uwe/von Kardorff, Ernst/Steinke, Ines (2008): Qualitative Forschung – Ein Handbuch, Reinbek bei Hamburg: Rowohlt
- Fuß, Susanne/Karbach, Ute (2014): Grundlagen der Transkription, Opladen/Toronto: Budrich
- Strübing, Jörg (2013): Qualitative Sozialforschung – Eine komprimierte Einführung für Studierende, München: Oldenbourg

Lizenz

CHRISTOPH EISEMANN

Methodenkombination in einer online-ethnografischen Grounded-Theory-Studie

In diesem Beitrag werden die Erhebungsmethoden, die in der Studie C Walk auf YouTube – Aneignung und Entwicklung in einer digitalen Jugendkultur *kombiniert wurden, skizziert und reflektiert. Es handelt sich bei der hier besprochenen Dissertation des Autors um eine* online-ethnografische *Arbeit, die im Sinne der* Grounded Theory Methodology (GTM) *realisiert wurde. Eingesetzt wurden für die Erhebung ein* Kurzfragebogen, *eine leicht abgewandelte Form des* episodischen Interviews *nach Uwe FLICK,* Beobachtung online und offline, *eine kontextorientierte Form der* Videoanalyse *sowie ein* Forschungstagebuch. *Mit kritischen Reflexionen des Autors und einem Kommentar von Horst NIESYTO, dem Betreuer der Dissertation, soll der Artikel Einblicke in die Datengewinnung für die Generierung einer gegenstandsverankerten Theorie im Sinne der* GTM *ermöglichen. Insbesondere die hier exemplarisch beschriebene leicht abgewandelte Form des* episodischen Interviews *eignet sich nach Ansicht des Autors besonders gut für* qualitative Online-Forschung.

This article outlines and reflects on the various methods of data collection that were combined in a research study entitled C Walk on YouTube – Appropriation and Development in a Digital Youth Culture *(Original:* C Walk auf YouTube – Aneignung und Entwicklung in einer digitalen Jugendkultur*). The* online ethnographic study *was carried out in accordance with* Grounded Theory Methodology (GTM). *Several methods were combined for its data collection: a short* questionnaire, *a slightly modified form of the* episodic interview *according to Uwe FLICK,* online and offline observation, *a context-oriented form of* video analysis *and a* research diary. *By critically reflecting the methods and by an added commentary by Horst NIESYTO, this article gives other researchers an insight into an example of data triangulation to establish a* grounded theory. *To conduct* qualitative online research, *the author particularly recommends the slightly modified version of the* episodic interview *used in the study.*

Schlagworte | Tags: Grounded Theory Methodology, GTM, Qualitative Forschung, Triangulation, Within Method Triangulation, Methodentriangulation, episodisches Interview, narrativ-episodisches Wissen, semantisches Wissen, teilnehmende Beobachtung, kommunikative Validierung, Theoretisches Sampling, Forschungstagebuch, iterativ-zyklisches Vorgehen, Transkription, MAXQDA, Online-Forschung, Videoanalyse, offenes Codieren, Mediennutzung, Jugendkultur, Aneignungsprozesse, Social Web

1. Ziel und Motivation – Erforschung einer Jugendkultur in einer vernetzten Welt

Der vorliegende Artikel behandelt die Erhebungsmethoden, die in der Studie *C Walk auf YouTube – Sozialraumkonstruktion, Aneignung und Entwicklung in einer digitalen Jugendkultur* (Eisemann 2015) angewendet wurden. So soll er der Leserin oder dem Leser einen exemplarischen Eindruck vom möglichen Einsatz und von der Kombination ausgewählter Erhebungsmethoden in qualitativen Studien zur Erforschung von Jugend- und Online-Kulturen geben. Im Mittelpunkt dieses Artikels steht das *Interview* als Erhebungsinstrument, da es sich als besonders geeignet erwies.

Die Untersuchung, auf die sich dieser Text bezieht, entstand als Dissertationsprojekt an der Abteilung Medienpädagogik des Instituts für Erziehungswissenschaft an der Pädagogischen Hochschule Ludwigsburg. Ziel der *online-ethnografischen Studie* war es, das Phänomen *C Walk* als ein Beispiel jugendkulturellen Handelns in der vernetzten Welt zu untersuchen.

Zum untersuchten Phänomen C Walk

C Walk bezeichnet zunächst einmal eine tänzerische Ausdrucksform. Sie wurde im Milieu der 1969 gegründeten US-amerikanischen Straßengang *Crips* entwickelt. Für sie steht das „C" im *C Walk*. Die *Crips* entwickelten neben anderen symbolischen Ausdrucksformen für ihre Gang-Zugehörigkeit spezifische Gesten – Fußbewegungen, um sich von Mitgliedern verfeindeter Gruppen abzugrenzen. Insbesondere von denen der Gang *Bloods*, die mit dem *Blood Walk* eine vergleichbare Ausdrucksform pflegten. Hip-Hop-Stars mit Verbindungen zu diesem Gang-Milieu integrierten die Bewegungen später in ihre Performances. So trugen sie zur Verbreitung des C Walk auch außerhalb der Ursprungsgemeinschaft bei: Der C Walk fand Einzug in die kommerzialisierte Populärkultur. Daraus entwickelte sich, insbesondere dank der Vernetzung auf Video-Plattformen im Social Web, eine in der ersten Dekade der 2000er-Jahre schließlich international verbreitete Jugendkultur. Seither bezeichnet der Begriff *C Walk* daher auch die Gesamtheit jugendkultureller Aktivitäten, die um den Tanz herum praktiziert werden. Zum Beispiel die audiovisuelle Selbstdarstellung im Social Web und die Vernetzung von Praktizierenden online und offline (vgl. Eisemann 2015, S. 135–140).

Erkenntnisse aus der C-Walk-Studie

Die Erkenntnisse aus der Untersuchung der Jugendkultur C Walk geben einen Einblick in die Konstruktion von sozialem Raum, in Praktiken der Aneignung von Welt und in die Entwicklung junger Menschen in einer vernetzten Welt, in der physische Orte und solche im World Wide Web (WWW) miteinander verflochten sind (vgl. Eisemann 2015, S. 141–171).

Es zeigte sich, dass die Jugendkultur zu einer Dynamisierung verschiedener Aneignungsprozesse auf mehreren Ebenen beiträgt (vgl. Eisemann 2015, S. 287–320). Dabei wird unter anderem in Bezug auf die Kapital-Theorie von Pierre Bourdieu (1976) deutlich, welche spezifischen Kapitalsorten – unter anderem jugendkulturelles und virtuelles Kapital – Einfluss auf die Stellung der einzelnen Menschen in der Community der *C Walker* haben (vgl. Eisemann 2015, S. 171–208), wie Beziehungen geknüpft und gepflegt werden (vgl. Eisemann 2015, S. 208–257) und wie dazu mit symbolischen Objekten und Gesten Tauschhandel betrieben wird.

Dabei spielen auch Normen, zum Beispiel in Bezug auf Geschlechterrollen (vgl. Eisemann 2015, S. 261–287), eine wichtige Rolle, zum Teil wird deren Bedeutung neu verhandelt. Falldarstellungen veranschaulichen den Sinn jugendkultureller Handelns aus der Subjektperspektive (vgl. Eisemann 2015, S. 88–102).[1]

[1] In seiner kritischen Würdigung der hier besprochenen Studie geht Horst Niesyto ebenfalls auf die Erkenntnisse der Studie ein (vgl. Kapitel 5).

2. Theoretische Basis

Die hier behandelte C-Walk-Studie wurde von Horst NIESYTO betreut, einem Medienpädagogen, der sich intensiv mit *audiovisuellen Eigenproduktionen* von Jugendlichen befasste (vgl. u. a. Niesyto 2001; Niesyto 2007). Während es sich dabei um Artefakte handelte, die in pädagogischen Settings entstanden waren, sollte es im Rahmen der vorliegend besprochenen Arbeit darum gehen, Eigenproduktionen Jugendlicher zu untersuchen, die ganz *ohne Anleitung* oder Impulse durch Erwachsene und in der vernetzten Umgebung eines jungendkulturellen Sozialraumes entstanden waren.

Für die Studie wurde ein methodischer Ansatz gewählt, der stark an das Forschungskonzept der *Grounded Theory Methodology* (GTM) nach Barney G. GLASER und Anselm L. STRAUSS (vgl. Glaser/Strauss 1967; Glaser/Strauss 1998) beziehungsweise nach Juliet M. CORBIN und Anselm L. STRAUSS (vgl. Corbin/Strauss 1996) angelehnt ist. Hier wird dieser Ansatz kurz skizziert – die Details sind in der Publikation der Studie von EISEMANN nachzulesen (vgl. Eisemann 2015).[2] Diese Verortung zumindest grob nachzuvollziehen ist insofern wichtig, als die GTM ein übergeordnetes Regelwerk vorgibt, in das die konkreten Erhebungsmethoden eingebunden sind.

Charakteristika einer Studie nach der Grounded Theory Methodology

Charakteristisch für eine Studie nach der GTM ist erstens das *iterativzyklische Vorgehen* von Datenerhebung, -auswertung und Theoriegenerierung: Die drei genannten Prozesse finden hier parallel statt, bis ein Zustand der *theoretischen Sättigung* (vgl. Glaser/Strauss 1998, S. 69) erreicht ist. Das ist der Fall, wenn keine neuen, für die Theorie relevanten Erkenntnisse mehr gewonnen werden (vgl. Glaser/Strauss 1998, S. 53–69; Eisemann 2015, S. 66–68; Eisemann/Tillmann 2018).

[2] Die ausführlichere Auseinandersetzung des Autors mit der GTM ist nachzulesen bei EISEMANN (Eisemann 2015, S. 64–73). Mit Qualitätskriterien, die an eine *Grounded Theory (GT)* anzulegen sind, befasste er sich gemeinsam mit Angela TILLMANN (vgl. Eisemann/Tillmann 2018, S. 253–275). In demselben Sammelband (vgl. Pentzold/Bischof/Heise 2018) geben weitere Autorinnen und Autoren Hinweise für die praktische Arbeit mit der GTM. Ebenfalls in deutscher Sprache sind die umfassenden Einführungen in die GTM von Franz BREUER, Petra MUCKEL und Barbara DIERIS (Breuer/Muckel/Dieris 2018) sowie von Friedrich KROTZ (Krotz 2005) erschienen.

Zweitens ist die Stichprobenziehung in einer GT-Studie speziell: Beim sogenannten *theoretischen Sampling* (vgl. Glaser/Strauss 1998, S. 53; Eisemann 2015, S. 88–102) erfolgt die Fallauswahl sukzessive und nicht anhand vorab festgelegter Kriterien. Es werden so lange neue Fälle in die Auswertung einbezogen, wie es zum Erreichen der *theoretischen Sättigung* notwendig ist.

Drittens ist in einer GT-Studie das *offene Codieren* (vgl. Corbin/Strauss 1996, S. 43; Eisemann 2015, S. 68–73 und S. 118–120) des Materials – das Codieren ohne vorab definiertes Codeschema – eine Voraussetzung zur Generierung von Theorie aus dem empirischen Material heraus.

Diese drei typischen Vorgehensweisen helfen einer Forscherin oder einem Forscher, sich einem Gegenstand möglichst *offen* zu nähern. Um diese Offenheit zu wahren, werden in der Regel auch keine konkreten Forschungsfragen definiert (vgl. allerdings zu dieser Möglichkeit Corbin/Strauss 1996, S. 21). Stattdessen wird das zu untersuchende Phänomen genau festgelegt. Denn das Ziel ist es, bislang Unbekanntes bezüglich des zu untersuchenden Phänomens zu ergründen – und zwar möglichst frei von Vorannahmen beziehungsweise, wenn dies nicht gänzlich möglich ist, indem diese Vorannahmen für Dritte zumindest nachvollziehbar dargestellt werden (vgl. Eisemann 2015, S. 54–56).

Zum Forschungsverständnis der Grounded Theory Methodology

Am Anfang eines Forschungsprozesses im Sinne der GTM wird ein zu untersuchendes Phänomen definiert. Es steht zu diesem Zeitpunkt aber noch nicht fest, was die zentralen Erkenntnisse beziehungsweise welche die zentralen Kategorien sein werden. Es geht *nicht* darum, Thesen hinsichtlich des Untersuchungsgegenstandes zu *verifizieren* oder zu *falsifizieren*, sondern – im Gegenteil –, sich möglichst offen für ganz *neue* Erkenntnisse auch auf verborgene Dimensionen einzulassen.[3] Das macht bestimmte Erhebungs- und Auswertungsmethoden ungeeignet – etwa solche mit einem vorab definierten Codesystem. Welche Erhebungsmethoden im Rahmen einer Grounded-Theory-Studie tatsächlich zum Einsatz kommen, ist

[3] Ausführlich reflektieren EISEMANN und TILLMANN (vgl. Eisemann/Tillmann 2018, S. 253–275) das Forschungsverständnis der Grounded-Theory-Methodologie, insbesondere qualitätssichernde Strategien und Gütekriterien, im Lehrbuch *Praxis Grounded Theory* (vgl. Bischof/Heise/Pentzold 2018).

jedoch nicht festgelegt. Für die hier behandelte C-Walk-Studie wurde ein *ethnografischer Feldzugang* gewählt (vgl. Eisemann 2015, S. 60–87) und es wurden verschiedene Erhebungsmethoden kombiniert.

Der skizzierte Ansatz der GTM war in zwei Punkten besonders anschlussfähig an bisherige Arbeiten der Abteilung Medienpädagogik in Ludwigsburg und passte zum medienpädagogischen Forschungsverständnis: zum einen in Bezug auf die starke Kontext-Orientierung (Sensibilität für Kontexte, zum Beispiel bei der Entstehung von untersuchten Medienprodukten) und zum anderen in Bezug auf das Bemühen um Forschung aus der Subjektperspektive – gemeint ist das Sich-Einlassen auf Sichtweisen der Forschungsteilnehmerinnen und -teilnehmer.

3. Methodendiskussion

Die oben dargestellte offene Herangehensweise bei der Arbeit im Sinne der GTM provoziert die Frage nach den Gütekriterien von Forschung, die im Sinne der GTM durchgeführt wird. *Ein* Gütekriterium einer GT ist die *Perspektivenvielfalt* (vgl. Eisemann/Tillmann 2018, S. 258–261). Um diese zu erreichen, bedarf es unter anderem des Austausches mit möglichst GTM-erfahrenen Wissenschaftlerinnen und Wissenschaftlern. In Ludwigsburg wurden die Methoden und Ergebnisse der hier besprochenen Studie regelmäßig in Kolloquien diskutiert und es fand eine rege Diskussion innerhalb der Abteilung statt. Hilfreich war dabei besonders, dass sich andere Doktorandinnen und Doktoranden zeitgleich ebenfalls mit der GTM zu beschäftigen begannen. Wertvoll war darüber hinaus der Austausch mit GTM-erfahreneren Kolleginnen und Kollegen – zum Beispiel beim *Berliner Methodentreffen Qualitative Forschung*.

Perspektivenvielfalt kann also durch den Austausch mit anderen Forschenden über den Gegenstand und die eigene Theoriegenerierung hergestellt werden. Eine weitere Möglichkeit zur Herstellung von Perspektivenvielfalt bietet die Triangulation verschiedener Forschungsmethoden. Da jede Forschungsmethode zugleich den zu erforschenden Gegenstand konstruiert, ist es sinnvoll, ein Phänomen mit verschiedenen Arbeitsweisen aus unterschiedlichen Blickwinkeln zu betrachten: Nicht mit dem Anspruch, am Ende ein objektives und totales Bild desselben zu erhalten, sondern, um die Tiefe und Breite der entstehenden Theorie über ein Phänomen zu verbessern (vgl. Flick/Kardoff/Steinke 2017, S. 309–318). Auf die Bedeutung der Triangulation, insbesondere in der Online-Ethnografie, wies die Wissenschafts- und Techniksoziologin Christine HINE schon früh hin: Sie forderte, Online-Ethnografie im Sinne einer „Adaptive Ethnography" (Hine 2000, S. 154) zu betreiben, indem kulturelle Praktiken im WWW zwar einerseits anhand von Artefakten im Netz (online) analysiert werden, indem aber andererseits dieses Handeln auch im Face-to-Face-Kontakt mit den Beforschten (offline) thematisiert wird. Nur so könnten Fehlinterpretationen vermieden werden. In diesem Sinne wurden in der C-Walk-Studie reaktive Verfahren – das sind solche, bei denen die Forscherin oder der Forscher bei der Datengenerierung und -erhebung dabei ist (vgl. Marotzki 1995, S. 55–89) – mit nicht-reaktiven Verfahren kombiniert – bei denen außerhalb von Forschungssettings entstandenes Material analysiert wird (vgl. Flick 2017, S. 313).

Wer eine Studie zur Erforschung einer Jugendkultur auf YouTube konzipiert, wird vermutlich die *Videoanalyse* als eine zentrale Erhebungsmethode in Betracht ziehen. Sie war auch für die C-Walk-Studie von Anfang an vorgesehen. In unterschiedlichen Wissenschaftsdisziplinen wurden diverse Videoanalyseverfahren beschrieben (vgl. Englert/Reichertz 2011), jedoch nicht alle wären für diese Studie passend gewesen. Zur Auswahl einer passenden Methode muss zunächst der Charakter der zu untersuchenden Videos betrachtet werden:

- Es handelte sich hier erstens um Videos, die von Amateuren selbst erstellt wurden, nicht um professionelle Produkte, wie sie in der Videoanalyse von Film- oder TV-Produktionen betrachtet werden.
- Es handelte sich zweitens um Videos, die außerhalb eines Forschungssettings entstanden waren – deren Analyse wäre also eine nicht-reaktive Forschungsmethode.
- Drittens handelte es sich bei C-Walk-Videos um pragmatische Werke. Damit sind Medieninhalte gemeint, die in sozialen Interaktionen und in Kommunikation eingebettet Bedeutung erlangen, die also aus der Subjektsicht der C Walker bestimmte soziale Funktionen erfüllen sollen. Auch dies legt nahe, dass diese Produkte von Laien nur bedingt im kunstwissenschaftlichen Sinne ikonographisch oder ikonologisch zu

deuten sind, nämlich nur unter Berücksichtigung ihres jugendkulturellen (Entstehungs-)Kontextes (vgl. u. a. Englert/Reichertz 2011, S. 16–19).

Angeknüpft werden sollte an ein kontextorientiertes Verfahren, das in Ludwigsburg entwickelt worden war (vgl. Niesyto 2006, S. 136; Niesyto 2011a; Niesyto 2011b). Allerdings spielte die Videoanalyse letztlich eine viel geringere Rolle, als es zu Beginn der Forschung erwartet wurde. Vielmehr wurde auf das Interview als zentrale Erhebungsmethode fokussiert, als deutlich wurde, dass die Bedeutung von C-Walk-Videos aus der Perspektive der C Walkers viel stärker in den sozialen Praktiken des Produzierens, Tauschens, Vernetzens, Kommentierens et cetera liegt als in den Artefakten selbst. Um diese Praktiken zu verstehen, bedurfte es zwar *auch* der Analyse der Videos – diese lieferte zum Beispiel wichtige Hinweise auf soziale und jugendkulturelle Codes, auch im Hinblick auf die in der Studie beschriebenen Kapitalsorten zur sozialen Verortung im jugendkulturellen Raum. Erkenntnisreicher war es aber, mit den Forschungsteilnehmenden *über* die Videos zu sprechen und sie beim Erstellen, Betrachten und Kommentieren zu beobachten.

Wie wurde eine adäquate *Interview-Methode* identifiziert? Nach einem Abwägen der Vor- und Nachteile verschiedener Interview-Techniken erschien dem Autor die vom Soziologen und Psychologen Uwe Flick (vgl. Flick 1996) beschriebene Methode des *episodischen Interviews* als am besten geeignet (vgl. Eisemann 2015, S. 102–103). Diese reaktive Erhebungsmethode vereint im Sinne einer *Within Method Triangulation* (vgl. Flick 2017, S. 312) schon in sich verschiedene methodische Zugänge und wird damit dem Forschungsverständnis von GTM-Forschenden in besonderem Maße gerecht: Uwe Flick geht – wie der kanadische Psychologe und Gedächtnisforscher Endel Tulving (vgl. Tulving 1972, S. 382–403) – davon aus, dass „Erfahrungen der Subjekte hinsichtlich eines bestimmten Gegenstandsbereichs in Form narrativ-episodischen Wissens und in Form semantischen Wissens abgespeichert und erinnert werden" (Flick 2006, S. 158). Diese beiden Wissensbereiche[4] – das erfahrungsnahe *narrativ-episodische*

[4] Tulving betont, dass er die Differenzierung in episodisches und semantisches Wissen aus pragmatischen Gründen vornimmt, dass er aber nicht von einer ganz klaren strukturellen oder funktionalen Trennung der beiden Wissensbereiche ausgeht (vgl. Tulving 1972, S. 384 f.).

Wissen und das abstrahierte, verallgemeinerte *semantische Wissen* (vgl. u. a. Misoch 2015, S. 60) – will FLICK mit unterschiedlichen Gesprächstechniken erfassen. Dazu kombiniert er zwei bekannte Werkzeuge: Die *offene Befragung* (er setzt zielgerichtete Fragen ein, um semantisches Wissen abzurufen) und die *Narration* (mit Erzählanreizen erschließt er das episodisch-narrative Wissen). Diese kombinierte Methode erschien dem Forscher der vorliegend besprochenen Studie besonders geeignet, um Forschungsgespräche mit Jugendlichen zu führen. Denn er vermutete, dass die Ergänzung offener Fragen mit Erzählanreizen auch solche Forschungsteilnehmenden zu aussagekräftigen Aussagen animieren könnte, die sich in der ungewohnten Interviewsituation sonst unwohl fühlen würden oder sprachlich nur schwer äußern könnten.

Bei der Konzeption der C-Walk-Studie erschien aber noch eine Ergänzung der von Uwe FLICK vorgeschlagenen Gesprächs-Stimuli vielversprechend: In der *Online-Forschung* ergibt sich nämlich die Möglichkeit, die beforschten Sozialräume im WWW während eines Forschungsgesprächs spontan zu betreten. Da mit den Interviews auch bezweckt wurde, Artefakte wie die von den Forschungsteilnehmenden selbst produzierten Videos – wie von Christine HINE gefordert – im sozialen Kontext und aus der Subjektperspektive als pragmatische Werke zu begreifen (statt sie nach übergestülpten – zum Beispiel formal-ästhetischen – Kriterien zu interpretieren), lag es nahe, das episodische Interview um das Element gemeinsamer *Surf-Phasen* zu ergänzen und gemeinsam die Praktiken rund um die Videos im WWW zu erleben. Der Forscher vermutete, dass sich die Forschungsteilnehmenden beim gemeinsamen „Wandeln" durch ihren jugendkulturellen Raum selbst wirkungsvolle Stimuli zur Aktivierung von Wissen setzen würden. Wie dies konkret umgesetzt wurde, wird im folgenden Kapitel 4 dargestellt.

4. Methodensetting und -beschreibung

Im Zentrum der Erhebung stand das *episodische Interview mit Surf-Phasen* – der Einsatz dieser Methode in der C-Walk-Studie wird im Folgenden ausführlich beschrieben.[5] Im Anschluss daran werden die weiteren eingesetzten Methoden und deren konkrete Ausgestaltung in knapperer Form skizziert.

4.1 Ansprache verschiedener Wissensbereiche im episodischen Interview mit Surf-Phasen

In der C-Walk-Studie hatten die Forschungsteilnehmenden während der *episodischen Interviews* die Möglichkeit, auf konkrete Nachfragen und Erzählaufforderungen zu reagieren und zusätzlich – auch spontan und selbstgesteuert – am Computer im Internet zu *surfen*, um dem Interviewenden etwas zu zeigen (vgl. Eisemann 2015, S. 105). Solche in der C-Walk-Studie *Surf-Phasen* (vgl. Eisemann 2015, S. 102) genannten Momente animierten die Forschungsteilnehmenden als Gesprächsstimuli sowohl zu *Erklärungen und Beschreibungen* (also zum Ausdruck semantischen Wissens) als auch zu *Erzählungen* (also zum Ausdruck narrativen Wissens). Außerdem war während der Surf-Phasen das Handeln der Forschungsteilnehmenden beobachtbar. Im Prinzip wurden damit also im Sinne einer Triangulation Elemente *teilnehmender Beobachtung* integriert, durch die Verhalten im Online-Feld und weitere Kontextdaten erfassbar wurden. Dieses Vorgehen war auch zur *Validierung* von Erkenntnissen hilfreich, nämlich um Interpretationen des Forschers zu korrigieren. Die Surf-Phasen wirkten also als

- zusätzlicher Stimulus zur Erhebung narrativen und episodischen Wissens;
- Möglichkeit zur teilnehmenden Beobachtung;
- Möglichkeit zur Überprüfung von Interpretationen durch den Forscher (kommunikative Validierung).

Deutlich wird dies im folgenden Ausschnitt aus dem Transkript eines *episodischen Interviews* mit Surf-Phasen mit dem fünfzehnjährigen C Walker *Tai* (vgl. Eisemann 2015, S. 105–106). Das Transkript wurde hier mit Buchstaben gegliedert, um weiter unten die einzelnen Elemente benennen zu können:

---

[5] Ausführlicher sind die Methoden in der Publikation zur C-Walk-Studie (vgl. Eisemann 2015, S. 53–120) dargestellt, dort wird auch auf eine explorative Vorstudie eingegangen.

(a) Tai loggt sich nach *Asiancy* zuerst auf *Kwick* ein. Auf seiner Startseite wird angezeigt, dass eine Nutzerin Geburtstag hat.

(b) Tai: Die Chatrooms sind auch dafür, dass man weiß, wer Geburtstag hat und so.

(c) Tai schreibt eine Nachricht ins Gästebuch der Nutzerin: „Alles Alles Gute zum bday. <3". Dann zeigt er dem Forscher das Profil der Nutzerin.

(d) Tai: Sie haben's gesehen, auch ihre persönlichen Daten stehen da drin. Ich habe drei Medienkommentare bekommen.

(e) Tai ruft seine Fotos auf Kwick auf.

(f) Tai: Apple da, mein Laptop!

(g) Tai zeigt mit der Maus auf ein Foto, auf dem er hinter seinem Apple-Notebook zu sehen ist, und das von jemandem kommentiert wurde.

(h) Interviewer: Kennst du den?

(i) Tai: Ich schau mal.

(j) Tai klickt auf den Nutzernamen und öffnet das Profil eines Mädchens

(k) Tai: Nee, ich glaub, die kenn' ich nich.

(l) Interviewer: Wird man da auch mal so angeflirtet oder so?

(m) Tai: Ja, ich werd voll oft angeschrieben! {Tai lacht.} Ich schwör! Wen kennt die so?

(n) Tai betrachtet die Namen derjenigen, die der Nutzerin Kommentare zu ihren Fotos hinterlassen haben.

(o) Tai: Nee, kenn ich nich.

Surf-Phasen als Aktivierung des semantischen oder narrativen Wissens können sowohl von der Interviewerin oder dem Interviewer als auch von der befragten Person selbst angeregt werden. Sie eröffnen der interviewenden Person zahlreiche Möglichkeiten, weitere Erzählaufforderungen oder Nachfragen zu formulieren, auf die sie oder er von selbst vermutlich nicht gekommen wäre.

So stellt der Interviewer im Beispiel oben nach der Handlung (g) – dem Zeigen eines kommentierten Fotos – die Nachfrage, ob der Kommentar von einer Tai bekannten Person veröffentlicht worden sei (i). Mit dessen Aussage (i) und der Handlung (j) wird klar, dass Tai die Person zumindest nicht aufgrund ihres Profilnamens und des Kommentars sofort erkennt. In der von der Handlung (j) ausgelösten Aussage (k) wird dann deutlich, dass Tai das Mädchen wahrscheinlich wirklich nicht kennt, wobei durch die Art der Formulierung und die weitere Handlung (n) sowie die anschließende Aussage (o) auch ausgedrückt wird, dass Tais Konzept von „jemanden kennen" ein relativ weit gefasstes ist, sodass er sagen kann, nur zu „glauben" sie nicht zu kennen beziehungsweise ein Konzept, laut dem „kennen" auch bedeuten könnte, dass er nur über einige Kontakte hinweg mit ihr vernetzt ist. Dies deutet darauf hin, dass die Konzepte des Interviewten und des Forschers von „jemanden kennen" nicht übereinstimmen. Diese Diskrepanz könnte nun in der Codierung und Auswertung weiterverfolgt und theoretisch gefasst werden.

Eine Fehlinterpretation des empirischen Materials durch den Interviewer wird in der Frage (h) mit dem Gebrauch des männlichen Demonstrativpronomens „der" deutlich: Der Interviewer geht offenbar von einem (männlichen) Nutzer aus. Erst durch die Handlung (j) wird klar, dass es sich aber um eine Nutzerin handelt.

Dieser kurze Transkriptausschnitt verdeutlicht bereits, wie der Erkenntnisprozess in einem Forschungsgespräch verlaufen kann, wenn durch Handeln wie in den Surf-Phasen zusätzliche Impulse gesetzt werden. Die Kombination der verschiedenen Ansätze innerhalb der Interviewmethode hilft Forschenden, sich ein umfassenderes Bild von einem Gegenstand zu machen.

Idealerweise wären im oben zitierten Gespräch zur Vertiefung der angesprochenen Konzepte noch Nachfragen oder Erzählaufforderungen erfolgt.

Beispielsweise hätte es sich angeboten, nach der Aussage (m) eine Erzählaufforderung zu platzieren, um – zunächst über das (episodische) Wissen Tais – mehr zum Konzept des Flirtens innerhalb der C-Walk-Community zu erfahren. Auch hätte der Forscher mit einer Nachfrage zur Bedeutung des spontan ausgerufenen Markennamens *Apple* (f) das (semantische) Wissen Tais in Bezug auf die Wichtigkeit von Marken zur Selbstdarstellung im C Walk ansprechen können. Eine Erzählaufforderung hätte vielleicht Erfahrungen zu diesem Thema zutage gefördert, sodass Tais „Konzept" von Marken als Selbstdarstellungs- und Identifikationsmittel besser hätte nachvollzogen werden können.

Mit der beschriebenen Methode des *episodischen Interviews mit Surf-Phasen* wurden Daten in den folgenden Formaten generiert:

- Gesprächsaufzeichnungen (Audio) und deren Transkriptionen (Textdateien);
- Surf-Protokolle (Videos, aufgezeichnet vom Desktop mit einem Screen Recorder), die mittels Time-Code-Notizen oder akustischen Signalen in den Gesprächsaufzeichnungen den passenden Stellen in den Transkripten zugeordnet wurden (vgl. den obigen Transkriptausschnitt);
- weitere Beobachtungsnotizen.

Die beschriebene Datenerfassung und -darstellung zur weiteren Nutzung in der Analyse war relativ zeitaufwendig. Inzwischen können neuere Methoden der Datenerfassung diese Arbeit erleichtern, zum Beispiel indem unterschiedliche Dateitypen (Text, Video, Audio) in aktuellen Versionen von Auswertungsprogrammen wie MAXQDA verknüpft und synchronisiert werden.

Festzuhalten bleibt, dass es sich in der C-Walk-Studie aus den folgenden Gründen als vorteilhaft erwies, den sprachlichen Ausdruck in Forschungsgesprächen mit Surf- respektive Handlungsphasen zu ergänzen:

- Befragte können auch Aspekte thematisieren, die sie nicht sprachlich ausdrücken können;[6]
- Gesprächsstimuli können jederzeit von Befragten selbst gesetzt werden;
- zusätzlich zum semantischen und episodischen Wissen wird auch praktisches Handeln und darauf bezogenes Wissen erhebbar (vgl. Eisemann 2015, S. 106);
- der Interviewerin oder dem Interviewer bieten Surf- beziehungsweise Handlungsphasen Anhaltspunkte für Nachfragen zur Validierung eigener Interpretationen im Sinne einer Triangulation;
- das Verhältnis zwischen Forschungsteilnehmenden und Forschenden wird aufgelockert, eine Befangenheit der Teilnehmenden gegenüber Forschenden und im Forschungssetting kann leichter überwunden werden;
- vermutlich entspricht das Surfen im Internet während eines Gesprächs der aktuellen (und vermutlich zukünftigen) Wissens- und Erinnerungsorganisation vieler junger Menschen. Schließlich sind sie es häufig gewohnt, spontan ausgelagerte Informationen abzurufen und in Narrationen beziehungsweise Reflexionsprozesse einzubinden.

Eine Herausforderung stellt die *Fokussierung* im Gespräch dar. Die oder der Forschende muss schnell reagieren, dabei genug Offenheit zulassen und an den passenden Stellen mit den richtigen Impulsen (Nachfragen, Erzählaufforderungen) nachhaken – das gilt allerdings auch für Gespräche ohne Handlungsphasen.

4.2 Einsatz weiterer Erhebungsmethoden in der C-Walk-Studie

Neben dem *episodischen Interview mit Surf-Phasen* wurden weitere Methoden angewandt, um in der C-Walk-Studie Daten zu erheben. Im Folgenden wird deren konkreter Einsatz skizziert.

---

[6] Zum präsentativen Selbstausdruck als Forschungsgegenstand vgl. unter anderem Langer (Langer 1965); Niesyto (Niesyto 2007); Eisemann (Eisemann 2015, S. 45–51).

Kurzfragebögen

Im Anschluss an Forschungsgespräche oder bei Besuchen an Orten wie Jugendzentren oder bei C-Walk-Meetings wurden in einem *Kurzfragebogen* soziodemographische Daten und statistische Informationen zur Online- und C-Walk-Aktivität der (potentiellen) Teilnehmenden erfasst. Diese Informationen vorweg beziehungsweise außerhalb der Interviews zu erheben, erschien sinnvoll, weil befürchtet wurde, dass die Behandlung der darin gestellten Fragen den Gesprächsfluss und die Atmosphäre negativ beeinflussen könnte (vgl. Eisemann 2015, S. 106). Die bei der Akquirierung von möglichen Forschungsteilnehmenden ausgefüllten Kurzfragebögen waren auch beim *Theoretischen Sampling* hilfreich, wenn die jeweils nächsten Fälle ausgewählt wurden, die in die weitere Analyse einbezogen werden sollten. Das Theoretische Sampling erfordert zwar strenggenommen eine fallweise, sukzessive Erhebung und Auswertung, in der Praxis war es aber häufig so, dass auf einmal viele mögliche Forschungsteilnehmende zur Kontaktaufnahme zur Verfügung standen (zum Beispiel bei der teilnehmenden Beobachtung während eines C-Walk-Treffens), gleichwohl es ansonsten schwierig war, mögliche Forschungsteilnehmende ausfindig zu machen und erfolgreich zu kontaktieren. Mit Hilfe der Kurzfragebögen konnten zahlreiche erste Kontakte zu potentiellen Forschungsteilnehmenden geknüpft werden, die gegebenenfalls später für eine intensivere Auseinandersetzung angesprochen werden konnten.

Beobachtung online und offline

Eine Besonderheit der Forschung im Social Web ist die Möglichkeit, sich ortsungebunden ins Feld zu begeben.[7] Eine allumfassende Beobachtung mit tiefem Eintauchen in die zu untersuchende Kultur im streng ethnografischen Sinn hätte aufgrund der Datenmenge und des gegebenen Zeitrahmens die Möglichkeiten des Forschers überstiegen. Der Versuch einer aktiven Teilnahme an der Jugendkultur hätte außerdem unglaubwürdig gewirkt und wäre in der Community vermutlich auf Ablehnung gestoßen – darauf wurde daher bewusst verzichtet. Die *Beobachtung* fand aus diesem Grund punktuell offline (während Forschungsgesprächen in Surf-Phasen, auf der Straße beim Aufnehmen von Videos, bei C-Walk-Meetings et cete-

[7] Zum ethnografischen Forschungsverständnis in der C-Walk-Studie und zum *Going Native*, dem „Eintauchen in die zu untersuchende Kultur" vgl. EISEMANN 2015, S. 84–87.

ra) und online (vor allem auf der Plattform YouTube) statt, wobei der Forscher mittels einer persönlichen Vorstellung oder seiner Profilangaben in seiner Funktion erkennbar war.

Eine weitere Besonderheit der Forschung im Social Web ist die Tatsache, dass beinahe jede Aktion oder Interaktion von Beforschten im Social Web ihre Spuren hinterlässt, die – sofern diese für die Forscherin oder den Forscher zugänglich sind – gesammelt werden könnten. In der C-Walk-Studie wurde die sichtbare Aktivität der Forschungsteilnehmenden auf deren Kanälen im Social Web beobachtet (vgl. Eisemann 2015, S. 107). Dazu gehörte es auch, sich zum Beispiel von Forschungsteilnehmenden verlinkte Profile auf YouTube anzuschauen, ebenso wie geteilte Videos anderer Personen oder Profile von Nutzerinnen und Nutzern, die eine Spur auf einem beobachteten Kanal hinterlassen hatten.

Es stellt sich die Frage, worauf sich die Datensammlung bei der Beobachtung angesichts einer unermesslichen Datenfülle konzentrieren sollte.[8] Das Theoretische Sampling im Sinne der GTM liefert darauf eine Antwort (vgl. Kapitel 2): So wurden beispielsweise solche Nutzerinnen- oder Nutzerkommentare in die Analyse aufgenommen, die zur *Verdichtung* einer bisher aus dem Material gewonnenen *Kategorie* beitragen konnten.[9] Konkret wurden etwa solche Kommentare ausgewertet, in denen es um die Verhandlung von Männlichkeit und Weiblichkeit ging, weil diese einen Bezug zur bereits gebildeten Kategorie *Geschlechterrolle im C Walk* hatten. Daten in den folgenden Formaten wurden bei der Online-Beobachtung generiert:

- Screenshots von Webseiten (zum Beispiel von YouTube-Kanälen);
- Videodateien (YouTube-Videos), Kontextdaten in Textdateien und Screenshots;
- Kommentarverläufe in Textdateien und Screenshots;
- Einträge im Forschungstagebuch;
- Memos in MAXQDA.

---

[8] In diesem Zusammenhang soll vor Generalisierungen gewarnt sein, die sich auf kleine Samples stützen (vgl. u. a. Lindlof/Shatzer 1998, zitiert nach Hine 2000, S. 21).

[9] Zu Fragen bezüglich der Stichprobenziehung und Objektivität als (un-)mögliches Qualitätskriterium der GTM vgl. Eisemann und Tillmann (Eisemann/Tillmann 2018).

Bei der Beobachtung in der physischen Welt wurden folgende Daten generiert:

- Einträge ins Forschungstagebuch;
- Memos;
- Fotos;
- Videoaufnahmen;
- Kurzfragebogen.

Die Kombination der Forschung online und offline im Sinne einer *Adaptive Ethnography* wurde als sehr wertvoll empfunden, weil sich dem Forscher jeweils andere Kontexte erschlossen und Beobachtungen aus dem jeweils anderen Setting häufig in einem neuen Licht erschienen und neu interpretiert werden mussten (vgl. Eisemann 2015, S. 107).

Kontextbezogene Videoanalysen

Wie bereits erwähnt, rückte die Methode der *Videoanalyse* im Forschungsprozess etwas in den Hintergrund, weil deutlich wurde, dass die Bedeutung der C-Walk-Videos aus der Perspektive der C Walker stärker auf den sozialen Praktiken des Produzierens, Tauschens, Vernetzens, Kommentierens et cetera liegt als in den Produkten selbst. Ein besonderes Augenmerk muss bei der Erforschung einer Jugendkultur auf YouTube also auf den Kontexten der Entstehung und Einbettung der Videos in das jugendkulturelle Handeln der Akteure liegen. Nur so lässt sich die subjektive Bedeutung der C-Walk-Videos erfassen.[10]

Die C-Walk-Studie greift hier auf ein in Ludwigsburg entwickeltes Videoanalyseverfahren zurück (vgl. Niesyto 2006, S. 136; Niesyto 2011a; Niesyto 2011b), das besonders geeignet ist, die Kontexte der Videoproduktion aufzunehmen. Diese kontextbezogene Videoanalyse fand in der C-Walk-Studie in vier Schritten statt (vgl. ausführlich Eisemann 2015, S. 107–115):

1) Zunächst wurde der Ersteindruck des Gesamtkorpus an Videos einer oder eines Forschungsteilnehmenden festgehalten;

[10] Zum Umgang mit dem Postulat der „Offenheit" und dem damit einhergehenden Argwohn gegen Kontextwissen in der qualitativen Forschung insbesondere mit audiovisuellem Material vgl. ENGLERT und REICHERTZ (Englert/Reichertz 2011, S. 13).

2) dann wurde das Erstverstehen des einzelnen Videos schriftlich protokolliert;
3) es folgte eine Kurzbeschreibung des Inhalts beziehungsweise der Story, sofern eine solche erkennbar war (in der Regel war dies bei C-Walk-Videos nicht der Fall).
4) Besonders wichtig war die darauffolgende Detailanalyse in vier Schritten:
   - Sequenzierung und Formalanalyse nach Sequenzen;
   - Sammlung von Kontextdaten;
   - Bedeutungsanalyse;
   - Zusammenfassung.

Grundsätzlich ist festzuhalten, dass eine „Übersetzung" ins Schriftliche, wie sie aus der Aufzählung oben hervorgeht, nicht vollständig oder gar verlustfrei sein kann. Vielmehr geht es um die fallweise Protokollierung der Bedeutung eines Videos in seinem Kontext (vgl. Englert/Reichertz 2011, S. 21 f.).

Die Textdokumente, die bei der Videoanalyse entstanden, wurden in die offene Codierung mit dem Programm MAXQDA aufgenommen. Inzwischen erlauben neuere Versionen dieses Analyseprogramms die Codierung von Videos als Audiodateien *direkt im* Programm. So wäre es theoretisch möglich, auf die oben genannten Schritte zu verzichten und direkt mit der offenen Codierung zu beginnen. Allerdings ist anzunehmen, dass ein Fehlen der oben angeführten Schritte dazu führen könnte, dass manche Strukturen oder Konzepte nicht sichtbar werden, weil sie sich erst während dieser Phasen – in der intensiven Auseinandersetzung der oder des Forschenden mit dem Material und in der Verschriftlichung der einzelnen Aspekte in den genannten vier Phasen – offenbaren. Ergiebig wäre vermutlich eine Kombination aus den oben genannten Schritten mit einer direkten Codierung von Sequenzen oder Frames.

Forschungstagebuch

Als ein sehr persönliches Dokument wurde ein Forschungstagebuch geführt, das Raum bot für Arbeitspläne, Ideen, Beobachtungen, Reflexionen, persönliche Notizen mit Bezug zum Forschungsprojekt et cetera. Das Dokument wurde nicht veröffentlicht, einige Passagen fanden allerdings als Zitat Eingang in den Forschungsbericht (vgl. Eisemann 2015, S. 116). Das

Führen eines solchen Dokuments ist aus ethnografischer Sicht hilfreich: Es unterstützt als ständiger Begleiter die Reflexion der Beobachtungen durch die Forscherin oder den Forscher (vgl. Krotz 2015, S. 272).

Auswertung und Darstellung der Ergebnisse im Sinne der GTM
Die mit den oben beschriebenen Methoden generierten Daten wurden mit dem Analyseprogramm MAXQDA im Sinne der GTM ausgewertet. Dazu wurden die entsprechenden Dateien ins Programm geladen und dort offen codiert. Das bedeutet – grob gesagt –, dass *aus dem Material heraus* Codes gebildet wurden und dass nicht ein vorher bestimmtes Codierschema Verwendung fand (zur Definition des Begriffs „Code" vgl. u. a. Eisemann 2015, S. 72). Dieses Vorgehen soll bei einer GTM-Studie sicherstellen, dass eine GT wirklich *grounded* – also gegenstandsverankert – entsteht.

Im Analyseprozess wurden Konzepte zunehmend zu Kategorien mit stärkerer theoretischer Aussagekraft verdichtet (vgl. Eisemann 2015, S. 72 und S. 118). Diese wurden immer wieder neu geordnet, hierarchisiert, mit Beschreibungen ergänzt und zueinander in Bezug gestellt, bis die endgültige Theorie über das Phänomen *C Walk* beschreibbar war (vgl. ausführlich Eisemann 2015, S. 68–73 und S. 118–120). Dabei war das von Juliet M. Corbin und Anselm L. Strauss vorgeschlagene Kodierparadigma hilfreich – ein Schema, welches das Zueinander-in-Bezug-Setzen von Kategorien erleichtert (vgl. Corbin/Strauss 1996, S. 78).

5. Würdigung durch Horst Niesyto

Die Dissertation von Christoph Eisemann, auf die sich dieser Werkstattbeitrag bezieht, setzt sich mit Bedingungen *jugendkulturellen Handelns* auf der Videoplattform YouTube auseinander und analysiert die Bedeutungen, die dieses Handeln für Jugendliche hat. Dies erfolgt auf der methodologischen Basis der *Grounded Theory Methodology* (GTM) am Beispiel der Jugendkultur des *C Walk*.

Die Arbeit besticht durch eine konsequente Darstellung und Offenlegung des methodologisch-methodischen Vorgehens und kann eine Vielzahl konkreter Befunde herausarbeiten, die für die Theoriebildung zum jugendkulturellen Handeln in Offline- und Online-Welten fruchtbar gemacht werden. Im Fazit der Studie hebt Eisemann unter dem Titel „Dynamisierung von Raumerweiterungs-, Aneignungs- und Identitätskonstruktionsprozessen" (Eisemann 2015, S. 305–320) die sozialen und kommunikativen Praktiken hervor, die in den Selbstinszenierungen Jugendlicher beim *C Walk* in virtuellen und physischen Räumen deutlich werden und weist in diesem Kontext auf die vielfältigen Raumerweiterungs-, Aneignungs- und Identitätskonstruktionsprozesse hin. C Walkern gelinge es, sich mithilfe dieser Praktiken mit den gegebenen Verhältnissen zu arrangieren und ihrer Umwelt positive Seiten abzugewinnen (vgl. Eisemann 2015, S. 319). C Walk fördere für die Jugendlichen die Aneignung der ganz realen sozialen Welt, zum Teil über Milieugrenzen hinweg, und trage auch zum Einüben sozialer Rollen, zur Übernahme von Verantwortung und zu alltagsrelevanten Kompetenzen bei. Im C Walk finde allerdings kein ernsthafter Protest gegen bestehende, strukturelle Verhältnisse statt; die C Walker würden eher versuchen, sich im gesellschaftlichen Teilfeld des C Walk eine günstige soziale Position zu verschaffen. Die Teilnahme an diesen jugendkulturellen Praktiken – so EISEMANN – sei keine „Garantie" für eine erfolgreiche Selbstsozialisation junger Menschen. Unterstützung sei insbesondere bei der kritischen Reflexion von Identitätsfindungsprozessen und der Übernahme von Rollenmodellen nötig (zu den Befunden im Einzelnen vgl. Eisemann 2015, S. 59–120).

Die Studie verzichtet auf einen abgeschlossenen Theorieblock, sondern entwickelt wichtige Teile der Theorie aus der konkreten Analyse des empirischen Materials heraus. Sie folgt damit einem wesentlichen Prinzip der *Grounded Theorie Methodology* (GTM). Dies betrifft auch die Forschungsfragen, die im Rahmen des offenen, nicht hypothesengeleiteten Forschungsprozesses teilweise modifiziert wurden, um den Forschungsgegenstand in seinen verschiedenen Aspekten zu erschließen. EISEMANN begründet seine Entscheidung für ein qualitatives Forschungsverfahren (Ethnografie und GTM) vor allem unter Bezug auf Arbeiten von Barney G. GLASER und Anselm L. STRAUSS (vgl. Glaser/Strauss 1967 und 1998), Juliet CORBIN und ANSELM L. STRAUSS (vgl. Corbin/Strauss 1996) sowie Friedrich KROTZ (vgl. Krotz 2015). Kernpunkte und zentrale Kategorien der GTM werden differenziert und prägnant dargestellt und für die eigene Studie präzisiert – wie beispielsweise die Begriffe *Phänomen* und *Kategorie* (vgl. Eisemann 2015, S. 71–73).

Die Arbeit bietet einen sehr anschaulichen und zugleich theoretisch reflektierten Einblick in die konkrete Forschungspraxis im Feld, die verschiedenen Versuche und Wege des Feldzugangs online und offline, der damit verknüpften Herausforderungen, Chancen und Schwierigkeiten (vgl. Eisemann 2015, S. 74–83). Erfahrungen werden detailliert dargestellt, die auch für weitere Forschungsprojekte ähnlichen Zuschnitts relevant sind, zum Beispiel die konkreten Hinweise für eine gelingende „Online-Kaltakquise", für eine persönliche Offline-Akquise (Eisemann 2015, S. 74–83). Christoph EISEMANN beschreibt außerdem einfühlsam das Spannungsverhältnis zwischen „Going Native" und „Coming Home" (Eisemann 2015, S. 84–87) und reflektiert das Nähe-Distanz-Problem, welches in der ethnografischen Forschung in besonderer Weise zu beachten ist.

Kapitel 3.6 der Studie bietet kurze Falldarstellungen und Begründungen für das theoretische Sample, um die Ergebnisse der Studie besser nachvollziehen und einordnen zu können (vgl. Eisemann 2015, S. 88–102); die ausführlichen Falldarstellungen wurden bei der Einreichung der Dissertation in einem umfangreichen Anhang beigefügt. Auch werden in der (veröffentlichten) Studie die gewählten Erhebungsmethoden, die Dimensionen des Datenkorpus und die Auswertungsmethoden sehr übersichtlich und mit plausiblen Begründungen vorgestellt, insbesondere die episodischen Interviews mit Surf-Phasen, teilnehmende Beobachtung, die kontextbezogenen Videoanalysen und das von CORBIN und STRAUSS vorgeschlagene Kodierparadigma (vgl. Eisemann 2015, S. 68–120).

Im vorliegenden Beitrag legt EISEMANN den Schwerpunkt auf die Methode des Interviews als Erhebungsinstrument. Deutlich wird hier, wie durch ein triangulatives Vorgehen (Interview in Verbindung mit Surf-Phasen und teilnehmender Beobachtung) ein zusätzlicher Erkenntnisgewinn erfolgen kann.

Insgesamt überzeugt die Studie von Christoph EISEMANN durch die schlüssige Begründung des gewählten theoretisch-methodologischen Konzepts (*medienethnografische Exploration* in Verknüpfung mit dem Ansatz der *Grounded Theory Methodology*), die Offenlegung der methodischen Herausforderungen und Erfahrungen in der *praktischen Feldarbeit* (im virtuellen Raum und in sozialen Nahräumen), der konkreten Analyse einer Fülle von Teilbefunden in enger Verknüpfung mit theoriebildenden Überlegungen. Dabei werden vorhandene Theorieansätze gut synthetisiert und nicht eklektisch zusammengeführt. Der Hinweis auf die Kategorie „virtuelles soziales Kapital" (Eisemann 2015, S. 201–208) ist zwar keine Neuformulierung, benennt aber einen wichtigen Erkenntnisgewinn, der an verschiedenen Beispielen aus den jugendkulturellen Praktiken verdeutlicht wird.

Die Dissertationsstudie von Christoph EISEMANN erhielt im Jahr 2016 den Promotionspreis der Sektion Medienpädagogik der Deutschen Gesellschaft für Erziehungswissenschaft (DGfE). In der Laudatio hoben Ben BACHMAIR und Heinz MOSER bezüglich des methodischen Arbeitens hervor:

> „Die Arbeit ist methodisch vor allem auch deshalb interessant, weil aufgezeigt wird, wie schwierig es ist, in der Anonymität des Internets Personen zu finden, die sich für eine Forschungsarbeit zur Verfügung stellen. Die Darstellung der Akquise bei Eisemann ist all jenen zur Lektüre zu empfehlen, die selbst im Internet forschen wollen. Von hohem Niveau ist aber auch die Reflexion auf die Merkmale einer ethnografischen Forschung, die sich auf den Onlinebereich stützt. Denn die ‚physische Ortsungebundenheit' bringt es mit sich, dass kein direkter Zugang zum Feld besteht, wie es in der klassischen Ethnographie möglich war. Die sorgfältige und emphatische Art und Weise, wie der Autor mit dieser Problematik umgeht, ist mit ein Teil der Qualität, welche die Preiswürdigkeit der Arbeit für uns ausmacht" (Sektion Medienpädagogik der DGfE 2016).

Und in einer Rezension der veröffentlichten Studie für das Onlinemagazin *Ludwigsburger Beiträge zur Medienpädagogik* fasste die Soziologin Stefanie RHEIN zusammen:

> „Eisemann gelingt das Kunststück, den zyklisch aufgebauten Forschungsprozess, wie er für die Grounded Theory charakteristisch ist, sowohl inhaltlich als auch strukturell im Aufbau der Arbeit nachvollziehbar abzubilden, aufgetauchte Probleme und die gefundenen Lösungen z. B. bei der Fallakquise sowie die von ihm angestellten Überlegungen bei der sukzessiven Fallauswahl bis hin zum Erreichen der theoretischen Sättigung anschaulich zu schildern. Mit anderen Worten: Wäre die Arbeit Eisemanns ein C-Walk-Video, würde ich wohl folgende Bemerkung unter sie setzen: +fav – was so viel heißt wie: Ich füge das Video meiner Favoritenliste hinzu" (Rhein 2015, S. 3–4).

Literaturverzeichnis

- Bourdieu, Pierre (1976): Entwurf einer Theorie der Praxis auf der ethnologischen Grundlage der kabylischen Gesellschaft, Frankfurt am Main: Suhrkamp
- Breuer, Franz/Muckel, Petra/Dieris, Barbara (2018): Reflexive Grounded Theory, Wiesbaden: Springer VS
- Corbin, Juliet M./Strauss, Anselm L. (1996): Grounded Theory – Grundlagen qualitativer Sozialforschung, Weinheim: Psychologie-Verlags-Union
- Eisemann, Christoph (2015): C Walk auf YouTube – Sozialraumkonstruktion, Aneignung und Entwicklung in einer digitalen Jugendkultur (Schriftenreihe Digitale Kultur und Kommunikation, Band 3), Wiesbaden: Springer VS
- Eisemann, Christoph/Tillmann, Angela (2018): Qualitätssichernde Strategien und Gütekriterien, in: Pentzold, Christian/Bischof, Andreas/Heise, Nele (Hrsg.): Praxis Grounded Theory. Theoriegenerierendes empirisches Forschen in medienbezogenen Lebenswelten – Ein Lehr- und Arbeitsbuch, Wiesbaden: Springer VS, S. 253–275
- Englert, Carina/Reichertz, Jo (2011): Einführung in die qualitative Videoanalyse, Wiesbaden: Springer VS
- Flick, Uwe (2006): Qualitative Sozialforschung – Eine Einführung, Reinbek bei Hamburg: Rowohlt
- Flick, Uwe (2011): Triangulation – Eine Einführung, Wiesbaden: Springer VS
- Flick, Uwe/von Kardoff, Ernst/Steinke, Ines (2017): Qualitative Forschung – Ein Handbuch, Reinbek bei Hamburg: Rowohlt
- Glaser, Barney G./Strauss, Anselm L. (1967): The Discovery of Grounded Theory. Strategies for Qualitative Research, New York: De Gruyter
- Glaser, Barney G./Strauss, Anselm L. (1998): Grounded Theory – Strategien qualitativer Forschung, Bern: Huber
- Hine, Christine (2000): Virtual Ethnography, London: Sage
- Krotz, Friedrich (2015): Neue Theorien entwickeln – Eine Einführung in die Grounded Theory, die Heuristische Sozialforschung und die Ethnographie anhand von Beispielen aus der Kommunikationsforschung, Köln: Halem

- Marotzki, Winfried (1995): Forschungsmethoden der erziehungswissenschaftlichen Biographieforschung, in: Krüger, Heinz-Hermann/Marotzki, Winfried (Hrsg.): Erziehungswissenschaftliche Biographieforschung, Opladen: Leske+Budrich, S. 55–89
- Misoch, Sabina (2015): Qualitative Interviews, Berlin/München/Boston: De Gruyter
- Niesyto, Horst (2001): Jugendforschung mit Video – Formen, Projekte und Perspektiven eines Forschungsansatzes, in: Niesyto, Horst (Hrsg.): Selbstausdruck mit Medien – Eigenproduktionen mit Medien als Gegenstand der Kindheits- und Jugendforschung, München: kopaed, S. 89–102
- Niesyto, Horst (2006): Filmverstehen als Bestandteil des Pädagogik-Studiums, in: Barg, Werner/Niesyto, Horst/Schmolling, Jan (Hrsg.): Jugend – Film – Kultur. Grundlagen und Praxishilfen für die Filmbildung, München: kopaed, S. 117–155
- Niesyto, Horst (2007): Eigenproduktionen mit Medien als Gegenstand medienpädagogischer Praxisforschung, in: Sesink, Werner/Kerres, Michael/Moser, Heinz (Hrsg.): Medienpädagogik – Standortbestimmung einer erziehungswissenschaftlichen Disziplin (Jahrbuch Medienpädagogik 6), Wiesbaden: Springer VS, S. 222–245
- Niesyto, Horst (2011a): Kriterien für die deskriptive Filmanalyse (Formanalyse). Lehrmaterial der Abteilung Medienpädagogik, PH Ludwigsburg [unveröffentlichtes Manuskript]
- Niesyto, Horst (2011b): Leitfaden Videofilmanalyse. Lehrmaterial der Abteilung Medienpädagogik, PH Ludwigsburg [unveröffentlichtes Manuskript]
- Pentzold, Christian/Bischof, Andreas/Heise, Nele (2018): Praxis Grounded Theory. Theoriegenerierendes empirisches Forschen in medienbezogenen Lebenswelten – Ein Lehr- und Arbeitsbuch, Wiesbaden: Springer VS
- Rhein, Stefanie (2015): C Walk auf YouTube – Rezension, in: Onlinemagazin Ludwigsburger Beiträge zur Medienpädagogik, Ausgabe 18/2015 [Onlinedokument: ph-ludwigsburg.de/fileadmin/subsites/1b-mpxx-t-01/user_files/Online-Magazin/Ausgabe18/Veroeffentlichungen18.pdf, aufgerufen am 11. April 2019]

- Sektion Medienpädagogik der DGfE (2016): Laudatio von Ben Bachmair und Heinz Moser anlässlich der Vergabe des Promotionspreises 2016 an Christoph Eisemann [Onlinedokument: ph-ludwigsburg.de/fileadmin/subsites/1b-mpxx-t-01/Niesyto/Promotionspreis_Sektion_Medienpaeda gogik_2016_Laudatio.pdf, aufgerufen am 11. April 2019]
- Tulving, Endel (1972): Episodic and Semantic Memory, in: Donaldson, Wayne/Tulving, Endel (Hrsg.): Organization of Memory, New York: Academic Press

Lizenz

EIK-HENNING TAPPE

Prädiktoren der Intention zum didaktischen Einsatz von digitalen Medien im Unterricht – Überführung der Unified Theory of Acceptance and Use of Technology (UTAUT) in ein schulisches Untersuchungssetting

Auch wenn schulische Lehrpersonen nachgewiesenermaßen im Vergleich zu anderen Berufsgruppen überdurchschnittlich gut mit digitalen Medien ausgestattet sind und diese ausgiebig für die berufliche Kommunikation und Arbeitsprozesse nutzen, scheint der mediendidaktische *Einsatz im schulischen Unterricht noch ein Novum zu sein. Im Folgenden wird die Vorarbeit zur Studie* Lernen durch Mediengestaltung – Entwicklung eines Konzeptes zur Unterstützung mediendidaktischer Lehre im Schulalltag *(Tappe 2018) vorgestellt, in der Faktoren eruiert werden, die einen didaktischen Einsatz von digitalen Medien im Unterricht fördern oder verhindern können. Dazu wird auf das Modell der* Unified Theory of Acceptance and Use of Technology (UTAUT) *zurückgegriffen. Um diese aus der* Akzeptanzforschung *stammende Theorie in ein didaktisches Setting zu überführen, sind gewisse Anpassungen notwendig. Die ersten Ergebnisse einer daran anschließenden* Fragebogenstudie *werden mit Hilfe einer* regressionsanalytischen Auswertung *beleuchtet, die in eine vorläufige Hypothese mündet. In dieser wird die Behauptung aufgestellt, dass ein langfristiger didaktischer Einsatz von digitalen Medien vor allem mit einer positiven affektiven Einstellung sowie mit einem gesteigerten Fähigkeitsselbstkonzept im Hinblick auf mediendidaktisches Arbeiten einhergeht.*

It's proven that teachers compared to other professional groups are overaverage equipped with digital media. Furthermore, they use this technology extensively for work-related communication and for different working processes. In contrast, the didactical *use of digital technology seems to be a novelty for teaching purposes. This article presents a study (Tappe 2018) to determine the factors that can promote or prevent the didactical use of media in school lessons. Therefore the* Unified Theory of Acceptance and Use of Technology (UTAUT) will be used, *which at first has to be transferred in an educational setting. The first results of a subsequent questionnaire study are ana-*

lysed with a regression analysis. *In the preliminary hypothesis, I theorise that a long-term use of digital media in an educational setting is accompanied by a positive affective attitude and by an increased self-concept of ability.*

Schlagworte | Tags: Quantitative Forschung, Technologieakzeptanz, Mediatisierung, Unified Theory of Acceptance and Use of Technology, UTAUT, Technology Acceptance Model, TAM, Techniknutzung, Theorie der geplanten Handlung, Regressionsanalyse, regressionsanalytische Auswertung, Pfadanalyse, Pfaddiagramm, Hypothesenbildung, Fragebogenstudie, Likert-Skala, Prädiktorenvariable, Korrelationskoeffizient, Determinationskoeffizient, Fähigkeitsselbstkonzept, SPSS, Leitfadeninterview, Schule

1. Ziel und Motivation

Warum setzen Lehrerinnen und Lehrer so selten digitale Medien didaktisch im Unterricht ein, obwohl anscheinend Interesse und Motivation bestehen? Diese Frage ergab sich nach der Durchführung von mehreren Fortbildungen zum Themenbereich *Digitale Medien im Unterricht* in einer medienpädagogischen Einrichtung in Münster. Das Resultat aus der Fortbildungsreihe war, dass nach annähernd zehn Durchläufen und circa 100 fortgebildeten Lehrerinnen und Lehrern lediglich ein geringer Anteil tatsächlich digitale Medien in der Praxis eingesetzt hatte. Aber auch in den nachfolgend geführten Gesprächen wurde deutlich, dass die Teilnahme an der Fortbildung keine nennenswerte Veränderung mit sich brachte und der didaktische Einsatz von digitalen Medien im Unterricht nur zögerlich angegangen wurde.

Dieses Verhalten kann viele Beweggründe haben (nicht zuletzt auch eine unpassende inhaltliche und methodische Ausrichtung der Fortbildung selbst), ließ sich jedoch im Rahmen der regulären Fortbildungsevaluation nicht zufriedenstellend auf exakte Faktoren zurückführen. So wuchs das Interesse an einer tiefergehenden Beantwortung der aufgeworfenen Frage, um zukünftig inhaltlich gezielter auf die Bedürfnisse der Lehrpersonen eingehen und sie beim Einstieg in die didaktische Arbeit mit digitalen Medien unterstützen zu können.

Vor diesem Hintergrund begann ich 2012 mit der Arbeit an meinem Promotionsprojekt, das nun abgeschlossen werden konnte und dessen

Ergebnisse unter dem Titel *Lernen durch Mediengestaltung – Entwicklung eines Konzeptes zur Unterstützung mediendidaktischer Lehre im Schulalltag* (vgl. Tappe 2018) publiziert wurden.

Das Forschungsprojekt war zunächst ausschließlich theoretisch angelegt und hatte das Ziel, ein *didaktisches Konzept* für den handlungsorientierten Einsatz von digitalen Medien im Unterricht zu entwickeln. Im Laufe der Arbeit wurde jedoch deutlich, dass die rein theoretische Herangehensweise für die Erarbeitung eines Hilfsmittels für die Praxis ohne eine empirische Anknüpfung an dieselbige kontraproduktiv wäre. Entsprechend wurden im Rahmen der Forschungsarbeit zwei flankierende empirische Elemente eingebunden: das Sammeln von Faktoren, die zum didaktischen Einsatz von digitalen Medien im Unterricht führen können, sowie eine empirische Überprüfung des entwickelten Konzepts in der Praxis.

Der vorliegende Beitrag widmet sich dem ersten Aspekt und soll darstellen, wie mit Zuhilfenahme einer Theorie aus der *Technikakzeptanzforschung* sowie der Entwicklung eines passenden *quantitativen* Untersuchungsinstruments der Versuch unternommen wurde, eine Ausgangsbasis für das zu entwickelnde mediendidaktische Konzept zu schaffen.

2. Theoretische Basis

Um eine Grundlage für die Fragestellung zu schaffen, welche Faktoren dazu führen können, dass digitale Medien von Lehrerinnen und Lehrern didaktisch im Unterricht eingesetzt werden, soll im Folgenden die der Studie zugrundeliegende *Definition von digitalen Medien* und das *Verständnis* in Bezug auf ihren didaktischen Einsatz erläutert werden. Diese theoretische Ausgangsbasis bildet den Kern für die im weiteren Verlauf thematisierte Auseinandersetzung und Umgestaltung eines empirischen Forschungsmodells aus der *Technikakzeptanzforschung*.

Bei der Verwendung des Terminus *digitale Medien* wird häufig an klassische Computermedien oder auch an das Internet gedacht und diese oft mit der eher diffusen Bezeichnung *Neue Medien* versehen. Dabei ist der Begriff offen angelegt und lässt sich auf unterschiedliche Gerätesysteme übertragen. So zeichnen sich digitale Medien grundlegend durch die Verwendung von Signalwegen aus, die jegliche Art von Information (zum Beispiel Texte,

Bilder, Töne) in einem binär codierten Zustand über technische Netze aufnehmen, verbreiten und verarbeiten können (vgl. Hoffmann 2003, S. 155–156). Heute genutzte Videokameras, Audioaufnahmegeräte, Fotoapparate, aber eben auch Computer, Tablets und Smartphones et cetera sind demnach unter das Verständnis von digitalen Medien zu fassen. Dieses breitgefasste Spektrum an verschiedenen Gerätetypen erfährt jedoch durch die Nutzung des gleichen Signalübertragungswegs ein verbindendes Element: Dadurch, dass digitale Medien dieselbe „Sprache" (binärer Code) sprechen, können Inhalte (zum Beispiel Audio-, Foto-, Video- und Textinhalte) von verschiedenen Mediengeräten potentiell untereinander rezipiert, ausgetauscht und in Verbindung gebracht werden. Sind in einem einzelnen Gerät nicht nur diese unterschiedlichen technischen Selektions- und Gestaltungsmöglichkeiten von diversen Medienarten, sondern auch die Möglichkeit zur Rezeption, Teilnahme und Mitgestaltung an verschiedenen medial-vernetzten Prozessen und Inhalten vereint, wird in diesem Kontext von *Medienkonvergenz* gesprochen (vgl. Barsch 2011, S. 6–7).

Dies ist für den schulischen Einsatz zweifach bedeutend: So erfordert diese Definition zunächst ein breites Verständnis davon, dass der unterrichtliche Einsatz digitaler (medienkonvergenter) Medien auch eine Thematisierung der Wirkungsmechanismen verschiedener Medieninhalte mit sich bringen muss, um diese selbstbestimmt verstehen und einsetzen zu können. Ferner knüpft daran an, dass durch den Rückgriff auf verschiedene Medienformen und -inhalte auch das Potential wächst, andere didaktische Lehr- und Lernformen zu etablieren, die über ein basales Agieren im Internet oder am Computer hinausgehen.

Nimmt man dies als Grundlage, wird wiederum eine veränderte Herangehensweise an die Arbeit mit digitalen Medien nötig. Michael Kerres beschreibt diesen Sachverhalt treffend:

> „Mit der Auflösung mancher traditionellen Vorstellungen über Medien und der Durchdringung aller Lebensbereiche mit digitaler Technik muss es um die Frage gehen, wie diese gestaltet werden kann, um Lernen und menschliche Entwicklung zu unterstützen" (Kerres 2013, S. 128).

Dies zieht nach sich, dass digitale Medien auch als Kerninstrument innerhalb der Gestaltung und Umsetzung von Unterrichtsprozessen an Bedeutung gewinnen müssen. Die Relevanz für den Unterricht entsteht durch einen erleichterten Rückgriff auf verschiedene Medienformen sowie durch ein Mehr an didaktischer Gestaltungsfreiheit, wenn es um die Wahl von geeigneten Methoden zur Bearbeitung von Sachinhalten geht. In diesem Zuge stellen digitale Medien wertvolle didaktische Werkzeuge dar, da durch ihren Rückgriff auf vielfältige mediale Gestaltungsmöglichkeiten eine Brücke zwischen mediatisierter Alltagswelt und schulischem Lernen geschlagen werden kann (vgl. Knaus/Engel 2015, S. 19–32).

Mit diesen Potentialen befasst sich die *Mediendidaktik*, die von Gerhard TULODZIECKI und Bardo HERZIG als der

> „Bereich der Didaktik [beschrieben wird], in dem alle Überlegungen zusammengefasst sind, bei denen es im Wesentlichen um die Frage geht, wie Medien bzw. Medienangebote oder Medienbeiträge zur Erreichung pädagogisch gerechtfertigter Ziele gestaltet und verwendet werden können bzw. sollen" (Tulodziecki/Herzig 2010, S. 249).

Übertragen auf die praktische Anwendung im Unterricht wird mediendidaktisches Lehren und Lernen in der hier dargestellten Auseinandersetzung als ein Rückgriff auf verschiedene Methoden und Arbeitstechniken verstanden, die mit Hilfe von digitalen Medien zur Vermittlung und Aneignung von fachspezifischen Sachinhalten in unterschiedlichen Lehr- und Lernsituationen herangezogen werden können.[1]

Wird diese weite Auffassung von digitalen Medien und die daraus abgeleiteten didaktischen Implikationen zugrunde gelegt, könnte argumentiert werden, dass die didaktische Verwendung von digitalen Medien im Unterricht durchaus eine sinnvolle Bereicherung wäre, jedoch neben dem Pool an traditionellen, erprobten Medienformen ein *Kann* und nicht ein *Muss* darstellt. Dieser hypothetische Gedankengang wäre sicherlich vertretbar, wenn digitale Medien den gleichen gesellschaftlichen Verbreitungsgrad wie „traditionelle" Mediensysteme einnehmen und damit eine Wahlmöglichkeit darstellen würden. Im Alltag stellen analoge Mediensysteme jedoch (ausgenommen Büchermedien) eher ein „modisches Gimmick" dar – was sich in dem Wiederaufleben von Schallplatten und der *Polaroid*-

[1] Auch wenn die Arbeitsdefinition den Schwerpunkt auf *digitale* Medien setzt, sind explizit Arbeitsweisen inbegriffen, die sich von analogen auf digitale Inhalte übertragen lassen.

Kameras widerspiegelt, die durch die Verwendung durch digitale Mediengeräte abgelöst wurden.

Ein solcher Wandel findet vor allem in der massenhaften Verbreitung des *Smartphones* als Inbegriff eines medienkonvergenten digitalen Mediums seinen Ausdruck. Dieses omnipräsente Mediengerät steht symbolhaft für einen anderen, rasch voranschreitenden Prozess: der tiefgreifenden *Mediatisierung* der Gesellschaft. Die Mediatisierung beschreibt nicht nur den technischen Vorgang der Umwandlung von analogen zu digitalen Informationen, sondern stellt vielmehr einen soziokulturellen und wirtschaftlichen Metaprozess dar (vgl. Krotz 2016; Herzig 2017, S. 26–27): Dieser wirkt sich auf alle Bereiche des Alltags, des gemeinsamen Lernens sowie auf die Berufswirklichkeit der Lehrenden aus.

Dass die Mediatisierung als gesellschaftlicher Wandlungsprozess vor allem (auch) für Schülerinnen und Schüler relevant wird, zeigt deren überproportional hoher persönlicher Besitz aktueller Technik: So besitzen bereits die Hälfte der Kinder ein eigenes Smartphone und ein Viertel hat Zugriff auf ein Tablet (vgl. MPFS 2016a, S. 8–9). Ferner ist davon auszugehen, dass Jugendliche inzwischen in der Mehrheit im Besitz von Smartphones sind (vgl. MPFS 2016b, S. 8) und dass über die Hälfte über einen Zugang zu einem Tablet verfügt (vgl. MPFS 2016b, S. 6). Zudem sind Computer und Internet heute in jedem Haushalt vorhanden (vgl. MPFS 2016b, S. 6).

Dieses macht den Wunsch nach einer vermehrten Einbindung digitaler Medien auch in der Schule und im Unterricht nachdrücklicher. So führen Schülerinnen und Schüler zum Beispiel an, dass durch den Medieneinsatz der Unterricht interessanter werden würde und Lerninhalte besser veranschaulicht werden könnten (vgl. BITKOM 2015, S. 21). Aber auch die Mehrheit der Lehrpersonen erwartet eine gesteigerte Motivation und eine bessere Aktualität der Lerninhalte durch den entsprechenden medialen Einsatz (vgl. BITKOM 2015, S. 36). Es zeigt sich auch, dass Lehrerinnen und Lehrer – zumeist im Privaten – Technik gegenüber positiv eingestellt und im Vergleich zu anderen Haushalten überdurchschnittlich gut mit digitalen Medien ausgestattet sind (vgl. BITKOM 2011, S. 9). Auch schulische Alltagsprozesse wie zum Beispiel kollegiale Kommunikation, der Austausch von Material sowie die Organisation von Verwaltungsaufgaben laufen längst selbstverständlich mit Hilfe von digitalen Medien ab. Es wird jedoch auch deutlich, dass diese trotz einer positiven Grundeinstellung eher Randerscheinungen im Unterrichtsgeschehen bilden und meist keine zentrale Rolle bei didaktischen und methodischen Szenarien spielen. So werden sie im Unterricht eher rein funktional eingesetzt (wie etwa zur Informationsrecherche, zum Rechnen und Schreiben oder zum Präsentieren von Bildern und Filmen; vgl. Knaus 2017, S. 55). Eine handlungs- und produktorientierte Arbeit, die einen Raum zur selbstbestimmten und kreativen Auseinandersetzung mit einem breiten Spektrum an verschiedenen Medieninhalten von digitalen Medien ermöglichen kann, findet hingegen eher in Ausnahmen statt (vgl. BITKOM 2015, S. 43; DIVSI 2015, S. 88).

Eine in diesem Zuge anzustrebende selbstbestimmte Partizipation an einer sich stetig wandelnden mediatisierten Welt kann jedoch nur dann stattfinden, wenn ein Individuum über eine grundlegende Medienbildung verfügt (vgl. Herzig 2017, S. 51–52). Die dafür notwendigen Kompetenzen müssen Kinder und Jugendliche im Laufe ihrer Bildungskarriere erlernen, um „ein sachgerechtes, selbstbestimmtes, kreatives und sozial verantwortliches Handeln" (Herzig 2017, S. 52) mit digitalen Medien führen zu können. Hier existiert demnach eine Diskrepanz zwischen Alltagsleben und schulischer Lernwirklichkeit.

Eine entsprechende Forderung der Kultusministerkonferenz zu einer diesbezüglichen Reformierung aller drei Phasen der Lehramtsausbildung (Studium, Referendariat und Weiterbildung) ist in diesem Kontext wichtig (vgl. KMK 2016, S. 23–24). Diese Prozesse greifen jedoch erst langfristig, zumal deutlich wird, dass sich vor allem in der Phase der Weiterbildung meist die Lehrpersonen fortbilden, die bereits über ein grundlegendes Know-how verfügen (vgl. atene 2014, S. 22–23). Soll also eine zeitnahe positive Veränderung der Einstellung beziehungsweise Bereitschaft gegenüber dem didaktischen Einsatz von digitalen Medien im Unterricht erreicht werden, müssen andere Wege beschritten und tiefgreifende Prozesse direkt in den Unterricht eingebracht werden. Um diese Prozesse unterstützen zu können, muss zunächst bestimmt werden, welche förderlichen und hinderlichen Faktoren bei Lehrpersonen bestehen können, den didaktischen Einsatz digitaler Medien im Unterricht tatsächlich umzusetzen.

3. Methodendiskussion

Um sich nun der Frage nach den Faktoren zu nähern, die einen mediendidaktischen Einsatz von digitalen Medien im Unterricht fördern beziehungsweise behindern können, wurden Erkenntnisse aus der *Akzeptanzforschung* herangezogen. Innerhalb der Akzeptanzforschung decken Modelle zur Überprüfung der Akzeptanz eines Technikeinsatzes einen eigenen Forschungsbereich ab. Eines der grundlegenden dieser Technikakzeptanzmodelle stellt das *Technology Acceptance Model* (TAM) dar (vgl. Davis/Bagozzi/Warshaw 1989). Das Modell wurde auf Basis der *Theorie der geplanten Handlung* (vgl. Fishbein/Ajzen 1975) entwickelt und sollte untersuchen, warum Angestellte in Unternehmen den Computereinsatz annehmen oder verweigern (vgl. Fishbein/Ajzen 1975, S. 983). Als zentraler Prädiktor für das gezeigte *Nutzungsverhalten* gilt die *Einstellung gegenüber der Techniknutzung*.

Diese Einstellung impliziert sowohl eine affektive (zum Beispiel Gefühle oder Emotionen), eine kognitive (zum Beispiel Überzeugungen) als auch eine Verhaltenskomponente (zum Beispiel früher gezeigtes Verhalten) in Bezug auf die Technik (vgl. Nistor/Wagner/Heymann 2012, S. 346). Die Einstellung gegenüber der Techniknutzung wird im TAM wesentlich von dem *wahrgenommenen Nutzen* und der *wahrgenommenen einfachen Benutzbarkeit* determiniert. Der *wahrgenommene Nutzen* wird definiert als die von einer Anwenderin oder einem Anwender angenommene Wahrscheinlichkeit, dass die Verwendung einer bestimmten Informationstechnik die Leistung ihrer oder seiner Arbeit innerhalb einer Organisation verbessert. *Die wahrgenommene einfache Benutzbarkeit* wird im TAM als der Grad definiert, inwieweit die Anwenderin oder der Anwender die Verwendung der Technik als anstrengungsfrei einschätzt (vgl. Davis/Bagozzi/Warshaw 1989, S. 985).

Je höher eine Anwenderin oder ein Anwender den Nutzen einer Informationstechnik sowie deren einfache Bedienbarkeit einschätzt, desto eher ist sie oder er bereit, die Technologie zu nutzen (vgl. Simon 2001, S. 96). Demnach wirken sich beide Faktoren auf die *Einstellung gegenüber der Techniknutzung* aus, die der *tatsächlichen Nutzung* einer Technik vorgeschaltet ist.

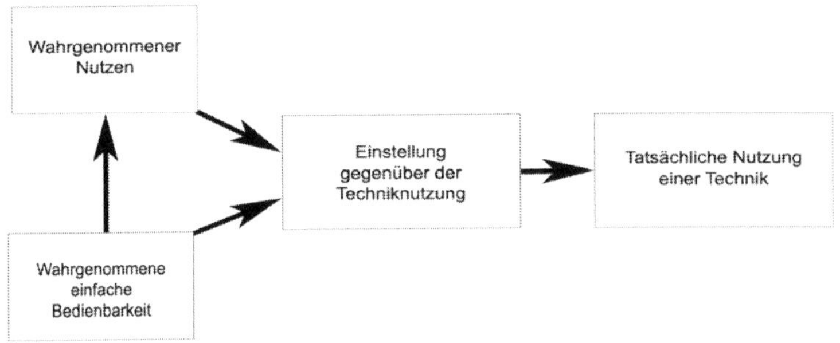

Abbildung 1: Das *Technology Acceptance Model* – TAM nach DAVIS, BAGOZZI und WARSHAW 1989 (eigene Darstellung)

Seit der Erstpublikation des TAM wurde eine Vielzahl unterschiedlicher Akzeptanzmodelle zur Techniknutzung veröffentlicht. Mit dem Anspruch, einen empirischen Vergleich zwischen acht der populärsten Technikakzeptanzmodelle (darunter auch die *Theorie des überlegten Handelns*, die *Theorie des geplanten Verhaltens* sowie das TAM) aufzulisten, um daraus eine einheitliche Theorie zu synthetisieren, wurde die *Unified Theory of Acceptance and Use of Technology* (UTAUT) entwickelt (vgl. Venkatesh/Morris/Davis/Davis 2003, S. 427 und S. 437).

Angelehnt an das TAM zieht die UTAUT die *Verhaltensabsicht* sowie das tatsächliche *Nutzungsverhalten* als abhängige Variablen heran. Auch hier übernimmt die *Verhaltensabsicht* wieder den zentralen Prädiktor für das *Nutzungsverhalten.* Aus den empirischen Vergleichsstudien, die den acht Modellen zugrunde liegen, konnten wiederum sieben unabhängige Variablen als signifikante Determinanten für die *Verhaltensabsicht* und/oder für das *Nutzungsverhalten* identifiziert werden. Neben den Moderatoren *Geschlecht, Alter, Freiwilligkeit der Benutzung* sowie *Erfahrung* wurden vier von den sieben Determinanten in das Modell der UTAUT aufgenommen (vgl. Venkatesh/Morris/Davis/Davis 2003, S. 446–455):

- *Leistungserwartung*: In welchem Maß geht ein Individuum davon aus, dass das Benutzen eines spezifischen Systems ihm oder ihr einen Leistungszuwachs im Beruf verschafft?
- *Aufwandserwartung*: In welchem Maß nimmt ein Individuum den Aufwand beim Benutzen eines spezifischen Systems wahr?

- *Sozialer Einfluss*: In welchem Maß glaubt ein Individuum, dass relevante Personengruppen das Benutzen eines spezifischen Systems als wichtig empfinden?
- *Begünstigende Bedingungen*: In welchem Maß glaubt ein Individuum, dass die berufliche, organisatorische und technische Infrastruktur das Benutzen eines spezifischen Systems unterstützt?

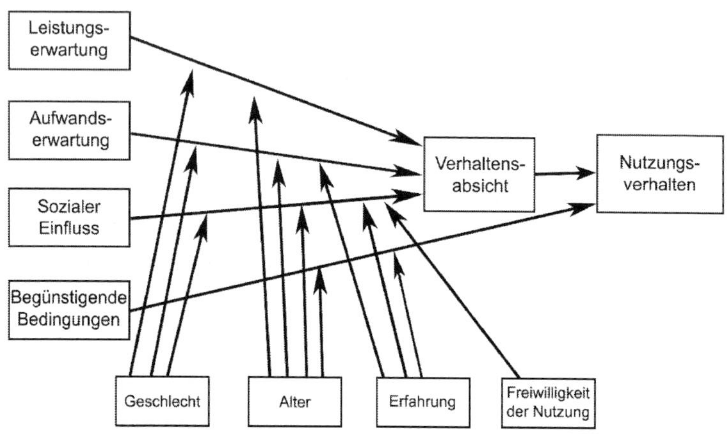

Abbildung 2: Das Modell der *Unified Theory of Acceptance and Use of Technology* – UTAUT nach VENKATESH, MORRIS, DAVIS und DAVIS 2003 (eigene Darstellung)

Auch wenn sie in den vorangegangenen Vergleichsstudien als signifikante Determinanten für die Technologienutzung ausgemacht werden konnten, wurden die Variablen *Selbstwirksamkeit* (Self-Efficacy), *Ängstlichkeit* (Anxiety) und *Einstellung zur Technologienutzung* (Attitude toward Using Technology) in dem Modell der UTAUT nicht berücksichtigt.[2]

Das so synthetisierte Modell der UTAUT konnte in empirischen Überprüfungen mehrfach bestätigt und bis zu 70 Prozent der Varianz der Verhaltensabsicht erklären. Vor dem Hintergrund, dass die herangezogenen acht anderen Modelle die Varianz nur zu einem geringeren Anteil erklären konnten (vgl. Nistor/Wagner/Heymann 2012, S. 350), erschien die Verwendung der UTAUT für das zuvor beschriebene Vorhaben als geeignet.

[2] Zur Begründung vgl. VENKATESH, MORRIS, DAVIS und DAVIS (Venkatesh/Morris/Davis/Davis 2003, S. 455).

4. Methodensetting und -beschreibung

Um mit Hilfe des Modells der UTAUT der Fragestellung nach förderlichen und hinderlichen Faktoren bezüglich des didaktischen Medieneinsatzes nachzugehen, wurde ein geeigneter empirischer Forschungsansatz benötigt.

Für die Umsetzung lag die Verwendung eines korrelativen Designs nahe, da es zu untersuchen galt, welche Faktoren die Verhaltensabsicht, digitale Medien einzusetzen, negativ oder positiv beeinflussen können. Somit wurde nach einem Zusammenhang zwischen mehreren unabhängigen Variablen und einer abhängigen Variable gesucht. Zur Vorbereitung der empirischen Analyse mussten jedoch noch gewisse Modellanpassungen an der UTAUT vorgenommen werden. Diese wurden vor allem vor dem Hintergrund der Modifizierung und Ergänzung der Variablen an die hier verwendete, breiter gefasste Definition von digitalen Medien sowie an das pädagogische Setting vorgenommen (vgl. Kapitel 4.1). Die daran anschließende forschungspraktische Umsetzung fand mit Hilfe einer *standardisierten Fragebogenstudie* als Datenerhebungsinstrument sowie einer *linearen Regressionsanalyse* zur Datenauswertung statt (vgl. Kapitel 4.2).

4.1 Übertragung der UTAUT auf ein didaktisches Setting

Der Einsatz des Modells der UTAUT ist für die hier vorgestellte Studie theoretische Grundlage und empirisch-methodisches Gerüst zugleich. Eine knappe Übersicht zur theoretischen Grundlage wurde im vorangegangenen Kapitel gegeben. Dabei wurde herausgestellt, dass die UTAUT eng an etablierte Modelle der *Technologieakzeptanzforschung* und der *Einstellungsforschung* geknüpft ist. Zudem wurden im Zuge der Modellgenese der UTAUT aus acht etablierten Modellen die wesentlichen Variablen und Items bereits synthetisiert. Somit ist bei der UTAUT bereits ein theoretischer (Technologieakzeptanz) sowie forschungsmethodischer Rahmen (Bereitstellung von Variablen) vordefiniert.

Das Hauptaugenmerk dieses Unterkapitels liegt nun auf den Anpassungen, die an dem theoretischen Modell der UTAUT notwendig waren, um es in einem (schulischen) Bildungsraum einzusetzen. Es soll gleichermaßen als Anregung dienen, eigene Forschungsideen in ein ähnliches Untersuchungsfeld zu übertragen, sowie die Möglichkeit bieten, diese Übertragung von einem technisch-wirtschaftlichen in ein mediendidaktisches Setting kritisch zu diskutieren.

Um den auf der Grundlage der UTAUT basierenden Fragebogen so zu konstruieren, dass er für den Einsatz in einem didaktischen Kontext und somit für die zentrale Fragestellung der hier reflektierten Studie geeignet ist, wurden vier wesentliche Modell-Anpassungen an der UTAUT vorgenommen:

1) Überführung der UTAUT in einen didaktischen Kontext als Untersuchungsfeld und Umgestaltung der Fragestellung im Hinblick auf die Implementation eines breiteren Verständnisses digitaler Medien;
2) Anpassung der Moderatorenvariablen und der Verhaltensabsicht zum Einsatz von digitalen Medien im Unterricht;
3) Umformulierung von Variablen und Items vor dem Hintergrund der mediendidaktischen Ausrichtung;
4) Hinzunahme von affektiven Faktoren und Aspekten der selbstbezogenen Überzeugungen als mögliche Akzeptanzfaktoren.

1) Überführung in einen didaktischen Kontext und Einbindung digitaler Medien

Das Modell der UTAUT bezieht sich ursprünglich auf IT-Systeme beziehungsweise auf computerbasierte Technik. Hier musste eine erste Umstellung erfolgen, da die Untersuchung den Fokus nicht auf eine Technik an sich, sondern vielmehr auf das *mediendidaktische Handeln* mit Hilfe eines breiten Spektrums digitaler Medien legt. Des Weiteren liegt das ursprüngliche Einsatzfeld der UTAUT im wirtschaftlichen und administrativen Bereich von Unternehmen und Einrichtungen (vgl. Venkatesh/Morris/Davis/Davis 2003, S. 437). Fragen der Nutzerakzeptanz im Bildungsbereich beziehungsweise im Zusammenhang mit didaktischen Modellen werden vom Ausgangsmodell nicht explizit miteinbezogen. Somit besteht der Fokus nach wie vor im technischen Bereich und lässt didaktische Implikationen außen vor (vgl. Jäger/Kieffer/Lorenz/Nistor 2014, S. 487). Ein Grundelement der Umstellung war demnach ein für die Studie allgemeingültiges Verständnis von digitalen Medien und mediendidaktischem Lehren und Lernen. Dieses Grundverständnis folgt den zuvor dargestellten Definitionen im Theoriekapitel (vgl. Kapitel 2). Aufbauend auf dieser Grundlage wurde der theoretische Modellrahmen sukzessive an ein didaktisches Setting angepasst und erweitert. Aus diesem ersten Schritt ergaben sich wiederum die Implikationen für die nachfolgend beschriebenen Umstellungen.

2) Anpassung der Moderatorenvariablen und der Verhaltensabsicht
Entsprechend der Umstellung auf ein didaktisches Setting erfolgte auch ein Abgleich der Moderatorenvariablen des Ausgangsmodells. Daraus resultierte, dass lediglich die Moderatoren *Alter* und *Geschlecht* aus der UTAUT unverändert übernommen wurden. Die Moderatoren *Experience* beziehungsweise *Computerwissen* (vgl. Nistor/Wagner/Heymann 2012) und *Freiwilligkeit der Nutzung* mussten aufgrund der weiter gefassten Definition von digitalen Medien sowie der Berufsgruppe abgeändert werden. Der Moderator *Computerwissen* wurde in *Vorerfahrungen* umbenannt und in zwei Bereiche aufgeteilt: Der erste Bereich widmet sich der *Berufserfahrung in Jahren*; der zweite Bereich weitet das Verständnis von Computerwissen aus, indem eine Abfrage der bisher didaktisch eingesetzten digitalen Medien implementiert wurde. Daran war die Frage geknüpft, wie häufig digitale Medien in einem spezifischen Zeitraum systematisch zur *Erreichung definierter Lernziele* im Unterricht eingesetzt wurden. Im selben Kontext wurde auch nach dem Fortbildungsstand beziehungsweise nach der Fortbildungsart im Hinblick auf den didaktischen Einsatz von digitalen Medien im schulischen Unterricht gefragt (zum Beispiel im Studium, im Referendariat oder privat).

Auch wenn Medienbildung in einigen Kernlehrplänen einen je nach Bundesland und Fach unterschiedlich großen Anteil einnimmt und darüber hinaus als schulische Querschnittsaufgabe angelegt ist, gibt es *de facto* keine verbindliche Verankerung von mediendidaktischem Lehren und Lernen im Schulsystem. Somit wurde der Moderator *Freiwilligkeit der Nutzung* nicht in das Modell mitaufgenommen, da angenommen wird, dass es den befragten Lehrenden freisteht, digitale Medien didaktisch im Unterricht einzusetzen oder es nicht zu tun.[3] Somit wird in der Studie nicht der inhaltliche Aspekt *Medienbildung* angesprochen, sondern vielmehr das

[3] Zu diskutieren wäre, ob die Freiwilligkeit der Nutzung durch andere soziale Faktoren (wie zum Beispiel ein Drängen der Eltern, das Gefühl, „mitmachen" zu müssen und andere) beeinflusst wird.

(medien-)didaktische Handwerkszeug, welches Lehrerinnen und Lehrer selbstbestimmt einsetzen können.

Um die *Verhaltensabsicht* im schulischen Kontext zu messen, wurde ein zeitliches Intervall (6 Tage; 6 Wochen; 6 Monate) etabliert und über die *Likert-Skala* mit dem Grad der Verhaltensabsicht kombiniert, der sich in *sicher ja, eher ja, unentschieden, eher nicht* sowie *sicher nicht* ausdifferenzierte. So sollen erfahrene Lehrpersonen, die Medien regelmäßig didaktisch einsetzen, genauso berücksichtigt werden wie Lehrerinnen und Lehrer, die sich erst in einer späteren Unterrichtseinheit einen Einsatz vorstellen können. Im Ausgangsmodell wurde keine zeitliche Unterscheidung zwischen der Verhaltensabsicht vorgenommen. So wurde das Zeitintervall lediglich mit „in the next month" angegeben und weiterführend über den Absichtsgrad „I intend to"; „I predict"; „I plan to" dargestellt (Venkatesh/Morris/Davis/Davis 2003, S. 460). Dies erschien für eine didaktische Betrachtungsweise jedoch zu undifferenziert.

3) Umformulierung von Variablen und Items vor dem Hintergrund der mediendidaktischen Ausrichtung

Als Vorlage für die Umformulierung der Kategorien für den zu konstruierenden Fragebogen wurde auf bereits im deutschsprachigen Raum veröffentlichte Studien zurückgegriffen (vgl. Nistor/Wagner/Heymann 2012; Duyck/Pynoo/Devolder/Voet/Adang/Vercruysse 2008). Die hier aufgestellten Formulierungen wurden wiederum an das didaktisch geprägte Untersuchungsfeld sowie an die Fragestellungen angepasst und entsprechend für die verwendete Fragebogenstudie erweitert. Somit wurden folgende Variablen in das beschriebene Untersuchungsmodell integriert:

- *Leistungserwartung*: Wie hoch schätzt eine Lehrperson den didaktischen Nutzen von digitalen Medien zur Verbesserung des Unterrichts ein?
- *Sozialer Einfluss*: Wie sehr ist eine Lehrperson der Meinung, dass andere wichtige Personen im schulischen Kontext einen didaktischen Einsatz digitaler Medien fordern?
- *Aufwandserwartung*: Als wie hoch schätzt eine Lehrperson den Aufwand bei der Planung und Durchführung eines mediendidaktischen Unterrichts ein?

- *Begünstigende Bedingungen*: Wie schätzt eine Lehrperson das Vorhandensein von verschiedenen für die Umsetzung von mediendidaktischem Unterricht förderlichen heimischen und schulischen Bedingungen ein?

Variablen	Beispielhafte Items nach		
	VENKATESH/MORRIS/ DAVIS/DAVIS 2013	**NISTOR/WAGNER/ HEYMANN 2012**	**TAPPE 2018**
Leistungs-erwartung	RA1: Using the system enables me to accomplish tasks more quickly.	LE2: Mit Hilfe des Computers als Lernwerkzeug kann ich Aufgaben schneller erledigen.	PE2: Ich empfinde die didaktische Arbeit mit digitalen Medien im Unterricht als effektiv, um konkrete Lernziele zu erreichen.
Sozialer Einfluss	SN2: People who are important to me think that I should use the system.	SE2: Personen, die mir wichtig sind, denken, ich sollte den Computer als Lernwerkzeug benutzen.	SI1-5: Was meinen Sie, wie stark ist bei den verschiedenen Personengruppen die Erwartung ausgeprägt, dass Sie in Ihrem Unterricht digitale Medien didaktisch einsetzen? *(Schülerschaft; Kollegium; Schulleitung; Eltern; Gesellschaft)*
Aufwands-erwartung	EOU5: It would be easy for me to become skillful at using the system.	AE2: Es fällt mir leicht, Erfahrungen mit dem Computer als Lernwerkzeug zu sammeln.	EE2: Die Entwicklung eigener Ideen und Methoden für den mediendidaktisch orientierten Unterricht gelingt mir ohne großen Aufwand.
Begünstigende Bedingungen	PBC2: I have the resources necessary to use the system.	EU1: Ich habe alles, was ich brauche, um den Computer als Lernwerkzeug zu nutzen.	FC1: Zu Hause stehen mir die nötigen Unterrichtsmaterialien und Methoden zur Verfügung, um Unterricht mediendidaktisch zu planen.

Abbildung 3: Beispielhafte Gegenüberstellung von Variablen und Items zwischen drei Varianten der *UTAUT* (eigene Darstellung)

Entsprechend der Variablen wurden weiterführend für die inhaltliche Ausgestaltung der Fragebogenstudie die dazugehörigen Items angepasst. Auch wenn vor dem Hintergrund der Vergleichbarkeit zum Ursprungsmodell versucht wurde, möglichst eine gewisse Konformität zu bewahren, mussten bestimmte Items stark abgeändert oder gänzlich herausgenommen werden. Hier stand abermals die Anpassung an die didaktisch und nicht ausschließlich technisch orientierte Fragestellung im Vordergrund. Abbildung 3 stellt beispielhaft die Unterschiede der verschiedenen Variablen mit entsprechenden Items zwischen dem ursprünglichen Modell der UTAUT (vgl. Venkatesh/Morris/Davis/Davis 2003), einem im Bildungssektor angesiedelten deutschsprachigen Modell (vgl. Nistor/Wagner/Heymann 2012) sowie dem hier dargestellten Modell dar (vgl. Abbildung 3).

4) Hinzunahme von affektiven und motivationalen Komponenten

Wie bereits im Theorieteil (vgl. Kapitel 2) dargestellt, wurden im Ausgangsmodell der UTAUT von den insgesamt sieben als signifikante Determinanten identifizierten Variablen letztendlich vier im Modell verwendet. Die drei nicht direkt aufgenommenen Variablen zielen auf affektive Aspekte und auf Dimensionen der Selbstwirksamkeit im Umgang mit Techniken ab. Da diese Faktoren insbesondere im Bildungsbereich einen bedeutenden Effekt auf die Verhaltensabsicht zum Einsatz von digitalen Medien haben können (vgl. Nistor/Wagner/Heymann 2012, S. 351 und S. 361) und Lehrpersonen selbst angeben, dass motivationale sowie affektive Faktoren für sie persönlich ausschlaggebende Faktoren sind (vgl. BITKOM 2015, S. 36), wurden die entsprechenden Variablen im beschriebenen Modell wieder aufgenommen und erweitert.[4]

- *Einstellung zur Technologienutzung*: Wie hoch schätzt eine Lehrperson ihre positive affektive Einstellung gegenüber der Verwendung von digitalen Medien im privaten Kontext und im Unterricht ein?
  Beispiel-Variable: Die didaktische Arbeit mit digitalen Medien im Unterricht macht mir selbst Spaß.
- *Befürchtungen*: Wie hoch schätzt eine Lehrperson ihre negative affektive Einstellung gegenüber der Verwendung von digitalen Medien im Unterricht ein?
  Beispiel-Variable: Es macht mir Angst, dass die Schülerinnen und Schüler mehr über die technische Nutzung von digitalen Medien wissen könnten als ich selbst.

[4] Die beiden Faktoren *Fähigkeitsselbstkonzept* und *Selbstwirksamkeitserwartung* wurden unter der übergeordneten Kategorie *Selbstbezogene Überzeugungen* subsumiert, da erwartet wird, dass beide Einzelvariablen stark miteinander korrelieren.

- *Fähigkeitsselbstkonzept* (Selbstbezogene Überzeugung): Wie hoch ist die Selbsteinschätzung einer Lehrperson bezüglich der eigenen Fähigkeiten im Hinblick auf die Planung und Durchführung von mediendidaktisch orientiertem Unterricht?
  Beispiel-Variable: Im Vergleich mit der Planung anderer didaktischer Konzepte fühle ich mich im Bereich der Mediendidaktik kompetent.
- *Selbstwirksamkeitserwartung* (Selbstbezogene Überzeugung): Wie hoch ist die Selbsteinschätzung einer Lehrperson bezüglich der eigenen Fähigkeiten, auch in schwierigen Situationen mediendidaktischen Unterricht planen und durchführen zu können?
  Beispiel-Variable: Ich kann mediendidaktisch orientierten Unterricht durchführen, auch wenn ich eine unruhige Klasse unterrichte.

Betrachtet man nun die vier vorgestellten Schritte zur didaktischen Anpassung, wird deutlich, dass der im Kern einfach zu verwendende Aufbau der UTAUT eine theoretische Adaption an das Setting erheblich erleichterte. Die Stärke des Modells liegt damit klar in seiner simplen und nachvollziehbaren Struktur und der grundlegenden Möglichkeit, diese auch auf Untersuchungsobjekte zu übertragen. Das Gelingen einer Übertragung auf ein (medien-)didaktisches Arbeitsfeld und die damit verbundene Symbiose aus digitalen Medien und Didaktik bleibt hingegen noch ungeklärt. Somit stehen eine Überprüfung der empirischen Validität und die daran anschließende kritische Auseinandersetzung noch aus.

Im nächsten Unterkapitel wird diesbezüglich jedoch ein Ausblick gegeben und aufgezeigt, wie das theoretische Modell in der Praxis eingesetzt und wie die noch laufende Auswertung der Daten angelegt wurde.

4.2 Die UTAUT in der Forschungspraxis

Das vorangegangene Unterkapitel verdeutlichte die Schritte, die notwendig waren, um ein gleichermaßen theoretisches wie auch methodisches Modell auf ein didaktisches Untersuchungsfeld zu übertragen. Im Folgenden soll nun darauf eingegangen werden, wie die modifizierten Variablen und Items mit Hilfe einer *quantitativen Fragebogenstudie* als forschungsmethodisches Instrument in der Praxis eingesetzt wurden. Zur besseren Veranschaulichung wird erneut auf einen schrittweisen Ablauf zurückgegriffen:

1. Schritt: Übertragung der theoretischen Vorüberlegungen auf ein forschungs-methodisches Instrument

Nachdem die theoretischen Vorüberlegungen zur Modifizierung des Modells der UTAUT abgeschlossen waren, wurde der eigentliche Fragebogen konstruiert. Dabei wurde folgende inhaltliche Untergliederung vorgenommen: Neben den obligatorischen Angaben zum organisatorischen Rahmen (Kontext, Verfasser, Kontaktdaten et cetera) wurden im *einleitenden Teil* die Definitionen zu digitalen Medien sowie zum mediendidaktischen Lehren und Lernen vorgestellt. Die darauffolgenden *persönlichen Angaben* dienten der Erfassung der Moderatorenvariablen *Alter, Geschlecht* und *Vorerfahrungen*. Innerhalb der Vorerfahrung war auch die Frage nach der Häufigkeit und Art des bisherigen didaktischen Einsatzes von digitalen Medien verortet. Diese Angaben wurden in der Auswertung in Form der abhängigen Variable *Nutzungsverhalten* verwendet. Die Erfassung der *Verhaltensabsicht*, die in den vorherigen Studien den Hauptprädiktor für das *Nutzungsverhalten* darstellte, war der eigentlichen Erfassung der unabhängigen Variablen vorgeschaltet.

Den größten Teil der Befragung nahm die Erfassung der unabhängigen Variablen *Leistungserwartung, Sozialer Einfluss, Aufwandserwartung, Begünstigende Bedingungen, Einstellung zur Technologienutzung, Befürchtungen, Fähigkeitsselbstkonzept* sowie *Selbstwirksamkeitserwartung* ein. Die Variablen umfassten jeweils vier bis sechs Items, welche auf einer fünfstufigen *Likert-Skala* gemessen wurden. Die beiden äußersten Skalenausprägungen wurden mit *Trifft genau zu* und *Trifft überhaupt nicht zu* beschrieben. Den abschließenden Teil bildete ein *Kommentar- und Hinweisfeld* für die Probandinnen und Probanden. Wie in der Auswertung festgestellt wurde, nutzten viele der Teilnehmerinnen und Teilnehmer diese Möglichkeit und gaben noch nützliche Hinweise, die auf weitere Schwierigkeiten beim didaktischen Medieneinsatz hinweisen.

Der so konstruierte Fragebogen wurde vor seinem Praxiseinsatz einem *Pretest* unterzogen. Hier war die Intention, sowohl forschungsmethodische als auch inhaltliche Schwächen und Unklarheiten aufzudecken. Dazu wurden Vertreterinnen und Vertreter aus zwei Professionsgruppen gewählt, die den Bogen selbstständig ausfüllen sollten: Die erste Gruppe setzte sich aus Wissenschaftlichen Mitarbeiterinnen und Mitarbeitern sowie Hochschullehrenden aus dem universitären Umfeld zusammen, die vertiefende Kenntnisse im forschungsmethodischen Feld aufwiesen. Die zweite Gruppe bildeten schulische Lehrende, die einen unterschiedlichen Kenntnisstand in Bezug auf den Einsatz digitaler Medien im Unterricht besaßen. Die gesammelten Rückmeldungen wurden anschließend in die endgültige Fassung der Fragebögen eingearbeitet. Aus zeitlichen Gründen wurde auf einen weiteren Pretest verzichtet.

2. Schritt: Einsatz des Forschungsinstruments in der Praxis
Nachdem das theoretische Modell an die für die Fragestellung gewünschten Parameter angeglichen und der Fragebogen final überarbeitet wurde, folgte der Einsatz des Erhebungsinstruments in der Praxis. Das Haupteinsatzfeld waren die 55 allgemeinbildenden Schulen sowie die fünf Berufskollegs in der nordrhein-westfälischen Stadt Hamm. Befragt wurden Lehrerinnen und Lehrer aller Schulformen (einschließlich Förderschulen) sowie Referendarinnen und Referendare am Zentrum für schulpraktische Lehrerausbildung in Hamm.

Zunächst wurden sowohl die zuständige Schulaufsicht als auch die Schulamtsleitung um Einverständnis gebeten, die Studie in den städtischen Schulen durchführen zu dürfen. Ein entsprechendes Einverständnis sorgte dafür, dass Schulleitungen einer Befragung an ihrer Schule eher zustimmten. Darauffolgend wurden sowohl eine Printversion als auch eine digitale Version der Umfrage (mit Hilfe des Online-Tools *LimeSurvey*) erstellt und im Zeitraum von September bis Dezember 2015 an die städtischen Schulen gesendet.

Dabei wurde den Lehrenden freigestellt, ob sie die Befragung online oder in Papierform durchführten. Dadurch sollte gewährleistet werden, dass unabhängig von den technischen Möglichkeiten möglichst viele Fragebögen ausgefüllt werden. Zu beachten ist, dass die Erstellung der Papiervariante in der Vor- und Nachbereitung sowie in der Distribution einen erheblichen Mehraufwand bedeutete als die Onlineversion. Es zeigte sich jedoch, dass deutlich mehr Probandinnen und Probanden auf diese Form der Befragung zurückgriffen. Von der potentiellen Stichprobenanzahl von 1972 Lehrenden konnte so letztendlich eine Gesamtstichprobe von n = 456 erreicht werden. Dies kann mit einem Rücklauf von circa 25 Prozent aller Lehrpersonen der Stadt als ein gutes Ergebnis angesehen werden.

3. Schritt: Auswertung der Ergebnisse und erste Implikationen
Wie im Vorfeld beschrieben, stellt die Verhaltensabsicht zur unterrichtlichen Nutzung von digitalen Medien das zentrale Element zur Vorhersage des tatsächlichen didaktischen Medieneinsatzes dar. Es galt nun, herauszufinden, welche Faktoren die Verhaltensabsicht positiv oder negativ beeinflussen können. Dazu wurde als Auswertungsmethode eine multiple lineare *Regressionsanalyse* durchgeführt. Allgemein dient diese Art der Regressionsanalyse zur Vorhersage der Ausprägung einer abhängigen Variablen in Abhängigkeit von einer oder mehreren unabhängigen Variablen. In diesem Kontext werden die unabhängigen Variablen als Prädiktoren (treffen eine Vorhersage) und die abhängige Variable als Kriterium (wird vorhergesagt) bezeichnet (vgl. Aeppli/Gasser/Gutzwiller/Tettenborn 2014, S. 296–297). Multiple Regressionsanalysen sind demnach darauf ausgelegt, ein multivariates Vorhersagemodell zu überprüfen. Dadurch wird nicht nur dargestellt, ob und wie verschiedene Faktoren zusammenhängen, sondern zum Beispiel auch, welche Prädiktoren das Kriterium besser voraussagen können, inwiefern sich das Modell durch Hinzunahme und Entfernung von weiteren Prädiktoren verändert oder ob eine blockweise Zusammenstellung von verschiedenen Prädiktoren eine bessere Vorhersage erlaubt als eine andere Kombination (vgl. Schendra 2008, S. 102–103). Im Fall der dargestellten Studie wird somit die *Verhaltensabsicht*, digitale Medien didaktisch einzusetzen, zur Kriteriumsvariablen. Die Variablen *Leistungserwartung, Sozialer Einfluss, Aufwandserwartung, Begünstigende Bedingungen, Einstellung zur Technologienutzung, Befürchtungen, Fähigkeitsselbstkonzept* sowie *Selbstwirksamkeitserwartung* stellen die Prädiktoren dar.[5]

Ein anschaulicher Weg, um in der Regressionsanalyse die Zusammenhänge zwischen dem Kriterium und den Prädiktoren darzustellen, bietet die Betrachtung des *Korrelationskoeffizienten r* beziehungsweise des *Determinationskoeffizienten* r^2. Der *Korrelationskoeffizient* bildet den Grad des Zusammenhangs von zwei oder mehr Variablen ab (Kovarianz) und kann eine Ausprägung zwischen -100 und 100 annehmen. Je näher der Betrag des Wertes dem jeweiligen Maximum kommt, desto größer ist die Kovarianz (negativer Wert = gegenläufiger Zusammenhang; positiver Wert = gleichsinniger Zusammenhang). Über den *Determinationskoeffizienten*

[5] Der Einbezug der Moderatorenvariablen sowie eine daran anschließende Analyse stehen noch aus.

kann der prozentuale Wert (r^2 x 100 %), also der Anteil der statistisch erklärten Varianz einer Variablen, dargestellt werden (vgl. Aeppli/Gasser/Gutzwiller/Tettenborn 2014, S. 300–303). In der Auswertung gilt es, diejenigen Prädiktoren herauszufinden, die die größte Varianz der Kriteriumsvariable erklären können, also den höchsten (prozentualen) Wert r^2 aufweisen.

Die noch laufende Auswertung der Ergebnisse wird mit Hilfe des Statistikprogramms *SPSS* (Version 22) durchgeführt. Hier werden die online und händisch eingegebenen Daten aus der Umfrage zusammengefasst und über eine schrittweise lineare Regression ausgewertet. Dazu wurden blockweise vier Modelle einer Regressionsanalyse unterzogen, wobei das Modell 1 alleinig die modifizierten ursprünglichen Prädiktoren aus der UTAUT beinhaltete, Modell 2 den Effekt durch die Hinzunahmen der beiden affektiven Prädiktoren und Modell 3 den Einfluss durch die *Selbstbezogenen Überzeugungen* überprüfte. In Modell 4 wurden alle sieben Prädiktoren im Gesamtkontext betrachtet. Auch wenn sich die Auswertung und Interpretation der bisher erhaltenen Befunde noch im Prozess befindet,[6] konnten erste Erkenntnisse gewonnen werden:

Zunächst zeigt sich, dass die Aufnahme der vorher aus der UTAUT exkludierten Prädiktoren *Einstellung zur Technologienutzung, Befürchtungen* sowie *Selbstbezogene Überzeugungen* in dieser Studie zu einer höheren Erklärung des Varianzanteils (R^2 = ,438) beitragen als die alleinige Betrachtung der modifizierten Ursprungsprädiktoren (R^2 = ,366). Zudem werden im Gesamtmodell alle neu hinzugefügten Prädiktoren als signifikant angezeigt, wobei die *Aufwandserwartung* als „ursprünglicher" Prädiktor die Signifikanz verliert. Inhaltlich betrachtet, können vor allem die *Begünstigenden Bedingungen* als stärkster Prädiktor als ein zentrales Element für eine positive Verhaltensabsicht gedeutet werden. Somit wäre das Vorhandensein von methodischen, technischen und personellen Unterstützungselementen ein wichtiger Ansatzpunkt für eine nachhaltige Etablierung eines didaktischen Medieneinsatzes. Daran knüpft eine hohe Einschätzung der eigenen Fähigkeiten an, die indirekt einen Einfluss auf den zu erwartenden Aufwand ausübt. Dieser scheint durch starke selbstbezogene Über-

[6] Die hier dargestellten Ergebnisse sind als vorläufig anzusehen und können während der laufenden Auswertungsphase in der Ausprägung noch variieren.

zeugungen keine Relevanz für die Entscheidung zu spielen, Medien didaktisch einsetzen zu wollen.

Ein weiterer zentraler Prädiktor stellt vor allem eine positive affektive Einstellung gegenüber dem Umgang mit digitalen Medien dar. Im Vergleich zum modifizierten Ursprungsmodell wird durch die Hinzunahme von affektiven Faktoren auch eine Auswirkung auf den erwarteten Nutzen deutlich. Hier erscheinen eher individuelle, affektiv-motivierte Überlegungen einen Vorrang gegenüber etwaigen unterrichtsförderlichen Aspekten einzunehmen. Etwaige empfundene soziale Einflüsse, Medien didaktisch einsetzen zu müssen, scheinen sich eher marginal auf die Verhaltensabsicht auszuwirken.

Hier werden demnach zwei für den didaktischen Medieneinsatz förderliche Faktoren relevant, die auf motivationale Faktoren sowie Aspekte der Selbstwirksamkeit schließen lassen. Dies ist aus dem Grund interessant, da diese Variablen nicht direkt in das ursprüngliche Modell der UTAUT mit aufgenommen wurden. Eine erste – im Prozess noch als vage einzustufende – Zwischenfolgerung lautet demnach, dass neben *begünstigenden Rahmenbedingungen* vor allem *positive affektive Faktoren* („es macht mir Freude, mediendidaktisch zu arbeiten") sowie die *selbstbezogenen Überzeugungen* („ich fühle mich im didaktischen Umgang mit Medien kompetent und kann auch schwierige Situationen meistern") langfristig (!) dazu führen können, dass Lehrerinnen und Lehrer digitale Medien didaktisch im Unterricht einsetzen.

Um in der Studie vertiefende Hinweise auf die Zusammenhänge zwischen den Variablen sowie zu den Auswirkungen der vorgenommenen Veränderungen am Modell zu gewinnen, wird angestrebt, an die Regressionsanalyse ein pfadanalytisches Verfahren anzuschließen. In dieser *Pfadanalyse* werden – vereinfacht dargestellt – sogenannte Kausalhypothesen aufgestellt, die vor der Datenauswertung eine Vorhersage über eine angenommene Kovarianz zwischen verschiedenen Variablen darstellen. Die Hypothesen werden wiederum grafisch in ein Pfaddiagramm überführt und anschließend empirisch überprüft (vgl. Bortz/Schuster 2010, S. 435). Bezogen auf die dargestellte Studie wird erhofft, dass sich ein deutlicherer Einfluss von affektiven und motivationalen Faktoren in Bezug auf den Einsatz von Medien nachweisen lässt. Zu beachten ist jedoch, dass sowohl die Befunde aus der Regressions- als auch aus der Pfadanalyse Tendenzen oder Zusammenhänge aufzeigen, die sich in dem limitierten Rahmen des verwendeten Modells bewegen und zudem lediglich mathematische Korrelationen darstellen. Gültige Kausalzusammenhänge können somit nur vermutet, aber nicht bewiesen werden. Die Ergebnisse der Auswertung können jedoch als Grundlage für eine vertiefende Hypothesenbildung sowie für weiterführende Studien herangezogen werden.

5. Selbstreflexion

Die strukturelle Vorarbeit zur Modifizierung des Modells der UTAUT gestaltete sich zunächst aufgrund des einfachen Aufbaus sowie durch den Rückgriff auf bereits validierte Erhebungsinstrumente (vgl. u. a. Venkatesh/Morris/Davis/Davis 2003; Duyck/Pynoo/Devolder/Voet/Adang/Vercruysse 2008; Nistor/Wagner/Heymann 2012) weniger problematisch. So konnten nicht nur eine Schablone für die Aufteilung der Variablen und Items, sondern auch allgemeine Formulierungshilfen miteinbezogen werden. In der konkreten inhaltlich theoretischen Ausgestaltung der Fragekategorien sowie bei der Hinzunahme weiterer Variablen bestand jedoch die Schwierigkeit, diese so auszuformulieren, dass sie einer medienpädagogischen beziehungsweise mediendidaktischen Fragestellung gerecht werden. Dabei lag das Hauptproblem vor allem darin, dass zwar eine hilfreiche Unterstützung und ein vertiefender wissenschaftlicher Austausch hinsichtlich der empirischen Herangehensweise bestand, jedoch ein kritischer Blick seitens erfahrener Medienpädagoginnen und Medienpädagogen nahezu ausblieb.

Auch für die im Rahmen des Pretests stattgefundene Überprüfung des Forschungsmodells war es nachteilig, dass die inhaltliche kritische Betrachtung lediglich von einem einzelnen Hochschullehrenden aus dem Feld der Medienpädagogik vorgenommen wurde. Hier wäre insgesamt ein Zugriff auf eine breitere Expertise wünschenswert gewesen, um mögliche inhaltliche Problemfelder der Studie umfassender aufdecken zu können. Dieser Umstand ist jedoch nicht einer etwaigen fehlenden Bereitschaft seitens möglicher geeigneter Personen geschuldet, sondern basiert vielmehr auf knappen zeitlichen Ressourcen, die durch die volle nicht wissenschaftliche Erwerbstätigkeit des Autors zustande kamen. Die wenigen Gelegenheiten des fachlichen Austausches im Rahmen von Tagungen und Workshops zeigten jedoch den unmittelbaren Wert für das kritische Hinterfragen des eigenen Forschungsvorhabens. Ich empfehle künftigen Promovendinnen und Promovenden jede Möglichkeit zu ergreifen, sich aktiv mit eigenen Ideen in den wissenschaftlichen Diskurs einzubringen und mit Fachkolleginnen und -kollegen in den Austausch zu treten.

Bei der praktischen Studiendurchführung kam es hingegen kaum zu Hindernissen. Ein großer Vorteil war hier meine Beschäftigung als städtischer Angestellter und die daraus resultierende gute Vernetzung innerhalb der Kommune sowie meine bestehenden Kontakte zu den städtischen Schulen.

Im Hinblick auf die Gestaltung des Fragebogens zeigte der Praxiseinsatz hingegen, dass die Darstellung des konkreten Studienthemas an manchen Stellen prominenter hätte ausfallen können. So betrafen die meisten freiwilligen Anmerkungen in den Kommentarspalten der Fragebögen häufig die technischen Schwierigkeiten im Umgang mit dem Computer oder das Desinteresse am „Computerunterricht“. Hier hätte gegebenenfalls eine (noch) engere Heranführung an das verwendete Verständnis von digitalen Medien sowie den damit verbundenen didaktischen Implikationen hilfreich sein können. So kann angenommen werden, dass ein Teil der befragten Lehrpersonen eben doch *alleinig* den bloßen Einsatz des Computers mit den Möglichkeiten der digitalen Medien verbinden.

Letztlich bleibt festzuhalten, dass die dargestellte *quantitative* Untersuchung lediglich einen Teilaspekt der hier beschriebenen Forschungsarbeit darstellt. Der im Vorwort erwähnte theoretische Teil zur Ausarbeitung eines mediendidaktischen Konzepts für den Unterricht wird ebenfalls von einer empirischen Studie begleitet. Hier wird jedoch auf ein *qualitatives* Leitfadeninterview mit einer geringeren Stichprobenzahl zurückgegriffen. Diese Entscheidung liegt in der Erwartung begründet, tiefergehende Erkenntnisse im Hinblick auf mediendidaktisches Handeln und Nichthandeln von Lehrenden sowie eine Bewertung des entwickelten Konzepts zu erhalten. Genau dort kann auch die zentrale Kritik aus dem vorangegangen Kapitel aufgegriffen und an das Modell der UTAUT beziehungsweise an den Modellen der (technischen) Akzeptanzforschung herangetragen werden: Beim Einsatz eines mathematisch operierenden Instruments werden im Idealfall messbare Erkenntnisse im Hinblick auf den Einsatz von digitalen Medien erzeugt. Hier werden förderliche und hinderliche Rahmenbedingungen deutlich, die aber mit den Charakteristika des jeweiligen technischen Untersuchungsobjekts verbunden sind. Die Komplexität pädagogischer und didaktischer Prozesse verhindert jedoch eine Operationalisierung des Einsatzes digitaler Medien. Dessen Güte und ihr Misslingen hängen von mannigfaltigen, variierenden Entscheidungen der Lehrenden und Lernenden ab, die in einer wie hier dargestellten quantitativen Untersuchung nicht abbildbar sind: *Wie setze ich das Tablet in der Gruppenarbeit ein? Welche meiner Schülerinnen und Schüler sind im Umgang mit der Kamera überfordert und welche Aufgabe können sie stattdessen übernehmen? Welches Medium und welches Vorgehen sind geeignet, um eine Bildergeschichte zu analysieren?*

Je nachdem, wie eine Lehrperson an diese und ähnliche Fragen methodisch-didaktisch herangeht, wird immer ein unterschiedliches Setting entstehen. Somit können Prädiktoren zum Für und Wider des didaktischen Einsatzes von digitalen Medien nur eine rudimentäre Basis bieten, um gegebenenfalls erste Ansatzpunkte für Unterstützungsmaßnahmen zu gewinnen. Die eigentlichen Fragen und Antworten ergeben sich jedoch in der konkreten Praxis und sind so divergent wie die Persönlichkeiten und Fähigkeiten der jeweiligen Lehrperson.

Es gilt also, mit den Lehrerinnen und Lehrern in direkten Kontakt zu treten, um Chancen, Schwierigkeiten und Unterstützungshilfen für den Praxiseinsatz von digitalen Medien zu diskutieren. Manchmal bringt hier ein Miterleben des schulischen Alltags mehr Erkenntnis als jede Studie. Durch diese Trias aus Praxisabgleich, quantitativ und qualitativ gesammelten Daten wird erhofft, dass die Entwicklung des methodisch-didaktischen Werkzeugs einen wirklichen Mehrwert für den Praxiseinsatz darstellen und Hürden abbauen kann, digitale Medien didaktisch versiert im Unterricht einzusetzen.

Abbildungsverzeichnis

Abbildung 3: Beispielhafte Gegenüberstellung von Variablen und Items zwischen drei Varianten der *UTAUT* (eigene Darstellung)

Literaturverzeichnis

- Aeppli, Jürg/Gasser, Luciano/Gutzwiller, Eveline/Tettenborn, Annette (2014): Empirisches Arbeiten – Ein Studienbuch für die Bildungswissenschaften, Bad Heilbrunn: Klinkhardt
- atene KOM – Agentur für Kommunikation, Organisation und Management (2014): Medienbildung an deutschen Schulen. Handlungsempfehlungen für die digitale Gesellschaft [Onlinedokument: initiatived21.de/app/uploads/2017/01/141106_medienbildung_onlinefassung_komprimiert.pdf, aufgerufen am 11. April 2019]
- Barsch, Achim (2011): Zum Begriff der Medienkonvergenz, in: Marci-Boehncke, Gudrun/Rath, Matthias (Hrsg.): Medienkonvergenz im Deutschunterricht, München: kopaed, S. 38–49
- Bortz, Jürgen/Schuster, Christof (2010): Statistik für Human- und Sozialwissenschaftler, Berlin: Springer VS
- BITKOM – Bundesverband Informationswirtschaft, Telekommunikation und Neue Medien e. V. (2011): Schule 2.0 – Eine repräsentative Untersuchung zum Einsatz elektronischer Medien an Schulen aus Lehrersicht [Onlinedokument: bitkom.org/sites/default/files/file/import/BITKOM-Publikation-Schule-20.pdf, aufgerufen am 11. April 2019]
- BITKOM – Bundesverband Informationswirtschaft, Telekommunikation und Neue Medien e. V. (2015): Digitale Schule – vernetztes Lernen. Ergebnisse repräsentativer Schüler- und Lehrerbefragungen zum Einsatz digitaler Medien im Schulunterricht [Onlinedokument: bitkom.org/sites/default/files/pdf/noindex/Publikationen/2015/Studien/Digitale-SchulevernetztesLernen/BITKOM-Studie-Digitale-Schule-2015.pdf, aufgerufen am 11. April 2019]
- Davis, Fred D./Bagozzi, Richard P./Warshaw, Paul R. (1989): User Acceptance of Computer Technology. A Comparison of Two Theoretical Models, in: Management Science 35, S. 982–1003 [Onlinedokument: doi.org/10.1287/mnsc.35.8.982, aufgerufen am 11. April 2019]

- DIVSI – Deutsches Institut für Vertrauen und Sicherheit im Internet (2015): DIVSI U9-Studie. Kinder in der digitalen Welt [Onlinedokument: divsi.de/publikationen/studien/divsi-u9-studie-kinder-der-digitalen-welt/1-einfuehrung, aufgerufen am 11. April 2019]
- Duyck, Philippe/Pynoo, Bram/Devolder, Pieter/Voet, Tony/Adang, Luc/Vercruysse, Jan (2008): Möchten Krankenhausärzte wirklich auf digitale Systeme umsteigen? Die Akzeptanz gegenüber einem Bildarchivierungs- und Übermittlungssystem in einer Universitätsklinik, Stuttgart: Thieme [Onlinedokument: doi.org/10.1055/s-2008-1027344, aufgerufen am 11. April 2019]
- Fishbein, Martin/Ajzen, Icek (1975): Belief, Attitude, Intention and Behavior. An Introduction to Theory and Research, MA: Addison-Wesley
- Herzig, Bardo (2017): Digitalisierung und Mediatisierung – didaktische und pädagogische Herausforderungen, in: Fischer, Christian (Hrsg.): Pädagogischer Mehrwert? Digitale Medien in Schule und Unterricht, Münster: Waxmann, S. 25–57
- Hoffmann, Bernward (2003): Medienpädagogik – Eine Einführung in Theorie und Praxis, Paderborn: Schöningh
- Jäger, Patricia/Kieffer, Anton/Lorenz, Alexander/Nistor, Nicolae (2014): Der Einfluss der didaktischen Gestaltung auf die Akzeptanz und Nutzung von moodle in der Hochschule, in: Rummler, Klaus (Hrsg.): Lernräume gestalten – Bildungstexte vielfältig denken, Münster: Waxmann, S. 485–495
- Kerres, Michael (2013): Mediendidaktik – Konzeption und Entwicklung mediengestützter Lernangebote, München: Oldenbourg
- KMK – Kultusministerkonferenz (2016): Strategie der Kultusministerkonferenz zu Bildung in der digitalen Welt [Onlinedokument: kmk.org/fileadmin/Dateien/pdf/PresseUndAktuelles/2017/Strategie_neu_2017_datum_1.pdf, aufgerufen am 20. Dezember 2018]
- Knaus, Thomas (2017): Pädagogik des Digitalen. Phänomene – Potentiale – Perspektiven, in: Eder, Sabine/Mikat, Claudia/Tillmann, Angela (Hrsg.): Software takes command. Herausforderungen der „Datafizierung" für die Medienpädagogik in Theorie und Praxis, München: kopaed, S. 49–68 [Onlinedokument: urn:nbn:de:0111-pedocs-147977, aufgerufen am 11. April 2019]

- Knaus, Thomas/Engel, Olga (2015): (Auch) auf das Werkzeug kommt es an. Technikhistorische und techniktheoretische Annäherungen an den Werkzeugbegriff in der Medienpädagogik, in: Knaus, Thomas/Engel, Olga (Hrsg.): fraMediale – digitale Medien in Bildungseinrichtungen (Band 4), München: kopaed, S. 15–57
- Krotz, Friedrich (2016): Wandel von sozialen Beziehungen, Kommunikationskultur und Medienpädagogik. Thesen aus der Perspektive des Mediatisierungsansatzes, in: Brüggemann, Marion/Knaus, Thomas/Meister, Dorothee M. (Hrsg.): Kommunikationskulturen in digitalen Welten, München: kopaed, S. 19–42
- MPFS – Medienpädagogischer Forschungsverband Südwest (2016a): KIM Studie 2016 – Kindheit, Internet, Medien [Onlinedokument mpfs.de/studien/kim-studie/2016/pdf, aufgerufen am 20. Dezember 2018]
- MPFS – Medienpädagogischer Forschungsverband Südwest (2016b): JIM Studie 2016 – Jugend, Information, (Multi-)Media [Onlinedokument: mpfs.de/studien/jim-studie/2016, aufgerufen am 20. Dezember 2018]
- Nistor, Nicolae/Wagner, Maximilian/Heymann, Jan Oliver (2012): Prädikatoren und Moderatoren der Akzeptanz von Bildungstechnologien. Die Unified Theory of Acceptance and Use of Technology auf dem Prüfstand, in: Nistor, Nicolae/Weinberger, Armin (Hrsg.): Akzeptanz von Bildungstechnologien. Theoretische Modelle und empirische Befunde, Empirische Pädagogik 26 (3), Landau: Empirische Pädagogik, S. 343–371
- Schendra, Christian (2008): Regressionsanalyse mit SPSS, München: Oldenbourg
- Simon, Bernd (2001): E-Learning an Hochschulen – Gestaltungsräume und Erfolgsfaktoren von Wissensmedien, Köln: Eul
- Tappe, Eik-Henning (2018): Lernen durch Mediengestaltung – Entwicklung eines Konzeptes zur Unterstützung mediendidaktischer Lehre im Schulalltag, Münster: Universität- und Landesbibliothek Münster [Onlinedokument: nbn-resolving.org/urn:nbn:de:hbz:6-08109654421, aufgerufen am 11. April 2019]
- Tulodziecki, Gerhard/Herzig, Bardo (2010): Mediendidaktik – Medien in Lehr- und Lernprozessen verwenden, München: kopaed

- Venkatesh, Viswanath/Morris, Michael G./Davis, Gordon B./Davis, Fred D. (2003): User Acceptance of Information Technology – Toward a Unified View, in: MIS Quarterly 27 (3), S. 425–478 [Onlinedokument: jstor.org/stable/30036540, aufgerufen am 11. April 2019]

Lizenz

REBECCA KLOSE

Audio-Podcasts zur Untersuchung mathematischer Begriffsbildungsprozesse im bilingualen Kontext

Die Beschreibung mathematischer Phänomene stellt eine besondere sprachliche Anforderung an Grundschulkinder dar. Mit der Erstellung von Audio-Podcasts zu mathematischen Inhalten *wird der Fokus auf die Kompetenzen des mündlichen Darstellens und Kommunizierens gerichtet. Da die Verwendung schriftlich-grafischer und deiktischer Mittel bei Audio-Aufnahmen nicht möglich ist, erfordert es neben einer tiefen inhaltlichen Auseinandersetzung eine präzise Sprache und die sachgerechte Verwendung von Fachbegriffen. Die Methode wird im Rahmen eines Dissertationsprojektes für fachdidaktische Forschungszwecke im bilingualen Lernkontext genutzt. In einer* qualitativen Untersuchung *wird der Frage nachgegangen, inwieweit Schülerinnen und Schüler einer vierten bilingualen Klasse mathematische Fachsprache in den Zielsprachen Deutsch und Englisch verwenden. Die Datenerhebung erfolgt mittels der* Audio-Podcasts. *Die Auswertung der Daten erfolgt auf Grundlage von Transkripten mithilfe der* Interaktionsanalyse.

The ability to describe mathematical phenomena is a specific linguistic requirement for primary school students. When producing audio-podcasts on math-related topics, *particular focus is placed on the children's oral representation and communication skills. As audio-recordings are unable to depict textual, graphic and deictic elements, children are required to produce an in-depth content analysis whilst making use of precise language and appropriate terminology. This method is used for research purposes as part of a dissertation project on mathematical education in a bilingual learning context. This project uses a* qualitative study *to examine a bilingual class of fourth grade students in order to establish the degree to which they used mathematical terminology in the target languages German and English. This required the development of an appropriate data collection method. The data were evaluated using* interaction analysis *to analyze transcripts of the* audio-podcasts.

Schlagworte | Tags: Qualitative Forschung, qualitative Schul- und Unterrichtsforschung, interpretative Forschung, interpretative Unterrichtsforschung, rekonstruktive Sozialforschung, Audio-Podcasts, PriMaPodcast, Educasts, Verbalisationsmethode, Transkripte, ethnomethodologische Konversationsanalyse, Interaktionsanalyse, komparative Analyse, Komparation, mathematische Begriffsbildung, Fachsprache, Kommunikationsstrategien, Content Language Integrated Learning, CLIL, Interaktion, Reflexion, Schule

1. Ziel und Motivation

In den vergangenen Jahrzehnten entwickelte sich die Bundesrepublik Deutschland als Einwanderungsland zu einer multikulturellen und mehrsprachigen Gesellschaft. In den deutschen Bildungsinstitutionen des Elementar-, Primar- und Sekundarstufenbereichs stellt Deutsch mittlerweile für fast jedes dritte Kind eine Zweitsprache dar (vgl. KMK 2012, S. 2). Da fachliche und sprachliche Kompetenzen in einem engen Zusammenhang stehen (vgl. Leisen 2011, S. 5), können sich Defizite im sprachlichen Bereich negativ auf das fachliche Lernen auswirken. Aus diesem Grund wird Sprachförderung in neuerer Zeit als Querschnittsaufgabe aller Fächer postuliert. Für den Mathematikunterricht auf Primarstufenebene wurden im Zuge dessen praxisnahe Konzepte für fachbezogene Sprachförderung entwickelt (vgl. u. a. Götze 2015; Maak 2003; Schmidt-Thieme 2003; Weis 2012).

Eine differenzierte Sprachförderung nimmt frühzeitig die Sprachentwicklung und die Entwicklung von *literacy*-bezogenen Kompetenzen in den Fokus und schafft vielfältige Sprachanlässe – gerade auch für Kinder mit Deutsch als Zweitsprache (vgl. HKM 2015, S. 66). Ziel der Sprachbildung sollte neben sprachstrukturellen Förderungsaspekten auch die aktive Auseinandersetzung mit weiteren, natürlichen Sprachen und die Wertschätzung anderer Herkunfts- und Familiensprachen sein (vgl. Reich 2008, S. 21). Wenngleich der Fachunterricht im deutschen Schulsystem zumeist in der Unterrichtssprache Deutsch erfolgt, rücken im Zuge der Internationalisierung und Globalisierung zunehmend der Einfluss weiterer natürlicher Sprachen sowie zweitsprachliche Lernprozesse beim Mathematiklernen in den Fokus des Interesses (vgl. Prediger/Özdil 2011). Der frühe Zugang zu

Sprachen und anderen Kulturen sowie zu landeskundlichen Aspekten anderer Länder ermöglicht ferner interkulturelles Lernen.

Ein Konzept, das gezielt Fachlernen, Sprachlernen und interkulturelles Lernen verbindet, stellt *Content Language Integrated Learning* (CLIL) dar. CLIL wird auf europäischer Ebene als Oberbegriff für verschiedene bilinguale Modelle verwendet (vgl. Eurydice 2006). Innerhalb der Fremdsprachenforschung ist bilinguales Lernen bereits seit vielen Jahren im Fokus des Interesses. CLIL wird mittlerweile als eine sehr effektive Methode angesehen, eine Fremdsprache an authentischen Inhalten zu erwerben. Im Gegensatz zum traditionellen Fremdsprachenunterricht geht es somit nicht primär um das *Erlernen* einer Fremdsprache. Es findet vielmehr ein *Erwerb* natürlicher Sprachen an authentischen Fachinhalten statt. Aus fachdidaktischer Perspektive und speziell vonseiten der Mathematikdidaktik mangelt es jedoch diesbezüglich an Untersuchungen und empirischer Fundierung (vgl. Liebold 2013, S. 1). Obwohl das Fach Mathematik schon seit Ende der 1990er Jahre in den bilingualen Fächerkanon aufgenommen wurde (vgl. KMK 2006, S. 17), liegt für den Mathematikunterricht in der Grundschule noch kein theoretisch fundiertes Konzept in Form einer „eigenständigen Sachfachdidaktik" (Küppers 2013, S. 308) vor. Dennoch wird bilinguales Mathematiklernen an Grundschulen in verschiedenen Bundesländern derzeit praktiziert.

Das hier beschriebene Dissertationsprojekt knüpft an diesen Aspekt an: Das Erkenntnisinteresse richtet sich insbesondere auf die mathematischen Begriffsbildungsprozesse von bilingual unterrichteten Grundschulkindern eines vierten Schuljahres. Als Sprachanlass und gleichzeitiges Erhebungsinstrument kommt die Methode der *mathematischen Audio-Podcasts* zum Einsatz (vgl. Kapitel 4). Durch den Erstellungsprozess von deutschen und englischen Audio-Podcasts zu mathematischen Begriffen soll untersucht werden, inwieweit bilingual unterrichtete Schülerinnen und Schüler in ihren Erklärungen mathematische Fachsprache in beiden Zielsprachen verwenden. In Anbetracht dessen, dass die Aneignung einer Fachterminologie im Mathematikunterricht parallel zu einer inhaltlich-konzeptionellen Begriffsbildung verläuft (vgl. Kapitel 2), wird ferner untersucht, auf welche konzeptionellen Vorstellungen beziehungsweise welches Begriffsverständnis die Erklärungen der Schülerinnen und Schüler hindeuten und welche fachsprachlichen Mittel sie diesbezüglich in ihren Äußerungen nutzen. In diesem Zusammenhang ist insbesondere eine sachgerechte Verwendung von Fachwörtern in beiden Sprachen von Interesse. Da es sich um bilingual aufwachsende Kinder handelt, ist es ferner interessant zu untersuchen, ob und welche Kommunikationsmittel sie einsetzen, um Bedeutung herzustellen. Auf der Grundlage von Transkripten und mithilfe der *Interaktionsanalyse* als Auswertungsmethode ist es möglich, zu untersuchen, wie Begriffsbedeutungen ausgehandelt, versprachlicht und kommuniziert werden. Der komparative Ansatz ermöglicht den Vergleich und die Kontrastierung von Fällen (vgl. Kapitel 4). Dazu bietet das dritte Kapitel mit einer allgemeinen Methodendiskussion den Rahmen.

2. Theoretische Basis

Mathematik wurde lange Zeit als sprach- und kommunikationsarmes Unterrichtsfach angesehen. Nach heutigen Erkenntnissen nimmt Sprache beim Mathematiklernen jedoch eine bedeutende Rolle ein. Diese wird vornehmlich durch die Bildungsstandards zum Fach Mathematik verdeutlicht: Sprachkompetenz wird in den Standards allgemein als ein „integrierter Bestandteil mathematischer Kompetenz im Sinne der *Mathematical Literacy*" (Linneweber-Lammerskitten 2013, S. 151) angesehen. Mathematische Bildung umfasst demnach neben der Anwendung von Wissen und Können stets den sprachlichen Austausch über Mathematik sowie eine diskursive Auseinandersetzung mit der Weltsicht anderer (vgl. Linneweber-Lammerskitten 2013, S. 154).

In den Bildungsstandards werden allgemeine Kompetenzbereiche wie das *Kommunizieren* und *Darstellen* diversen inhaltsbezogenen Kompetenzbereichen gegenübergestellt. Das *Kommunizieren* im Sinne der Bildungsstandards sieht nach diesem Verständnis die sachgerechte Verwendung von Fachbegriffen, das Beschreiben von Vorgängen sowie das gemeinsame Reflektieren beim Mathematiklernen vor. Das *Darstellen* kann ferner schriftlich, grafisch, aber auch mündlich erfolgen. Gerade das Übertragen von Darstellungen in verschiedene Modi wird in den Bildungsstandards hervorgehoben (vgl. KMK 2005, S. 8; HKM 2011, S. 12).

Mathematische Denk- und Aushandlungsprozesse vollziehen sich im Unterricht in erster Linie auf Grundlage verschiedener Repräsentationsebenen. Die Mathematikdidaktik bezieht sich diesbezüglich vorwiegend auf das *EIS-Prinzip* nach Jerome BRUNER (vgl. Bruner 1971). Sachverhalte können demnach auf *enaktiver* Ebene durch konkret vollzogene Handlungen erfasst werden – auf *ikonischer* Ebene geschieht dies durch Visualisierungen und Bilder sowie auf *symbolischer* Ebene durch Symbol- und Zeichensysteme.

Zentral ist in diesem Zusammenhang der *intermodale Transfer*, das heißt der Gebrauch von Repräsentationen aus allen drei Ebenen sowie ein stetiger Wechsel zwischen ihnen. Nach Josef LEISEN erweist sich der Wechsel von Darstellungsformen als „der didaktische Schlüssel zum fachlichen Verstehen" und „als ein Anlass zur fachlichen Kommunikation" (Leisen 2005, S. 2). Ferner können mathematische Tätigkeiten und Erkenntnisprozesse von verschiedenen Repräsentationsformen unterschiedlich gut unterstützt werden (vgl. Jörissen/Schmidt-Thieme 2015, S. 386 f.).

Als gegenständliche beziehungsweise bildliche Darstellungen kommen im Mathematikunterricht der Grundschule vielfältige Arbeitsmittel und Materialien zum Einsatz. Diese dienen zunächst als Hilfsmittel zum Aufbau mentaler Vorstellungen. Im späteren Verlauf können sie neben anderen Darstellungsformen insbesondere zur Kommunikation und Argumentation eigener Vorgehensweisen von den Schülerinnen und Schülern gezielt miteinbezogen werden (vgl. Schipper 2009, S. 290). Heinz LAAKMANN spricht in einem solchen Verständnis von einer „Doppelfunktion der Darstellungen" (Laakmann 2013, S. 23): Zum einen werden Darstellungen zu Trägern mathematischer Begriffe, da Begriffe über Materialisierungen begreifbar gemacht werden sollen. Zum anderen fungieren sie als Grundlage zur Kommunikation in und über Mathematik (vgl. Laakmann 2014, S. 23). Eine inhaltlich-konzeptionelle Begriffsbildung beim Mathematiklernen erfolgt somit gerade auf handelnder und sprachlicher Basis.

Die Unterrichtssprache nimmt gleichermaßen eine wichtige Funktion als Darstellungs- und Kommunikationsmedium ein (vgl. Jörissen/Schmidt-Thieme 2015, S. 392). Neben den Varietäten *Alltagssprache* und *Bildungssprache*, wird der *Fachsprache* beim Mathematiklernen eine besondere Bedeutung beigemessen. Die Fachsprache, in sozio-linguistischer Sicht zu verstehen als „fachspezifische Kommunikation im Unterricht" (Jörissen/Schmidt-Thieme 2015, S. 394), ermöglicht erst einen Bezug zu den fachlichen Gegenständen und Sachverhalten und bietet demnach eine Grundlage zum Erwerb des mathematischen Fachwissens. Ferner weist die Fachsprache der Mathematik eine besondere fachspezifische Terminologie aus Fachwörtern und bestimmten syntaktischen Konstruktionen auf und sollte diesbezüglich auch explizit zum Gegenstand von Lehr- und Lernprozessen gemacht werden. Hierfür ist es erforderlich, dass eine Aneignung fachsprachlicher Formulierungen nicht einfach in Form von Worthülsen und auswendig gelernten Definitionen stattfindet. Sie sollte sich vielmehr in Verbindung mit einer konzeptionellen Vorstellung der Begriffe entwickeln (vgl. Jörissen/Schmidt-Thieme 2015, S. 394).

Bei der Klärung mathematischer Begriffe ist es infolgedessen unerlässlich, neben fachsprachlichen Mitteln verschiedene semiotische Modi wie beispielsweise mündliche, schriftliche und visuelle Darstellungsformen zu berücksichtigen (vgl. Schleppegrell 2007, S. 141). Da sich allgemein menschliche Vorstellungen von Sprache, Kommunikation und der Speicherung von Wissen sehr stark an den Schriftkenntnissen orientieren, nimmt vor allem die schriftlich-basierte Darstellungsweise eine prominente Rolle im Unterricht ein. Mündlichkeit hingegen, und insbesondere die gesprochene Sprache sowie deiktische Ausdrücke, sind vielmehr durch die gemeinsame Gegenwart beziehungsweise einen gemeinsamen Wahrnehmungsraum von Hörerinnen oder Hörern und Sprecherinnen oder Sprechern gekennzeichnet. Die gesprochene Sprache ist im Gegensatz zur Schriftlichkeit zudem flüchtig (vgl. Becker-Mrotzek 2003, S. 70).

In ihrem Modell differenzieren Peter Koch und Wulf Österreicher (vgl. Koch/Österreicher 1985) zwischen medialer und konzeptioneller Mündlichkeit sowie medialer und konzeptioneller Schriftlichkeit. Christa Dürscheid (vgl. Dürscheid 2003, S. 3) legt diesem Modell, in Anlehnung an Werner Holly (vgl. Holly 1997), einen anderen Medienbegriff zugrunde: Holly beschreibt Medien als „konkrete materielle Hilfsmittel, mit denen Zeichen verstärkt, hergestellt, gespeichert und/oder übertragen werden können" (Holly 1997, S. 69 f.). Medien sind demnach sowohl Mittel der Kommunikation und Repräsentation als auch Mittel zur Steuerung von Informationen (vgl. de Witt/Czerwionka 2007, S. 76). Werden Medien in Lernsituationen eingesetzt, können sie ferner als Informations- und Werkzeugangebote für selbstregulierte Lernprozesse genutzt werden (vgl. de Witt/Czerwionka 2007, S. 62).

Digitale Medien wiederum gestatten eine elektronisch vermittelte Kommunikation, die sowohl synchron, quasi-synchron als auch asynchron verlaufen kann. Synchrone Kommunikation, beispielsweise medial-mündlich bei einem Telefonat, und quasi-synchrone Kommunikation, beispielsweise medial-schriftlich in einem Chat, finden in einem gemeinsamen Kommunikationsraum statt. Dies trifft jedoch nicht auf die asynchrone Kommunikation zu, beispielsweise medial-mündlich in einem Audio-Podcast oder medial-schriftlich bei eMail-Kommunikation (vgl. Dürscheid 2003, S. 10 und 12).

> „Die (A-)Synchronie der Kommunikationsform beeinflusst die Art und Weise der Versprachlichung. Handelt es sich um eine synchrone Form der Kommunikation, sind die Äußerungen meist spontaner, sprachlich weniger reflektiert geplant. In einer asynchronen Kommunikation ist dies nicht der Fall; hier haben wir die Möglichkeit, unsere Äußerungen vorab zu planen, sie sprachlich zu elaborieren, sie zu korrigieren" (Dürscheid 2003, S. 11).

Eine Möglichkeit, digitale Medien gezielt im Unterricht einzubinden, stellt der Ansatz der *Educasts* dar. Mit der Erstellung von Podcasts in Bildungskontexten können vielfältige mediendidaktische Ziele verfolgt werden, wie unter anderem die Medienkompetenzentwicklung der Lernenden oder selbstgesteuertes Lernen. Hierbei werden sowohl Audio- als auch Videodateien digital zu Lehr- oder Lernzwecken bereitgestellt. Während Video-Podcasts Erklärungsprozesse auf schriftlich-grafischer Ebene ermöglichen, sind bei Audio-Podcasts *mündliche* beziehungsweise *lautsprachliche* Kommunikationsprozesse vordergründig. Bei der Entwicklung sowie beim Einsatz von Educasts ist es erforderlich, diese an den entsprechenden Bildungskontext anzupassen (vgl. Zorn/Seehagen-Marx/Auwärter/Krüger 2013, S. 1 f.).

Im mathematikdidaktischen Kontext stellt die Methode *PriMaPodcasts* ein besonderes Kommunikationstool zur Reflexion und Vertiefung mathematischer Begriffe dar (vgl. Schreiber 2011; Schreiber/Klose 2014; Schreiber/Klose/Kromm 2017). Das Akronym *PriMaPodcasts* steht für die von *Primar*stufenschülerinnen und -schülern erstellten mathematischen Audio-*Podcasts*: Indem Schülerinnen und Schüler mathematische Begriffe erklären, können sie ihr bisheriges Verständnis abrufen beziehungsweise überprüfen, Abgrenzungen zu anderen Begriffen vornehmen und auf diese Weise ein vertieftes Begriffsverständnis aufbauen (vgl. dazu auch Wagner/Wörn 2011, S. 45). Dazu durchlaufen sie einen bestimmten Erstellungsprozess. Im Rahmen des hier vorgestellten Forschungsprojektes dient die

Methode als Erhebungsinstrument und wird im vierten Kapitel ausführlich beschrieben.

3. Methodendiskussion

In diesem Kapitel werden sowohl Einblicke in die *qualitative Schul- und Unterrichtsforschung* als auch in die *interpretative Unterrichtsforschung* gegeben. Des Weiteren werden das Erhebungsinstrument der *PriMaPodcasts* sowie die *Interaktionsanalyse* und der komparative Ansatz als wichtige Komponenten des Auswertungsverfahrens vorgestellt. Dies bietet den Rahmen für die Methodenbeschreibung im vierten Kapitel.

3.1 Qualitative Schul- und Unterrichtsforschung

Die Dissertation ist in der *qualitativen Schul- und Unterrichtsforschung*, einem Teilgebiet der qualitativen Sozialforschung, zu verorten. Sie folgt einer *rekonstruktiv-interpretativen Methodologie*. Als zentrale Prinzipien der qualitativen Sozialforschung gelten in Anlehnung an Siegrid LAMNEK (vgl. Lamnek 1995, S. 21 f.) und Thomas STEGER (vgl. Steger 2003, S. 4 f.) Offenheit, Kommunikation, Prozessualität, Reflexivität, Explikation und Flexibilität.

Die ersten vier Prinzipien (Offenheit, Kommunikation, Prozessualität, Reflexivität) beziehen sich weitestgehend auf die Interaktion der oder des Forschenden mit der Untersuchungssituation und den an der Untersuchung beteiligten Personen sowie auf die Auswahl der entsprechenden Untersuchungsmethoden. Ziel sollte es sein, sich möglichst nahe der Lebenswelt des Subjektes, an sein Handeln und seine sprachlichen Äußerungen, anzunähern, um auf diese Weise „prozesshafte Ausschnitte der Reproduktion und Konstruktion von sozialer Realität" (Lamnek 1995, S. 25) nachzuzeichnen und entsprechend darzulegen. Dies erfordert von Seiten der oder des Forschenden im gesamten Forschungsprozess Flexibilität und Anpassungsvermögen an veränderte Bedingungen. Im Sinne der Explikation bedarf es immerfort einer transparenten und nachvollziehbaren Offenlegung der einzelnen Untersuchungsprozesse.

Das Methodenverständnis qualitativer Forschung in der Schulpädagogik orientiert sich insbesondere an einer „gewandelten Auffassung von Schule und Unterricht als Lebens- und Erfahrungsraum" (Ackermann/Rosenbusch 2002, S. 34). Lehr- und Lernsituationen werden in diesem Verständnis als gestaltbar und deutungsoffen angesehen. Sie werden ferner als Interaktionsprozesse verstanden, in welchen den kommunikativen Prozessen eine besondere Bedeutung beigemessen wird. Die Erhebungsmethoden für die Datengewinnung sollten bei einem qualitativen Vorgehen demnach der jeweiligen (Interaktions-)Situation angepasst werden.

3.2 Interpretative Forschung

Qualitative Forschungen in der Mathematikdidaktik bezogen sich in vergangenen Jahren vermehrt auf semiotische und linguistische Ansätze, die insbesondere der Sprache eine besondere Bedeutung in Lern- und Begriffsbildungsprozessen beimessen. Viele dieser Arbeiten nutzen ein interpretatives Forschungsparadigma (vgl. u. a. Schreiber 2010; Schütte 2009).

Im deutschsprachigen Raum hat Ewald Terhart (vgl. Terhart 1978) auf Grundlage des *Symbolischen Interaktionismus* den Begriff *interpretative Unterrichtsforschung* maßgeblich geprägt. Die interpretative Unterrichtsforschung lässt sich allgemein den qualitativen Verfahren in den Erziehungswissenschaften zuordnen. Sie fällt unter den Sammelbegriff der *rekonstruktiven Sozialforschung* (vgl. u. a. Bohnsack 1999). Es gibt nur wenige einschlägige Bände zu methodologischen Fragen der interpretativen Unterrichtsforschung (vgl. u. a. Breidenstein/Combe/Helsper/Stelmaszyk 2002). An dieser Stelle soll aus mathematikdidaktischer Sicht auf den Band *Grundlagen und Beispiele interpretativer Unterrichtsforschung* von Götz Krummheuer und Nathalie Naujok (vgl. Krummheuer/Naujok 1999) verwiesen werden. Während die Soziologie in makrosoziologischer Perspektive einen Beitrag zur empirischen Schulforschung leistet, möchte die interpretative Unterrichtsforschung insbesondere an mikrosoziologischen Theorien mitwirken (vgl. Krummheuer/Naujok 1999, S. 7).

Die Interpretative Unterrichtsforschung in der Mathematikdidaktik wurde in den späten 1970er Jahren von Heinrich Bauersfeld am IDM in Bielefeld initiiert und hat sich seitdem in der deutschsprachigen Mathematikdidaktik fortwährend weiterentwickelt. Charakteristika der interpretativen Unterrichtsforschung sind laut Krummheuer und Naujok die folgenden: die Fokussierung auf alltägliche Unterrichtsprozesse, das rekonstruktive Vorgehen sowie die theoretische Grundannahme, dass Lernen, Lehren und Interagieren konstruktive Tätigkeiten sind (vgl. Krummheuer/Naujok 1999, S. 15).

3.3 PriMaPodcasts als Erhebungsinstrument

Im Rahmen des Dissertationsprojektes kommt die Methode zur Erstellung mathematischer Audio-Podcasts gezielt als Erhebungsinstrument zur Untersuchung fachsprachlicher Mittel im bilingualen Kontext zum Einsatz (vgl. Kapitel 1). Von Primarstufenschülerinnen und -schülern erstellte mathematische Audio-Podcasts werden mit dem Akronym *PriMaPodcasts* bezeichnet. Während Lernende bei der Audioaufnahme mathematische Begriffe *mündlich* darstellen, ist eine intensive Auseinandersetzung auf fachlicher und sprachlicher Ebene unumgänglich. Die Verwendung schriftlich-grafischer und deiktischer Mittel ist für die Präsentation nicht möglich. Erklärungen sollten dementsprechend verständlich, präzise und zugleich ansprechend für die Zuhörerinnen und Zuhörer übermittelt werden.

Zur Unterstützung dessen durchlaufen die Lernenden einen mehrstufigen Erstellungsprozess, in dem verschiedene Darstellungsmodi Berücksichtigung finden: Schriftlichkeit und Mündlichkeit stehen in einer engen Verbindung und zugleich können verschiedene Arbeitsmittel und Materialien zum Einsatz kommen. Artefakte spielen allgemein eine große Rolle in mathematischen Lernprozessen (vgl. Bartolini Bussi/Mariotti 2008). Während der Erarbeitung werden verschiedene Lernartefakte medialer und virtueller Art generiert. Lernartefakte sind von Lernenden eigens entworfene Artefakte. Die im Erstellungsprozess entstandenen Lernartefakte bilden das geteilt geltende Wissen und das Begriffsverständnis der Lernenden in den jeweiligen Phasen ab (vgl. u. a. Schreiber/Klose 2017). Durch die Auswahl eines interaktiven Settings fördert die Methode insbesondere die Kompetenzentwicklung des Kommunizierens und Darstellens im Sinne der Bildungsstandards (vgl. Kapitel 2).

Obwohl ein Podcast allgemein ein Medium mit hoher Asynchronität ist, stellen vier der sechs Produktionsschritte synchrone Kommunikationsformen dar (vgl. Kapitel 3). Die Generierung von Wissen und Strukturierung von Information sowie deren gemeinsame Reflexion werden durch Formen der hohen Synchronität erst möglich. Bei den Aufnahmen als asynchrone

Kommunikationsformen (Schritte 3 und 6) überwiegt die Informationsvermittlung. Ein unmittelbares Feedback ist an dieser Stelle nicht gewollt und auch (noch) nicht vorgesehen. Dies hat zur Folge, dass ein von Grundschulkindern erstellter und im Internet veröffentlichter PriMaPodcast in den meisten Fällen weder fachinhaltlich vollständig noch formal korrekt definiert sein wird. Bei der Auseinandersetzung mit dem mathematischen Begriff anhand der Methode geht es primär um erste Definitionen beziehungsweise um Erklärungs- und Beschreibungsansätze, die allenfalls in Verbindung mit unterrichtlichen und außerschulischen Erfahrungen stehen. In diesem Kontext können die Schülerinnen und Schüler beispielsweise charakteristische Merkmale und Eigenschaften eines Begriffs benennen, den Begriff mit anderen Begriffen sachgemäß in Verbindung setzen sowie begründet Beispiele geben (vgl. u. a. Franke/Reinhold 2016, S. 130). Im Sinne des Erwerbs beziehungsweise der Bildung mathematischer Begriffe vollzieht sich dies in einem kreativen Prozess:

> „Begriffe kann man im Grunde nicht einführen (wohl Sprechweisen und Termini), der Begriffserwerb ist vielmehr ein aktiver, schöpferischer Prozess des lernenden Individuums" (Winter 1987, S. 186).

In einem konstruktivistischen Verständnis findet auf Grundlage vorhandener Erfahrung und in einem interaktiven Setting die vertiefte Auseinandersetzung mit mathematischen Begriffen statt. Mathematische Begriffsbildungen in beiden Sprachen treten in diesem Fall durch die Verbalisationsmethode der PriMaPodcasts in Erscheinung. Das Vorgehen der Schülerinnen und Schüler erfolgt währenddessen selbstbestimmt und reflexiv. Der Audio-Podcast bildet als digitales Endprodukt die internen Verarbeitungsprozesse ab. Während der Erarbeitung werden verschiedene Lernartefakte generiert. Das Vorgehen erfolgt technologiegestützt in einem situativen Kontext.

3.4 Die Interaktionsanalyse als Auswertungsverfahren und der komparative Ansatz

Während PriMaPodcasts als *Erhebungs*instrument eingesetzt werden, um Daten zu generieren, werden mithilfe der *Interaktionsanalyse* die Daten analysiert und *ausgewertet*.

Das Verfahren der Interaktionsanalyse (vgl. Krummheuer/Naujok 1999) dient der Rekonstruktion von „Bedeutungsaushandlungen" (Krummheuer/Fetzer 2005, S. 16 f.) und den daraus entstehenden thematischen Entwicklungen in Interaktionsprozessen. Untersuchungen erfolgen vor allem dahingehend, *wie* Individuen in der Interaktion geteilt geltende Deutungen hervorbringen und *was* sie dabei aushandeln. Bei der Auswertung wird das Vorgehen der Interaktanten vom Forschenden anhand von Transkripten sowie anhand des in Kapitel 4.2 dargestellten Schemas der Interaktionsanalyse interpretiert und rekonstruiert. Die interpretativen Analysen und Auswertungen sind demnach Rekonstruktionen der zuvor generierten Bedeutungsaushandlungen und Begriffsbildungen der an der Untersuchung beteiligten mehrsprachigen Schülerschaft.

Die Interaktionsanalyse basiert auf der *ethnomethodologischen Konversationsanalyse* (vgl. Garfinkel 1967) und wurde von Heinrich Bauersfeld, Götz Krummheuer und Jörg Voigt unter einer fachdidaktischen Perspektive speziell für die Analyse von Unterrichtsgesprächen mit wenigstens zwei Interaktanten (zum Beispiel in Gruppenarbeiten) generiert. Auf diese Weise können Interaktionen zwischen Lehrenden und Lernenden sowie Schüler-Schüler-Interaktionen auf Grundlage von Transkripten untersucht werden.

Transkriptionen ermöglichen es, Audio- und Videoaufnahmen in eine schriftliche Form zu übertragen. Durch die Anfertigung von Transkripten kann das gesprochene Wort dauerhaft festgehalten werden und ist somit leichter aufzufinden beziehungsweise zu analysieren (vgl. Dresing/Pehl 2013, S. 17). Transkripte gestatten unter einer gewahrten Anonymität Einblicke in authentische Gespräche und Interaktionen sowie in bestimmte Lehr- und Lernsituationen. Am Unterricht Beteiligte und auch externe Personen erhalten Einblicke in geäußerte Denk- und Erklärungsprozesse sowie in die dabei verwendete Sprache (vgl. Wagner/Wörn 2011, S. 116). Um die Gesprächssituation möglichst umfangreich abzubilden, können dem Forschungsziel entsprechend sowohl inhaltliche als auch sprachliche Aspekte abgebildet werden. Da der Fachsprache in der Untersuchung eine besondere Bedeutung beigemessen wird, erfordert dies in diesem Fall eine wörtliche Transkription, das heißt Füllwörter, Dialekte, Wortverschleifungen, Wort- und Satzabbrüche, Stottern et cetera werden getreu im Transkript dargestellt. Unverständliche Passagen werden entsprechend gekennzeichnet. Über das Wortprotokoll hinaus werden zusätzliche Detailinformationen kommentiert (zum Beispiel paraverbale Informationen oder nonverbale Aktivitäten der Beteiligten). Pausen werden durch Auslassungspunkte beziehungsweise längere Pausen durch Klammern markiert. Besonders betonte Wörter sowie Stimmhebungen und Stimmsenkungen werden ferner durch bestimmte Hervorhebungen beziehungsweise Zeichen gekennzeichnet. Gesten, Handlungen und emotionale nonverbale Äußerungen, welche die Aussagen stützen oder verdeutlichen, werden beim Einsatz kursiv in Klammern notiert. Wenngleich die Regeln der deutschen beziehungsweise der englischen Rechtschreibung Berücksichtigung finden, werden keine Satzzeichen verwendet. Auf diese Weise werden die Interaktionen und Sprachhandlungen der beteiligten Schülerinnen und Schüler möglichst realitätsnah im Transkript dargestellt. Auf Basis der Transkripte erfolgen anschließend Auswertungen unter Verwendung der Interaktionsanalyse und der Komparation.

Die *komparative Analyse* beziehungsweise *Komparation* wird von Ralf BOHNSACK als „zentrales Element rekonstruktiver Sozialforschung und praxeologischer Methodologie“ (Bohnsack 1999, S. 206) verstanden. Sie führt zur Erkenntnisgenerierung im Sinne einer Theorie- und Typenbildung. Auf dieser Grundlage haben Birgit BRANDT und Götz KRUMMHEUER (vgl. Brandt/Krummheuer 2000; Krummheuer/Brandt 2001) die Methode der Komparativen Analyse für den Gegenstandsbereich Mathematikunterricht in der Grundschule weiter ausgearbeitet. Komparatives Analysieren sehen sie im Kontext von interpretativen Auswertungsverfahren als eine „zentrale Aktivität“ an, bei der „Interpretationen zu verschiedenen beobachteten Realitätsausschnitten“ miteinander verglichen werden (Brandt/Krummheuer 2000, S. 197). Die Komparation steht im Verständnis von KRUMMHEUER und NAUJOK (vgl. Krummheuer/Naujok 1999) für einen methodischen Ansatz, der den gesamten Forschungsprozess bestimmt und demnach weniger für einen einzelnen analytischen Arbeitsschritt. Komparationen sind auf diese Weise sowohl Teil der *Turn-by-Turn-Analyse* (vgl. Kapitel 4.2) als auch ein Mittel, um in einem abschließenden Auswertungsschritt systematisch die

Interpretation einer Interaktionseinheit mit Interpretationen anderer Interaktionseinheiten zu vergleichen:

> „Die Interpretationen werden nicht als statisch betrachtet, mit ihnen wird kein Wahrheitsanspruch erhoben; vielmehr können sie im Rahmen der Komparation noch einmal modifiziert werden. Sie stellen eine theoriebezogene Deutung dar, und in der Kontrastierung von Deutungen verschiedener Unterrichtsauschnitte können Schwächen oder Defizite dieser verwendeten Theorien zutage treten, die dann als Grundlage zur theoretischen Weiterentwicklung dienen" (Krummheuer/Naujok 1999, S. 67).

Auf diese Weise werden zunächst zu den jeweiligen Transkripten in den verschiedenen Erstellungsphasen die aus der Interaktionsanalyse hervorgehenden zusammenfassenden Interpretationen dargestellt. Zu den Erstellungsphasen erfolgen daraufhin schülerinnen- und schülerbezogene Auswertungen hinsichtlich des Forschungsinteresses (vgl. Kapitel 1). Damit finden die beschriebenen Einflussfaktoren im Erstellungsprozess von PriMaPodcasts Berücksichtigung (vgl. Kapitel 4.1).

4. Methodensetting und -beschreibung

An dieser Stelle werden der Einsatz des Erhebungsinstruments sowie das Vorgehen in der Studie und dessen Auswertung ausführlich dargestellt.

4.1 Erhebungsinstrument PriMaPodcasts

Bei der Entwicklung des *Erstellungsablaufs* wurden zunächst erste Versuche unternommen, die bei Christof Schreiber (vgl. Schreiber 2011) nachgelesen und angehört werden können. Um die inhaltliche Qualität der Audio-Podcasts zu erhöhen und gleichzeitig eine tiefere Reflexion über das eigene Wissen zu ermöglichen, wurde ein sechsstufiger Ablauf entwickelt (vgl. Schreiber/Klose 2015). In Anlehnung daran ist für das hier beschriebene Dissertationsprojekt eine eigene Darstellung entstanden (vgl. Abbildung 1), die im Folgenden in Verbindung mit den angeführten theoretischen Aspekten (vgl. Kapitel 2) näher erläutert wird. Der Erstellungsprozess verläuft wie folgt:

1) *Spontanaufnahme*: Zunächst werden Lerngruppen aus Tandems, das heißt aus jeweils zwei Lernenden, gebildet. Jedes Tandem setzt sich im Folgenden mit einem mathematischen Begriff auseinander und beantwortet die damit zusammenhängende Frage spontan. Die Frage könnte beispielsweise lauten: *Was ist Symmetrie?*

Durch die spontanen Äußerungen zur Thematik werden erste Denk- und Reflexionsprozesse angestoßen, denn „articulation can aid the process of reflection by affording better access to thought itself" (Pimm 1987, S. 25). Da die Kommunikationspartnerinnen und -partner in ihren Äußerungen wechselseitig Bezug aufeinander nehmen können, handelt es sich bei diesem ersten Schritt um einen mündlich basierten Diskurs, der synchron verläuft.

Die Antworten der Schülerinnen und Schüler werden als Audio-Datei mithilfe eines Aufnahme- beziehungsweise Diktiergerätes mitgeschnitten. Diese erste Aufnahme dient als Lernartefakt. Sie kann später mehrfach angehört werden, um so über das spontan Geäußerte zu reflektieren und gemeinsam Wissen zu aktivieren. Die Aufnahme ist medial-phonisch und konzeptionell mündlich.

2) *Drehbuch I*: Im nächsten Schritt folgt die Planung für die Aufnahme des Audio-Podcasts unter der gleichen Fragestellung. Das Thema für den Audio-Podcast soll von den Lernenden nun derart aufbereitet werden, dass es unabhängig von der Entstehungssituation verstanden wird und auf einem Blog im Internet veröffentlicht werden kann.

Als Zwischenprodukt soll hierfür ein Skript beziehungsweise eine Art Drehbuch erstellt werden, das als Grundlage für die Aufnahme einer ersten Fassung (Rohfassung) dient. Die Möglichkeit der Verwendung von eigenem oder zur Verfügung gestelltem Material (zum Beispiel didaktische Arbeitsmittel, Arbeitsblätter oder Schulbuchseiten) beziehungsweise eine Recherche im Internet sind gegeben. Das Drehbuch entsteht folglich in einem interaktiven und synchron kommunikativen Prozess. Während die Schülerinnen und Schüler mit den verschiedenen Offline- und Online-Quellen kritisch und reflektiert umgehen und das Entnommene mit bereits Bekanntem schriftlich-grafisch in Verbindung setzen, nutzen sie die Strategie *Writing to Learn* (vgl. Meiers/Knight 2007, S. 6). Mündlichkeit und Schriftlichkeit gehen in diesem Schritt demnach fließend ineinander über.

Das entstandene Drehbuch ist medial-grafisch und kann auf der konzeptionellen Ebene, je nach Planung des Drehbuchs, variieren. Handelt es sich um einen schriftlich verfassten Text, ist das Drehbuch konzeptionell eher schriftlich. Wird das Drehbuch stichpunktartig als Redemanuskript geplant, entspricht es konzeptionell eher der mündlichen Kommunikation.

3) *Rohfassung*: Auf Grundlage des schriftlich basierten Drehbuches beziehungsweise Skriptes wird eine Audiodatei aufgenommen. Bei dem Sprachprodukt handelt es sich um einen dialogischen beziehungsweise gesprochenen Text. Beabsichtigen die Lernenden die Rohfassung frei gesprochen zu realisieren, so wird ein konzeptionell mündlicher Text entstehen. Lesen sie vom Drehbuch ab, ist der gesprochene Text konzeptionell eher schriftlich.

Die Rohfassung wird in einem nächsten Schritt, in einer Redaktionssitzung, an welcher eine weitere Lerngruppe sowie eine Lehrkraft teilnehmen, vorgespielt. Insofern handelt es sich bei der Aufnahme um eine asynchrone Form der Kommunikation, da eine Diskussion von Seiten der zuhörenden Lerngruppe erst nach dem Anhören erfolgen kann.

4) *Redaktionssitzung*: In einer gemeinsamen Redaktionssitzung hört die Lerngruppe mit einer weiteren Gruppe und der Lehrperson die entstandene Rohfassung an. Die Lerngruppe erhält Hinweise und Kritik, indem gelungene Aspekte hervorgehoben, Änderungen vorgeschlagen oder gegebenenfalls auch fehlende Aspekte benannt werden. Nach der Rückmeldung der Mitschülerinnen und -schüler ist die Lehrkraft ebenso aufgefordert, Hinweise zum Inhalt und zur Gestaltung zu geben. Gelungenes wird in diesem Schritt deutlich gelobt; Berichtigungen und Ergänzungen werden angeregt. Es handelt sich um einen dialogischen Austausch in Form eines Gruppengesprächs, welches synchron stattfindet. Artefakte wie die entstandenen Audio-Aufnahmen, das Drehbuch sowie weitere Materialien und Arbeitsmittel können dazu unterstützend herangezogen werden.

5) *Drehbuch II*: Mit den Anregungen aus der Redaktionssitzung überarbeitet die Lerngruppe im nächsten Schritt in einem dialogischen Austausch ihr Drehbuch. Es können Teile gänzlich gestrichen, Erläuterungen ergänzt

oder Umstrukturierungen vorgenommen werden. Zudem kann ein neues Drehbuch angefertigt werden. Die Schülerinnen und Schüler überlegen nun gezielter, wie sie Inhalte ansprechend und verständlich übermitteln können.

Bei diesem überarbeiteten Drehbuch handelt es sich ebenso um ein medial-grafisches Zwischenprodukt. In Folge des Überarbeitungsprozesses wird es bezüglich der konzeptionellen Ebene zunehmend verschriftlicht.

6) *Audio-Podcast*: Auf Grundlage des schriftlich-basierten Textes wird eine auditive Endfassung aufgenommen. Es handelt sich dabei um die gesprochene Form eines Schrifttextes. Die Endaufnahme ist eine asynchrone Kommunikationsform, die auf einem Blog im Internet veröffentlicht wird.

Erstellungsphasen mit Lernartefakten	**Einfluss-faktoren**	**Kommunikations-form**	**Darstellungsform der Lernartefakte**
1) Spontanaufnahme *(Audio-Aufnahme)*	Tandems	synchron	medial-mündlich, konzept. mündlich
2) Drehbuch I *(schriftliches Dokument)*	Arbeitsmittel Materialien	synchron	medial-schriftlich, konzept. variabel
3) Rohfassung *(Audio-Aufnahme)*		asynchron	medial-mündlich, konzept. variabel
4) Redaktionssitzung	Rückmeldung und Hinweise der Lehrperson und Peergroup	synchron	
5) Drehbuch II *(schriftliches Dokument)*		synchron	medial-schriftlich, konzept. zunehmend schriftlich
6) PriMaPodcast *(Audio-Podcast)*		asynchron	medial-mündlich, konzept. zunehmend schriftlich

Abbildung 1: Kommentierter Ablauf zur Erstellung von mathematischen Audio-Podcasts (eigene Darstellung)

Im interaktiven und kommunikativen Erstellungsprozess von mathematischen Audio-Podcasts werden Inhalte durchweg in Form eines mündlichen Diskurses ausgehandelt. Es gibt wesentliche Faktoren, die in bestimmten Erstellungsphasen und darüber hinaus Einfluss auf die Gestaltung des Podcasts nehmen können: die Zusammenstellung in Tandems zu Beginn, die zur Verfügung gestellten Materialien und Arbeitsmittel ab der zweiten Phase sowie das gezielte Fragen und Vorgehen der Lehrperson und die Rückmeldung der anderen Lerngruppe während der Redaktionssitzung. Die Einflussfaktoren in den verschiedenen Phasen werden in Abbildung 1 in Graustufen voneinander abgegrenzt.

Die Arbeit in Tandems ist für den Aushandlungsprozess besonders entscheidend, denn „mathematische Gespräche in Tandems oder Gruppen geben Kindern die Möglichkeit, sich spielerisch und explorativ mathematischen Fragen zu nähern" (Vogel/Huth 2010, S. 177). In der ersten Phase drücken die Lernenden ihre Begriffsvorstellungen und ihr bisheriges mathematisches Begriffsverständnis spontan aus. Daraufhin kommen im zweiten Schritt zusätzlich die verschiedenen Materialien zum Einsatz. Diese gestatten konkrete Handlungen und stützen mathematische Kommunikations- und Argumentationsprozesse. Die veranlassten Denkprozesse können Einfluss auf den weiteren Verlauf nehmen. Im vierten Schritt erfolgt wiederum ein Eingriff vonseiten der Lehrperson beziehungsweise der anderen Lerngruppe mit einem sprachlichen Feedback. In Anbetracht der Selbstregulierung entscheiden die Schülerinnen und Schüler eigens, welche Hinweise in den folgenden Schritten tatsächlich berücksichtigt werden sollen.

Zur Untersuchung mathematischer Begriffsbildungsprozesse von Schülerinnen und Schülern im bilingualen Kontext wurde die Methode der mathematischen Audio-Podcasts zunächst in einer Pilotierung an einer mehrsprachigen Grundschule in Frankfurt am Main getestet.

Der Pretest der Methode führte zu einer Optimierung des Ablaufs im Rahmen des bilingualen Umfelds und folglich zur Generierung des Erhebungsinstruments. PriMaPodcasts wurden demnach als Verbalisationsmethode unter Berücksichtigung der verschiedenen Kommunikations- und Darstellungsformen und unter Einfluss externer Faktoren im Sinne des Forschungszieles eingesetzt.

Für die *Datenerhebung* wurde ein entsprechendes Untersuchungsdesign konzipiert, das nachfolgend an drei multilingualen hessischen Grundschulen erprobt wurde (vgl. Klose 2015). Erste englische PriMaPodcasts aus der Pilotierung wurden in einem englischsprachigen Blog veröffentlicht und die gesammelten Erfahrungen in einem Onlineartikel näher beschrieben.

Die Audio-Aufnahmen aus der Erhebung wurden im Sinne der Methode auf einem bilingualen Blog (Deutsch/Englisch)[1] im Internet veröffentlicht.

Die *Hauptstudie* fand im Frühjahr/Sommer 2016 an einer hessischen multilingualen Grundschule statt. Acht Schülerinnen und Schüler eines vierten Schuljahres waren für die Hauptstudie vorgesehen. Durch das Fehlen einer Schülerin kam eine weitere Schülerin hinzu, sodass schließlich neun Lernende im Alter zwischen neun und zehn Jahren teilnahmen.

Die Auswahl der beteiligten Personen trafen die beiden Lehrpersonen des vierten Schuljahres. Ausschlaggebend für diese Auswahl war die Motivation und Bereitschaft der Kinder, an einer solchen Studie teilzunehmen. Des Weiteren musste die Zustimmung der Erziehungsberechtigten vorliegen. Nach Analyse und Auswertung der ersten Transkripte aus den vorherigen Anläufen wurde in der Haupterhebung der Fokus auf zwei geometrische Begriffe gerichtet: *Würfel* und *Symmetrie*. Die entsprechenden Aufgaben- beziehungsweise Fragestellungen lauteten:

- *Was ist Symmetrie?*
- *Beschreibe den Würfel. Vergleiche ihn mit anderen geometrischen Körpern.*

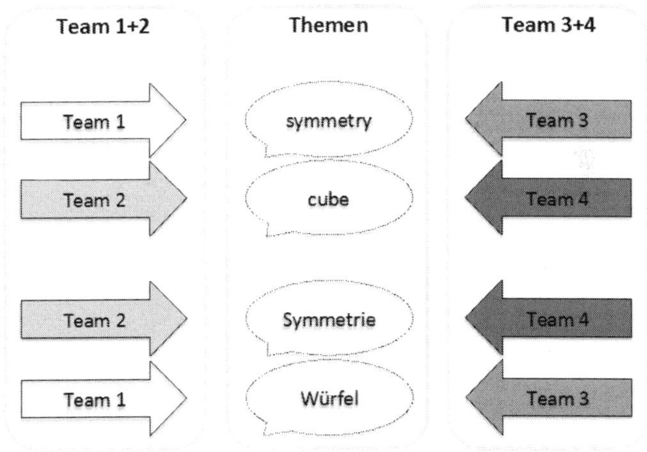

Abbildung 2: Vorgehen in der Hauptstudie (eigene Darstellung)

[1] Webseite des bilingualen Blogs: inst.uni-giessen.de/idm/primapodcast-bili, aufgerufen am 10. Januar 2019.

Zunächst erstellten die Schülerinnen und Schüler einen englischen Audio-Podcast. Auf diese Weise setzten sich Team 1 und Team 3 zeitgleich, in verschiedenen Räumlichkeiten, mit dem Thema *Symmetrie* auf Englisch (*Symmetry*) auseinander. Anschließend lag es an Team 2 und Team 4, einen Podcast in englischer Sprache zum Thema *Würfel* (*Cube*) zu produzieren. Dazu standen allen Teams insgesamt drei Zeitstunden zur Verfügung.

Die beiden Teams mit den gleichen Themen trafen sich jeweils mit der Lehrperson zur Absprache organisatorischer Abläufe und in den Redaktionssitzungen. Im Anschluss daran erstellte jedes Team einen zweiten Audio-Podcast zu einem anderen Thema auf Deutsch. Hatten sich Team 1 und 3 bei den englischen Aufnahmen mit dem Thema *Symmetry* beschäftigt, setzten sie sich bei den deutschen Aufnahmen mit dem Begriff des *Würfels* auseinander.

Als Verfahren der Datenerhebung entstanden verschiedene Lernartefakte (Zeichnungen, Drehbücher, Audio-Dateien). Weiterhin wurde das Vorgehen der Tandems in den sechs Bearbeitungsphasen video- und audiografiert.

4.2 Auswertungsverfahren – die Interaktionsanalyse

Die in Audio- und Videoaufnahmen festgehaltenen Äußerungen und Handlungen werden in Transkripten abgebildet. Auf Grundlage dessen werden nachfolgend fünf Analyseschritte durchlaufen (vgl. Krummheuer 2010, S. 2 f.; Krummheuer/Naujok 1999, S. 68 f.):

1) *Gliederung der Interaktionseinheit*: Zunächst werden Ausschnitte beziehungsweise „Interaktionseinheiten" (Krummheuer 2010, S. 2) nach bestimmten Kriterien ausgewählt. Je nach Untersuchungsinteresse lassen sich fachspezifische/fachdidaktische, interaktionstheoretische oder linguistische Gliederungskriterien ermitteln. Für die Datenauswertung im Rahmen der hier beschriebenen Dissertation werden allgemein die sechs Erstellungsphasen von PriMaPodcasts als relevante Interaktionseinheiten angesehen. Gemäß dem Forschungsziel werden aus den Einheiten die für die Untersuchung relevanten und aussagekräftigen Szenen ausgewählt und nach den erarbeiteten Kriterien gegliedert. Der Fokus der Untersuchung liegt insbesondere auf den versprachlichten Vorstellungen und dem Be-

griffsverständnis der Subjekte sowie in den entsprechend genutzten fachsprachlichen und kommunikativen Mitteln (vgl. Kapitel 1).

2) *Allgemeine Beschreibung*: Der vermutete Sinngehalt der ausgewählten Ausschnitte wird in einer allgemeinen Schilderung grobgefasst beschrieben.

3) *Ausführliche Analyse der Einzeläußerungen*: Daran anschließend werden die Einzeläußerungen in Gruppen näher betrachtet und zusammen analysiert. Eine gemeinsame Interpretation in Gruppen ermöglicht den Entwurf mehrerer Sichtweisen auf die Situation. Auf diese Weise können möglichst viele Deutungen der Äußerungen und Handlungen zusammengetragen werden. Diesbezüglich ist es erforderlich, die Reihenfolge der Äußerungen zu beachten, um infolgedessen die Interpretation nach vorne offen zu halten. Plausibilisierungen hingegen können lediglich rückwärtsgewandt erfolgen. Ein weiterer Grundsatz liegt darin, dass sich Deutungsalternativen im Verlauf der Interaktion bewähren müssen.

4) *Turn-by-Turn-Analyse*: In einer gemeinsamen Turn-by-Turn-Analyse (engl. *Turn* = Gesprächszug) werden die hervorgebrachten Deutungen dem tatsächlichen Gesprächsverlauf nach erneut abgeglichen, aufeinander bezogen und gegebenenfalls auch wieder eingeschränkt. Eine Analyse des Gesprächs erfolgt demnach *Zug um Zug*. Während des Abgleichs können auftretende Meinungsverschiedenheiten diskutiert und Korrekturen beziehungsweise „repairs" (engl. *repairs* = Reparaturen) vorgenommen werden. Die gemeinsam ausgehandelten Aspekte werden als geteilt geltendes Wissen betrachtet.

5) *Zusammenfassende Interpretation*: Das hervorgebrachte Wissen wird im letzten Schritt in einer zusammenfassenden Gesamtinterpretation dargelegt. Ziel sollte es sein, die darin immanente Deutungsvielfalt begründet abzubilden. Die zusammenfassenden Interpretationen lassen sich oftmals in Publikationen wiederfinden.

5. Würdigung

Würdigung durch Christof Schreiber

Das hier beschriebene Dissertationsprojekt untersucht die bisher wenig erforschten mathematischen Begriffsbildungsprozesse im besonderen Umfeld bilingualen Unterrichts in der Primarstufe. Es ist erforderlich, gerade in Bezug auf die besondere Situation eines kulturell zunehmend heterogenen Umfeldes, in dem Unterricht stattfindet, die mathematische Begriffsbildung auch vor diesem Hintergrund zu betrachten. So wachsen einerseits die Zahl bilingualer Angebote und das Interesse an diesen, andererseits wachsen Schülerinnen und Schüler in Regelschulen durch sprachliche Einflüsse aus Familie und dem weiterem Umfeld oft mehrsprachig auf.

Forschungsmethodisch wird hier innovativ eine besondere Möglichkeit der Versprachlichung durch die Erstellung von *Audio-Podcasts* genutzt. Diese wird durch den besonderen Erstellungsprozess äußerst geschickt so gestaltet, dass medial-phonische und grafische, aber auch konzeptionell eher mündliche und schriftliche Kommunikation miteinander verwoben ist. Dies ermöglicht auch die Untersuchung der Übergänge der medial und konzeptionell verschiedenen Kommunikationsformen. Durch den Erstellungsprozess werden außerdem in den einzelnen Phasen unterschiedliche Elaborationsniveaus der Darstellung für das Forschungsanliegen zugänglich.

In der Spontanaufnahme kann untersucht werden, was Schülerinnen und Schüler spontan und ohne Recherche über ein bereits bearbeitetes Thema äußern können, während in der Rohfassung die sprachlichen Möglichkeiten nach der eigenen Recherche durch die Schülerinnen und Schüler sichtbar werden. Nach Rückmeldung und einem fachlichen Input durch Lehrende und die Peers sowie der Diskussion in der gemeinsamen Redaktionssitzung wird die Endfassung erstellt. Hier kann nun untersucht werden, wie nach einem solchen Lehr- und Lernprozess die Möglichkeiten der sprachlichen Darstellung erweitert werden. Das besondere Setting ermöglicht also, Kompetenzen in der schriftlichen und mündlichen Darstellung auf unterschiedlichen Niveaus und in den beiden Zielsprachen zu untersuchen.

Hervorragend dargestellt ist auch im Rahmen der Beschreibung der Methode die Verbindung zu den theoretischen Grundlagen. Es ist klar nachvollziehbar, wie im Sinne Qualitativer Forschung hier eine treffende Anpassung der Methode (vgl. Schreiber/Schütte/Krummheuer 2015) an den zu untersuchenden Gegenstand stattfindet.

Die für die Untersuchung erforderlichen fachdidaktischen Grundlagen in Bezug auf die Begriffsbildung und deren Bedeutung für den Mathematikunterricht sind sehr gut aufgearbeitet. Die Bildungsstandards und die aktuell grundlegende Diskussion um *Mathematical Literacy* werden im Rahmen der theoretischen Grundlagen angemessen aufgegriffen. Die Hinweise zu den semiotischen Modi halte ich für sehr wichtig. Diese werden im Rahmen der Dissertation nochmals vertieft.

Würdigung durch Susanne VAN MINNEN

Das Forschungsprojekt von Frau Rebecca KLOSE widmet sich einem noch jungen Forschungsfeld, nämlich dem des bilingualen Unterrichts im Fach Mathematik. Dieses gelingt Frau KLOSE in mehrfacher Hinsicht auf originäre Weise: Wie sie selbst zu Beginn des Werkstattbeitrags darstellt, wurden die sprachlichen und kommunikativen Kompetenzen für den Unterricht im Fach Mathematik lange und irrtümlicherweise unterschätzt. Kommunikative sowie sprachliche und kognitive Entwicklung stehen in einem interaktiven Zusammenhang, welcher im Fachunterricht Mathematik beziehungsweise in jedem Bildungskontext zu berücksichtigen ist, damit Bildung sowohl im Fach als auch in der Bildungs- und Fachsprache gelingen kann.

Aus der Sprach- und Kommunikationsforschung ist abzuleiten, dass Sprache und Kommunikation in authentischen Kommunikationssituationen mit realen Kommunikationspartnern und zeitlich ausgedehnten Möglichkeiten zur verbalen Beteiligung nachhaltig erworben werden kann. Genau diese Erkenntnisse setzt Frau KLOSE in ihrem Forschungsprojekt um, indem sie die Erkenntnisse der Psycholinguistik auf den Sachfachunterricht und darüber hinaus auf den Erwerb einer Fremdsprache bezieht.

Die Schülerinnen und Schüler haben in der ausgefeilten Methodik des PriMaPodcasts die Möglichkeit, sich neue fachliche Inhalte in kleinen Arbeitsgruppen und unter Anleitung zu erarbeiten. Die Methodik des PriMa-Podcasts besitzt einen hohen Aufforderungs- und Motivationscharakter für die Schülerinnen und Schüler, da sachfachliche Inhalte in Podcasts für andere Schülerinnen- und Schülergruppen nachvollziehbar aufbereitet und dargestellt werden müssen. Der Prozess bis zum fertigen Podcast umfasst sehr viele Schritte und differenzierte didaktische Ziele auf unterschiedlichen Ebenen, welche vom zielgerichteten Sachfachlernen über die

Kommunikation in einer Kleingruppe, die mündliche Diskussion, die Erarbeitung eines Textes in Form eines Drehbuches und die technische Erstellung des Podcasts bis hin zur kritischen Reflexion der eigenen Arbeit reichen. Neben dem Erwerb des Fachvokabulars im Deutschen steht in diesem Untersuchungsdesign zusätzlich die fremdsprachliche Kompetenz im Englischen im Fokus.

In diesem Projekt verbindet Frau KLOSE Fragen der Unterrichtsforschung zur Fachdidaktik Mathematik mit Fragen aus der Grundlagenforschung der Psycholinguistik sowie der jungen Forschungsdisziplin des bilingualen Sachfachunterrichts.

In Verbindung mit der von Christof SCHREIBER entwickelten Methode der PriMaPodcasts leistet Frau KLOSE somit einen herausragenden Beitrag, indem sie wissenschaftstheoretische Anteile aus der Perspektive der Unterrichtsforschung, aus der Perspektive der Psycholinguistik und aus der Perspektive der Methodologie mit praktischen Anteilen, das heißt direkt in der Klasse mit Schülerinnen und Schülern, in Beziehung setzt.

Die originäre Leistung von Frau KLOSE besteht darüber hinaus in der Übertragung und Weiterentwicklung von Theorie und Methodik auf den gelingenden bilingualen Sachfachunterricht. Die Bildungsforschung wird von diesem Beitrag sehr profitieren.

Abbildungsverzeichnis

Literaturverzeichnis

- Ackermann, Heike/Rosenbusch, Heinz S. (2002): Qualitative Forschung in der Schulpädagogik, in: König, Eckhard/Zedler, Peter (Hrsg.): Qualitative Forschung – Grundlagen und Methoden, Weinheim/Basel: Beltz, S. 31–54

- Bartolini Bussi, Maria G./Mariotti, Maria A. (2008): Semiotic Mediation in the Mathematics Classroom. Artifacts and Signs after a Vygotskian Perspective, in: English, Lyn D./Bartolini Bussi, Maria G./Jones, Graham A./Lesh, Richard A./Sriraman, Bharat (Hrsg.): Handbook of International Research in Mathematics Education, Lawrence Erlbaum, Mahwah: NJ, S. 746–805
- Becker-Mrotzek, Michael (2003): Mündlichkeit – Schriftlichkeit – Neue Medien, in: Günther, Hartmut/Klotz, Peter/Ossner, Jakob/Siebert-Ott, Gesa/Bredel, Ursula (Hrsg.): Didaktik der deutschen Sprache – Ein Handbuch, Stuttgart: UTB/Schöningh, S. 69–89
- Bohnsack, Ralf (1999): Rekonstruktive Sozialforschung. Einführung in Methodologie und Praxis qualitativer Forschung, Opladen: Leske+Budrich
- Bohnsack, Ralf (2014): Rekonstruktive Sozialforschung. Einführung in qualitative Methoden, Opladen: Budrich
- Brandt, Birgit/Krummheuer, Götz (2000): Das Prinzip der Komparation im Rahmen der Interpretativen Unterrichtsforschung in der Mathematikdidaktik, in: Journal für Mathematik-Didaktik 21 (3/4), S. 193–226
- Breidenstein, Georg/Combe, Arno/Helsper, Werner/Stelmaszyk, Bernhard (2002): Forum qualitative Schulforschung 2. Interpretative Unterrichts- und Schulbegleitforschung, Opladen: Leske+Budrich
- Bruner, Jerome (1971): Studien zur kognitiven Entwicklung, Stuttgart: Klett
- Dresing, Thorsten/Pehl, Thorsten (2013): Praxisbuch Interview, Transkription und Analyse. Anleitungen und Regelsysteme für qualitativ Forschende [Onlinedokument: audiotranskription.de/praxisbuch, aufgerufen am 10. Januar 2019]
- Dürscheid, Christa (2003): Medienkommunikation im Kontinuum von Mündlichkeit und Schriftlichkeit. Theoretische und empirische Probleme, in: Zeitschrift für angewandte Linguistik 38, S. 37–56
- Eurydice European Unit (2006): Content and Language Integrated Learning (CLIL) at School in Europe [Onlinedokument: eurydice.org, aufgerufen am 10. Januar 2019]
- Flick, Uwe (2010): Konstruktivismus, in: Flick, Uwe/von Kardoff, Ernst/Steinke, Ines (Hrsg.): Qualitative Forschung – Ein Handbuch, Reinbek bei Hamburg: Rowohlt
- Flick, Uwe/von Kardoff, Ernst/Steinke, Ines (2015): Qualitative Forschung – Ein Handbuch, Reinbek bei Hamburg: Rowohlt

- Franke, Marianne/Reinhold, Simone (2016): Didaktik der Geometrie in der Grundschule, Berlin/Heidelberg: Springer Spektrum
- Garfinkel, Harold (1967): Studies in Ethnomethodology, New Jersey: Prentice Hall
- Götze, Daniela (2015): Sprachförderung im Mathematikunterricht, Berlin: Cornelsen
- HKM – Hessisches Kultusministerium (2011): Bildungsstandards und Inhaltsfelder. Das neue Kerncurriculum für Hessen – Primarstufe – Mathematik [Onlinedokument: kultusministerium.hessen.de/sites/default/files/media/kc_mathematik_prst_2011.pdf, aufgerufen am 10. Januar 2019]
- HKM – Hessisches Kultusministerium (2015): Bildungs- und Erziehungsplan für Kinder von 0-10 Jahren [Onlinedokument: bep.hessen.de/sites/bep.hessen.de/files/content-downloads/Bildungs-und_Erziehungsplan_2016-09-23.pdf, aufgerufen am 10. Januar 2019]
- Holly, Werner (1997): Zur Rolle von Sprache in Medien. Semiotische und kommunikationsstrukturelle Grundlagen, in: Muttersprache 1, S. 64–75
- Jörissen, Stefan/Schmidt-Thieme, Barbara (2015): Darstellen und Kommunizieren, in: Bruder, Regina/Hefendehl-Hebeker, Lisa/Schmidt-Thieme, Barbara/Weigand, Hans-Georg (Hrsg.): Handbuch der Mathematikdidaktik, Berlin: Springer Spektrum, S. 385–410
- Klose, Rebecca (2014): PriMaPodcasts im bilingualen Mathematikunterricht, in: Roth Jürgen/Ames, Judith (Hrsg.): Beiträge zum Mathematikunterricht, Münster: WTM
- Klose, Rebecca (2015): Use and Development of Mathematical Language in Bilingual Learning Settings, in: Krainer, Konrad/Vondrová, Nad'a (Hrsg.): Proceedings of the Ninth Conference of the European Society for Research in Mathematics Education (CERME 9, 4–8 February 2015), Prague: Charles University, Faculty of Education and ERME, S. 1421–1426
- KMK – Kultusministerkonferenz (2005): Bildungsstandards im Fach Mathematik für den Primarbereich [Onlinedokument: kmk.org/fileadmin/Dateien/veroeffentlichungen_beschluesse/2004/2004_10_15-Bildungsstandards-Mathe-Primar.pdf, aufgerufen am 10. Januar 2019]

- KMK – Kultusministerkonferenz (2006): Konzepte für den bilingualen Unterricht. Erfahrungsbericht und Vorschläge zur Weiterentwicklung [Onlinedokument: kmk.org/fileadmin/veroeffentlichungen_beschluesse/2006/2006_04_10-Konzepte-bilingualer-Unterricht.pdf, aufgerufen am 10. Januar 2019]
- KMK – Kultusministerkonferenz (2012): Programmskizze – Bildung durch Sprache und Schrift [Onlinedokument: kmk.org/fileadmin/veroeffent lichungen_beschluesse/2012/2012_10_18-Initiative_Sprachfoerderung_Programmskizze.pdf, aufgerufen am 10. Januar 2019]
- Koch, Peter/Oesterreicher, Wulf (1985): Sprache der Nähe – Sprache der Distanz. Mündlichkeit und Schriftlichkeit im Spannungsfeld von Sprachtheorie und Sprachgeschichte, in: Romanistisches Jahrbuch 36, S. 15–43
- Krauthausen, Günter (2012): Digitale Medien im Mathematikunterricht der Grundschule, Berlin/Heidelberg: Springer VS
- Krummheuer, Götz (2010): Die Interaktionsanalyse [Onlinedokument: fallarchiv.uni-kassel.de/wp-content/uploads/2010/07/krummheuer_inhalts analyse.pdf, aufgerufen am 10. Januar 2019]
- Krummheuer, Götz/Brandt, Birgit (2001): Paraphrase und Traduktion. Partizipationstheoretische Elemente einer Interaktionstheorie des Mathematiklernens in der Grundschule, Weinheim/Basel: Beltz
- Krummheuer, Götz/Fetzer, Marei (2005): Der Alltag im Mathematikunterricht. Beobachten, Verstehen, Gestalten, München: Elsevier
- Krummheuer, Götz/Naujok, Natalie (1999): Grundlagen und Beispiele Interpretativer Unterrichtsforschung, Opladen: Leske+Budrich
- Küppers, Almut (2013): Didaktiken und Methodiken bilingualer Fächer – Mathematik, in: Hallet, Wolfgang/König, Frank G. (Hrsg.): Handbuch bilingualer Unterricht. Content and Language Integrated Learning, Seelze: Kallmayer, S. 308–314
- Laakmann, Heinz (2013): Darstellungen und Darstellungswechsel als Mittel zur Begriffsbildung. Eine Untersuchung in rechnerunterstützten Lernumgebungen, Berlin: Spektrum
- Lamnek, Siegrid (1995): Qualitative Sozialforschung – Methodologie (Band 1), Weinheim: Beltz
- Leisen, Josef (2005): Wechsel der Darstellungsformen. Ein Unterrichtsprinzip für alle Fächer, in: Der Fremdsprachliche Unterricht Englisch 78, S. 9–11

- Leisen, Josef (2011): Praktische Ansätze schulischer Sprachförderung – Der sprachsensible Fachunterricht [Onlinedokument: hss.de/download/111027_RM_Leisen.pdf, aufgerufen am 10. Januar 2019]
- Liebold, Luisa (2013): Mathematikunterricht 2.0. Warum Mathematikunterricht verändert werden muss – und wie eine Fremdsprache dabei helfen kann, Hamburg: Diplomica
- Linneweber-Lammerskitten, Helmut (2013): Sprachkompetenz als integrierter Bestandteil der *Mathematical Literacy*?, in: Becker-Mrotzek, Michael/Schramm, Karen/Thürmann, Eike/Vollmer, Helmut Johannes (Hrsg.): Sprache im Fach. Sprachlichkeit und fachliches Lernen. Fachdidaktische Forschungen (Band 3), Münster/New York/München/Berlin: Waxmann, S. 151–166
- Maak, Angela (2003): So geht's – Zusammen über Mathe sprechen. Mathematik mit Kindern erarbeiten, Mühlheim an der Ruhr: Verlag an der Ruhr
- Meiers, Marion/Knight, Pat (2007): Writing to Learn, in: NSWIT Research Digest 2007 (1) [Onlinedokument: research.acer.edu.au/digest/3, aufgerufen am 10. Januar 2019]
- Pimm, David (1987): Speaking Mathematically. Communication in Mathematics Classroom, New York: Routledge
- Prediger, Susanne/Özdil, Erkan (2011): Mathematiklernen unter Bedingungen der Mehrsprachigkeit. Stand und Perspektiven der Forschung und Entwicklung in Deutschland, Münster: Waxmann
- Reich, Hans H. (2008): Sprachförderung im Kindergarten. Grundlagen, Konzepte und Materialien, Weimar/Berlin: das netz
- Schipper, Wilhelm (2009): Handbuch für den Mathematikunterricht an Grundschulen, Braunschweig: Schroedel
- Schleppegrell, Mary J. (2007): The Linguistic Challenges of Mathematics Teaching and Learning – A Research Review, in: Reading & Writing Quarterly 23 (2), S. 139–159
- Schmidt-Thieme, Barbara (2003): Sprache als Lehr- und Lerninstrument im Mathematikunterricht, in: Karlsruher pädagogische Beiträge 55, S. 127–134
- Schreiber, Christof (2010): Semiotische Prozess-Karten. Chatbasierte Inskriptionen in mathematischen Problemlöseprozessen, Münster/New York/München/Berlin: Waxmann

- Schreiber, Christof (2011): Digitale Medien und Darstellung im Mathematikunterricht, in: Knaus, Thomas/Engel, Olga (Hrsg.): fraMediale – digitale Medien in Bildungseinrichtungen (Band 2), München: kopaed, S. 123–134
- Schreiber, Christof/Klose, Rebecca (2014): Audio-Podcasts zu mathematischen Themen. Begriffsbildung mit digitalen Medien, in: Ladel, Silke/Schreiber, Christof (Hrsg.): Lernen, Lehren und Forschen mit digitalen Medien in der Primarstufe (Band 2), Münster: WTM, S. 31–60
- Schreiber, Christof/Klose, Rebecca (2015): Mathematische Audio-Podcasts für Lehrerbildung und Schule, in: Knaus, Thomas/Engel, Olga (Hrsg.): fraMediale – digitale Medien in Bildungseinrichtungen (Band 4), München: kopaed, S. 101–111
- Schreiber, Christof/Klose, Rebecca (2017): The Use of Artifacts and Different Representations by Producing Mathematical Audio-podcasts, in: Dooley, Thérèse/Gueudet, Ghislaine (Hrsg.): Proceedings of the Tenth Congress of the European Society for Research in Mathematics Education, Dublin: DCU Institute of Education and ERME, S. 4008–4015
- Schreiber, Christof/Klose, Rebecca/Kromm, Hannah (2017): „Ton ab – erklär doch mal!", in: Mathematik differenziert 1, S. 8–11
- Schreiber, Christof/Schütte, Marcus/Krummheuer, Götz (2015): Qualitative Forschungsmethoden in der mathematikdidaktischen Forschung. Von der Anpassung von Methoden zur Entwicklung von Theorie, in: Bruder, Regina/Hefendehl-Hebeker, Lisa/Schmidt-Thieme, Barbara/Weigand, Hans-Georg (Hrsg.): Handbuch der Mathematikdidaktik, Berlin: Springer Spektrum, S. 591–612
- Schütte, Marcus (2009): Sprache und Interaktion im Mathematikunterricht der Grundschule. Zur Problematik einer Impliziten Pädagogik für schulisches Lernen im Kontext sprachlich-kultureller Pluralität, Münster/New York/München/Berlin: Waxmann
- Steger, Thomas (2003): Einführung in die qualitative Sozialforschung (Schriften zur Organisationswissenschaft, Nr. 1), Lehrmaterial [Onlinedokument: hdl.handle.net/10419/58217, aufgerufen am 10. Januar 2019]
- Terhart, Ewald (1978): Interpretative Unterrichtsforschung. Kritische Rekonstruktion und Analyse konkurrierender Forschungsprogramme der Unterrichtswissenschaft, Stuttgart: Klett

- Vogel, Rose/Huth, Melanie (2010): „...und der Elefant in der Mitte" – Rekonstruktion mathematischer Konzepte von Kindern in Gesprächssituationen, in: Brandt, Birgit/Fetzer, Marei/Schütte, Marcus (Hrsg.): Auf den Spuren Interpretativer Unterrichtsforschung in der Mathematikdidaktik, Münster/New York/München/Berlin: Waxmann, S. 177–207
- Wagner, Anke/Wörn, Claudia (2011): Erklären lernen – Mathematik verstehen. Ein Praxisbuch mit Lernangeboten, Seelze: Friedrich
- Weis, Ingrid (2012): Sprachförderung PLUS. Förderbausteine für den Soforteinsatz im Mathematikunterricht, Stuttgart: Klett
- Winter, Heinrich (1987): Entfaltung begrifflichen Denkens, in: JMD 4 (3), S. 175–204
- de Witt, Claudia/Czerwionka, Thomas (2007): Mediendidaktik, Bielefeld: Bertelsmann
- Zorn, Isabel/Seehagen-Marx, Heike/Auwärter, Andreas/Krüger, Marc (2013): Educasting. Wie Podcasts in Bildungskontexten Anwendung finden, in: Ebner, Martin/Schön, Sandra (Hrsg.): Lehrbuch für Lernen und Lehren mit Technologien, Projekt L3T 2.0, Berlin: epubli, S. 257–265

Lizenz

SILKE SCHWORM, LISA HOLZER-SCHULZ

Design-Based Research in der medienpädagogischen Forschung am Beispiel einer Blended-Learning-Veranstaltung mit gamifyed Instruction

Die hier beschriebene Feldstudie untersucht die Wirkung didaktischer Prinzipien *des Gameplays im Rahmen einer Blended-Learning-Veranstaltung auf deren Beurteilung. Mittels* Fragebogen *wird der Zusammenhang zwischen der Bewertung der Lehrveranstaltung und Merkmalen der Studierenden (Vorwissen, aktuelle Motivation, epistemologische Überzeugungen, Hilfenutzungseinstellungen, Zielorientierung und Technologieakzeptanz) erfasst. Teilnehmende waren 34 Lehramtsstudierende, die vielfältige, in einem Moodle-Kurs implementierte, multimediale Lerninhalte bearbeiteten. Ergebnisse zeigen, dass das Veranstaltungsformat insbesondere bei Studierenden mit den epistemologischen Überzeugungen, dass Wissen sozial konstruiert und Lernen erlernbar ist, sowie bei hoher Technologieakzeptanz und hoher aktueller Motivation positiv evaluiert wird. Epistemologische Überzeugungen wirken unmittelbar und mittelbar über die Technologieakzeptanz und die aktuelle Motivation auf die Bewertung der Veranstaltung.*

This study investigates game design features *that promote learner involvement and learning in a higher education setting. Some of the principles of game-based learning were implemented in a scheduled course on technology-based learning. 34 students took part in the study. We assessed students' acceptance of the instructional design in relation to their prior content knowledge, their acceptance of technology, epistemic beliefs, current motivation and their goal orientation. The study showed that the instructional design of the course was viewed favorably in particular by learners who believe that knowledge is socially constructed, that learning can be learned, and by learners who have a high acceptance of technology and a high level of motivation.*

Schlagworte | Tags: Explorative Feldstudie, Design-Based Research, DBR, Game-Based Learning, Gamification, Blended-Learning, Hochschuldidaktik, Mediensozialisation, Lehrendenbildung, Multiple-Choice-Test, Fragebogen zur Erfassung aktueller Motivation, FAM, Skalen zur Erfassung der Lern- und Leistungsmotivation, SELLMO-ST, Technologieakzeptanz, Unified Theory of Acceptance and Use of Technology, UTAUT, Motivation, Fragebogen zur Erfassung epistemischer Überzeugungen, FEE, Heidelberger Inventar zur Lehrveranstaltungs-Evaluation, HILVE, Zielorientierung, Gütekriterien, Objektivität, Reliabilität, Validität

1. Ziel und Motivation

Der Einsatz digitaler Medien in der Hochschullehre hat das Potential, zu einer erheblichen Veränderung in der Gestaltung von Lehr- und Lernprozessen zu führen. Durch den Einsatz von Lernsoftware, Lernplattformen, Sozialen Netzwerken und anderen kann anwendungsbezogenes Lernen im Studium und interaktives Unterrichten realisiert und damit der Studienerfolg gesteigert werden (vgl. Ehlers 2011, S. 23). Zur Bildung einer neuen Lehr- und Lernkultur bedarf es jedoch einer entsprechenden didaktischen Gestaltung (vgl. Arnold/Kilian/Thillosen/Zimmer 2011). Die Konzeption eines eLearning-Angebots entscheidet also über dessen Qualität – eLearning wiederum wird in der Zukunft nur Bestand haben, wenn es entsprechenden Qualitätsansprüchen gerecht wird und einen „didaktischen Mehrwert" liefern kann (vgl. Kerres/de Witt/Stratmann 2002).

Die Einführung digitaler Medien in der Hochschullehre stellt eine Investition dar, die mit Kosten und Risiken verbunden ist (vgl. Klampfer 2013, S. 93). Die Nutzendengruppe der Studierenden soll von diesen Systemen profitieren, dabei kann jedoch nicht ausgeschlossen werden, dass Innovationen aufgrund mangelnder Akzeptanz der Zielgruppe ungenutzt bleiben (vgl. Davis 1989; Gysbers 2008; Kommer 2010). Um eine erfolgreiche Implementierung von Innovationen im Bereich digitaler Medien zu gewährleisten, ist es daher unumgänglich, die *Akzeptanz der Lernenden* als wesentlichen Einflussfaktor auf den Lernerfolg miteinzubeziehen (vgl. Klampfer 2013, S. 93 ff.).

Als zentrale Vorteile des Einsatzes von eLearning-Arrangements gelten die zeitliche und örtliche Flexibilität sowie die Anknüpfungsmöglichkeit an das individuelle Vorwissen des Lernenden und die Vielfalt an Lernressourcen (vgl. Arnold/Kilian/Thillosen/Zimmer 2011; Griesehop 2017). Ein großer Teil der Studienabbrüche ist auf die fehlende Motivation der Studierenden zurückzuführen, die genannten positiven Aspekte digitaler Lernumgebungen könnten daher auch dazu genutzt werden, das Interesse von Lernenden zu fördern (vgl. Heublein/Wolter 2011, S. 225). Das didaktische Konzept einer selbstgesteuerten Lernumgebung sollte derart gestaltet sein, dass es für die Lernenden ansprechend erscheint und das persönliche Interesse weckt. Besonders die intrinsische Motivation kann durch mediale Lernumgebungen stark begünstigt werden (vgl. Arnold/Kilian/Thillosen/Zimmer 2011). Das Erleben einer Lernumgebung kann durch Computertechnologien realistischer, authentischer und interaktiver werden, wodurch das Eintauchen in die Lernwelt und damit die Motivation begünstigt wird (vgl. Wechselberger 2012). Bestimmte Konstruktionsprinzipien können dabei helfen – wie beispielsweise spielbasiertes Lernen (vgl. Liu/Cheng/Huang 2011).

Eine empirisch offene Frage ist, inwieweit sich Merkmale spielebasierten Lernens konstruktiv und effizient hinsichtlich der benötigten Ressourcen im Rahmen universitärer Kursgestaltung umsetzen lassen und wie sich dieses Instruktionsdesign differenziert auf die Akzeptanz von Studierenden auswirkt. Dabei ist zu erwarten, dass ein solches Konzept nicht für alle Lernenden gleichermaßen gut geeignet ist. In der vorliegenden Studie wird daher überdies geprüft, inwiefern Merkmale der Studierenden, wie epistemologische Überzeugungen, Zielorientierung und Technologieakzeptanz die Akzeptanz der Lehrveranstaltung beeinflussen.

Die Erkenntnisse der Untersuchung sollen dazu beitragen, den Einsatz digitaler Medien im universitären und schulischen Kontext zu optimieren und damit die Qualität der Lehre zu verbessern.

2. Theoretische Basis

Die hier vorgestellte Studie ist ein weiterer Schritt hin zur *Identifikation von Lernendenmerkmalen*, die die Akzeptanz medial vermittelter Lerninhalte beeinflussen. Die Akzeptanz der Lernumgebung wird dabei als eine zentrale Voraussetzung für den Lernerfolg gesehen, welcher allerdings nicht Gegenstand der Untersuchung ist.

Als zentrales Ergebnis der Arbeit wird ein mittelbarer und unmittelbarer Effekt der *Einstellung Lernender*, Wissen sei sozial konstruiert und Lernen sei erlernbar, auf die *Akzeptanz des Veranstaltungsformates* erwartet. Der mittelbare Effekt ergibt sich aus dem Zusammenhang der epistemologischen Überzeugungen mit sowohl der Technologieakzeptanz als auch der aktuellen Motivation der Lernenden. Das Veranstaltungsformat zeichnet sich in starkem Maß durch das Erfordernis der gemeinsamen Wissenskonstruktion aus. Die erforderliche Seminarleistung ist nur durch kollaborative Zusammenarbeit zu erbringen. Es liegt nahe, dass insbesondere diejenigen Lernenden dieses Erfordernis positiv wertschätzen, für die diese Form der Zusammenarbeit relevanter Bestandteil der Wissenskonstruktion ist. *Social-Software-Anwendungen* ermöglichen Lernenden, zeit- und ortsunabhängig zu interagieren. Sie unterstützen die Bildung gemeinsamen Wissens und fördern ein Gemeinschaftsgefühl, das über die Dauer einer Lehrveranstaltung hinaus soziale Interaktion und Austausch von Wissen fördert. Dementsprechend kann davon ausgegangen werden, dass Lernende mit der Überzeugung, Wissen sei sozial konstruiert, eine höhere Technologieakzeptanz zeigen. Wiederum wird ein hoher Zusammenhang der Technologieakzeptanz mit der allgemeinen Akzeptanz einer Lehrveranstaltung erwartet, deren didaktisches Konzept die Verwendung von Technologie inkrementell voraussetzt.

Erfahrungsgemäß ist der gezielte Einsatz von Lerntechnologie im Rahmen des Lehramtsstudiums eher gering – ebenso das medienpädagogische Grundwissen. Dementsprechend sollte die Überzeugung Lernender, sich diese spezifischen Lernkompetenzen (im Sinne von Lernen im Rahmen eines spielebasierten Lernsettings) aneignen zu können, positiv auf die aktuelle Motivation (die sich durch Interesse, Hoffnung auf Erfolg und geringe Furcht vor Misserfolg auszeichnet) und auch auf die Wertschätzung der Seminargestaltung auswirken.

Im Folgenden soll zum besseren Verständnis näher auf den Forschungsansatz der vorliegenden Studie sowie die Merkmale von eLearning-Arrangements und Game-Based Learning Szenarien eingegangen werden. Als zentrale Vorteile des Einsatzes von *eLearning*-Arrangements gelten die zeitliche und örtliche Flexibilität sowie die Anknüpfungsmöglichkeit an das individuelle Vorwissen der oder des Lernenden und die Vielfalt an Lernressourcen. Die motivationale Orientierung kann im Lernprozess nicht vorausgesetzt werden. Aus diesem Grund sollte das didaktische Konzept einer multimedialen Lernumgebung so gestaltet sein, dass es der oder dem Lernenden ansprechend erscheint und ihr oder sein persönliches

Interesse weckt. Besonders die intrinsische Motivation kann durch mediale Lernumgebungen stark begünstigt werden (vgl. Arnold/Kilian/Thillosen/Zimmer 2011). Für die intrinsische Motivation von Lernenden ist eine Balance von Herausforderung und Erfolgserlebnissen maßgeblich, da weder Frustration noch Langeweile beziehungsweise weder Unter- noch Überforderung beim Individuum verursacht werden sollen (vgl. Abdul Jabbar/Felicia 2015; Ke/Abras 2013; Tan/Goh/Ang/Huan 2013). Dieser erforderlichen Balance kann, gerade bei größeren Studierendengruppen, durch die *Adaptivität* einer multimedialen Lernumgebung Rechnung getragen werden.

Detlef Leutner (vgl. Leutner 1992) unterscheidet drei Facetten der Adaptivität. Die Adaptions*rate* „bezieht sich auf die zeitliche Dauer eines einmal hergestellten oder erreichten Adaptionszustandes, bevor dieser wieder neu adaptiert wird" (Leutner 1992, S. 8). Die zweite Facette stellt die Adaptions*maßnahme* dar. Die unterschiedlichen Maßnahmen definieren sich nach der Variation von Lehrmethode, Lehrziel und Lehrzeit. Der Adaptions*zweck* ist nach Leutner die dritte Möglichkeit, Adaptivität zu beschreiben. Demnach gibt es drei Modelle, die jedes für sich auf einen möglichen Ansatzpunkt des Adaptionszwecks abzielen. Beim *Fördermodell* sollen Lerndefizite Einzelner durch geeignete Maßnahmen ausgeglichen werden, um die Lernenden auf einen weitgehend homogenen Wissensstand zu bringen. In diesem Sinne kann Adaptivität im instruktionspsychologischen Kontext eingesetzt werden, indem beispielsweise Erklärungen an das Vorwissen der Lernenden angepasst werden, um eine höhere Effizienz und Effektivität der Instruktion zu erreichen (vgl. Holzinger 2001). Das *Kompensationsmodell* dagegen konzentriert sich darauf, Defizite auszugleichen. Beim *Präferenzmodell* sollen die Stärken der Anwenderinnen und Anwender gezielt genutzt werden.

In der vorgestellten Studie wird eine Adaption der Lehrmethode angestrebt, mit dem Adaptionszweck, die Effektivität der Instruktion zu erhöhen. Im Kontext von Hilfenutzungsverhalten in multimedialen Lernumgebungen zeigt sich, dass Lernende, die diese Strategie selbstregulierten Lernens (vgl. Karabenick/Berger 2013) adaptiv – im Sinne von lernförderlich – nutzen, über spezifische sophistizierte epistemologische Überzeugungen, Zielorientierungen und Lernstrategienutzungsprofile verfügen; während weniger erfolgreich Lernende beziehungsweise Hilfenutzende hier ein äquivalentes weniger lernförderliches Profil aufweisen (vgl. Schworm/Gruber 2018). Silke Schworm und Hans Gruber konnten zeigen, dass die *Überzeugung der Lernenden*, dass *Lernen erlernbar* ist, Wissen jederzeit unsicher und nicht „Besitz" von Autoritäten ist, die Nutzung von Tiefenstrategien des Lernens, metakognitiven Strategien und insbesondere die Nutzung von kooperativen Arbeitsweisen, positiv mit lernförderlichen Einstellungen zur Nutzung von Unterstützungsfunktionen zusammenhängen. Abträglich waren demgegenüber die entsprechenden „naiven" Überzeugungen, Lernen sei nicht erlernbar, Wissen sei stabil und sicher und Autoritäten verfügen über das entsprechende Wissen sowie fehlende Nutzung kooperativer Lernstrategien, die Vermeidung von Anstrengung und eine Performanz-Vermeidungsorientierung. Dieses Muster lernendenbezogener Faktoren führt zu einer Vermeidung der Nutzung von Unterstützungsfunktionen.

Durch die Implementierung kooperativer Aufgabenstrukturen sowie die direkte Instruktion hinsichtlich der Relevanz der Nutzung von Unterstützungsfunktionen konnte die aktive Teilnahme von Studierenden im Rahmen einer virtuellen Veranstaltung im Vergleich zu einer Kontrollgruppe signifikant gesteigert werden (vgl. Schworm/Gruber 2012).

Im Rahmen eines alternativen multimedialen Lernsettings sollten die von Schworm und Gruber (vgl. Schworm/Gruber 2018) als im Kontext multimedialen Lernens erkannten, relevanten Lernendenmerkmale auf ihre Relevanz hin geprüft werden. Hierzu wurde eine Blended Learning-Veranstaltung entsprechend dem Design des *Game-Based Learnings* implementiert. Studien bewerten den Stellenwert von spielbasierten Lernumgebungen unterschiedlich, wobei aktuelle Trends auf ein Interesse an derartigen Spielen bei erwachsenen Lernenden schließen lassen (vgl. MMB 2012). Nicht zuletzt deshalb, weil Computerspiele mittlerweile ein wichtiger Bestandteil im Alltag junger Erwachsener geworden sind (vgl. Kaminski/Lorber 2012; Le/Weber/Ebner 2013).

Mit spielbasierten Lernumgebungen gehen einige Begrifflichkeiten einher, zwischen denen es zu differenzieren gilt. Trotz der Abgrenzungsversuche sind die Grenzen zwischen den Bezeichnungen oftmals fließend: Der Oberbegriff *Lernspiel*, der auch *Game-Based Learning* umfasst, bezieht sich ganz allgemein auf Lernumgebungen mit einer pädagogischen Zielsetzung, die auf didaktischen Prinzipien basieren und Spielelemente beinhalten (vgl. Meier/Seufert 2003, S. 3). Diese Art von Spielen ist in der Regel auf die Vermittlung eines bestimmten Inhalts zugeschnitten. Lernspiele gelten als Mischform aus Unterhaltung und Bildung, die vorwiegend im schulischen Bereich zum Einsatz kommt. Meist erfolgt eine klare Trennung zwischen Lernteil und Spielteil (vgl. Marr/Kaiser 2010; Petko 2008).

Der Begriff *Game-Based Learning* wurde durch James Paul Gee (vgl. Gee 2007) und Marc Prensky (vgl. Prensky 2001) bekannt und wird oftmals mit einem voranstehenden *digital* ergänzt, um zu verdeutlichen, dass der Fokus dabei auf Computer- und Videospielen liegt. Digitale Spiele binden ihre Nutzerinnen und Nutzer mit Hilfe von digitalen, regelbasierten Interaktionstechnologien innerhalb einer virtuellen Umgebung emotional an das Medium. Game-Based Learning bezieht sich dabei auf einen Lernbegriff, der Verhaltens- und Einstellungsänderungen, Wissenszuwachs, Persönlichkeitsentwicklung und die Aneignung oder Verbesserung von Fertigkeiten beinhaltet. Zu den Besonderheiten des Game-Based Learning gehört zum einen das Durchleben von Erfahrungen, die unter realen Umständen aus zeitlichen oder finanziellen Gründen nicht möglich wären. Zum anderen zeichnet sich diese Lernform durch ausgeprägte Interaktivität aus (vgl. Corti 2006, S. 11). Es finden sich zwar verschiedene Genres im Bereich des Game-Based Learning wieder, bisher haben sich allerdings noch keine einheitlichen Typologisierungskriterien durchgesetzt (vgl. Breuer 2010). Die Grundidee des *Digital Game-Based Learning* liegt im Einsatz digitaler Spiele in einem (formellen) Bildungskontext zur Förderung und Unterstützung von Lernprozessen (vgl. Le/Weber/Ebner 2013; Wagner 2008).

Oftmals wird Game-Based Learning gleichbedeutend zu *Serious Games* verwendet. Gemeinsam ist beiden Begriffen die Nutzung von spielerischen Elementen zu Lernzwecken in allen Bildungsbereichen und für alle Zielgruppen. Serious Games sind dabei ganz allgemein digitale Spiele, die nicht ausschließlich der Unterhaltung dienen. Meist herrscht eine Balance zwischen spielerischen Komponenten und bildenden Komponenten. Bezüglich des Genres, der verwendeten Theorie, der Zielgruppe und des Anwendungsgebiets zieht der Begriff *Serious Games* keinerlei Grenzen. Game-Based Learning kann als Lernkonzept betrachtet werden, das den Serious Games zu Grunde liegt (vgl. Breuer 2010, S. 14; Marr/Kaiser 2010).

Zwischen Spielen und Lernen besteht ein enger Zusammenhang und auch für das Lebenslange Lernen ist Spielen von großer Bedeutung (vgl.

Ganguin 2010). Befürworterinnen und Befürworter von Game-Based Learning nehmen an, dass Lernen in spielbasierten Lernumgebungen nebenbei und ohne bewusste Anstrengung abläuft (vgl. Kerres/Bormann/Vervenne 2009; Petko 2008). Game-Based Learning stellt einen möglichen Ansatz dar, um mit Hilfe von technologiegestütztem, aktivem Lernen eine intensive Auseinandersetzung mit Lernstoffen zu erreichen.

Zu den wesentlichen Merkmalen digitaler Spiele zählen Interaktivität, Multimedialität, Einbezug der oder des Lernenden, Herausforderung, Belohnung und das soziale Erlebnis (vgl. Breuer 2010, S. 15). Diese Charakteristika des Spielens sollen auf den Bildungskontext übertragen und für formale Lehr-Lernprozesse genutzt werden. Dabei liegt der Fokus spielerischen Lernens auf dem Erwerb von meta-kognitiven Fertigkeiten, Interaktivität und erhöhter Aufmerksamkeit (vgl. Kerres/Bormann/Vervenne 2009; Motyka 2012). Die Grundidee des Game-Based Learning besteht darin, die oder den Lernenden über einen spielorientierten Ansatz zu motivieren und diese Motivation auf die bildende Maßnahme zu übertragen. Der „Spaß am Lernen" und die intrinsische Motivation werden durch Game-Based Learning erhöht. Die Gamification-Elemente können eine Steigerung der Motivation und eine Übertragung dieser Motivation auf die bildende Maßnahme bewirken.

Das Motivationspotential bezieht sich in erster Linie auf die intrinsische Motivation. Für Game-Based Learning gilt aber auch, dass extrinsische Anreize wie Belohnungen oder Sanktionen die Motivation erhöhen können (vgl. Prensky 2007; Wechselberger 2012). Falco Rheinberg (vgl. Rheinberg 2008) gibt einige hilfreiche Hinweise, wie die Motivation in Lernspielen gefördert werden kann: Die Spielerin oder der Spieler sollte stets das Gefühl haben, die Lernsituation kontrollieren zu können, weshalb die Herausforderung des Spiels an die Fertigkeiten der Spielerin oder des Spielers angepasst werden soll. Die Lernziele, die in einer Lernumgebung verfolgt werden, müssen der oder dem Lernenden klar sein, ebenso wie das Feedback, das angemessen und unmittelbar erfolgen sollte. Die Erfahrungen innerhalb der Lernumgebung sollten fließend ablaufen und benutzerfreundlich gestaltet sein. Innerhalb der Lernumgebungen soll den Lernenden die Möglichkeit gegeben werden, Lernaktivitäten wiederholt zu üben, zu kontrollieren und zu reflektieren (vgl. Sawyer 2002).

3. Methodendiskussion

Im Rahmen der hier dargestellten empirischen Studie soll folgender Fragestellung nachgegangen werden: Welcher Zusammenhang besteht zwischen der Bewertung einer mit Aspekten des Game-Based Learning gestalteten Lehrveranstaltung und Merkmalen der Studierenden in Bezug auf ihr Vorwissen, ihre aktuelle Motivation, ihre epistemologischen Überzeugungen, Zielorientierung und ihre Technologieakzeptanz? Abbildung 1 gibt einen Überblick über das zu prüfende Forschungsmodell.

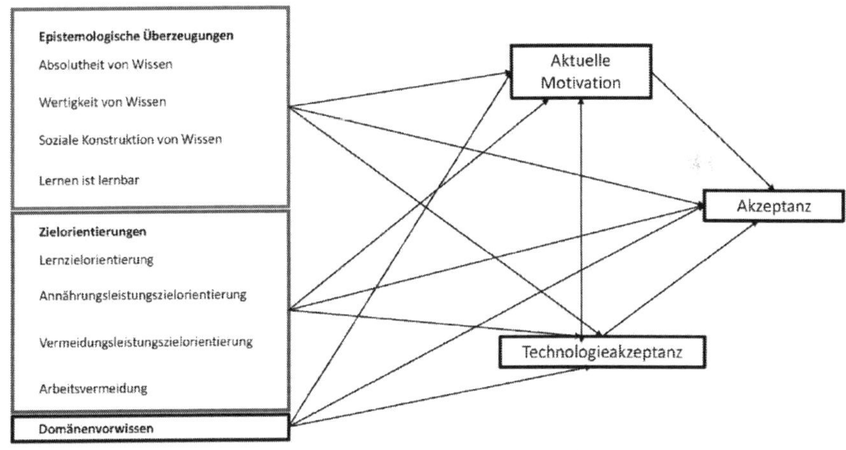

Abbildung 1: Überblick über das zu prüfende Forschungsmodell (eigene Darstellung)

In der vorliegenden Studie wurde der *Design-Based-Research*-Ansatz herangezogen, um das entwickelte Lehrszenario in der Praxis zu erproben, die Forschungsfragen zu beantworten und die daraus resultierenden Erkenntnisse für Lehrende aufzubereiten.

Der Design-Based-Research-Ansatz ist relativ offen und flexibel, bietet aber gleichzeitig einen systematischen, methodologischen Leitfaden (vgl. Wang/Hannafin 2005). Er wirkt der im pädagogischen Forschungsfeld häufig auftretenden Theorie-Praxis-Problematik insofern entgegen, als er auf die Stiftung bildungspraktischen Nutzens bei gleichzeitigem theoretischen Erkenntniserwerb zielt. Ausgehend von einem Problem in der Bildungspraxis wird als Lösung eine Intervention entwickelt (vgl. Reinmann 2005). Die auf Basis empirischer Erkenntnisse gestalteten Lernszenarien finden in der Praxis Anwendung, werden geprüft, evaluiert und schließlich sukzessive verbessert (vgl. Amiel/Reeves 2008). Im Fokus steht die Aufbereitung von Ergebnissen aus der experimentellen Laborforschung für die Lehre durch ihre anwendungsnahe Überprüfung in der Feldforschung. Der Design-Based-Research-Ansatz versucht damit eine Brücke zwischen Theorie und Praxis zu schlagen und die Interaktion und konstruktive Zusammenarbeit zwischen allen Expertinnen und Experten aus der wissenschaftlichen Forschung und der pädagogischen Lehrpraxis zu stärken (vgl. Reeves 2000). Damit kann die oftmals vorherrschende „klassische Rollentrennung zwischen dem Bildungsforscher, der die Interventionen und die Forschungsdesigns gestaltet und dem Praktiker, der sie erprobt und ausführt, [...] aufgeweicht" und ein breiteres Verständnis einer Problemstellung und ihres Kontextes geschaffen werden (Jahn 2017, S. 2).

Das Design eines Lernszenarios erfolgt prozesshaft durch das Durchlaufen eines Zyklus bestehend aus der Gestaltung, Evaluation und dem Re-Design eines Lernarrangements (vgl. Edelson 2002): Zunächst wird ein Lernszenario auf Grundlage empirischer Erkenntnisse designt und anschließend in der Umsetzungsphase in der Praxis erprobt. Die in diesem Rahmen gewonnenen Daten sind daraufhin auszuwerten und die Lehr-Lernprozesse zu rekonstruieren, zu analysieren und in Bezug auf das zugrundeliegende didaktische Design zu überprüfen. Zuletzt soll in der Interpretationsphase eine Übertragung der Ergebnisse auf andere didaktische Felder erfolgen (vgl. Edelson 2002). Durch dieses „Design-Experiment" kann der Gestaltungsprozess kritisch beobachtet und hinsichtlich möglicher Fehlerquellen kontrolliert werden.

Zusammenfassend kann festgehalten werden, dass die in dieser Studie fokussierten Fragestellungen mithilfe des Design-Based-Research-Ansatzes fundiert beantwortet werden können. Entsprechend des Grundprinzips des Ansatzes soll nicht nur der Zusammenhang zwischen der Bewertung des entwickelten Lehrszenarios und den Studierendenmerkmalen getestet, dokumentiert und interpretiert werden, sondern darüber hinaus Rückschlüsse auf Optimierungsmöglichkeiten curricularer Elemente und sich eröffnende pädagogische Handlungsmöglichkeiten sowie didaktische Strategien gezogen werden.

3.1 Stichprobe und Instrumente

Bei der durchgeführten Studie handelt es sich um eine *explorative Feldstudie*. Gegenstand war die *Akzeptanz* einer Lehrveranstaltung zur Mediensozialisation und Mediendidaktik, die gemäß dem Instruktionsansatz des *Game-Based Learning* gestaltet wurde. Sie war von einem spielerischen Aufbau geprägt und enthielt spieltypische Eigenschaften wie Regeln und Ziele, Einteilung in Levels, eine Wettbewerbssituation mit verschiedenen Möglichkeiten, Punkte zu erwerben.

Die Veranstaltung wurde im *Blended-Learning* Format angeboten. Teilnehmende waren 34 Lehramtsstudierende der Universität Regensburg (12 davon männlich und 22 weiblich). Zu Beginn der Lehrveranstaltung wurde das Vorwissen der Lernenden durch einen *Multiple-Choice-Test* erfasst. Es waren 14 Punkte erreichbar (M = 6,24; SD = 2,09).

Zu Beginn der Veranstaltung wurden mittels Fragebogen *aktuelle Motivation* (FAM), *Zielorientierung* (SELLMO-ST), *Technologieakzeptanz* (UTAUT) sowie *epistemologische Überzeugungen* (FEE) und die Einstellung zur Hilfenutzung erfasst. Die Konstrukte wurden mit Hilfe von schriftlichen Fragebögen erhoben. Dies erfolgte zum einen, weil sie auf anderem Wege nur schwer zugänglich sind, zum anderen, weil auf diese Weise ohne großen Organisationsaufwand die Daten von vielen Versuchspersonen erhoben werden können. Darüber hinaus entfällt der störende Einfluss einer Interviewerin beziehungsweise eines Interviewers oder einer Beobachterin beziehungsweise eines Beobachters und es kann auch innerhalb einer Lehrveranstaltung ein gewisses Maß an Anonymität gewährleistet werden.

Die Akzeptanz der Veranstaltung wurde zum Semesterende ebenfalls mittels Fragebogen erfasst (12 Items, 6-stufige Ratingskala). Es handelt sich um adaptierte Formulierungen des *Heidelberger Inventars zur Lehrveranstaltungs-Evaluation* (HILVE; vgl. Rindermann 1996). Abbildung 2 zeigt einen Überblick über die verwendeten Skalen mit Beispielitems.

Skala	Beispielitem
Fragebogen zur aktuellen Motivation (FAM)	
Interesse	Nach der Einführungsveranstaltung erscheint mir das Thema des Seminars sehr interessant.
Erfolgserwartung	Ich glaube, der Schwierigkeit dieses Seminars gewachsen zu sein.
Misserfolgsbefürchtung	Wahrscheinlich werde ich die Leistungsanforderungen nicht schaffen.
Herausforderung	Das Seminar ist eine richtige Herausforderung für mich.
Fragebogen zur Technologieakzeptanz (UTAUT)	
Leistungserwartung	Wenn ich den Computer als Lernwerkzeug benutze, erhöhen sich meine Chancen auf gute Noten.
Aufwandserwartung	Mit Hilfe des Computers als Lernwerkzeug kann ich Aufgaben schneller erledigen.
Erleichternde Umstände	Ich habe alles, was ich brauche, um den Computer als Lernwerkzeug zu nutzen.
Sozialer Einfluss	Im Allgemeinen unterstützt meine Universität/ Institution die Nutzung des Computers als Lernwerkzeug.
Nutzungsverhalten	Ich benutze Computer regelmäßig (allgemein).
Computerängstlichkeit	Es macht mir Angst, dass ich bei der Nutzung des Computers als Lernwerkzeug viele Informationen verlieren kann, indem ich die falsche Taste drücke.
Skalen zur Erfassung der Lern- und Leistungsmotivation (SELLMO_ST)	
Lernzielorientierung	Etwas Interessantes zu lernen.
Annäherungs-Leistungszielorientierung	Im Studium geht es mir darum, bessere Noten oder Beurteilungen zu bekommen als andere.
Vermeidungs-Leistungszielorientierung	Im Studium geht es mir darum, dass niemand merkt, wenn ich etwas nicht verstehe.
Arbeitsvermeidung	Im Studium geht es mir darum, zu Hause keine Arbeiten erledigen zu müssen.
Fragebogen zur Erfassung epistemischer Überzeugungen (FEE)	
Erlernbarkeit von Lernen	Man kann das Lernen lernen.
Absolutheit von Wissen	Es gibt unumstößliche Wahrheiten.
Wertigkeit von Wissen	Wissenschaftliche Erkenntnisse, die keinen praktischen Nutzen haben, sind wertlos.
Soziale Konstruiertheit von Wissen	Nur wenn jemand auch in der Lage ist, sein Wissen anderen mitzuteilen, kann man sicher sein, dass das Wissen auch vorhanden ist.
Akzeptanz der Lehrveranstaltung	Der Besuch der Veranstaltung hat sich gelohnt.

Abbildung 2: Überblick über die verwendeten Skalen mit Beispielitems (eigene Darstellung)

4. Methodensetting und -beschreibung

In diesem Kapitel soll zunächst auf die Gestaltung der Lernumgebung eingegangen werden, anschließend wird das Vorgehen bei der Voranalyse sowie bei der Prüfung des Forschungsmodells beschrieben.

4.1 Lernumgebung

Im Rahmen der Lehrveranstaltung bearbeiteten die Studierenden vielfältige in einem *Moodle*-Kurs implementierte multimediale Lerninhalte zur Thematik der Veranstaltung. Die Themen wurden über Levels strukturiert. Die Bewältigung eines Levels erfordert die Lösung von Einzel- und Gruppenaufgaben. Nach Abschluss eines Levels wurde das jeweils darauffolgende Level durch die Kursleitung freigeschaltet. Die Studierenden konnten in jedem Level zwischen verschiedenen Aufgabenformaten wählen (zum Beispiel Mindmap, Wimmelbild, Video, Podcast, Moodle-Lehreinheit). Die von den Studierenden erstellten Lerninhalte wurden von ihnen selbst in einem entsprechenden Moodle-Praxiskurs eingebunden. Auch für Forenbeiträge und Wiki-Einträge wurden Punkte vergeben. Über die individuelle Punktzahl (Kombinationswert aus Einzel- und Teampunkten) wurde die Note ermittelt. Das Team mit der höchsten Punktzahl erhielt zum Seminarabschluss einen Preis.

Inhaltlich waren alle Level äquivalent aufgebaut: Sie starteten mit der Präsentation zentraler Inhalte zu den Themen des Levels in unterschiedlicher medialer Aufbereitung. Es folgte eine impulsbasierte Forendiskussion; Impulse waren beispielsweise Inhalte aktueller Medienberichterstattungen oder auch Beispiele zu zentralen Themen des Levels, wie zum Beispiel ein Filmausschnitt aus dem Film *König der Löwen* als Ausgangspunkt einer Diskussion zum Thema emotionale Medienwirkung. An die Forendiskussion schlossen sich die jeweils mindestens drei unterschiedlichen Einzelaufgaben mit den zugehörigen Erläuterungen an. Abbildung 3 zeigt einen Screenshot aus der Lernumgebung des Seminars.

Abbildung 3: Screenshots aus der Lernumgebung (eigene Darstellung)

4.2 Voranalysen

Bei allen verwendeten Fragebögen handelt es sich um etablierte Messverfahren. Sie erfüllen die drei elementaren Gütekriterien *Objektivität, Reliabilität* und *Validität*. Dennoch wurden zu Beginn der Auswertung alle Skalen auf *Reliabilität* geprüft. Die Skala Herausforderung des FAM zeigte eine unzureichende Reliabilität (Cronbachs Alpha <.60) und wurde daraufhin bei der weiteren Auswertung ausgeschlossen. Die Skalen *Annäherungsleistungsziele* und *Vermeidungsleistungsziele* zeigten eine hochsignifikante positive Korrelation (r = .75; p<.01) und wurden daraufhin zu einer Skala *Leistungsziele* aggregiert.

Vor der Untersuchung der konstatierten Wirkzusammenhänge wurden *Mittelwerte, Standardabweichungen* und *Korrelationen* der einbezogenen Skalen berechnet (vgl. Abbildung 4). Anschließend wurde eine Pfadanalyse zur Überprüfung des angenommenen Modells unter Verwendung von Maximum-Likelyhood-Schätzungen eingesetzt.

Gemäß Kristopher J. PREACHER und Andrew F. HAYES (vgl. Preacher/Hayes 2008) gestatteten wir die Kovariation der Residuen der mediierenden Variablen. Alle Berechnungen wurden mit der Software *R* durchgeführt.

Variable	M	SD	1	2	3	4	5	6	7	8	9	10
Akzeptanz	4,59	0,83	(1)									
Aktuelle Motivation	4,37	0,73	,42**	(1)								
Technologie-akzeptanz	4,51	0,39	,43**	,08	(1)							
Lernziele	4,31	0,54	,11	,14	,33*	(1)						
Leistungsziele	2,90	0,73	-,10	-,30	-,08	,26	(1)					
Arbeitsver-meidung	2,14	0,67	-,16	-,26	-,29*	-,38*	,27	(1)				
Absolutheit von Wissen	3,27	0,52	-,12	-,35*	-,28	-,27	0	,35*	(1)			
Wertigkeit von Wissen	3,52	0,88	-,27	-,10	-,40	-,22	-,02	,30*	,30*	(1)		
Soziale Kon-struiertheit von Wissen	3,72	1,09	,39*	,10	,55**	-,03	,18	,04	-,25	-,30*	(1)	
Erlernbarkeit des Lernens	4,71	0,63	,20	,41**	,08	,38*	-,06	,12	,22	-,02	-,21	(1)
Domänen-vorwissen	6,23	2,09	-1,3	0	-,27	-,10	,30*	,37*	0	,12	-,23	,03

Abbildung 4: Mittelwerte (M), Standardabweichungen (SD) und bivariate Korrelationen[1] (eigene Darstellung)

4.3 Überprüfung des Forschungsmodells

Pfadkoeffizienten sind standardisierte partielle Regressionskoeffizienten. Sie können dementsprechend direkt miteinander verglichen werden. Sie kennzeichnen jeweils den eigenständigen Anteil aufgeklärter Varianz durch eine spezifische unabhängige Variable bei gleichzeitiger Kontrolle der anderen unabhängigen Variablen. Je größer der Pfadkoeffizient, desto größer seine Bedeutung für die abhängige Variable.

Das konstatierte Forschungsmodell nimmt an, dass die *Akzeptanz* der Lehrveranstaltung mittelbar oder unmittelbar beeinflusst wird durch die aktuelle Motivation der Lernenden, ihre Technologieakzeptanz, die episte-

[1] ** die Korrelation ist auf dem Niveau von 0,01 einseitig signifikant, * die Korrelation ist auf dem Niveau von 0,05 einseitig signifikant.

mologischen Überzeugungen, die Zielorientierung und das Domänenvorwissen. Ein mittelbarer Einfluss wird angenommen über den Zusammenhang der epistemologischen Überzeugungen, der Zielorientierungen und des Domänenvorwissens mit der aktuellen Motivation und der Technologieakzeptanz. Es werden im explorativen Pfadmodell entsprechend linear Effekte der Variablen *Aktuelle Motivation, Technologieakzeptanz* und *Domänenvorwissen* zugelassen. Epistemologische Überzeugungen und Zielorientierungen sind inhaltlich nicht sinnvoll unter einer jeweils gemeinsamen Skala zu subsummieren. Hier gehen die einzelnen Skalen in das Modell ein (*Erlernbarkeit von Lernen, Soziale Konstruktion von Wissen, Wertigkeit von Wissen, Absolutheit von Wissen, Lernzielorientierung, Leistungszielorientierung* und *Arbeitsvermeidung*).

Abbildung 5 gibt einen Überblick über die signifikanten Pfadkoeffizienten. Die größte Bedeutung für die Akzeptanz der Lehrveranstaltung hat – wie Abbildung 5 zeigt – die Variable *Soziale Konstruktion von Wissen* mit einem erheblichen Totaleffekt von 0,87. Der Totaleffekt setzt sich aus einem direkten und einem indirekten Effekt zusammen: Der direkte Effekt von *Soziale Konstruktion von Wissen* auf die Akzeptanz beträgt 0,47; der über *Aktuelle Motivation* und *Technologieakzeptanz* vermittelte indirekte Effekt errechnet sich durch 0,26x-0,61 + 0,58x0,41 = 0,40. Der indirekte Effekt wird als Produkt der Pfadkoeffizienten der zusammengesetzten Pfade von der Variable *Soziale Konstruktion von Wissen* zur Variable *Akzeptanz* berechnet. Die Produkte werden dann addiert. Inhaltlich verdeutlicht dieses Ergebnis, dass das Ausmaß, in dem Studierende den Lernerfolg als Resultat eines gemeinsamen Diskurses begreifen, einen positiven Zusammenhang mit der Akzeptanz des instruktionalen Kursdesigns aufweist, das – bedingt durch die Anforderungen kollaborativer Zusammenarbeit – in starkem Maß sozialen Austausch erfordert.

Die äquivalente Vorgehensweise ergibt für die Variable *Erlernbarkeit von Lernen* einen Totaleffekt von 0,74. Zusammen mit den Variablen *Aktuelle Motivation* (0,61) und *Technologieakzeptanz* (0,41) weisen sie den größten Zusammenhang mit dem Kriterium auf. Inhaltlich bedeutet dies, dass die Akzeptanz des gewählten instruktionalen Designs in starkem Maß damit zusammenhängt, wie positiv die Studierenden gegenüber der Nutzung digitaler Medien im Lernkontext eingestellt sind, bedingt durch den hohen Anteil digitaler Lehre in diesem Blended-Learning-Setting.

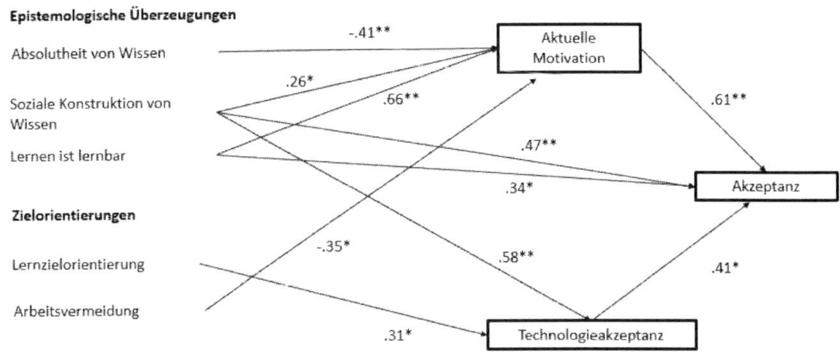

Abbildung 5: Überblick über die signifikanten Pfadkoeffizienten (eigene Darstellung)

Zielorientierungen dagegen wirken ausschließlich mittelbar über ihren Zusammenhang mit der aktuellen Motivation und der Technologieakzeptanz auf die Akzeptanz des Veranstaltungsformates, ebenso die epistemologische Überzeugung, Wissen sei absolut. Das Domänenvorwissen weist weder einen mittelbaren noch einen unmittelbaren Zusammenhang mit der Akzeptanz des Veranstaltungsformats auf. Insgesamt ergibt sich für die Kriteriumsvariable ein R^2 von .51.

5. Reflexion

Bei der vorliegenden Studie handelt es sich um eine gemäß dem Ansatz des *Design-Based Research* im konkreten Kontext eines Lernsettings durchgeführte *Feldstudie*. Im Rahmen einer Lehrveranstaltung zur Entwicklung medienpädagogischer Kompetenz von Lehramtsstudierenden wurden Elemente des Game-Based Learning im Rahmen eines Blended-Learning-Veranstaltungsformates in einer moodle-basierten Lernplattform implementiert. Teilnehmende der Studie waren dementsprechend die 34 Teilnehmenden der Lehrveranstaltung. Die Dozierenden der Lehrveranstaltung waren gleichzeitig die Durchführenden der Studie.

Untersucht wurde der Zusammenhang zwischen Lernendenmerkmalen und der Akzeptanz des Veranstaltungsformats. Silke SCHWORM und Hans GRUBER (vgl. Schworm/Gruber 2018) konnten die Relevanz von epistemologischen Überzeugungen in ihrem Zusammenhang mit Zielorientierungen und Lernstrategieeinsatz im konkreten Lehrkontext aufzeigen. Silke SCHWORM und Lisa HOLZER-SCHULZ (vgl. Schworm/Holzer-Schulz 2018) belegen in ihrer experimentellen Studie die Relevanz aktueller Motivation für die Akzeptanz einer szenario-basierten eLearning-Umgebung.

Im Fokus der vorliegenden Studie steht die *Identifikation von Lernendenmerkmalen*, die die Akzeptanz medial vermittelter Lerninhalte beeinflussen. Es wird davon ausgegangen, dass die Akzeptanz der Lernumgebung eine wesentliche Voraussetzung für den Lernerfolg darstellt. Dieser Zusammenhang wird in der vorliegenden Studie jedoch nicht explizit überprüft.

Die Ergebnisse konnten die im zweiten Kapitel bereits beschriebenen, erwarteten Zusammenhänge bestätigen. Die Einstellungen Studierender, *Wissen sei sozial konstruiert* und *Lernen sei erlernbar*, zeigen einen mittelbaren und unmittelbaren Effekt auf die Akzeptanz des Veranstaltungsformats. Darüber hinaus zeigen Studierende mit der Überzeugung, *Wissen sei sozial konstruiert*, eine höhere *Technologieakzeptanz*. Diese wiederum zeigt den erwarteten hohen Zusammenhang mit der allgemeinen Akzeptanz einer Lehrveranstaltung, deren didaktisches Konzept die Verwendung von Technologie voraussetzt.

Anhand signifikanter Pfadkoeffizienten wird die positive Auswirkung der Überzeugung Lernender, sich spezifische Lernkompetenzen (im Sinne von Lernen im Rahmen eines spielebasierten Lernsettings) aneignen zu können, auf die aktuelle Motivation (die durch Interesse, Hoffnung auf Erfolg und geringe Furcht vor Misserfolg gekennzeichnet ist) und auch auf die Wertschätzung der Seminargestaltung deutlich. Hier dürfte auch eine mögliche Erklärung für den positiven Zusammenhang der Lernzielorientierung mit der Technologieakzeptanz zu finden sein. Die signifikante positive Korrelation zwischen der epistemologischen Überzeugung, dass *Lernen erlernbar* ist, und der *Lernzielorientierung* (vgl. Abbildung 4) – die jedoch nicht Bestandteil des pfadanalytischen Modells ist – stützt diese Interpretation.

Überraschend ist die nicht vorhandene Bedeutung des domänenspezifischen Vorwissens – zumindest in der Form, wie es hier zu Lehrveranstaltungsbeginn erfasst wurde.

Bei der Interpretation der Ergebnisse müssen einige *methodische Defizite* der Studie berücksichtigt werden. Allem voran sind die *geringe Stichpro-*

bengröße und die *fehlende Kontrollbedingung* anzuführen. Bedingt durch die geringe Zahl der Teilnehmenden lässt sich die *Güte des Modells* nur unzulänglich prüfen. Entsprechende Kennwerte sind nicht interpretierbar und wurden aus diesem Grund auch nicht berichtet. Auch lässt sich schwer feststellen, welches konkrete Merkmal der Lehrveranstaltung hier für die Einschätzung der Studierenden maßgeblich war. Verschiedene Merkmale der Lehrveranstaltung waren den Studierenden gleichermaßen wenig vertraut: der explizite Einsatz eines Blended-Learning-Formats, die Aspekte des Game-Based Learning, die Aufgabenformate (wie die Gestaltung einer multimedialen Lernumgebung) waren für alle Teilnehmenden gleichermaßen neu – ebenso die deklarativen Wissensinhalte.

Forschungsmethodisch günstig wäre eine *getrennte Untersuchung* der angeführten Veranstaltungsmerkmale, um die Relevanz der angeführten Lernendenmerkmale für jedes dieser Veranstaltungsmerkmale angemessen prüfen zu können. Nach Meinung der Autorinnen ist dieses Vorgehen jedoch in der regulären Hochschullehre nicht oder nur sehr schwer praktisch umzusetzen.

Um jedoch eine valide Aussage über kausale Einflüsse von Lernendenmerkmalen auf die Einschätzung einer Lehrveranstaltung machen zu können oder auch – was das Ziel dieser Forschendengruppe ist – genauer zu elaborieren, für welche Studierenden welche Veranstaltungsformate lernförderlich und unterstützend sind, müssen die hier gefundenen Ergebnisse an einer größeren Stichprobe und unter kontrollierten Bedingungen repliziert und erweitert werden.

Abbildungsverzeichnis

Literaturverzeichnis

- Abdul Jabbar, Azita Iliya/Felicia, Patrick (2015): Gameplay Engagement and Learning in Game-Based Learning. A Systematic Review, in: Review of Educational Research 85 (4), S. 740–779
- Amiel, Tel/Reeves, Thomas C. (2008): Design-Based Research and Educational Technology. Rethinking Technology and the Research Agenda, in: Educational Technology & Society 11 (4), S. 29–40
- Arnold, Patricia/Kilian, Lars/Thillosen, Anne/Zimmer, Gerhard (2011): Handbuch E-Learning – Lehren und Lernen mit digitalen Medien, Bielefeld: Bertelsmann
- Breuer, Johannes (2010): Spielend lernen? Eine Bestandsaufnahme zum (Digital) Game-based Learning, in: LfM-Dokumentation 41 [Onlinedokument: publikationen.medienanstalt-nrw.de/modules/pdf_download.php?products_id=190, aufgerufen am 11. April 2019]
- Corti, Kevin (2006): Game-based Learning – A Serious Business Application, in: PIXELearning Limited [Onlinedokument: cs.auckland.ac.nz/courses/compsci777s2c/lectures/lan/serious%20games%20business%20applications.pdf, aufgerufen am 11. April 2019]
- Edelson, Daniel C. (2002): Design Research – What we Learn when we Engage in Design, in: The Journal of Learning Sciences 11 (1), S. 105–112
- Ehlers, Ulf-Daniel (2011): Qualität im E-Learning aus Lernersicht, Wiesbaden: Springer VS
- Ganguin, Sonja (2010): Computerspiele und lebenslanges Lernen. Eine Synthese von Gegensätzen (Medienbildung und Gesellschaft 13), Wiesbaden: Springer VS
- Gee, James P. (2007): What Video Games have to Teach Us about Learning and Literacy, New York: Palgrave Macmillan
- Griesehop, Hedwig Rosa (2017): Wege in die Online-Lehre. Wie lassen sich Lehrende gewinnen und motivieren?, in: Griesehop, Hedwig Rosa/Bauer, Edith (Hrsg.): Lehren und Lernen online – Lehr- und Lernerfahrungen im Kontext akademischer Online-Lehre, Wiesbaden: Springer VS
- Gysbers, Andre (2008): Lehrer – Medien – Kompetenz. Eine empirische Untersuchung zur medienpädagogischen Kompetenz und Performanz niedersächsischer Lehrkräfte, Berlin: Vistas

- Heublein, Ulrich/Wolter, Andrä (2011): Studienabbruch in Deutschland. Definition, Häufigkeit, Ursachen, Maßnahmen, in: ZfPäd 57 (2), S. 214–236
- Holzinger, Andreas (2001): Basiswissen Multimedia (Band 3: Design), Würzburg: Vogel-Fachbuch
- Jahn, Dirk (2017): Entwicklungsforschung aus einer handlungstheoretischen Perspektive. Was Design Based Research von Hannah Arendt lernen könnte, in: EDeR – Educational Design Research 1 (2), S. 1–17
- Kaminski, Winfred/Lorber, Martin (2012): Game-based Learning (Clash of Realities 2012), München: kopaed
- Karabenick, Stuart A./Berger, Jean-Louis (2013): Help Seeking as a Self-regulated Learning Strategy, in: Kitsantas, Anastasia/Zimmerman, Barry J./ Schunk, Dale H./Bembenutty, Hefer/Cleary, Timothy J. (Hrsg.): Applications of Self-regulated Learning across diverse Disciplines, NC: Information Age Pub, S. 237–261
- Ke, Fengfeng/Abras, Tatiana (2013): Games for Engaged Learning of Middle School Children with Special Learning Needs, in: British Journal of Educational Technology 44 (2), S. 225–242
- Kerres, Michael/Bormann, Mark/Vervenne, Marcel (2009): Didaktische Konzeption von Serious Games. Zur Verknüpfung von Spiel und Lernangeboten, in: MedienPaedagogik, S. 1–16 [Onlinedokument: doi.org/ 10.21240/mpaed/00/2009.08.25.X, aufgerufen am 11. April 2019]
- Kerres, Michael/de Witt, Claudia/Stratmann, Jörg (2002): E-Learning – Didaktische Konzepte für erfolgreiches Lernen, in: von Schuchow, Karlheinz/Guttman, Joachim (Hrsg.): Jahrbuch Personalentwicklung & Weiterbildung 2003, Neuwied: Luchterhand
- Klampfer, Alfred (2013): E-Portfolios als Instrument zur Professionalisierung in der Lehrer- und Lehrerinnenausbildung. Bewertung technologischer und motivationaler Faktoren der Nutzung durch Studierende, Glückstadt: Hülsbusch
- Kommer, Sven (2010): Kompetenter Medienumgang? Eine qualitative Untersuchung zum medialen Habitus und zur Medienkompetenz von SchülerInnen und Lehramtsstudierenden, Leverkusen: Budrich UniPress
- Le, Son/Weber, Peter/Ebner, Martin (2013): Game-Based Learning – Spielend lernen? in: Ebner, Martin/Schön, Sandra (Hrsg.): L3T – Lehrbuch für Lernen und Lehren mit Technologien, Norderstedt: Books on Demand, S. 219–228

- Leutner, Detlef (1992): Adaptive Lehrsysteme – Instruktionspsychologische Grundlagen und experimentelle Analysen, Weinheim: Beltz
- Liu, Chen-Chung/Cheng, Yuan-Bang/Huang, Chia-Wen (2011): The Effect of Simulation Games on the Learning of Computational Problem Solving, in: Computers&Education 57 (3), S. 1907–1918
- Marr, Ann/Kaiser, Ronald (2010): Serious Games für die Informations- und Wissensvermittlung, Wiesbaden: Dinges & Frick
- Meier, Christoph/Seufert, Sabine (2004): Game-based Learning – Erfahrungen mit und Perspektiven für digitale Lernspiele in der beruflichen Bildung, in: Hohenstein, Andreas/Wilbers, Karl (Hrsg.): Handbuch E-Learning, Köln: Fachverlag Deutscher Wirtschaftsdienst
- MMB (2012): Weiterbildung und Digitales Lernen heute und in drei Jahren. Mobile Learning – kurzer Hype oder stabiler Megatrend? Ergebnisse der Trendstudie MMB Learning Delphi 2012, in: MMB Trendmonitor, S. 1–12 [Onlinedokument: mmb-institut.de/wp-content/uploads/mmb-Trendmonitor_2011.pdf, aufgerufen am 11. April 2019]
- Motyka, Marc (2012): Persuasion und Wissenserwerb durch Serious Games im Politikunterricht, Kassel: kassel university press
- Petko, Dominik (2008): Unterrichten mit Computerspielen. Didaktische Potenziale und Ansätze für den gezielten Einsatz in Schule und Ausbildung, in: MedienPaedagogik 15, S. 1–15 [Onlinedokument: doi. org/10.21240/mpaed/15+16/2008.11.07.X, aufgerufen am 11. April 2019]
- Preacher, Kristopher J./Hayes, Andrew F. (2008): Asymptotic and Resampling Strategies for Assessing and Comparing Indirect Effects in Multiple Mediator Models, in: Behavior Research Methods 40 (3), S. 879–891
- Prensky, Marc (2001): Digital Game-based Learning, New York: McGraw-Hill
- Reeves, Thomas C. (2000): Enhancing the Worth of Instructional Technology Research through „Design Experiments" and Other Development Research Strategies, in: Annual Meeting of the American Educational Research Association, New Orleans, LA, S. 1–15
- Reinmann, Gabi (2005). Innovation ohne Forschung? Ein Plädoyer für den Design-Based-Research-Ansatz in der Lehr-Lernforschung, in: Unterrichtswissenschaft 33, S. 52–69
- Rheinberg, Falko (2008): Motivation, Stuttgart: Kohlhammer

- Rindermann, Heiner (1996): Zur Qualität studentischer Lehrveranstaltungsevaluationen. Eine Antwort auf Kritik an der Lehrevaluation, in: ZfPäd 10 (3–4), S. 129–145
- Schworm, Silke/Gruber, Hans (2018): Learning Theories – The Impact of Goal-orientations, Epistemic Beliefs and Learning Strategies on Help Seeking, in: Spector, Michael J./Lockee, Barbara B./Childress, Marcus D. (Hrsg.): Learning, Design, and Technology. An International Compendium of Theory, Research, Practice, and Policy, New York: Springer, S. 1–22
- Schworm, Silke/Gruber, Hans (2012): E-Learning in Universities. Supporting Help-seeking Processes by Instructional Prompts, in: British Journal of Educational Technology 43 (2), S. 272–281
- Schworm, Silke/Holzer-Schulz, Lisa (2018): Flow-experience and Acceptance in Scenariobased E-Learning Settings in Higher Education. An Empirical Comparison of Goalbased and Gamebased Learning Environments, in: Bastiaens, Philippe/Van Braak, Johan/Brown, Mark/Cantoni, Lorenzo/Christensen, Rhonda/Davidson-Shivers, Gayle V./DePryck, Koen/Ebner, Martin/Fominykh, Mikhail/Fulford, Catherine/Hatzipanagos, Stylianos/Knezek, Gerald/Kreijns, Karel/Marks, Gary/Sointu, Erkko/Korsgaard Sorensen, Elsebeth/Viteli, Jarmo/Voogt, Joke/Weber, Peter/Weippl, Edgar/Zawacki-Richter, Olaf (Hrsg.): Proceedings of EdMedia – World Conference on Educational Media and Technology, Amsterdam: Association for the Advancement of Computing in Education (AACE), S. 2117–2126
- Tan, Jean Lee/Goh, Dion Hoe-Lian/Ang, Rebecca P./Huan, Vivien S. (2013): Participatory Evaluation of an Educational Game for Social Skills Acquisition, in: Computers&Education 64, S. 70–80
- Wagner, Michael (2008): Interaktionstechnologie im gesellschaftlichen Spiel, in: Mitgutsch, Konstantin/Rosenstingl, Holger (Hrsg.): Faszination Computerspielen. Theorie – Kultur – Erleben, Wien: Braumüller, S. 47–55
- Wang, Feng/Hannafin, Michael J. (2005): Design-Based-Research and Technology-Enhanced Learning Enviroments, in: Educational Technology Research and Development 53 (4), S. 5–23
- Wechselberger, Ulrich (2012): Game-based Learning zwischen Spiel und Ernst. Das Informations- und Motivationspotenzial von Lernspielen aus handlungstheoretischer Perspektive, München: kopaed

(Methoden-)Literatur zum Weiterlesen

- Moschner, Barbara/Gruber, Hans (2017): Erfassung epistemischer Überzeugungen mit dem FEE, in: Bernholt, Andrea/Gruber, Hans/Moschner, Barbara (Hrsg.): Wissen und Lernen. Wie epistemische Überzeugungen Schule, Universität und Arbeitswelt beeinflussen, Münster: Waxmann, S. 17–37
- Nistor, Nicolae/Lerche, Thomas/Weinberger, Armin/Ceobanu, Ciprian/Heymann, Oliver (2014): Towards the Integration of Culture into the Unified Theory of Acceptance and Use of Technology, in: British Journal of Educational Technology 45 (1), S. 36–55 [Onlinedokument: doi.org/10.1111/j.1467-8535.2012.01383.x, aufgerufen am 11. April 2019]

Lizenz

Verzeichnis der Autorinnen, Autoren und Mitwirkenden

In diesem Verzeichnis werden neben den Autorinnen und Autoren des vorliegenden Bandes auch die Mitwirkenden genannt, die an den bereits erschienenen Bänden, im Online-Repository, im Redaktions- und Reviewerteam sowie an der Webplattform mitwirkten beziehungsweise mitwirken.

Simone Adams-Weggen, Sozialwissenschaftlerin, M. A., und Pädagogin für Kultur und Medien, B. A.; Schwerpunkte ihrer Arbeit sind kreative und aktive Medienprojekte mit Video, Foto und Audio sowie Projektentwicklung für inklusive und integrative Arbeit im Kunst- und Medienbereich.

Caroline Baetge, M. A., studierte an der Universität Leipzig Kommunikations- und Medienwissenschaft sowie Medienpädagogik; von 2013 bis 2017 war sie dort als Wissenschaftliche Mitarbeiterin an der Professur für Medienkompetenz- und Aneignungsforschung beschäftigt sowie Projektleiterin der intergenerationellen Redaktion *Medienclub Leipziger Löwen*; seit Dezember 2017 ist sie pädagogische Mitarbeiterin im Bereich *Erweiterte Lernwelten* an der Volkshochschule Leipzig.

Prof. Dr. **Dagmar Beinzger** ist seit 2008 Professorin an der Fakultät *Soziale Arbeit, Gesundheit und Pflege* der Hochschule in Esslingen; ihre Lehr- und Forschungsschwerpunkte liegen in den Bereichen sozialpädagogische Bildung/Bildungsforschung sowie Gender.

Prof. Dr. **Angelika Beranek** ist seit 2015 Professorin an der Hochschule München mit dem Schwerpunkt *Medienbildung*; dort leitet sie das Computerspielelabor, das Medienlabor und den Masterstudiengang Angewandte Forschung in der Sozialen Arbeit; sie beschäftigt sich mit den Auswirkungen der Digitalisierung auf alle Arbeitsbereiche der Sozialen Arbeit.

Jun.-Prof. Dr. phil. **Patrick Bettinger** hat seit 2018 die Juniorprofessur für *Erziehungswissenschaftliche Medienforschung* an der Universität zu Köln inne; er studierte Erziehungswissenschaft mit den Schwerpunkten Erwachsenenbildung und Medienpädagogik an der Johannes Gutenberg-

Universität Mainz, war als Wissenschaftlicher Mitarbeiter an den Universitäten Augsburg sowie Hamburg tätig und promovierte 2017 im Bereich der Medienbildungsforschung; seine Forschungsschwerpunkte sind unter anderem qualitative Methoden und Methodologien (insbesondere praxis- und diskursanalytische Ansätze) sowie (Medien-)Bildungstheorie, Mediatisierung und Mediensozialisation.

Joachim Betz ist Lehrbeauftragter am sonderpädagogischen Seminar für Didaktik und Lehrerbildung in Stuttgart.

Prof. Dr. **Ralf Bohnsack** ist Professor a. D. für *Qualitative Methoden in den Sozialwissenschaften* an der Freien Universität Berlin; seine Arbeitsschwerpunkte sind Praxeologische Wissenssoziologie, Dokumentarische Methode, Rekonstruktiv-praxeologische Sozialforschung, Gesprächs-, Interaktions-, Bild- und Videoanalyse, Milieu-, Organisations-, Professions- und Evaluationsforschung.

Hannah Bolz ist Studienrätin an einem bayerischen Gymnasium und Wissenschaftliche Mitarbeiterin am Lehrstuhl für *Pädagogik mit dem Schwerpunkt Medienpädagogik* an der Friedrich-Alexander-Universität Erlangen-Nürnberg; sie ist Koordinatorin des *Erweiterungsstudiengangs Medienpädagogik* für alle Lehrämter; ihr Schwerpunkt liegt im Bereich der Mediensozialisationsforschung.

Dr. **Marion Brüggemann** ist Wissenschaftlerin am Institut für Informationsmanagement Bremen GmbH – ifib; ihre Arbeitsschwerpunkte sind die Medienkompetenzförderung in unterschiedlichen pädagogischen Feldern und institutionellen Kontexten (Kita, Schule, betriebliche Berufsausbildung) sowie die medienpädagogische Professionalisierung; sie gehört dem Bundesvorstand der Gesellschaft für Medienpädagogik und Kommunikationskultur – GMK an.

Christine Dallmann, M. A., studierte Erziehungswissenschaft, Soziologie und Rechtswissenschaft in Dresden und ist seit 2011 Wissenschaftliche Mitarbeiterin an der Professur für *Medienpädagogik der Fakultät Erziehungswissenschaften* der TU Dresden.

Valentin DANDER, M. A., promoviert bei Kai-Uwe HUGGER an der Universität zu Köln im Themengebiet *Subjekt – Daten – Bildung*; er ist aktuell im OER-Projekt LOERSH an der Europa-Universität Flensburg tätig; seine Forschungsschwerpunkte sind unter anderem digitale Lern- und Bildungsräume, digitale Daten, Medienkritik, Bildungstheorie, Diskursforschung und mediale Dispositive.

Dr. **Christoph EISEMANN** ist Dozent für Wirtschaftskommunikation an der Hochschule für Wirtschaft FHNW in Basel; an der Abteilung Medienpädagogik der Pädagogischen Hochschule Ludwigsburg forschte er für sein Dissertationsprojekt zur Jugendkultur *C Walk* im Social Web; die Arbeit wurde 2016 mit dem Promotionspreis der *Sektion Medienpädagogik* der Deutschen Gesellschaft für Erziehungswissenschaft – DGfE ausgezeichnet.

Olga ENGEL, M. A., MBA, ist Geschäftsführende Direktorin des Frankfurter Technologiezentrum [:Medien] – FTzM der Frankfurt UAS; sie engagiert sich unter anderem als Lektorin in den Publikationsprojekten des FTzM sowie als Organisatorin der Frankfurter Fachtagung und Medienmesse *fraMediale*; zurzeit widmet sie sich ihrer Dissertation zum Wandel des Wissenschafts- und Methodenbegriffs vor dem Hintergrund von Technologisierung und des digitalen Wandels.

Felix FISCHER ist derzeit Masterstudent am Fachbereich Erziehungswissenschaften an der Goethe-Universität Frankfurt am Main; neben seiner Tätigkeit als Tutor arbeitet er als studentische Hilfskraft am Archiv für Pädagogische Kasuistik – ApaeK, hier vor allem an der Pilotstudie *Forschungskapazitäten für die qualitative Forschung durch Kollaboration und semantische Auszeichnung* im CEDIFOR-Projekt.

Prof. Dr. phil. **Sonja GANGUIN** ist seit 2014 Professorin für *Medienkompetenz- und Aneignungsforschung* am Institut für Kommunikations- und Medienwissenschaft sowie Direktorin des Zentrums für Medien und Kommunikation – ZMK an der Universität Leipzig; ihre Arbeitsschwerpunkte sind Medienkompetenz, Medienkritik, Mobile Medien, Digitale Spiele und empirische Medienforschung.

Dr. **Alexander Geimer** promovierte 2009 an der FU Berlin über Praktiken der Aneignung von Spielfilmen und der Bildung durch ästhetische Erfahrungen; von 2012 bis 2018 war er Juniorprofessor für *Soziologie, insbesondere Methoden der qualitativen Sozialforschung* an der Universität Hamburg, seit Oktober 2018 ist er Wissenschaftlicher Mitarbeiter am Institut für Rehabilitationswissenschaften an der HU Berlin; seine Schwerpunkte liegen im Bereich der Kultur-, Wissens- und Mediensoziologie, der qualitativen Methoden, insbesondere der Dokumentarischen Methode sowie der Subjektivierungs-/Sozialisations- und Bildungsforschung.

Johannes Gemkow, M. A., ist Wissenschaftlicher Mitarbeiter am Institut für *Kommunikations- und Medienwissenschaft* der Universität Leipzig im Bereich Medienpädagogik; sein aktuelles Dissertationsvorhaben widmet sich der Konzeptualisierung eines Kompetenzmodells zum Umgang mit digitalen Wissensbeständen.

Prof. Dr. **Michaela Gläser-Zikuda** hat seit 2014 den Lehrstuhl für *Schulpädagogik* an der Friedrich-Alexander-Universität Erlangen-Nürnberg inne; sie schloss ein Lehramts- und Diplomstudium Erziehungswissenschaft ab, promovierte 2000, habilitierte sich 2007 an der Pädagogischen Hochschule Ludwigsburg und lehrte zuvor an den Universitäten Freiburg im Breisgau und Jena; ihre Forschungsschwerpunkte sind empirische Lehr-Lernforschung in Schule und Hochschule, Lehrerbildung, Interventionsforschung, Qualitative Forschungsmethoden und Mixed Methods.

Prof. Dr. phil. **Silke Grafe** ist Universitätsprofessorin und Lehrstuhlinhaberin für *Schulpädagogik* im Institut für Pädagogik der Julius-Maximilians-Universität Würzburg; ihre Arbeitsschwerpunkte sind Unterrichtswissenschaft, Medienpädagogik und Lehrerbildung.

Nina Grünberger ist Wissenschaftliche Mitarbeiterin am Zentrum für Lerntechnologie und Innovation – ZLI der Pädagogischen Hochschule Wien; von 2015 bis 2016 war sie Mitarbeiterin im Projekt *MediaMatters!* an der Europa-Universität Flensburg; ihr Forschungsinteresse gilt Implikationen sozio-kultureller Entwicklungen wie Mediatisierung, Globalisierung, Pluralisierung und Beschleunigung für Bildung.

Christian Helbig, M. A., ist Wissenschaftlicher Mitarbeiter am *Department Erziehungs- und Sozialwissenschaften* der Universität zu Köln; seine Forschungsschwerpunkte sind Mediatisierung in Handlungsfeldern der Sozialen Arbeit, Digitale Ungleichheiten und Medienkompetenzförderung in non-formalen Bildungskontexten.

Prof. Dr. phil. **Bardo Herzig** ist Universitätsprofessor für *Allgemeine Didaktik, Schulpädagogik und Medienpädagogik* in der Fakultät für Kulturwissenschaften und Direktor des *Zentrums für Bildungsforschung und Lehrerbildung* der Universität Paderborn; seine Arbeits- und Forschungsschwerpunkte sind Bildungswissenschaft, Medienpädagogik und Lehrerbildung.

Susann Hofbauer, M. A., ist Wissenschaftliche Mitarbeiterin am Lehrstuhl für *Allgemeine Erziehungswissenschaft, insbesondere Ideen- und Diskursgeschichte von Bildung und Erziehung* an der Helmut-Schmidt-Universität in Hamburg; 2017 schloss sie ihre Promotion an der Universität Erlangen-Nürnberg ab; ihre Arbeitsschwerpunkte liegen im Bereich der erziehungswissenschaftlichen Disziplingeschichte und Theoriebildung, aber auch in der vergleichenden Diskurs- und Wissenschaftsforschung im europäischen Raum.

Lisa Holzer-Schulz, M. A., ist Wissenschaftliche Mitarbeiterin an der Professur für *Erziehungswissenschaften mit Schwerpunkt Lernen mit visuellen Medien* an der Universität Regensburg; in ihrem Dissertationsvorhaben widmet sie sich der Förderung des Lehrerfolgs in der digitalen Hochschullehre; ihre Forschungsschwerpunkte liegen darüber hinaus im Bereich digitaler spielbasierter Lernumgebungen und mobiler Lehr-Lernprozesse.

Prof. Dr. phil. **Theo Hug** ist Professor für *Erziehungswissenschaft mit Schwerpunkt Medienpädagogik und Kommunikationskultur* an der Universität Innsbruck und Sprecher des interfakultären Forums *Innsbruck Media Studies*; aktuelle Arbeitsgebiete sind Medienpädagogik und Medienbildung, mobiles Lernen und Mikrolernen, Bildungs- und Wissenstheorie, Methodologie und Wissenschaftsphilosophie; seit 2015 ist er auch Mitglied der European Academy of Sciences and Arts EASA; Web: hug-web.at.

Prof. Dr. **Benjamin Jörissen** leitet seit 2015 den Lehrstuhl für *Pädagogik mit dem Schwerpunkt Kultur, ästhetische Bildung und Erziehung* an der Friedrich-Alexander-Universität Erlangen-Nürnberg; er arbeitet und forscht im Schnittfeld von pädagogischer Anthropologie und ästhetischer Bildung mit den Schwerpunktthemen Bildung und Subjektivation in der postdigitalen Kultur, Digitalisierung in der Kulturellen Bildung, Medienbildung, Theorien und Phänomenologien der Identität.

Dr. **Sieglinde Jornitz** ist Wissenschaftliche Mitarbeiterin am *Deutschen Institut für Internationale Pädagogische Forschung* – DIPF und Lehrbeauftragte an der Goethe-Universität Frankfurt am Main; zu ihren Arbeitsschwerpunkten gehören nationale und internationale Bildungsreformmaßnahmen sowie grundlegende Fragen nach dem Bild vom Kind; sie gehört zudem der Schriftleitung der Zeitschrift *Pädagogische Korrespondenz* an und ist Mitorganisatorin des jährlichen *Didaktikums*.

Jun.-Prof.'in Dr. **Anna-Maria Kamin** ist Juniorprofessorin für *Erziehungswissenschaft mit dem Schwerpunkt Medienpädagogik im Kontext schulischer Inklusion* an der Fakultät für Erziehungswissenschaft der Universität Bielefeld; ihre Forschungsschwerpunkte liegen im Bereich der Lehr-Lernforschung mit digitalen Medien in Bildungskontexten, inklusive Medienbildung, Medien und soziokulturelle Ungleichheiten sowie der empirisch-qualitativen Sozialforschung.

Dr. **Susi Klaß** studierte Medienwissenschaft und Erziehungswissenschaft an der Friedrich-Schiller-Universität Jena und ist dort Wissenschaftliche Mitarbeiterin am Lehrstuhl für *Schulpädagogik und Unterrichtsforschung*; sie promovierte an der Friedrich-Alexander-Universität Erlangen-Nürnberg; zu ihren Forschungsschwerpunkten gehören die Entwicklung und Evaluation hochschuldidaktischer Konzepte zur Förderung medienpädagogischer Kompetenz, das online- und videobasierte Lernen angehender Lehrender sowie die Studienzufriedenheit von Lehramtsstudierenden.

Rebecca Klose ist Wissenschaftliche Mitarbeiterin im Bereich Primarstufe am *Institut für Didaktik der Mathematik* der Justus-Liebig-Universität Gießen; sie beschäftigt sich mit Begriffsbildungsprozessen im bilingualen Mathematikunterricht der Primarstufe und nutzt für ihre Forschungstätigkeit digitale Medien, diese setzt sie auch in forschungsorientierten Seminaren ein.

Prof. Dr. phil. **Thomas Knaus** ist Professor für *Erziehungswissenschaft* und Leiter der Abt. *Medienpädagogik* der PH Ludwigsburg, Wiss. Direktor des FTzM und Honorarprofessor am Fb. Informatik & Ingenieurwissenschaften der Frankfurt UAS, zuvor vertrat er an der Friedrich-Alexander-Universität Erlangen-Nürnberg den Lehrstuhl für *Allgemeine Erziehungswissenschaft*; seine Arbeits- und Forschungsschwerpunkte sind Methoden medienpädagogischer Forschung, Schul- und Medienbildungsentwicklung, Sozio- und Bildungsinformatik, Techniktheorie und digitaler Wandel; er ist Mitglied des Lenkungskreises von KBoM! sowie der GI, Mitglied des Bundesvorstands der GMK und Sprecher der FG *Qualitative Forschung*; Web: thomas-knaus.de.

Prof. Dr. **Sven Kommer** ist seit 2013 Professor für *Allgemeine Didaktik mit dem Schwerpunkt Technik- und Medienbildung* an der RWTH Aachen; seine Arbeitsschwerpunkte sind Medienkompetenz, Lehren und Lernen mit und über digitale(n) Medien, medialer Habitus und Wissenskulturen.

Claudia Kuttner, M. A., ist seit 2015 Wissenschaftliche Mitarbeiterin im Forschungs- und Entwicklungsprojekt *MediaMatters!* an der Europa-Universität Flensburg; zuvor war sie an der Universität Leipzig und der Hochschule für Technik, Wirtschaft und Kultur – HTWK in Leipzig in verschiedenen medienpädagogischen Forschungsprojekten tätig; ihre Arbeitsschwerpunkte sind Medienbildung & Schule, Alter(n) & Medien sowie Methoden qualitativer Sozialforschung.

Fabian Lamba, B. Sc., war Student im Masterstudiengang Informatik an der Hochschule Darmstadt und von 2013 bis 2018 Wissenschaftlicher Projektmitarbeiter am Frankfurter Technologiezentrum [:Medien] – FTzM, wo er an der Weiterentwicklung der Webapplikation *fraDesk* mitarbeitete; seine weiteren Interessen sind Machine Learning und IT-Security.

Marc Mannig, B. Sc., war von 2011 bis 2019 Wissenschaftlicher Projektmitarbeiter am Frankfurter Technologiezentrum [:Medien] – FTzM; dort verantwortete er unter anderem die Entwicklung der Plattform und die Webpräsenz der *Forschungswerkstatt Medienpädagogik*.

Prof. Dr. **Dorothee M. Meister** ist seit 2004 Professorin für *Medienpädagogik und empirische Medienforschung* an der Fakultät für Kulturwissenschaften der Universität Paderborn; sie befasst sich insbesondere mit Fragen zum Einfluss digitaler Informations- und Kommunikationstechnologien in Lern- und Bildungskontexten; seit 2015 ist sie Ko-Vorsitzende der Gesellschaft für Medienpädagogik und Kommunikationskultur – GMK.

Prof. Dr. **Susanne van Minnen** ist Professorin für *Erziehungswissenschaft mit dem Schwerpunkt Beeinträchtigung der Sprache und des Sprechens* im Institut für Förderpädagogik und Inklusive Bildung; zu ihren Arbeitsgebieten zählt die Sprach-, Sprech- und Kommunikationsentwicklung im un-/auffälligen Erwerb bei ein- und mehrsprachigen Kindern; neben der Entwicklung von Diagnostikinstrumenten steht für sie die Entwicklung von Förderkonzepten und -materialien für den schulischen und außerschulischen Bereich im Fokus.

Prof. Dr. phil. **Heinz Moser** ist emeritierter Professor an der PH Zürich und der Universität Kassel (Honorarprofessur); er war von 2001 bis 2012 im Vorstand der Sektion Medienpädagogik der DGfE; ist Mitbegründer der Aktionsforschungsdebatte der 1970er Jahre und der Praxisforschung im deutschsprachigen Raum; bis Herbst 2013 war er geschäftsführender Herausgeber der Online-Zeitschrift *MedienPädagogik*; seine Interessen- und Arbeitsschwerpunkte sind Medienbildung, Mediendidaktik und Praxisforschung als Forschungskonzept.

Nastasja Müller, M. A. und M. Ed., studierte Kulturwissenschaft und im Zweitstudium Lehramt für Gymnasien; seit 2016 ist sie als Wissenschaftliche Projektmitarbeiterin am Frankfurter Technologiezentrum [:Medien] – FTzM in der Redaktion tätig, insbesondere im Rahmen der *Forschungswerkstatt Medienpädagogik*.

Stephan Münte-Goussar ist Wissenschaftlicher Mitarbeiter am *Seminar für Medienbildung* der Europa-Universität Flensburg; seine Forschungsschwerpunkte sind Medien & Bildung, Medienbildung & Schulkultur, Bildung & Ökonomie, eLearning, (e)Portfolio.

Robert John Murphy, M. A., unterstützt als staatlich geprüfter Übersetzer sowohl als Übersetzer als auch Korrekturleser eine Anzahl renommierter Forschungsinstitute – darunter das FTzM; er studierte Germanistik und Anglistik in Großbritannien, Deutschland sowie Kanada und arbeitet seit 1993 als Lektor für Englisch am *Institut für Anglistik und Amerikanistik* an der Universität Osnabrück; seine Hauptverantwortung liegt in der Vermittlung der englischen Sprache an angehende Lehrerinnen und Lehrer aller Schulformen.

Prof. Dr. **Horst Niesyto** war von 1997 bis 2017 Professor für *Erziehungswissenschaft mit dem Schwerpunkt Medienpädagogik* an der PH Ludwigsburg, von 2008 bis 2012 Vorsitzender der Sektion Medienpädagogik in der DGfE, von 2009 bis 2014 Sprecher der Initiative *Keine Bildung ohne Medien – KBoM!*; seine Arbeitsschwerpunkte sind u. a. gesellschaftliche Medienentwicklung und Medienkritik; Medienpädagogik und soziale Ungleichheit; digitale Medien in schulischen und außerschulischen Bildungskontexten; visuelle Methoden in der qualitativen Forschung; bildungs- und professionspolitische Fragen der Medienpädagogik; Web: horst-niesyto.de.

Wolfgang B. Ruge ist Universitätsassistenz (Praedoc) an der Universität Wien und promoviert zu Kindheitsreflexionen im Kinderfilm; nebenberuflich ist er als Redakteur der Zeitschrift für Qualitative Forschung – ZQF tätig; seine weiteren Forschungsschwerpunkte sind die Methodik visueller Sozialforschung sowie die Disziplintheorie der Medienpädagogik.

Prof. Dr. **Katrin Schlör** ist seit 2018 Professorin für *Kulturarbeit, ästhetische und kulturelle Bildung in der Sozialen Arbeit* an der Evangelischen Hochschule Ludwigsburg am Campus Reutlingen; sie promovierte an der Pädagogischen Hochschule Ludwigsburg in der Abteilung Medienpädagogik zum Thema *Medienkulturen in Familien in belasteten Lebenslagen*, wo sie anschließend als akademische Mitarbeiterin im Projekt Digitales Lernen Grundschule – dileg-SL arbeitete; darüber hinaus ist sie als selbständige Medienpädagogin tätig und Gründungs- sowie Vorstandsmitglied der Medienakademie Baden-Württemberg; Web: die-medientdecker.de.

Dr. **Jan-René Schluchter** ist Akademischer Mitarbeiter in der *Abteilung Medienpädagogik* im *Institut für Erziehungswissenschaft* an der Pädagogischen Hochschule Ludwigsburg; seine Arbeits- und Forschungsschwerpunkte sind: Medienbildung und Inklusion, Medienbildung mit Menschen mit Behinderung, Aktive Medienarbeit, Filmbildung.

Dr. **Josephine B. Schmitt** studierte Psychologie sowie Neuere deutsche Literatur an der Universität Hamburg; sie promovierte am Lehrstuhl *Medienpsychologie* der Universität Hohenheim und arbeitete dort in verschiedenen Projekten zum politischen Wissen und dem Informationsverhalten Jugendlicher und junger Erwachsener; seit März 2016 ist sie als Wissenschaftliche Mitarbeiterin an der Universität zu Köln tätig; Web: medienund lernen.wordpress.com.

Prof. Dr. **Christof Schreiber** ist Professor für *Didaktik der Mathematik in der Primarstufe* an der Justus-Liebig-Universität in Gießen; in seiner Dissertation analysierte er schriftlich-grafische Interaktionsprozesse von Grundschülerinnen und -schülern in einer Internet-Chat-Umgebung; eines seiner Arbeitsgebiete ist der Einsatz digitaler Medien im Mathematikunterricht der Primarstufe sowie in der Lehrerbildung – verschiedene methodische Ansätze wie die Erstellung von Audio-Podcasts zu mathematischen Themen, die Nutzung von WebQuests als projektorientiertes Unterrichtsszenario und auch der Einsatz verschiedener Apps oder technischer Hilfsmittel im Unterricht werden dabei erprobt.

Prof. Dr. **Silke Schworm** ist Professorin für *Erziehungswissenschaften mit Schwerpunkt visuelle Medien* sowie Leiterin des Projekts *UR-Klassen* und des BMBF geförderten Projekts *Coaches für Digitales Lernen in Clustern – CoDiCLUST* an der Universität Regensburg; ihre Forschungsschwerpunkte liegen im Bereich der Expertiseentwicklung in Lehrberufen und der Gestaltung von Instruktions- und Unterstützungsfunktionen in multimedialen Lernsettings.

Kamil Skiba war von 2010 bis 2018 Wissenschaftlicher Projektmitarbeiter am Frankfurter Technologiezentrum [:Medien] – FTzM und für grafische Arbeiten zuständig, wie etwa das Cover des Printbandes und das Logo der

Forschungswerkstatt Medienpädagogik; als staatlich geprüfter Kommunikationsdesigner arbeitet er seit einigen Jahren freiberuflich im Bereich Corporate-, Grafik-, Interface-, Illustrative und Webdesign; Web: kamilskiba.com.

Prof. Dr. **Dieter Spanhel** hatte von 1982 bis 2005 einen Lehrstuhl für *Allgemeine Pädagogik* an der Erziehungswissenschaftlichen Fakultät der Friedrich-Alexander-Universität Erlangen-Nürnberg im Bereich der Lehrerbildung inne; seither konzentrierte sich die Arbeit auf die Medienpädagogik: im Jahr 2006 Herausgabe eines *Handbuchs für Medienpädagogik* (Band 3: Medienerziehung); von 2002 bis 2015 war er Mitglied im Vorstand des JFF; Mitglied in der Sektion Medienpädagogik der Deutschen Gesellschaft für Erziehungswissenschaft (von 1994 bis 2002 im Vorstand) und Ehrenmitglied der GMK; seine Arbeitsschwerpunkte sind Pädagogische Handlungstheorie, Medienpädagogik auf systemtheoretischer Grundlage, Medienerziehung und der Prozess der Medienbildung bei Kindern und Jugendlichen.

Melanie Stephan, geb. Bonitz, M. A., schloss ihren Master 2013 an der Universität Erfurt im Studiengang Kinder- und Jugendmedien ab; derzeit arbeitet sie als Wissenschaftliche Mitarbeiterin am Lehrstuhl für *Schulpädagogik* an der Friedrich-Alexander-Universität Erlangen-Nürnberg.

Dr. **Michael Stiller** ist Wissenschaftlicher Mitarbeiter und Koordinator des *Erweiterungsstudiengangs* am Lehrstuhl für *Pädagogik mit dem Schwerpunkt Medienpädagogik* an der Friedrich-Alexander-Universität Erlangen-Nürnberg; dabei ist er verantwortlich für Koordination, Lehre und die konzeptionelle Weiterentwicklung des Erweiterungsstudiengangs; 2014 Promotion in Allgemeiner Erziehungswissenschaft; seine Forschungs- und Arbeitsschwerpunkte sind Lehrerprofessionsforschung, Lehrerbildung und Medienpädagogik.

Prof. Dr. **Eik-Henning Tappe** promovierte am Institut für Erziehungswissenschaft der Westfälischen Wilhelms-Universität Münster; er war lange Zeit als freiberuflicher Medienpädagoge sowie als Referent für Medienbildung im Medienzentrum der Stadt Hamm tätig; im Oktober 2018 trat er die Professur für *Digitalisierung und Medienpädagogik in der Sozialen Arbeit* an der Fachhochschule Münster an.

Katharina Thülen, B. Eng. und M. H. Edu., ist Wissenschaftliche Mitarbeiterin an der Technischen Hochschule Mittelhessen im Masterstudiengang *Methoden und Didaktik in angewandten Wissenschaften Higher Education* – MEDIAN HE; ihre Arbeits- und Forschungsschwerpunkte sind Potentiale digitaler Medien in Schule und Hochschule sowie deren lehr- und lernförderlicher Einsatz im Hochschulkontext.

Veronika Tinnis ist Gesellschafterin der MulTra GmbH und Learning & Development Managerin mit den Verantwortungsbereichen Mediendidaktik, eLearning und Medienproduktion sowie Absolventin der Erziehungswissenschaften an der Goethe-Universität Frankfurt am Main mit den Schwerpunkten Forschungsmethoden und Erwachsenenbildung.

Prof. Dr. phil. **Klaus Peter Treumann** ist emeritierter Professor für *Forschungsmethoden in der Erziehungswissenschaft* an der Universität Bielefeld; weitere Arbeitsschwerpunkte sind Empirische Medienforschung, eLearning, Kindheits- und Jugendforschung.

Prof. Dr. phil. **Gerhard Tulodziecki** ist emeritierter Universitätsprofessor für *Schulpädagogik und Allgemeine Didaktik* in der Fakultät für Kulturwissenschaften der Universität Paderborn und Ehrenmitglied der GMK; während seiner Dienstzeit war er Mitglied verschiedener Arbeitsgruppen zu Fragen der Medienpädagogik in Schule und Lehrerbildung auf Bundes- und Landesebene.

Dr. phil. **Katrin Valentin** arbeitet an der Friedrich-Alexander-Universität Erlangen-Nürnberg als Wissenschaftliche Mitarbeiterin am Lehrstuhl für *Schulpädagogik mit Schwerpunkt Mittelschule*; derzeit forscht sie zur Rezeption von Video-Tutorials im Internet; sie studierte Pädagogik mit den Nebenfächern Psychologie und Philosophie und promovierte in Sozialpädagogik an der Freien Universität Berlin zum Thema *Subjektorientierung in der Jugendverbandsarbeit*.

Prof. Dr. **Ralf Vollbrecht** ist seit 2000 Universitätsprofessor für *Medienpädagogik* an der TU Dresden; seine Arbeits- und Forschungsschwerpunkte sind Medienpädagogik, Jugend- und Medienforschung, Biografieforschung, Sozialisationsforschung und außerschulische Bildung.

Michael Waltinger, M. A., ist Doktorand an der Pädagogischen Hochschule Ludwigsburg und lebt in Stockholm; er ist als Gastforscher an das *Discovery Lab* des Medienforschungszentrums *iHub* in Nairobi angeschlossen; zuvor war er Wissenschaftlicher Mitarbeiter an der Hochschule für Medien und Kommunikation – MHMK in Stuttgart und Lehrbeauftragter an der Hochschule der Medien – HdM in Stuttgart; Web: thinkbeyondborders.org.

Prof. Dr. phil. **Marion Weise** ist Professorin am Fachbereich *Erziehungswissenschaft/Kindheitspädagogik* im Studiengang Bildung und Erziehung, Fakultät Soziale Arbeit, Gesundheit und Pflege an der Hochschule Esslingen; ihre Arbeits- und Forschungsschwerpunkte sind Kindheitsforschung, Methoden der qualitativen Sozialforschung, Beobachtungs- und Dokumentationsverfahren, Medienaneignung in der Frühen Kindheit und die literarische Sozialisation von Kindern.

Dr. **Stefan Welling** ist der stellvertretende Leiter des Instituts für Informationsmanagement Bremen GmbH – ifib; seine Arbeitsschwerpunkte sind schulische Medienintegration, Lernen mit mobilen Endgeräten sowie Lernen mit digitalen Medien in der beruflichen Bildung.

Register der Schlagworte | Tags